张九成哲学研究

Study on Zhang Jiucheng's Philosophy

李春颖 著

图书在版编目(CIP)数据

张九成哲学研究/李春颖著. —北京:中华书局,2024.1
(国家社科基金后期资助项目)
ISBN 978-7-101-16479-4

Ⅰ.张… Ⅱ.李… Ⅲ.张九成(1092~1159)-哲学思想-研究 Ⅳ.B244.995

中国国家版本馆 CIP 数据核字(2023)第 237409 号

书　　名	张九成哲学研究
著　　者	李春颖
丛 书 名	国家社科基金后期资助项目
责任编辑	高　天
责任印制	管　斌
出版发行	中华书局 (北京市丰台区太平桥西里 38 号　100073) http://www.zhbc.com.cn E-mail:zhbc@zhbc.com.cn
印　　刷	天津善印科技有限公司
版　　次	2024 年 1 月第 1 版 2024 年 1 月第 1 次印刷
规　　格	开本/710×1000 毫米　1/16 印张 20　插页 2　字数 312 千字
国际书号	ISBN 978-7-101-16479-4
定　　价	88.00 元

国家社科基金后期资助项目出版说明

后期资助项目是国家社科基金设立的一类重要项目，旨在鼓励广大社科研究者潜心治学，支持基础研究多出优秀成果。它是经过严格评审，从接近完成的科研成果中遴选立项的。为扩大后期资助项目的影响，更好地推动学术发展，促进成果转化，全国哲学社会科学工作办公室按照“统一设计、统一标识、统一版式、形成系列”的总体要求，组织出版国家社科基金后期资助项目成果。

全国哲学社会科学工作办公室

目　录

序

张学智

中国哲学发展历史中，重视主体自身的各种学说一直是学术大端。加之思想方法上对心灵体验的偏好，对道德直觉的强调，对类比、想象、譬喻等思维方法的重视，都使心学处于强劲的势头中。两汉之际佛教传入，又为心学思想注入了域外元素。因此中国心学内容丰富，形式多样，具有突出的诠释精神和人本主义特色。孟子是先秦诸子中心学思想最为鲜明的哲学家，此后的心学家，多通过注释《孟子》阐发其思想。两宋之际的张九成，继承了二程学说中道南一脉，又喜与禅僧交往，他的儒家经典解释，援佛入儒，受到当时许多喜好佛家的士大夫的欢迎，但受到了理学正统派特别是朱熹的抨击，斥之为洪水猛兽，还在《杂学辨》中对其《中庸说》进行详细批驳。因此之故，张九成之学在后世理学中地位不甚显赫。其解经之作特别是其中的《孟子传》，虽当时传诵甚广，后世却逐渐少人问津。《宋元学案》有《横浦学案》，称张九成为“二程再传，陆学之先”；虽然援用朱熹的评论，认为其学受禅学浸淫，较为驳杂，但对张九成心学羽翼圣门的作用则给予肯定，尤其对其立朝行事之凛然风节，甚为赞赏。目前学界关于二程洛学、道南学派、陆九渊心学研究成果极多，但对张九成究心者却寥寥。

李春颖的这部《张九成哲学研究》是在同名博士学位论文的基础上用功夫反复修改打磨而成。本书对张九成著作《横浦文集》《孟子传》《中庸说》《横浦心传录》《横浦日新》等搜罗无遗，将其思想细分为气论、性论、心论、格致论、德福论、经典解释之特点及儒佛关系等，引述充分，阐发深入，使张九成各方面的观点及其间的逻辑关系清晰呈现。相比前人的研究成果，本书有以下几个新颖之处：

其一，对张九成心学思想的独特提揭。二程特别是程颢有突出的心学精神，经过道南一脉、谢良佐等人的阐扬，其中的心学因素更加显明。至张九成，提倡天人一心，心学思想得到极大张扬。本书在与朱熹理学对比的基础上提出，张九成天人一心的内涵有两个重点：本心同于天理，本心是参天地造化的基础；张九成以心为本体，心与理同，从而使得天理不但具有万物根据的意义，更能作为现实生活的指导，活泼泼地呈现于人的具体行为中。心本体既存有又活动，其重要性超过了性。由此把张九成心学与理学结合，挖掘心的各种内涵并使之统为一体这一特点鲜明地提了出来。

其二，对张九成经典注释特点的说明。张九成的思想，最明显地存在于其《孟子传》中。本书不仅从中总结出张九成思想的重要内容如君臣之道、汤武革命、王霸之辨、性善论等，而且对张九成《孟子》诠释的特点，特别提出三个方面：理学思想的加入，重视以意逆志，及对时代背景的追溯。认为张九成将理学的重要问题如理气关系、心性情三者关系、已发未发、主敬涵养等加入注释中，由此拓展了孟子思想的形上维度。“以意逆志”旨在强调领会《孟子》字面背后的深意，可以回应疑孟、非孟者对孟子的浅层次理解。“以时考之”强调还原孟子发论的时代背景，减少因时代隔膜造成的误解，加深理解孟子对当时政弊的抉发。这都是对张九成的经典诠释的深入思考。

第三，对张九成与佛教的关系及学派归属提出新的看法。凡关于张九成的研究，必涉及他与佛教的交游及思想关涉。但浮光掠影、掩袭口吻者多，实地考察、真知灼见者少。本书设“往来僧侣”一节，引据多种灯录、禅僧语录、地方志等，详细考察张九成与僧人特别是大慧宗杲的交游，从中理出他的思想所受佛教影响之处。更针对朱子对张九成阳儒阴释的判释，从心与觉，以觉言仁、性之善恶等方面，论证张九成心学思想的儒学归属，认为张九成所谓心，不是思维、知觉器官，而是落实天道，与天为一的精神本体；他所谓心之知觉，是对本心所含天理的体认。这一点与理学正统派并无二致，不过强调体证天理时心的不着相、常醒觉等方面，而且这些说明是在与二程、程氏门人、湖湘学者的对比中作出的，故结论深入、可信。

还有一点须得说明的是，李春颖曾点校出版《张九成集》，对张九成及其门人的文献资料用过功夫。在此基础上，她对《宋元学案·横浦学案》中的“横浦门人”作了补充。如根据《横浦心传录》《横浦文集》之序跋、诗文，补入刁骏及其兄文叔、陶与谐、陈刚中；据《宋元学案·玉山学案》，补入吕祖谦、章颖。这些补入的弟子其传文资料虽皆采自原书，但作此移录之眼光，却从熟读精思张九成及弟子之文献而来，从中可见她好学深思之一斑。有此数端，故我乐为之序并向读者推荐。

绪　言

目前对于南宋道学的研究，主要集中于朱子学和象山学，对于湖湘学派也有较多研究成果。朱熹可谓洛学的集大成者，从二程、杨时、罗从彦、李侗到朱熹，这一学术传承脉络也随之成为洛学正统。在朱熹的努力下，道学逐渐发展成为一个传承有序、范围清楚、概念完备的学派。与此同时，象山学异军突起，陆九渊高扬“心即理”，这种简明而活泼的思想与朱熹完备且富有条理的体系形成鲜明对比。这种差异犹如一颗顽强倔强的种子，最终带来了明代阳明学的辉煌成就。一个时代，往往会因为其中最为耀眼的思想存在，而黯淡了其他思想的光芒。因为朱陆如此巨大的影响，道学在南宋发展的真正脉络长期被忽视，使得这一时期的思想史缺乏连续性和一贯性。道学发展并不只是由几位思想家构成，在这些人之间或之前仍然有一些重要的思想家在起着学派传承、转向的作用，但他们的思想却没有得到应有的重视和挖掘。我们可以看到，对于道学的研究，从两宋之际到朱熹掌握道学话语权之间，仍然是很薄弱的一段。学界对于道学在渡江之后的展开和发展逻辑、义理结构还缺乏深入的研究。该时期思想是一个有待拓展和挖掘的研究领域。

张九成是南宋初年一位重要的思想家，字子韶，号横浦居士、无垢居士。他出生于元祐七年(1092)，自小就展现出过人的才华。八岁默诵六经，十岁擅文，十四岁游郡庠，十八岁开始教学乡里。宋徽宗宣和年间，而立之年的张九成游学京师，问学于杨时，拓宽了学问规模。不久，金兵攻打北宋，张九成亲历了靖康之难，战火后返归家乡盐官。绍兴元年，张九成参加两浙类试，次年参加殿试，深感国家积贫积弱、内忧外患，他的策论言辞恳切、针砭时弊，既有对高宗的劝勉激励，亦有对时事的分析应对。高宗嘉奖，擢殿试第一。

状元的荣耀并未给张九成带来前途无量的仕途，反而是世事的艰难磨砺了他高洁坚韧的品格，也促使他深入思考人生与历史的种种问题。在谪居南安的十四年中，他终日读书，注释经典。从现存的张九成著述中，可以看出他鲜明的思想特点：一是对北宋洛学思想的继承和发展，如天理、性善之善不与恶对、已发未发等；二是对北宋洛学思想的总结和纠正，如生之谓性、气质之性、静中体验未发等，张九成认为生之谓性、气质之性都不可以称之为性，而是气习和习气，将静中体验未发转变为已发未发之间的慎独工夫；三是对当时社会现实的思考，进而导出对人生意义和历史意义的追寻，如德福问题、天人相感等。这些特点不仅仅是展现张九成思想的视角，更可以以管窥豹，了解两宋之际道学思想的丰富性。

对张九成的研究也可以从一个侧面展现宋代道学的发展过程。历史上认为张九成是“渡江大儒”“陆学前茅”，时人家置其书，在当时影响广泛。但不久之后，朱熹将其斥为“阳儒阴释”“洪水猛兽”，张九成的思想逐渐淡出学术视野，很少有人关注。这一过程中有很多值得研究的问题，比如学说的传承、学派间的相互影响、朱熹对道统的维护和对洛学的清理。

很多学者在研究南宋思想时或多或少地提到了张九成，但对于张九成思想的全面研究仍然不多，这会影响到对南宋学术整体脉络的认识。本书希望对张九成的道学思想进行系统的研究，并以道学范围从南宋初期到朱熹掌握道学话语权的转变趋势为思考背景，深入研究张九成思想。同时关注和分析张九成与二程、张载、杨时、朱熹等理学家之间的继承、交流、冲突与论辩，以及他与大慧宗杲等禅师的交往及儒佛异同，以期呈现张九成思想的原貌。

第一章 生平与著作

一、家世业儒

张九成(1092—1159),字子韶,号横浦居士、无垢居士,祖先涿郡范阳人[①],后移居开封,至其祖父张士寿时又移居杭州盐官。其家世代书香,以德行闻名乡里。

四世祖张藏英(894—962),官至检校少保,自言唐朝宰相张嘉贞之后,居于涿郡范阳,后来搬到开封。唐末,藏英十七岁时,举族为孙居道所害,仅藏英幸免于难。后来藏英在幽州刺杀孙居道,未能杀死,又于关南将其抓获,设父母灵位,缚孙居道于灵位前,将其脔肉刳心,为父母复仇。因其孝行节义,藏英两次复仇都得到了赦免,时人称其为“报仇张孝子”。契丹任命藏英为卢台军使兼榷盐制置使,领坊州刺史。后周广顺三年(953),藏英率领内外亲属、部署、煮盐户等近万人乘船队离开契丹回到后周,以刺史领边任,以少胜多,屡败契丹。宋初,迁瀛州团练使,并护关南军。建隆三年,卒于治所,享年六十九岁[②]。

曾祖父张鉴,字德明,太平兴国三年进士,曾任枢密直学士、工部侍郎,因忠节被表著为勋臣,享年五十八岁。祖父张士寿,辞密学资荫以授其次。淡泊名利,性爱山水。因喜爱钱塘湖山,举家迁到杭州盐官县。张士寿风度凝远,精采秀发,士人敬仰,元祐诸公到钱塘为官者,必造访请教。其叔祖张士廉,官殿中丞;张士宗,官太子洗马;张士程,任屯田员外郎。

父张伸(1067－1141),赠右朝议大夫,晦德隐居。少有大志,卓荦不羁。家道中落,贫无资用,但乐善好施,竭尽己能帮扶他人。生平耻言人过,诱人以善道,乡里无分长幼老少均爱慕其德行。张九成言:“某自六岁

---

① (元)脱脱等:《宋史·张九成传》第33册,北京:中华书局,1985年,第11577页,言其祖先为开封人,应为后移居至开封。此处涿郡范阳人依据张榕《横浦先生家传》所载。

② 参见(元)脱脱等:《宋史·张藏英传》第27册,第9290页。

读书，家素寒窘，父某不使某为农为商，躬自抚养，教督诲诱，凡三十余年。”[①]虽然家境贫寒，张伸仍教诲他自幼读书。张九成晚年自述道：“予家世业儒，颇以清德显。”[②]自幼所受的家族环境熏陶和家庭教育对他的成长具有重大影响。张九成一生读书不辍，诲人不倦，安贫乐道，除了个人的修养之外，想必也与其成长环境密不可分。

张九成有弟四人，妹三人。《横浦先生家传》作者张榕是其弟弟张九思之子，《无垢先生横浦心传录》作者于恕、于宪为其妹妹与妹夫于定远之子。张九成母亲早逝，弟弟妹妹尚幼，他奉庭闱抚育如一，直至七人嫁娶成立，毫无怨言。为补贴家用，他十八岁起做家庭塾师，教人子弟。张九成乐于教授学生，他晚年曾言：“予见人家子弟醇谨及俊敏者，爱之不啻如常人之爱宝，唯恐其埋没及伤损之，必欲使之在尊贵之所。故教人家子弟不敢萌一点欺心，其鄙下刻薄，亦为劝戒太息而感诱之，此平生所乐为者。”[③]浑然忠厚之气跃然纸上。

张九成娶妻子林氏，早卒，后娶继室马氏。有三子，张伯厚，迪功郎；张幼厚，承务郎，静江府阳朔县丞；张孙厚，淮西总领所干办公事。

张九成生于元祐七年，从小就展现出了过人的才华。六岁开始读书，八岁即能默诵六经，通经大旨。有一次父亲会客，张九成也坐在旁边，父亲让客人考考他。客人以经疑问难，八岁的张九成毫不惊慌，一一作答，并且放下手中书卷，整理衣襟，恭敬地说：“精粗本末无二致，勿谓区区纸上语不足多，下学上达，某敢以圣言为法。”[④]辞气不群，出人意表，在座的客人都惊叹其才华，称道他是奇童子。十岁就擅长做文，令同辈人折服。十四岁入乡校，读书勤奋。无论严冬酷暑，他都终日在自己房间苦读，常常通宵达旦。同学曾经从房间的缝隙观察，发现他敛膝危坐，专心研读，若与神明为伍，于是对他非常佩服，像对待老师一样尊敬他。张九成晚年曾经向学生讲述自己少年时的读书经历，告诉学生，对经史的熟识、理解和贯通必须以勤奋读书为基础。他正是通过遍览经史，苦心研读，才慢慢形成了自己的

---

① 张九成：《横浦集》卷十八，《文渊阁四库全书》第 1138 册，台北：台湾商务印书馆，1986 年，第 413 页。

② 于恕编：《无垢先生横浦心传录》卷中，《四库全书存目丛书》，济南：齐鲁书社 1995 年，第 32 页。

③ 于恕编：《无垢先生横浦心传录》卷上，第 38—39 页。

④ 张榕：《横浦先生家传》，张九成著，李春颖点校：《张九成集》下册，北京：中国社会科学出版社，2020 年，第 1071 页。

解经特色,形成了自己的思想和信念。

宋徽宗政和年间,张九成在杭州州学读书,从学于黄珪。黄珪,字元功,福州永福县人。张九成《黄吏部墓志铭》中言"其为人气貌庄重,资性宽仁,望其容,俨然有不可犯之色;听其言,周旋勤恳,循循然进人于善","其仕进,不屑就,不苟合,亦不为崖异之行"[①]。后来在他任礼部侍郎期间,黄珪为吏部郎官,亦曾给予他指导。其人品和学问是张九成学习的楷模。

宣和七年,张九成三十四岁,以经学魁荐,游学京师,偕书贡于朝,受到时人的赞誉。其间从学于杨时,其中问仁一事记录在《无垢先生横浦心传录》中。入京时张九成与高抑崇、樊茂实同舟,正值淮上多蟹,樊茂实告诉高抑崇,张九成一向不杀活物,见活物必放生,高抑崇置之不顾,买来几十只螃蟹在船中煮熟,大吃起来。后来大家一起去拜访杨时,交谈中提及此事,待大家纷纷告辞,杨时让张九成留步,于是有了以下一段关于"仁"的问答。杨时问道:"子韶以周公为仁人否?"曰:"安得不谓之仁人?""公见他甚处是仁?"曰:"周公爱商民,不忍加刑,丁宁训告,欲化以德。其后周家仁及草木,皆公之推也。"先生曰:"故是公不见他兼夷狄驱猛兽,灭国者五十,是甚手段,此又不比杀蟹?旧常与高子说,恐以此默激公耳,公又不可执着。"[②]杨时以周公为例,告诫张九成"仁"不是指戒杀、放生这样的行为,周公爱护商民,化之以德是仁,兼夷狄驱猛兽,灭国五十也是仁。杨时的指点,对于正在苦苦思索、思想慢慢形成的张九成来说,正中其要害,一语点出其心中所偏,拓宽其学问规模。张九成对此次问仁总结道:"自此渐觉于仁上无拘碍,真良药也,深中此病。"[③]

游学京师期间,张九成结交多位学仁,如胡安国父子、沈元用等,成为日后相互问学、砥砺切磋的朋友。在这英流备至的游学期间,还发生了一件让张九成名声大噪的事情。当时有一位权贵欲招揽笼络天下名士,向张九成许以高官厚禄,张九成严词拒绝:"王良羞与嬖奚乘,平日立身行己,乃为今日游贵客耶?"[④]虽然家境贫寒,他却不为五斗米折腰,高风亮节,颇为时人敬重。

---

① 张九成:《横浦集》卷二十,第 439—440 页。

② 于恕编:《无垢先生横浦心传录》卷上,第 8 页。

③ 于恕编:《无垢先生横浦心传录》卷上,第 8 页。

④ 张榕:《横浦先生家传》,《张九成集》下册,第 1071 页。

后来张九成在仕途中多次被罢免，但很受士人尊仰，每次辞官回乡，都是学者云集。他以“讲明经术，景行前修，庶几克尽忠孝”[①]为原则来教导弟子笃实为学、修养德性。绍兴八年，张九成因为反对秦桧与金人议和，再次返归盐官，从二程弟子尹焞问学。尹焞对他说：“伊川之学在《易传》，不必他求也。”[②]“伊川暮年为《易传》，未肯出也，其学于是乎在。后生宜尽心焉。”[③]

由于刚正不阿，直言反对秦桧，张九成仕途坎坷，一生在物质生活上不曾富足。他守贫处约，真正做到了乐以道义、宠辱不惊、贫富两忘的境界。在乡校读书时，他虽然生活拮据，天冷没有棉衣御寒，却不愿接受他人馈赠，还乐于帮助其他贫困的同学。张九成这种做法看起来似乎不近人情，不合常理，所以有人问道：“先生幼年处学舍，正当苦寒，衣衾不备，终夜看书不已，每至达旦。乡里富人或以衣物见惠，力辞不受，或不得已受之，乃以与同舍之贫者，此岂其情耶？”张九成回答：“士处贫困，正是用工夫时节。若不痛自节抑，则贪欲必生，廉耻尽丧，工夫安在？孟子曰：‘士尚志’，志之所在，岂可为贫困夺了。于此时下得工夫，则器局渐渐涵养觉大，死生祸福穷达得丧便可无间断。我岂矫情者耶？此士所合为者。”[④]这回答正体现出他性格中的坚韧和刚毅。人在困窘的生活中最容易丧失志气，张九成认为这正是学者用功的时节，若屈于贫困，也必将淫于富贵，以至廉耻尽丧。于贫困中痛加节抑，方能涵养器局，经历死生、祸福、穷达、得丧均不动摇。

贫困对于张九成来说，不是生活的困顿与失意，而是与富贵一样，同是一种生活境遇。这种对于自身与生活的理解，正是《中庸》所言：“君子素其位而行，不愿乎其外。素富贵行乎富贵，素贫贱行乎贫贱，素夷狄行乎夷狄，素患难行乎患难。君子无入而不自得焉。”无论是处于何种境遇中，都不需要怨天尤人或者喜出望外，需要的是用一以贯之之道来妥善处事。张九成朴素节俭的生活方式在当时颇有影响，被时人赞誉，甚至有素未谋面的晚辈学者效法他的生活方式：

予平生贫困，处之亦自有法。每日用度不过数十钱，亦自足，至今

---

① 张榕：《横浦先生家传》，《张九成集》下册，第1075页。

② 韩元吉：《南涧甲乙稿》卷十六《书和靖先生手书刻石后》，《文渊阁四库全书》，第35页。

③ 韩元吉：《南涧甲乙稿》卷十六《书师说后》，《文渊阁四库全书》，第32页。

④ 于恕编：《无垢先生横浦心传录》卷中，第25—26页。

不易也。有客适，自桂阳监来，言郑亨仲日以数十钱悬之壁间，椒桂葱芥皆约以一二钱。问其所以，云："吾平生苦贫，晚年登第，稍觉快意，便成奇祸。今学张子韶法，且要见旧时齑盐风味，甚长久也。"予自谓此法不可传，亦无人能传者，而亨仲传之，可付一笑。[①]

"素贫贱行乎贫贱"，这种安于现状不是自暴自弃、自甘堕落，相反，这是对自身修养的考验和磨砺。若不是内心真有所得，又怎能不被贫困动摇；若能被贫困动摇，又怎能不被富贵动摇，以至放辟邪侈无所不为。正是这种一贯节俭的生活态度，使张九成在谪居南安军十四年艰难困苦的生活中，不但没有陷入自怨自艾，反而更加勤奋读书，对诸经多有训解。

张九成曾这样描述南安军的生活：

南安皆白豕，不圈养，群走野食，时一啖其肉，则体间风疹浮起，终日爬搔不已。性爱豆乳，此有之，硬不可食。虽乡中得菜子数种，地多砂石，不能入种。依僧舍得亩地，日以秽腴灌溉，所出稍胜。要皆苦硬，色类草而肤毛径寸，啜其汁如服病散，时时不过。用熟泉渍饭，快一饱耳。[②]

南安瘴气重，物产也远远不似家乡盐官那般丰富。张九成借住在宝界寺中，虽然亲自耕种，但仍然难有下饭之菜，加之对当地食物不适应，只好用热水泡饭充饥。不仅食物如此，他在南安的其他生活用度也更加拮据：

或问："先生手执一纸扇，过数夏，破即补之。一皮履污弊缺裂，亦不易。头上乌巾用纱不过一二尺许，乃以疏布渍以墨汁作巾，至夏间裹之，或致墨汁流面亦不问。笔用秃笔，纸用故纸，以至衣服、饮食，皆不拣择，粗恶尤甚。人乍见者，必以为不情，而先生处之，平生不改，此是性耶？抑爱惜不肯妄用耶？若使爱惜，亦不应如此弊陋，深所未晓。"先生曰："汝且道我用心每日在甚处，若一一去自头至足理会此形骸，却费了多少工夫。我不被他使，且要我使他，此等话须是学道之士、修行老僧方说得。入世人往往以我为鄙吝，以我为鄙陋，以我为迂僻。我见世人役役然为此身所扰，自早至夜，应副他不暇，特可为发一

① 于恕编：《无垢先生横浦心传录》卷上，第5—6页。
② 于恕编：《无垢先生横浦心传录》卷上，第7页。

笑耳。”①

扇子用了好几年，破了补好继续用，皮鞋坏了仍然不换，毛笔秃了不舍得扔，甚至纸也是反复使用。衣服饮食都不讲究，就连头上的乌巾也不舍得买，用墨汁把粗布染成黑色代替，夏天出汗时，墨汁甚至会随汗液流到脸上。这样的节俭让旁人非常不解。张九成解释道：“汝且道我用心每日在甚处。”他用心在德性修养，在为己之学，在戒慎恐惧于内心思虑，而无暇顾及吃穿用度。物质对于他来说不过是“我不被他使，且要我使他”的生活必需品，衣食本是滋养生命，人不能反被衣食所累，逐物不返，任内心放怠而不知收敛。

若要了解张九成“用心每日在甚处”，仅举两个事件就可以略见大概，第一件关于内心所志：

> 先生于书室中列本朝名公画像，每晨起，必盥手焚香，率子弟拜之。且曰：“胸中稍有愧怍，见诸公亦何面目。”一日风雨大至，屋漏披污，狼藉满地。先生见，惊愧，终日不乐。或度无以解之，因徐云：“诸公以先生礼意太勤，假风雨而去耳。”先生曰：“岂有此理。”或曰：“此心之外，安得君子？像画之损，似不必过意恐悚。”先生曰：“‘不诚无物’，君子之人，我岂问其死生。虽一语一言，凡其形迹所在，吾心敬之。”像画乃韩魏公、司马温公、赵清献、苏东坡数公耳。②

张九成在南安期间，除了极少数的书信往来，几乎没有师友交流。当时朝中秦桧一党位高权重，甚至罢免了他仅有的俸禄，冤案平反遥遥无期。每每想象他当年的处境，都让人不禁感慨儒者内心的刚毅勇猛。当一个人被社会上绝大多数人误解，当他苦苦坚守的道义被任意歪曲践踏，当他在现实中所能见到大都是不公正甚至是黑白颠倒，当他被孤立起来望不到重见天日的可能……这是对人内心价值和坚守最残忍的拷问，若不是内心对良知天理笃信，难免会迷茫、哀怨，自暴自弃。这种境遇中，张九成或许曾有过困惑，但他从未有过动摇。他将韩琦、司马光、赵抃、苏轼等人画像陈列在书房中，每天清晨必洗手焚香，率弟子拜之。虽然现在已经无从考证

---

① 于恕编：《无垢先生横浦心传录》卷中，第13页。

② 于恕编：《无垢先生横浦心传录》卷中，第23页。

张九成敬拜的所有人物，但根据引文中所列四人也可以见其去取。四人都是北宋明臣：韩琦曾和范仲淹一起长期抵御西夏；司马光为人温良谦恭、刚正不阿，因反对王安石变法而自请离京；赵抃弹劾不避权贵，人称“铁面御史”，因为反对王安石变法被贬，常以一琴一鹤自随，长厚清修；苏轼亦因上书反对王安石而自求外放。四人处境与张九成有相似之处，他们以国计民生为虑，不畏强权，不计个人死生祸福，坚守内心道义，这是他崇敬的人格，也是他自励的典范。他每日于诸公画像前敬拜，不仅仅是对贤者的致敬，更是对内心的检省和激励。

第二件关于笃实践履：

> 平生无它好，唯嗜书不厌，虽阶庭间草花敷荣、春声喧画、荡流耳目，曾不一动盼侧首。晚年目昏，立短檐下，展卷就明，向暮不已，石间双趺隐然。南安守张公见而叹息，标记于柱，今犹在也。[①]
>
> 谪居凡十四年，结阕扫轨，动止有则。谈经自乐，手不停披，岁久，庭砖足迹依然。公题于柱曰：“予平生嗜书，老来目病，执书就明于此者十四年矣。倚立积久，双趺隐然，可一笑也。”[②]

第一段引文是张九成外甥于恕在《心传录》卷首所言，第二段是他的侄子张榕在《横浦先生家传》中所言。这也是张九成广为流传被人津津乐道的事迹之一。他自幼读书不辍，在乡校时就以勤奋研读经典而受到同辈的敬仰。谪居南安的十四年，没有师友往来，没有事务干扰，他更加专注于读书，与古人为友。由于晚年视力不好，每天站在窗前就着光亮读书，直至黄昏仍不停止。久而久之，在地上留下了两个脚印。博闻强识并非他的目标，他反对把读书本身当作目的，读书的最终目的是为了体认和存养本心，经典中所记录的古圣贤之心即是本心，以圣贤之心来觉醒和验证此心。

“乐道以自安”是张九成人格的真实写照。谪居期间，困顿的生活、仕途的坎坷并没有使他消沉自弃，他如当年在乡校期间一样，终日闭门读书著述。学生曾言：“先生每日耽看文字，朝夕忘倦，寝食俱废，颇近乎癖矣。”[③]张九成对自己这段谪居生活亦有描述，居住南安第七年作《谪居

---

① 于恕：《无垢先生横浦心传录序》，《无垢先生横浦心传录》卷上，第1页。

② 张榕：《横浦先生家传》，《张九成集》下册，第1080页。

③ 于恕编：《无垢先生横浦心传录》卷中，第7页。

赋》:“七年于兹兮,无与晤语。俗目并观兮,吾何以处?惟吾早闻道兮,传孔孟。用圣心兮,履圣行。曰君子谨独兮,无愧怍。圣人乐天兮,无适莫。”①在外人看来难以忍受的生活,他能够安然自处,正是因为他以圣学为宗,笃信孔孟之道,存养本心,依循本心处事。

张九成一生守贫处约,勤于读书,不辍修养。长期的生活困窘并没有使他有丝毫懈怠和动摇,反而磨砺了他坚韧的品格和刚大的内心,使他在经历人生种种跌宕起伏时,处之泰然,宠辱不惊。他的生活与他的思想相互印证,他一生的践履正是他内心坚守的完美注解。

二、仕途坎坷

宣和七年张九成游学京师,次年金兵攻打北宋。张九成亲历了靖康之难,战火后,他与沈元用同舟归钱塘。沈元用,名晦,钱塘人,宣和六年(1124)进士第一,善用兵,胆识过人,但仕途颇坎坷。途中二人曾谈及殿策,沈元用指导他:“廷对问目既多,不可泛答。当立一大意以总扩之,庶几首尾襁属。”②

经历了战火和国难,张九成返回家乡盐官,仍以教书为业。绍兴元年,张九成四十岁,参加两浙类试。当时刘一止任秘书省校书郎,考试两浙类试进士,他对同僚言:“科举方变,欲文学之外,通时务尔,凡言涉浮靡者,尽黜之。”③大家听了刘一止的标准,都暗暗担忧无人能及。刘公看到一份策论,认为当居第一,待开启名字,正是张九成。

绍兴二年,张九成参加殿试,言及对金之战、国库亏空、兵多冗籍、吏员贪腐、民心不稳等多项当时急务。他劝高宗“以刚大为心,无遽以惊忧自沮”,国事则应“先定规模,以定大事”,主张亲贤者,远小人,广开言路,行屯田之法,设精锐之军,节财保民,卧薪尝胆,力图中兴。论及二帝被掳,殷殷恳恳;论及当世要务,纵言古今成败为戒。其文宏伟,言辞恳切,针砭时弊,高宗大为感动。当时尚书右仆射吕颐浩认为凌景夏文采更佳,应擢第一。高宗言:“凡士人当须自其初进别其忠佞,庶可冀其有立。如张九成对,上

① 张九成:《横浦集》卷一,第295页。

② 郎晔编:《横浦日新》卷下,《诸儒鸣道》卷七十二,济南:山东友谊书社,1992年,第16页。

③ 韩元吉:《南涧甲乙稿》卷二十二《阁学刘公行状》,第41页。

自朕躬，下逮百职，言之无所回避，擢在首选，其谁曰不宜?”[①]乃擢张九成殿试第一。

张九成的状元策现收录在《横浦先生文集》中，因为正值南宋选士标准变化，所以这道策论在当时影响非常大。王安石变法以来，科举以王安石新学作为标准，汪应辰在《吏部郎樊茂实墓志铭》中言：“初临川王荆公著《三经义》《字说》以同天下之学，举世颂习如六经。然范阳张先生以为学者贵于自得而躬行，可以为天下国家用也。今守其穿凿附会之说，而修身治人析为两途，则何贵于学矣。先生以此数见黜于当时之有司，贫至飦粥不给。”[②]张九成不肯附会王安石新学，遂屡试不中，这也是坚守良知的广大士人在两宋之际的共同遭遇。经历了靖康之难，朝廷仓促南迁，金兵步步紧逼，南宋政局不稳。为图中兴，高宗希望以科举来作成人才，以为异日之用。因而科举考试一改以前以诗赋和经义取士的惯例，提倡士人对时务提出见解和对策。张九成状元策正代表了这一时期科举文风的变化，在当时被广为传阅，时人乐道，交口称颂。杨时也在书信中称赞他“廷对自更科以来未之有，非刚大之气不为得丧回屈不能为也”[③]。此前在两浙类试中赏识张九成策论的刘一止也有《答张状元启》《答特奏名张状元启》两封书信，沈与求有《贺张状元启》。

殿试唱名之日，张九成在殿阶上叩头乞求高宗奖赏陈之茂。陈之茂，字卓卿，无锡人，与张九成同时参加殿试，由于他在廷对中忤逆秦桧被黜。张九成对高宗言自己的学问不及陈之茂，陈之茂廷对所言也是自己所不敢言，应受奖赏的是陈之茂而不是自己。于是高宗赐陈之茂同进士出身。

关于张九成殿试的影响不止上述几点，颇令高宗及士人感动的还有另外一件事情。绍兴二年，金国在北方的傀儡政权伪齐势力正盛，南宋叛臣刘豫出任伪齐皇帝。张九成廷对中言：“彼刘豫者，何为者耶？素无勋德，殊乏声称，黠雏经营，有同儿戏，何足虑哉！”[④]且将刘豫比作狐狸、鸱枭，鼓舞南宋进取。刘豫知道此事后大怒，欲派刺客刺杀张九成，然而张九成毫

① 汪圣铎点校：《宋史全文》卷十八上，北京：中华书局，2016 年，第 1263 页。

② 汪应辰：《吏部郎樊茂实墓志铭》，《文定集》卷二十二，《文渊阁四库全书》，第 8 页。

③ 杨时撰，林海权校理：《杨时集》卷二十二，北京：中华书局，2018 年，第 592 页。

④ 张九成：《横浦集》卷十二，第 371 页。

无畏惧,言:"欺天罔人,恶积祸稔,殆自毙矣。"[1]高宗大为感动,称赞道:"非卿有守,岂能独立不惧?"[2]

绍兴二年五月,授左宣教郎,签判镇东军公事。张九成就住在签书判官厅,在屋内墙上写:"此身苟一日之闲,百姓罹无涯之苦。"以此激励自己勤于政务。他在任期间由于究心公事,明辨是非,沉积的案件大都得到了解决。浙东诸郡凡有不能决断的案子都请求交给张九成来决断,认为他"明敏无蔽,平反为多"。当年冬天,杨时曾以书信告诫张九成,言朝中已有对其侧目者,盼他多加留意,并引《易经》复卦说明君子自处之道。次年,朝廷责成各地派遣宣谕考察官吏政绩,举荐人才。浙东宣谕朱异上奏张九成治理最具成效,绍兴三年七月,转奉议郎。稍后,高宗召见张九成,他请求辞去恩典,认为政事都是自己与知州、官吏共同完成的,加之这些也本是自己的职责所在,不应受赏。再辞不允。

张九成任内,婺州发生犯法卖盐一案,株连甚广,浙西提刑张宗臣要逮捕平民数十人。张九成认为该案当受罚者不过数人,坚持恤刑为上,不应追及无辜。张宗臣以此事受宰相之命来威胁,张九成回答:"九成但知有圣旨,不知有宰相。主上屡下恤刑之诏,惟恐无辜被系。公身为部使者,不能上体圣意,而观望宰相耶?"[3]闻者莫不快意。张宗臣大怒,同僚劝张九成妥协,他说:"事不可行,岂宜苟徇。"[4]遂弃官还乡。

张九成回到故里海昌后,求学者不远千里而来,一时学者云集,从者日众。张九成推辞而不获,对门人言:"夫人幼而学之,壮而欲行之。《大学》平天下之道自格物入,夫子不逾矩之道自志学入。一心之所营,即经纶天下之业;一身之所履,即绥定国家之事。耳目乃礼乐之原,其可弗正?梦寐乃居处之验,其可弗思?诸君曷亦深求而自得之,以无愧所学。"[5]门人佩服是训,奉以周旋。当时张九成门下出了多位著名学者,如绍兴五年,南省奏名第一的樊茂实,同年进士第一的汪应辰登第时才十八岁,都是他的弟子。绍兴五年十月,高宗召见张九成,特地就省试、殿试状元多出自其门下

① 张榕:《横浦先生家传》,《张九成集》下册,第1073页。
② 张榕:《横浦先生家传》,《张九成集》下册,第1073页。
③ 李心传:《建炎以来系年要录》卷一二三,北京:中华书局,1988年,第1164—1165页。
④ 张榕:《横浦先生家传》,《张九集成》下册,第1074页。
⑤ 张榕:《横浦先生家传》,《张九成集》下册,第1074页。

一事询问他教学的方法，张九成回答："昔夏侯胜矜语门人，谓'士患不明经，经旨苟明，取青紫如拾芥'。臣尝鄙之。明经所以立身行己而致君泽民，倘以是为取青紫之资，则得失乱其中，荣辱夺其外。始焉苟得则终必患失。汉儒经学之弊正在于此。张禹、孔光沿袭为常，而阿合苟容以成汉室之变，是皆志在青紫所致也。臣不佞，不复以利禄之说耸诱其徒，惟知讲明经术，景行前修，庶几克尽忠孝耳。"[①]高宗嘉叹久之。

绍兴四年赵鼎任左丞相，广泛进用洛学者。绍兴五年，赵鼎举荐张九成，除太常博士，陛对曰："踈远小臣，自非圣明灼见微隐，则举族已殒鈇钺。臣所居距阙下不远百里，嫉臣者犹以不忠为辞，况僻远之人，飞文中伤，无以自辩，故凡毁誉之际，惟陛下加察。"[②]改著作佐郎。参与撰写赵鼎监修之《重修神宗实录》，绍兴五年九月先呈上五十卷，张九成因为在馆阁不到一个月，所以辞去进一官的奖赏。次年正月，全书二百卷完成，升著作郎。

绍兴六年八月，张九成因为父亲已经七十岁高龄，身体不适，乞求归乡照顾。除直徽猷阁、提点浙东路刑狱公事。十月，上《辞免直徽猷阁奏状》："秩卑职重，非所宜受，敢固辞。"[③]改直秘阁。绍兴七年正月，左司谏陈公辅弹劾张九成屡次辞官，矫伪沽名，应给以闲职，为矫伪者之戒。张九成再次辞职，返归盐官。有人劝他不要辞官，家中清苦，还需俸禄来赡养家人。他还是浩然辞去，虽然财用不足，但毫无悲戚之状，对父亲敬养备至。

绍兴八年三月，因常同举荐，除宗正少卿。张九成曾上疏谓："朝廷敦化，自亲者始，玉牒当详加刊正，以本支百世。"[④]迁礼部侍郎兼权刑部侍郎。他在礼部曾谓："天下节义，本于朝廷劝激，因条古今忠义死节表著之士，请为庙食者数所，天下之义士奋焉。"[⑤]在刑部则明断轻刑，当时刑部官吏滥用死刑，他明察秋毫，有很多罪行较轻者免于死刑，且平反了很多冤假错案。朝论欲以平反为赏，张九成辞曰："职在详刑，可邀赏乎？"[⑥]

八月，兼经筵侍讲，再辞不获，为高宗进讲《春秋》，现存《迩英春秋进讲》，收录在《横浦先生文集》卷十三。担任经筵侍讲，可谓是实现了儒者教

---

① 张榕：《横浦先生家传》，《张九成集》下册，第1075页。
② 张榕：《横浦先生家传》，《张九成集》下册，第1074页。
③ 张榕：《横浦先生家传》，《张九成集》下册，第1075页。
④ 张榕：《横浦先生家传》，《张九成集》下册，第1075页。
⑤ 张榕：《横浦先生家传》，《张九成集》下册，第1075页。
⑥ 张榕：《横浦先生家传》，《张九成集》下册，第1076页。

化君主的愿望，张九成在讲授《春秋》的过程中，将《春秋》一书作为“性命之文，史外传心之要典”[①]。向高宗讲明王道与圣贤之心，劝高宗以圣王为宗，三省吾身，选贤任能。一日论及日食，他以其一贯的思想向高宗讲明日食的根源在于人主内心有所遮蔽，有恶念萌发。“日食之变本于恶气，恶气之萌起于恶念。不芟夷蕴崇之绝其本根，将奔腾四达。”[②]劝高宗正心术、去恶念，且言：“臣以谓日有食之，人君素服、减膳、避正寝，岂无谓哉？其意盖将使人君退而自省曰：非心起而邪意萌乎？嬖臣预吾政乎？女子荡吾心乎？权臣执吾柄乎？奸臣窃吾鼎乎？夷狄将外侵，盗贼将内起乎？”[③]高宗为之耸然。秦桧等人认为张九成影射自己，遂生嫉恨。加之张九成进讲时曾劝高宗当用贤人，台谏应相对独立，不可以逢迎宰相、君主等，更加深了秦桧对他的仇根。

高宗在张九成进讲《春秋》期间，多有感触，曾对后来的侍讲陈渊说：“朕于张某所得甚多。”[④]每次讲课结束，高宗常常要留张九成继续聊天，这期间他或开陈治道，或就时事劝谏高宗，情感恳切，辞气婉转。一日高宗问：“易牛，微事耳，孟子遽谓‘是心足以王’，朕窃疑之。”张九成回答：“陛下不必疑，疑则心与道二。不忍一牛，仁心著见，此则王道之端倪。推此心以往，则华夏蛮貊根荄鳞介，举天下万物皆在陛下仁政中，岂非王道乎？”[⑤]还有一次，向子諲陛对，已经过了晌午还不退去。右史潘良贵大骂：“向子諲以无益之言久劳圣听！”呵斥再三。高宗惊怒，要处罚潘良贵。常同帮潘良贵求情并指责向子諲之错，这更触怒了高宗，要连常同一起罢免。在场官员无人再敢进谏。第二天张九成侍讲，与高宗论及此事时说：我刚开始听说潘良贵在朝中呵斥向子諲，非常震惊，就去拜见潘良贵问其缘由。良贵说，已经过了正午，天气又热，子諲却一直进谏久久不退去，皇上尚未用膳，又因暑气重一直在流汗。我怕圣体劳累，情迫于中，不自觉声音就大了。高宗听了张九成之言，说：良贵用心却如此。又问二人是不是平时关系不好？张九成回答：以前向子諲任馆职时，我还不认识他，那时潘良贵为少

① 张九成：《横浦集》卷十三，第 391 页。
② 张九成：《横浦集》卷十三，第 385 页。
③ 张九成：《横浦集》卷十三，第 385 页。
④ 张榕：《横浦先生家传》，《张九成集》下册，第 1077 页。
⑤ 张榕：《横浦先生家传》，《张九成集》下册，第 1076 页。

监,我曾尝问良贵向子諲为人如何,良贵说子諲是个正人君子。现在我和子諲是邻居,有一天子諲来我家,曾经说,幸好朝廷中有良贵这样的大臣。这样来说二人之间并没有矛盾。高宗继续问道:常同曾经举荐子諲,现在反而又议论子諲的不是。张九成回答:常同也曾举荐在下,按理说,常同的事情,我不该评论。但之前举荐子諲是因为子諲之才值得举荐,这次事情议论的是国体。高宗之意渐释。张九成继续说:最近朱震去世,陛下命国公往祭之,尊师重道,天下叹仰。又命子諲治其葬,士大夫称赞子諲能眷眷于善类。如果现在因为子諲之故而罢免潘良贵和常同,势必会引起大家对子諲的不满。汉代公孙弘谄奉武帝,汲黯也曾当廷呵斥,现在子諲不是公孙弘那样的谄媚小人,良贵依然能够不畏其他当廷斥责,如有怀谄佞之心的小人,知道良贵在朝中,必会更加惊恐害怕。这番谈话之后,高宗心情好转,对此事不再气愤[①]。

作为帝师,张九成有直言不讳的一面,劝高宗要时常警醒内心所存,以圣王之学为宗旨;有耐心和蔼的一面,向高宗反复开陈王道,讲明人人具圣王之心,高宗若能保有此心,则天下万事万物均在仁政之中;有言辞婉转的一面,从多个角度向高宗阐明是非利害,在和颜悦色之中向高宗讲明事理。他非常重视经筵侍讲这一机会,苦心教化高宗。但可惜的是,高宗虽自认为从张九成学到很多,但终非圣王之才,加之内忧外患,最终也没能实现南宋的中兴,而且用人不当,导致大量忠臣遭到陷害。

绍兴八年秋,金派使者提出议和,朝中主战、主和两方形成对峙局面。当时赵鼎为左丞相,张九成鉴于北宋的教训,认为金人不讲信誉,当初盟墨未干,就出兵攻打北宋,此次议和亦不可轻信。他曾就此事向赵鼎献策,并提出十则策略,认为如果能够实施这十则策略,议和的主动权必会掌握在朝廷这边。但是朝廷中两派争执不下,最终赵鼎罢相,右丞相秦桧独掌实权。秦桧知道张九成曾向赵鼎献策,向他询问对议和的看法,张九成将此前对赵鼎所言之策告诉秦桧,秦桧便想借机拉拢他,他断然拒绝,说:“事宜所可,某何为异议?特不可轻易以苟安耳。”[②]他日,张九成与吕本中同见秦桧,秦桧说:“立朝须优游委曲。”张九成不为所动,回答:“未有枉己而能

---

① 参见张榕:《横浦先生家传》,《张九成集》下册,第1077—1078页。

② 张榕:《横浦先生家传》,《张九成集》下册,第1078页。

直人。”[①]秦桧更加不满。稍后，高宗问张九成对和议的看法，他将自己的想法如实汇报，且曰：“虏情多诈，愿陛下审处其宜，议者不究后日之害而欲姑息以求安，不可不深察也。”[②]这几乎是直接击中了秦桧等人的要害，于是秦桧诬陷他是赵鼎的朋党，他不但没有为自己澄清，反而直言自己与赵鼎的交情，并上章求去。于是罢免了张九成礼部侍郎兼侍讲，改秘阁修撰，提举江州太平观，返回家乡盐官。这期间，张九成除了问学于伊川弟子尹焞之外，还与汪应辰一同拜访大慧宗杲，这也成为日后秦桧进一步诬陷迫害他的借口。

在张九成担任提举江州太平观的两年时间，即使只有官俸而没有职事，朝中的反对者仍然不放弃对他的诋毁。高宗曾想启用张九成，秦桧一党言：若果陛下启用张九成，他势必又会力辞不受，不如先遂其志，授予奉祠这样的闲职。绍兴十年八月，再次将张九成斥远，命谪守邵州。张九成接到命令时，正直盛暑，他没有回家就直接驱车前往邵阳。邵阳仓库虚乏，僚属请求追讨民众拖欠苛捐杂税以补充财用。张九成断然拒绝：“守不良，纵未能施惠斯民，独奈何困民以自丰耶？”[③]遂宽舒民赋，赈济灾民，收服蛮酋，人民大为感动，当年的赋税反而比往年缴纳得更早。欲加之罪何患无辞，在这种情况下，御史中丞何铸弹劾张九成，原因是“矫伪之行，颇能欺俗”，当年，张九成再次落职。

第二年，即绍兴十一年正月，张九成父亲张伸去世，他返居盐官料理父亲后事，丧葬祭礼为世效法。学生汪应辰不远千里前来吊念。张九成哀痛至极，加之与佛教素有往来，所以四月中旬到径山追荐其父，并请大慧宗杲升堂说法。大慧言“圆悟谓张徽猷昭远为铁划禅，山僧却以无垢禅为神臂弓”[④]。无垢是张九成的居士号，大慧本是称赞他的禅机，但秦桧认为“神臂弓”是在称赞张九成在对金态度上是主战派。于是再次诬陷，说他与大慧非议朝廷解除张俊、韩世忠、岳飞三人兵权一事。绍兴十一年四月，朝廷以庆祝柘皋大捷的名义将韩世忠、岳飞、张俊三大将紧急召回京城，宴会

① （元）脱脱等：《宋史·张九成传》第33册，第11578页。
② 张榕：《横浦先生家传》，《张九成集》下册，第1078页。
③ 张榕：《横浦先生家传》，《张九成集》下册，第1079页。
④ 释祖咏编：《大慧普觉禅师年谱》绍兴十一年条，周和平主编，北京图书馆编：《北京图书馆藏珍本年谱丛刊》第22册，北京：北京图书馆出版社，1999年，第403页。

上，秦桧突然代高宗任命韩世忠、张俊为枢密使，岳飞为枢密副使，同时入主枢密院，不再返回军队。明为任命，实则是解除兵权。此事发生在四月末，而张九成四月十八日就已经离开了径山。即使诬陷一事漏洞百出、昭然若揭，但高宗仍下诏让张九成先在家乡服丧，待服丧完另行处置。同时，勒令大慧还俗，送衡州编管。

绍兴十三年，张九成五十二岁，父丧期满。右司谏詹大方再次以他与大慧谤讪朝政为名弹劾，张九成被贬南安军居住。秦桧取旨时，高宗说："可与宫观。此人最是结交赵鼎之深者。自古朋党畏人主知之，此人独无所畏。"①詹大方言："顷者鼓唱浮言，九成实为之首。径山僧宗杲和之，今已远窜，为首者岂可置之不问？望罢九成宫观，投之远方，以为倾邪者之戒。"②

南安，古名横浦，位于江西南部，大庾岭之北，土地贫瘠，条件恶劣。但这里学风很好，北宋的江公望、周敦颐曾在这里为官，二程遵父命就学于周敦颐亦在此地，因此，南安有"道学之源"的称谓。《南安府志》载"宋周元公司理、程大中通守，及往来侨寓之苏文忠、张无垢、刘元城、蒙川诸君子，理学渊源，文章气节，接踵渐濡，风会遂于是乎日上"；"南安实周、程学脉流衍之地，明代从祀四先生"；又载"大庾则俗尚朴淳，事简民怡，为先贤过化之邦，有中州清淑之气，盖其风近古矣"③。张九成在南安居住十四年，生活困乏，艰难度日，但终日闭门读书著述，以圣学为宗；鲜有师友往来，便在经史中与古人为友。

虽然张九成远离朝廷多年，但高宗对他所讲《春秋》颇有感触，念念不忘。有一次高闶侍经筵，高宗问张九成现在怎么样了？高闶还未及回答，高宗就指着张九成所讲的几处内容再三称赞，说：朕每思不能忘也。第二天高宗问秦桧，张九成现在何处？秦桧回答说：张九成之前对政事发表异见，妖言惑众，台臣弹劾罢免其官职。派他去做郡守，他却找借口推辞。看张九成的态度怕是不愿意再为陛下所用。高宗说：九成清贫，不可罢免他的俸禄④。当时在场的大臣无不为他的安危担忧。秦桧怀疑是高闶向高

---

① 李幼武纂集：《宋名臣言行录·别集下》卷九，《文渊阁四库全书》，第6页。

② 李幼武纂集：《宋名臣言行录·别集下》卷九，第6页。

③ 参见黄鸣珂主修：《南安府志》卷二，清同治七年刊本。

④ 参见张榕：《横浦先生家传》，《张九成集》下册，第1086页。

宗推荐张九成，找借口也弹劾了高闶。当然高宗所言也未能落实，秦桧还是罢免了张九成的俸禄，这使得他本来清贫的生活更加艰苦，难以为继，甚至"家人辈几无以自存"[①]。张九成曾做《罢禄》一诗："冰山赫日来，随例须倾倒。所得无纤毫，所丧不到老。"[②]这份耿直和看透世事的豁达，现在读来依旧让人心中豁然。时人了解到张九成的生活状况，常有人向他馈赠财物，都被他婉言谢绝。广帅时致籯金，曰："公平生无一毫妄取于人，今厄穷如此，敢以羸俸致古人周急之义。"张九成曰："赒惠不遗旧，友朋之义也。滥穷而苟取，吾何敢脂韦以适己为悦哉？"[③]尽数归还。士人君子称道他真乃乐道以自安者。

在南安期间，张九成虽然无官职无俸禄，但依旧惦念百姓疾苦，节义凛然可观。南安冬天苦寒无雪，多瘟疫，所以当地人有去龙君庙乞求降水的习俗。张九成为百姓求雪写祝辞，且亲自祈祷，当天下午就阴云倏起，不久果然降雪，当地人无论老幼都异常欣喜，这一年春天也没有发生瘟疫。人们将他的祝辞刻在龙君庙中，并就此事作歌谣传颂。有一次贼寇来袭，人们纷纷逃走避难，有人劝张九成也暂时离开，他说："吾谪此邦，死，分也，何避为？"[④]当地知州束手无策，请张九成帮忙，他说：正面对抗的话，依我们的实力难以抵御贼寇。听说贼寇驻扎在河的南面，我们招募善于游泳的人趁深夜去点燃他们的营寨，他们必惊慌失措。依张九成之计，贼寇果然退去。

绍兴二十五年，秦桧死。绍兴二十六年，张九成六十五岁，复秘阁修撰，知温州。至此，他在南安度过了十四年贫苦而安静的生活，南安古名横浦，张九成自号"横浦居士"以纪念这段生活。二月，到温州上任，当地百姓生活贫困，繁重的赋税之外，官吏还强取豪夺。张九成整顿官吏，减轻赋税，削减名目繁多的收费，免酒禁而行丧葬之礼，百姓生活稍见宽裕。另外，当地习俗粗鄙，污言秽语，习以为常，张九成制订乡约，劝大家相互监督，人们感动，民俗大变。他还询访州县中的隐士贤哲，亲自致书当地有名的学者，以此敦促激励学风。户部派遣官吏到各地督促军粮，对百姓逼迫

---

① 张榕：《横浦先生家传》，《张九成集》下册，第1080页。
② 张九成：《横浦集》卷一，第300页。
③ 张榕：《横浦先生家传》，《张九成集》下册，第1079—1080页。
④ 张榕：《横浦先生家传》，《张九成集》下册，第1080页。

甚紧，张九成移书力陈其弊，并叙述百姓生活困苦不堪重扰。然而当时官场腐败，积习难改，户部对张九成之谏持之不报，执事者依旧横征暴敛。他以一人之力，无法改变这样的局面，当年初秋，以病求去，百姓挽车遮道，挥泪送行。

归家乡数月，张九成病重，家人伤心哭泣。他说：吾平生践履，今日愈觉有力，何乃为儿女子呫呫涕泣耶？病稍见好转，就像往常一样教导子侄。绍兴二十九年六月六日，张九成病逝，享年六十八岁。讣至朝廷，高宗为之悼惜，诏复敷文阁待制，赠左朝请大夫。宋理宗宝庆元年（1225），赠太师，追封崇国公，谥文忠。

张九成一生笃信圣学，躬行践履，百折不回。儿时便表现出异常的禀赋，少年时学冠同辈。他认为学者贵于自得而躬行，然后可以为天下国家所用，因而不肯趋炎附势，不肯附会当时作为科举重要内容的王安石新学，所以一直未能考取功名。直至高宗意识到南宋积弊，改变科举取士的文风，张九成所学才得到认可，省试、殿试均为第一。这年，张九成已经四十一岁，人生大半已经在读书和教书的贫困生活中度过。青年时期是人对梦想实现、对自我能力得到认可最为渴求的时期，也是最容易为此迷茫和改变方向的时期。张九成从少年才俊到中年平平，二十几年的困顿生活并没有让他屈从世俗，甚至没能让他陷入迷惘。后来他解释自己为什么能安然对待各种不堪的境遇，只归结为三个字"早闻道"，确实如此。

状元的荣耀并没有改变他简朴而勤奋的生活方式。入仕以来，他在每一个重要或不重要的岗位上都竭尽所能，以民为心。也正是因为这种与当时官场习俗太过不同的廉政爱民、忠正耿直，使得他处处碰壁、屡遭陷害。他多次被罢免，多次辞官，几次再入朝，都不是为了一己之私，而是以国家、百姓为重，以道义为重。即使在秦桧权势炙手可热之时，张九成依然直言上疏，论秦桧执国柄，误宋大计。杨时曾在书信中告诉张九成朝廷中有人对他不满，要他多加留意，但他入仕的二十几年，只考虑是非利害，不顾虑奸臣权贵，不在意个人安危。

作为后人，站在历史之上，我们很容易就可以看清其中的是是非非。但是作为当事人，置身其中，国家的命运、时代的趋势，再加上个人的福祸，对错就很难断定。于是有人对张九成产生怀疑：

> 或问："先生在越上作幕官，不肯受供给，馆中进书不肯转，官人皆

> 以为好名之过。”答曰：“既受月俸，又受供给，偶然进书，随例受赏，于我心实有不安，此亦本分事，何名之好？”[①]

怀疑张九成沽名钓誉的人，在当时应该为数不少，所以当年何铸以“矫伪之行，颇能欺俗”来弹劾张九成，也能如愿。对此张九成回答得太朴实了，朴实得让后人难以捻出一言半语作为标榜，他说自己做的都是所在职务的分内之事，完成自己的分内之事，自然不应受赏。所以不接受赏赐和馈赠也是自己本应做的。

还有人问及他多次辞官：

> 或问：“先生当官多与人议论不合，多不能久即欲归，何也？”曰：“习俗坏人，正理难行，动多龃龉，不如归来，多少快活。久而后渐渐病入矣，亟归为上。若欲行志，须当得君，州县真徒劳也。”[②]

以俗理来看，一次与人议论不合可能是偶然，但屡次为官都与人不合，怕是张九成自己存在问题，因而有此问。每次读到张九成的这段回答，都唏嘘不已。南宋官吏腐败，上至朝中大臣下至州县小吏，官官相护，习以为常。这样的体制中，依照正理行事的人必然处处受阻。与其被迫同流合污，不如遵循道义，尽力而为，不行则退。若言暂时委屈忍耐，以求日后施展济世救民的抱负，实际上大都会被恶习同化，未有能枉己而正人者。以张九成历经礼部、刑部、经筵侍讲、州县等官职的经验来看，在一州一县努力，终难改变国家命运，需上得君主，才有施展抱负的可能。但是张九成曾为帝师，也可谓上得君主，且高宗认可他的忠耿，对他念念不忘。可是他对高宗的教化既不能改变朝廷与金人议和，也不能减轻繁重的赋税，甚至不能在屡遭陷害时还自己清白。张九成在说上面这段话时，心中也一定有深刻的无奈和悲凉。特别是在秦桧当权期间，不但他的朋友多遭陷害，朝中的忠将义臣也大都被贬，很多人没有等到秦桧死掉，没有看到沉冤昭雪，就遗憾地离世了。张九成曾受邀去拜访同样谪居南安的前步帅解潜，解潜病危中对他说：我一生惟仗忠义，誓与敌死，以雪国耻，而不肯议和，遂为秦桧所斥，此心惟天知之。张九成安慰他说：“无愧此心足矣，何必令人知！然

---

① 于恕编：《无垢先生横浦心传录》卷上，第25页。

② 于恕编：《无垢先生横浦心传录》卷上，第25页。

人未有不知者，事有真伪迟速耳。”[①]解潜闻此言心中豁然，即逝。

如上的诸多事情叠加成为张九成的现实生活，这现实残酷、复杂和无常。他个人的生活在被贬南安后，看不到丝毫希望，充满贫穷、孤独、无可奈何和不断的雪上加霜。其实贫穷和卑微都不重要，重要的是你的价值观不断受到外界的冲击，你觉得对的事情一次次被现实否定，你所辛苦坚持的真理和美德不断被现实嘲讽……你被现实彻底孤立。绝大多数人在这时会开始动摇，开始自我怀疑，开始迷茫，开始不知所向，这才是最深刻的痛苦的开始。坎坷的仕途中，张九成没有动摇，没有消沉，始终以良知和道义为准绳，一切境遇均泰然处之。虽然他自幼便以圣学为宗，但经历种种荣辱之后的坚持，更加难能可贵。他这种披荆斩棘一路向前的意志、刚毅的品格，即使在八百年之后，依然让后辈仰望和崇敬。

三、著作考证

张九成一生著作颇丰，谪居南安十四年间，闭门读书，潜心著述，对诸经多有训解。他的著作在其身后不久即刊行，并广为流传。但遗憾的是，由于横浦之学被朱熹一脉斥为杂禅，其学说随着朱子学的兴起而迅速衰微，同时其著作也渐渐散佚。由宋乾道到明万历年间，其间不过四百年，横浦著作竟已佚失大半，所存书目也多残缺。遥想当年横浦忠节炳炳，为世垂范，终年注经，穷研义理，以至多年后他居住的宝戒寺内就窗读书的脚印仍隐然可见，让人不觉叹息。以下将以所收集到的资料为基础，简述横浦著作的流传。

宋刊本《横浦先生文集》所载《横浦先生家传》中，横浦侄子张榕对其著作概述如下：“《论语说》二十卷、《孟子说》十四卷、《尚书说》五十卷、《中庸》《大学》说各一卷、《孝经说》一卷、《经筵讲义》一卷、《横浦家集》二十卷。”[②]

由于《横浦先生家传》中言横浦长子伯厚晚于横浦七年而殁，横浦病逝于绍兴二十九年（1159），《家传》所书时间应晚于 1166 年。宝庆元年（1225），横浦赠太师，封崇国公，谥文忠，《家传》中未提及此，《家传》当早于

① 于恕编：《无垢先生横浦心传录》卷上，第 8 页。

② 张榕：《横浦先生家传》，《张九成集》下册，第 1086 页。

1225 年。另外于恕所记《心传录》刊行于 1174 年,《家传》中亦未提及《心传录》,如果张榕作《家传》在 1174 年之后,不可能不记录同辈兄弟所辑先生语录。综上,《家传》写作时间应为 1166—1174 年间。

横浦外甥于恕为《无垢先生横浦心传录》作序中称《心传录》交由黄严丞刁骏刊行,门人郎晔粗得数语纂为所录,已经先于《心传录》刊行于世,士夫翕然传诵。序言所记在淳熙元年(1174),《心传录》应在此年刊行。郎晔所纂横浦著述有《横浦先生文集》和《横浦日新》,于恕言"粗得数语",不可能指《横浦先生文集》,因而推测应为《横浦日新》。且编纂时间约为 1159—1168 年间的《诸儒鸣道》中亦收录《横浦日新》二卷,亦可佐证于恕所言"士夫翕然传诵"。

宋刊本《横浦先生文集》亦载横浦外甥之子于有成所撰序,言横浦著作天下罔有缺伪,独简帖字画得者稀少,邑丞赵汝腤辑《横浦简帖》刊行。此序应为《横浦简帖》而作,时在绍定二年(1229)。

综合横浦家人的记述,即张榕、于恕及于有成之言,乾道至绍定二年所存横浦著述规模应为:《论语说》二十卷、《孟子说》十四卷、《尚书说》五十卷、《中庸说》一卷、《大学说》一卷、《孝经说》一卷、《经筵讲义》一卷、《横浦家集》二十卷、《横浦日新》二卷、《心传录》十二卷[①]、《横浦简帖》(卷数不详)。

就横浦著述刊行及流传情况而言,绍兴二十五年(1155)十二月,胡寅《答张子韶侍郎》中言:"复礼、忠恕两段,蒙不相鄙,见既透彻,言亦了达,珍拜珍拜。何时得睹全书,并《尚书》《大学》《中庸》《孟子》诸说,渴饥莫喻也。"[②]复礼、忠恕出自对《论语》的注解。因而,横浦上述著作在 1155 年尚未刊行。

朱熹《杂学辨·张无垢中庸解》中言:"窃不自揆,尝欲为之论辨,以晓当世之惑。而大本既殊,无所不异。因览其《中庸说》,姑掇其尤甚者什一二著于篇。其他如《论语》《孝经》《大学》《孟子》之说,不暇遍为之辨。大抵忽遽急迫,其所以为说,皆此书之类也。"[③]朱熹作《杂学辨》约在乾道乙酉

---

① 张元济所见明抄本《心传录》亦为十二卷,结衔为"皇朝太师崇国文忠公",应据宋本所抄。

② 胡寅著,容肇祖点校:《崇正辩　斐然集》,北京:中华书局,1993 年,第 389 页。

③ 朱熹:《晦庵先生朱文公文集》卷七十二《张无垢中庸解》,朱杰人、严佐之、刘永翔主编:《朱子全书》第二十四册,上海:上海古籍出版社,合肥:安徽教育出版社,2002 年,第 3473 页。

(1165)丙戌(1166)年间[①],可见此时横浦对《语》《孟》《学》《庸》《孝经》的注解已经刊行流传。依朱熹所言,洪适[②]当为刊行横浦著述者之一:"洪适在会稽尽取张子韶经解板行,此祸甚酷,不在洪水夷狄猛兽之下,令人寒心。"[③]此书作于乾道四年戊子(1168)正月[④]。洪适乾道丙戌(1166)除观文殿学士、提举江州太平兴国宫,后以观文殿学士、左通奉大夫知绍兴府兼浙东安抚使,洪适刊行横浦经解应在知绍兴府期间。

陈亮对于横浦学说著述亦有评论:"近世张给事学佛有见,晚从杨龟山学,自谓能悟其非、驾其说,以鼓天下之学者靡然从之。家置其书,人习其法,几缠缚胶固,虽世之所谓高明之士往往溺于其中而不能以自出,其为人心之害何止于战国之杨、墨也?"[⑤]陈亮与朱熹之言共同说明了横浦对诸经的注解在乾道年间均已刊行、广为流传,且学者对于横浦学说颇为认同。

南宋藏书家、目录学家陈振孙在《直斋书录解题》中,对于其所见横浦著述有详尽记录:

《无垢尚书详解》五十卷;

《中庸》《大学》说各一卷、《少仪解》附;

《孝经解》一卷;

《论语解》二十卷;

《孟子解》十四卷;

《乡党》《少仪》《咸有一德》《〈论语〉〈孟子〉拾遗》共一卷;

《无垢语录》十四卷、《言行编遗文》共一卷;

另有赵师侠《西铭集解》一卷,收录张九成《西铭解》。

《宋史·艺文志》载张九成著述有:

《尚书详说》五十卷;

《中庸说》《大学说》各一卷;

① 陈来:《朱子哲学研究》,上海:华东师范大学出版社,2000年,第274页,脚注1言:"《杂学辨》何叔京跋语作于丙戌,然据朱子答何叔京第四书参之,不必为丙戌所作,又以答汪尚书论吕舍人书参之,似在乙酉丙戌间为近。"今从此说。

② 横浦曾为洪适父亲洪皓作祭文,《无垢先生横浦心传录》中亦有对洪皓节义的赞叹,谪居南安时横浦与洪适很可能已经相识。

③ 朱熹:《晦庵先生朱文公文集》卷四十二《答石子重》之五,《朱子全书》第二十二册,第1924页。

④ 参见陈来:《朱子书信编年考证》(增订本),北京:生活·读书·新知三联书店,2007年,第53页。

⑤ 陈亮:《龙川集》卷十九《与应仲实》,《文渊阁四库全书》,第366页。

《孝经解》四卷；

《论语解》十卷；

《四书解》六十五卷；

《乡党》《少仪》《咸有一德》《〈孟子〉拾遗》共一卷；

以陈振孙所记书目较之张榕、于恕、于有成所记，刊行书目缺《经筵讲义》一卷、《横浦家集》二十卷、《横浦简帖》（卷数不详）。因《宋史·艺文志》及当时其他学者著作中也未提及《横浦家集》及《经筵讲义》，可能是横浦诸经解最先刊行，而《横浦家集》及《经筵讲义》稍后刊行。至于赵汝皓所刊《横浦简帖》，《宋史·艺文志》及其他当时学者均不见提及，可见虽已刊行但流传不广。至于《宋史·艺文志》与《家传》及《直斋书录解题》所记书目卷数不同，将在后文中详细讨论。

至明万历甲寅（1614），焦竑《书横浦先生集》中言："余家藏《先生集》二十卷，《心传录》三卷，《日新》一卷，《家传》一卷，《孟子发题》一卷，新安吴康虞氏谓大有裨于学者，为手校而梓行于世。尚有《学》《庸》《语》《孟》《孝经》《尚书传》，佚而不存。"① 此时，横浦诸经解几乎全部佚失，仅存《文集》和《心传录》《横浦日新》，及张榕所撰《家传》、施德操所撰《孟子发题》。横浦诸经解从南宋乾道年间的家置其书，至明万历年间佚而不存，佚散速度之快、数量之多，让后人不禁抚书而叹。思想见解与时稍异，学说即不见传承，著述亦难于流传，以致后来学者无以窥其文字，空余遥想凭吊。

横浦著述现存《横浦先生文集》二十卷、《孟子传》残二十九卷、《无垢先生横浦心传录》三卷、《论语绝句》一卷、《横浦日新》二卷、《中庸说》残三卷。以下将一一考订：

（一）《横浦先生文集》

《横浦先生文集》（《横浦文集》），现存四个版本。最早为中国国家图书馆藏宋刊本，其次为明万历四十二年（1614）吴惟明刊本《横浦先生文集》二十卷、明万历四十三年（1615）海昌知县方士骐刊本《重刊横浦先生文集》二十卷，以及《文渊阁四库全书》本《横浦集》二十卷。除明刊本将《心传录》《横浦日新》附编于《文集》之后，四个版本中《文集》卷数、篇章均无变化。

① 焦竑：《书横浦先生集》，载于《横浦先生文集》卷首，明万历刊本。

宋刊本《横浦先生文集》二十卷(门人郎晔编),附张榕《横浦先生家传》一卷、于有成《序》一卷、施德操《施先生孟子发题》一卷。张榕所撰《家传》中仅言《横浦家集》二十卷,不言《横浦先生文集》,很可能当时郎晔尚未编辑完成《横浦先生文集》。郎晔卒于淳熙十四年(1187),于有成《序》撰于绍定二年(1229),因而《横浦先生文集》的编辑工作在1188年前已经完成,现存宋刊本刊行较晚,至少在1229年之后。

《横浦先生文集》中收录了部分横浦已经有单行本的著作,如陈振孙所记:"无垢《乡党》《少仪》《咸有一德》《〈论语〉〈孟子〉拾遗》共一卷"①,另有张九成《西铭解》,其中《乡党》《少仪》收录在《横浦先生文集》卷第五;《咸有一德》收录在《横浦先生文集》卷第七;《〈孟子〉拾遗》收录在《横浦先生文集》卷第十五;《西铭解》收录在《横浦先生文集》卷第十五。不见《〈论语〉拾遗》,《〈论语〉拾遗》只在《直斋书录解题》有一处提及,而且是与《〈孟子〉拾遗》合说,可能陈振孙记录有误,此书并不存在。张榕记载还有《经筵讲义》一卷、《横浦家集》二十卷,《横浦先生文集》卷第十三是《迩英春秋进讲》,可能是张榕所言《经筵讲义》。《横浦家集》内容已不可考,但可以推测即使现存《横浦先生文集》与《横浦家集》不是同一本书,也至少是门人郎晔据《横浦家集》编纂而成。

明万历四十二年(1614)吴惟明刊本《横浦先生文集》二十卷,卷首有焦竑《序》,言新安吴康虞据其家藏本校梓刊印。《文集》二十卷、《家传》一卷、《孟子发题》一卷,卷数、篇目均与宋刊本相同。吴氏此次刊印,将《心传录》三卷、《横浦日新》一卷亦附于《文集》后。次年,海昌知县方士骐刊行《重刊横浦先生文集》,乃覆吴惟明本。

清乾隆年间编《四库全书》,收录《横浦集》二十卷,《提要》言"九成别有《心传》《日新》二录,原本亦附编集后,今以其已有单本别行,故并从删削,不更复出焉。"

(二)《张状元孟子传》

《张状元孟子传》现存两个版本。最早为宋刊本《张状元孟子传》残二十九卷,缺《尽心》上下篇。收录于《四部丛刊三编》经部,张元济据苏州滂

---

① 陈振孙撰,徐小蛮、顾妹华点校:《直斋书录解题》,上海:上海古籍出版社,1987年,第82页。

喜斋潘氏藏宋刊本影印，原本即有残缺。《四库全书》本《张状元孟子传》残二十九卷，同缺《尽心》上下篇，《提要》称其底本为"南宋旧椠"。据张元济校勘记所言，《四库全书》底本乃今南京图书馆藏《张状元孟子传》，与滂喜斋潘氏藏宋刊本卷数相同，但行字不合。其间有滂喜斋本残缺，而此本有存，或为后来传抄者臆补。

现存《孟子传》残本，与历史记录书名、卷数差异较大。《家传》称《孟子说》十四卷，陈振孙《直斋书录解题》卷三、《文献通考·经籍考》卷十一、焦竑《国史经籍志》卷二，三书均称《孟子解》十四卷。《郡斋读书志附志》卷上则称《孟子解》三十六卷，季振宜《季沧苇书目》称宋刊本《孟子解》三十二卷。以卷数推测，现存《孟子传》残本最有可能为《郡斋读书志附志》所记《孟子解》三十六卷。就书名而言，历史记录横浦注经名字为"说"或"解"，未见"传"，而现在所见两种宋刊本均题名《张状元孟子传》。滂喜斋潘氏所藏宋刊本写作"皇朝太师崇国文忠公临安府盐官张九成子韶"，九成在宋理宗宝庆元年(1225)赠太师，追封崇国公，谥文忠，因而此书刊行晚于宝庆元年。虽然书名和卷数与历史记载不一，但考虑到张九成著述大多书名混用、版本不一，且所以此书句势行文、思想观点与《横浦集》《无垢先生横浦心传录》《横浦日新》一贯，应是张九成所作。

(三)《中庸说》

《中庸说》现存一个版本。宋刊本《中庸说》原本六卷，现存三卷，原藏于日本京都东福寺，张元济摄影携回，收录于《四部丛刊》。另，朱熹所撰《杂学辨》中，引张九成《中庸说》五十一条逐一批驳。现存《中庸说》三卷，与朱熹所引内容除个别字词差异之外基本相同，因而后三卷内容，亦可依照朱熹所引，略窥一二。

《直斋书录解题》与《宋史·艺文志》中均言《中庸说》一卷。《直斋书录解题》卷二亦言："曲江本《中庸》六卷、《大学》二卷。"[①]《文献通考·经籍考》卷八言："张无垢《中庸说》六卷、《大学说》两卷、《少仪解》附。"[②]内容相同，但卷数不一，应是不同刊本分卷不同。

① 陈振孙撰，徐小蛮、顾妹华点校：《直斋书录解题》，第48页。

② 马端临：《文献通考·经籍考》卷八，《文渊阁四库全书》，第17页。

需要指出的是,《宋史·艺文志》记载《四书解》六十五卷。通常认为"四书"之名出自朱熹《四书章句集注》,《宋史·艺文志》载张九成《四书解》并不代表在横浦时已有"四书"的说法。依照常识,横浦已对《论》《孟》《学》《庸》分别注解,没有必要又作一《四书解》,且此书在张榕、陈振孙、赵希弁著作中均未提及。《四书解》可能是南宋后期学者将横浦《论》《孟》《学》《庸》四解合为一集,统称《四书解》。因为四解卷数历史记载不一,所以六十五卷之说法亦不可考。如各书均按记载中的最多卷数计算,《论语解》二十卷、《孟子解》三十六卷、《中庸说》六卷、《大学说》二卷,共六十四卷。

(四)《无垢先生横浦心传录》(附《论语绝句》)

《无垢先生横浦心传录》三卷,现存一个版本。明万历四十二年(1614)吴惟明刊本,收录于《四库全书存目丛书》。此外,《说郛》卷九十八收录《横浦语录》一卷,其内容《无垢先生横浦心传录》中均载。

《无垢先生横浦心传录》卷首载于恕序,卷末载刁骏后序,序言所记在淳熙元年(1174),应为《心传录》最早刊行时间。于恕称:"予与宪弟自幼承训,颇以警策,别于群儿。每一感念,情不自制,遂抱负琴剑,徒步三千余里,抵岭下……予后以思亲归,季弟宪亦不惮劳远,奋然独往,其承教犹予前日也。遂各以其所得,合为一集。"[①]如其所言,《无垢先生横浦心传录》是于恕与于宪二人分别记录张九成语录的合集。但现存吴惟明刊本三卷均为于恕所编。

据张元济在《横浦先生文集校勘》记录,其所见明抄本《无垢张状元心传录》与今本内容相同,分为十二卷。卷九并题自《谢逊志学说》后为于宪所编,次行结衔为"皇朝太师崇国文忠公",因而当自宋本出。就卷数而言,《郡斋读书志附志》卷下记载《无垢先生心传录》十二卷,周辉在《清波杂志·无垢语录》中亦言:"其(张九成)甥于恕裒集《语录》十二卷,既已刊行。"[②]于恕所辑《语录》应为《心传录》,所言十二卷与张元济所见明抄本同。就编者而言,明吴惟明刊本《无垢先生横浦心传录》三卷均提于恕编,而宋本中前八卷为于恕所编,后四卷为于宪所编,与于恕序中所言"遂各以其

① 于恕编:《无垢先生横浦心传录》,第1页。

② 周辉:《清波杂志》卷九《无垢语录》,《中华再造善本》,北京:国家图书馆出版社,2004年,第1页。

所得，合为一集”相符。可见宋本《心传录》应有十二卷本，且编者题于恕、于宪二人。

张元济所见明抄本笔者尚未寻得。但关于该本的记载佐证了《直斋书录解题》中的记录：“《无垢语录》十四卷、《言行编遗文》共一卷。张九成子韶之甥于恕所编《心传录》及其门人郎昱所记《日新录》。近时徐鹿卿德夫教授南安，复裒其言行，系以岁月，及遗文三十篇附于末。”①《无垢语录》十四卷当为《心传录》十二卷、《日新录》二卷的合集，但徐鹿卿②所辑遗文三十篇后世不见，应该在明万历四十二年前已经佚散。

此外，就《语录》之名而言，南宋戴栩所撰《浣川集》言：“嘉定甲申之春，南安教授徐君（徐鹿卿）以《无垢先生张公语录》见寄。”③周辉言：“其（张九成）甥于恕裒集《语录》十二卷”④，可见最迟在嘉定甲申，《心传录》与《横浦日新》已有合集，且被称为《语录》，《心传录》单本当时也被称为《语录》。《语录》之名应与宋代盛行语录体有关，并非如《四库全书存目丛书·心传录日新录提要》所言，《语录》是专指《心传录》与《日新录》二书的合订本。

（五）《论语绝句》

横浦《论语解》，《宋史·艺文志》载十卷，陈振孙《直斋书录解题》载二十卷，赵希弁《郡斋读书志附志》载二十卷，张榕《家传》载《论语说》二十卷，似《宋史·艺文志》有误。其书至明万历年间已经不存。朱熹斥横浦经解阳儒阴释，如洪水猛兽，但对横浦《论语解》颇有赞许：“无垢论语说的甚敷唱，横说竖说，居之不移。”⑤朱熹《论语集注》中亦引用九成“审富贵而安贫贱”之语⑥。

横浦现存关于论语的著作是《论语绝句》，收录在吴惟明刊本《无垢先

---

① 陈振孙撰，徐小蛮、顾妹华点校：《直斋书录解题》，第 280 页。

② 徐鹿卿（1170—1249）（《宋史》有传），字德夫，隆兴丰城人。博通经史，以文学名于乡。嘉定十六年，廷试进士，有司第其对居二，详定官以其直抑之，犹置第十。调南安军学教授。张九成尝以直道谪居，鹿卿摭其言行，刻诸学以训。先是周敦颐、程颢与其弟颐皆讲学是邦，鹿卿申其教，由是理义之学复明。

③ 戴栩：《浣川集》卷九，《文渊阁四库全书》，第 3 页。

④ 周辉：《清波杂志》卷九《无垢语录》，第 1 页。

⑤ 黎靖德编，王星贤点校：《朱子语类》卷一百三十二，北京：中华书局，2020 年，第 3874 页。

⑥ 王应麟：《困学记闻》卷七言：“朱子以无垢为杂学，《论语集注》独取‘审富贵，安贫贱’一语。”（王应麟：《困学记闻》卷七，《文渊阁四库全书》，第 25 页）

生横浦心传录》中，另有清代吴省兰辑《艺海珠尘丝集》(丙集)本、《全宋诗》卷一七九六亦收录《论语绝句》全篇。

《论语绝句》是以七言绝句的形式来阐发《论语》中词句的内涵。这种形式在明末受到重视，很多学者纷纷唱和横浦《论语绝句》，如明末刊行的《唱和无垢(张九成)诗集》。周海门及其门人陶望龄都曾为《唱和无垢诗集》作序，陶望龄序中称："宣尼(孔子)有没弦琴一张，传之二千年矣，而子韶(张九成)始为作谱。子韶谱后，复三百年，而三君子(张懋之、白子熙、祁尔光)始为之足曲，真儒门一段奇特。"[①]除了唱和之外，明末一些阳明门人也在著作中引用《论语绝句》，如周海门《四书宗旨・论语篇》中有五处对《论语绝句》的直接引用[②]。横浦经解在南宋受朱熹一脉排斥，到明代末期，《论语绝句》作为横浦仅存的一本阐发《论语》的著作，却广受重视，重新被纳入圣门之传。这认可来时虽迟，却也可算是对横浦之学的一点慰藉。

《论语绝句》在南宋已有人怀疑非横浦所撰。周辉在《清波杂志・无垢语录》中言："张无垢贬南安，凡十有四年，寓处僧舍，未尝出门户。其一话一言，举足为法，警悟后学宏矣。其甥于恕裒集《语录》十二卷，既已刊行，其间《论语绝句》，读者疑焉。盖公自有《语解》，亦何假此发明奥义？尝叩公门人郎晔，晔云：'此非公之文也，《语录》亦有附会者。'"[③]依十二卷宋本，《论语绝句》被编入《心传录》卷十一、卷十二，为于宪所编，卷十一中亦有横浦语录数条，《绝句》并未与语录分开；依明刊本，《论语绝句》被编入《心传录》卷下，《绝句》与语录同样未分。首刊者刁骏所作后序安排在《论语绝句》之后，可见《绝句》最初并非单行本，应为于宪所辑，且于恕、于宪及刊行者刁骏都肯定其出自横浦。

那么，对《论语绝句》的怀疑就集中在曾为横浦门人、后为于恕门人的郎晔身上。依周辉所言，郎晔不但否认了《绝句》为横浦所作，甚至认为《心传录》中也有附会者，这无疑是在否定于恕所编语录的真实性。于恕序中也认为郎晔"粗得数语，纂为所录"，这亦是对郎晔所编《横浦日新》价值的

---

① 陶石篑：《歇庵集》卷四《无垢先生论语颂唱和引》，《续修四库全书》第 1365 册，上海：上海古籍出版社，1995 年，第 31 页。

② 日本学者黑坂满辉在《张九成的〈论语〉解释——〈论语绝句〉的思想史的意义》一文中概述了《论语绝句》在明末的流传。

③ 周辉：《清波杂志》卷九《无垢语录》，第 1 页。

否定。二者相互否定的原因已不可知。考虑到于恕作为横浦外甥，亲至岭下从学多年，且为人淡薄，其所辑语录仅供家人弟子学习，多年后才交由横浦门人刁骏刊行；因此，于恕在编辑舅氏语录时，或杂有他人文字而没有辨别出来，或为了刊行此书而主动掺入附会内容，这种可能性非常小。《论语绝句》虽然形式上有似禅宗偈子，内容上也有近禅之语，但仍属儒门，也与横浦的一贯思想相符。如："子曰：中庸之为德也，其至矣乎！"《绝句》云："子思曾发用中机，此道须臾不可离。率性自然难损益，要之何虑亦何思。"[①]这与横浦强调"无我""无心"的思想相符。因而单凭郎晔之语否定《绝句》有失妥当。

(六)《横浦日新》

《横浦日新》现存两个版本，明万历四十二年(1614)吴惟明刊本，及宋刊本《诸儒鸣道》收录本。朱熹在《答吕恭伯》(之二)中言："比见婺中所刻无垢《日新》之书，尤诞幻无根，甚可怪也。"[②]此信书于乾道五年(1169)夏季，可见《横浦日新》当时已经刊行。

现存《诸儒鸣道》为上海图书馆藏宋端平二年(1235)黄壮猷修补本，卷七十一、七十二载《横浦日新》两卷，编者为门人郎晔。《郡斋读书志附志》卷下亦言："《横浦日新》二卷，右门人郎晔记录无垢先生之说也。"

明吴惟明刊本《横浦日新》一卷，编者题甥于恕，考虑到《无垢先生横浦心传录》编者亦未提及于宪，统标以于恕，应是吴本之误。除卷数及编者不同之外，明本与宋本《横浦日新》内容相同，仅个别字存在差别。

另，《横浦日新》乃《诸儒鸣道》收录的最后一本著作，因而学界推测《诸儒鸣道》或为横浦门人、横浦再传编纂。就学术地位、影响力、财力而言，吕祖谦很可能是编者，或与编者有一定关联[③]。吕祖谦少受家学，长从林子奇、汪应辰、胡宏游，其中汪应辰是横浦门人。

---

① 于恕编：《无垢先生横浦心传录》卷下，第 32 页。

② 朱熹：《晦庵先生朱文公文集》卷三十三《答吕恭伯》，《朱子全书》第二十一册，第 1424 页。

③ 参见陈来：《略论〈诸儒鸣道集〉》，载于《中国近世思想史研究》，北京：商务印书馆，2003 年；田智忠：《关于〈诸儒鸣道〉编者身份的初步推测》，载于《儒教文化研究(国际版)》第十四辑，首尔：成均馆大学出版社，2010 年。

(七)《尚书详说》

横浦《尚书详说》,《直斋书录解题》言《无垢尚书详解》五十卷,《宋史·艺文志》言《尚书详说》五十卷,卷数相同,书名与其他诸经解一样,“说”“解”并存。陈振孙题解云:“《无垢尚书详解》五十卷。礼部侍郎钱塘张九成子韶撰。无垢诸经解大抵援引详博,文义澜翻,似乎少简严,而务欲开广后学之见闻,使不堕于浅狭,故读之者亦往往有得焉。”[①]横浦《尚书详说》在当时影响广泛,吕祖谦弟子时澜言:“呜呼!书说之行于世,自二孔而下,无虑数十家,而其中显著者,不过河南程氏、眉山苏氏与夫陈氏少南、林氏少颖、张氏子韶而已。”[②]朱熹门人曾引用横浦对《尚书》的注释与朱熹讨论,朱熹也专门针对横浦注释进行批评[③]。黄伦作《尚书精义》,每条首录横浦言,亦可见横浦注解的价值。据焦竑记载,横浦《尚书详说》至明万历年间已经佚散。

《尚书详说》虽已不存,但内容可从《书传统论》《尚书精义》《夏氏尚书详解》中略见一二:

《横浦先生文集》中第六卷至第十一卷收录《书传统论》十五篇,就内容和文体来看,可能是《尚书》各篇的总论。

南宋黄伦[④]《尚书精义》,《文渊阁四库全书》本五十卷,每条首录横浦言。《直斋书录解题》卷二载:“《尚书精义》六十卷,三山黄伦彝卿编次,或书坊所托。”[⑤]《宋史·艺文志》载其卷数为十六卷。《尚书精义》荟萃自汉至宋诸家注释,各家不同之说亦存之,不加论断,但编次不依时代,每条首录张九成之说。《四库全书·尚书精义提要》认为此书似即本张九成所著

① 陈振孙撰,徐小蛮、顾妹华点校:《直斋书录解题》,第31页。

② 转引自朱彝尊:《夏氏尚书详解序》,见《经义考》卷八十一,《文渊阁四库全书》,第9—10页。

③ 参见黎靖德编,王星贤点校:《朱子语类》卷七十八两条语录:其一,“问:曾看无垢文字否?某说:亦曾看。问:如何?某说:如他说‘“动心忍性”,学者当惊惕其心,抑遏其性’。如说‘“惟精惟一”,精者深入而不已,一者专致而不二’”。其二,“窦初见先生,先生问前此所见如何?对以‘欲察见私心’云云。因举张无垢‘人心道’心解云:‘精者,深入而不已;一者,专致而无二。’亦自有力”(黎靖德编,王星贤点校:《朱子语类》卷七十八,第2460页)。

④ 黄伦,字彝卿,闽县(今福建福州)人。孝宗乾道三年(1167)授国子录。四年,除太学录。淳熙十年(1183)迁秘书丞。十三年,为著作郎兼权金部郎官。十五年,擢军器少监。

⑤ 陈振孙撰,徐小蛮、顾妹华点校:《直斋书录解题》,第33页。

《尚书详说》而推广之[①]。

南宋夏僎[②]《尚书详解》，《文渊阁四库全书》本《夏氏尚书详解》二十六卷，其中引横浦语二十余条。《直斋书录解题》卷二言："《柯山书解》十六卷，柯山夏僎元肃撰，集二孔、王、苏、陈、林、程颐、张九成及诸儒之说，便于举子。"[③]

以《尚书精义》《夏氏尚书详解》《书传统论》及其他著作中所引横浦条目相互参看，《夏氏尚书详解》所引横浦条目大都与《尚书精义》及《书传统论》相合，如《夏氏尚书详解》卷二十三引"无垢谓：人臣无己，以人主为己；人臣无心，以人主为心。以人主为己，故身在外而不以在外自弃；以人主为心，故心在王室而不以王室为远"[④]。《尚书精义》卷四十七引"无垢曰：人臣无己，以人主为己；人臣无心，以人主为心。以人主为己，则身在外而不以在外自弃；以人主为心，故心在王室而不以王室为远"[⑤]。两则引文完全一致。再如《夏氏尚书详解》卷二十四引"迁之洛邑使日见周之仁政，日闻周之仁声，日亲周之仁人君子，优游涵养以变其不服之心，如此者三十六年矣"[⑥]。《横浦集》卷十一《书传统论·毕命论》中"迁之洛邑使日见周之仁政，日闻周之仁声，日亲周之仁人君子，优游涵养以变易其不服之心，如此者三十六年矣"[⑦]。两则大体相同。《朱子语类》中载："张无垢人心道心解云：'精者深入而不已，一者专致而无二。'"[⑧]与《尚书精义》卷六"精则心专入而不已，一则心专致而不二"[⑨]基本相符。诸家著作引用横浦内容的一致，证明了《尚书精义》《夏氏尚书详解》中所录横浦条目的真实性。

因而，据《尚书精义》辑佚横浦《尚书详解》，虽不及原书详实，但大抵符

---

① 纪昀、陆锡熊、孙士毅：《四库全书·尚书精义提要》，《文渊阁四库全书》，第2页。

② 《四库全书·尚书详解提要》称："夏僎撰。僎，字元肃，号柯山，浙之龙游人。与周升、缪景仁为友，皆以明经教授，时称三俊。僎尝举进士，少治《尚书》，老而益精，因博采众说以为是解……考宋南渡以后，为《尚书》之学者毋虑数百家，而三山、林之奇集解尤见称于世。僎作是书，所采虽兼取二孔、王、苏、陈、程、张氏之说，而折衷于之奇者什之六七。"（《四库全书·尚书详解提要》，《文渊阁四库全书》，第1页）

③ 陈振孙撰，徐小蛮、顾妹华点校：《直斋书录解题》，第33页。

④ 夏僎：《夏氏尚书详解》卷二十三，《文渊阁四库全书》，第43页。

⑤ 黄伦：《尚书精义》卷四十七，《文渊阁四库全书》，第9页。

⑥ 夏僎：《夏氏尚书详解》卷二十四，第2页。

⑦ 张九成：《横浦集》卷十一，第362页。

⑧ 黎靖德编，王星贤点校：《朱子语类》卷七十八，第2460页。

⑨ 黄伦：《尚书精义》卷六，第4页。

合横浦思想原貌，对横浦《尚书》学的研究也颇具意义。此外亦有《夏氏尚书详解》及其他少数著作中引用横浦《尚书详解》条目，但不见于《尚书精义》及《书传统论》者，亦可存之作为参照。

（八）史学著作

横浦著作另有《唐鲙》五十卷，载于赵希弁《郡斋读书志附志》中，不见存世。赵希弁解题言："右张文忠公九成所著也。公尝谓纪、志出于欧阳公，列传出于宋公，《天文》《律历》《五行志》则刘义叟为之，《方镇》《百官表》则梅尧臣为之，《礼仪》《兵制》初出于王景彝，未竟而卒。每患首尾不相贯属，遂总其条纲，稽其同异，类聚而区别之。"[①]但此书《家传》《直斋书录解题》《宋史・艺文志》中均不见提及。横浦其他书目，赵希弁均记录详实，对于《唐鲙》一书，题解详细，似不应有误。邓克铭认为，此说或是对《新唐书》而作，《新唐书》是由欧阳修、宋祁、范镇、王畴、宋敏求、吕夏卿、刘义叟等人共同编修，《直斋书录解题》亦言《新唐书》"不出一手，亦未得为全善"[②]。《新唐书》无论是作者，还是未为完善的形态，均与赵希弁所述一致。《唐鲙》可能是横浦对《新唐书》的进一步编纂和完善。

横浦在绍兴五年二月除著作佐郎，八月至京师任职，参与赵鼎主持的《重修神宗实录》的撰写工作[③]，九月此书进呈五十卷，次年正月全部二百卷完成。

此外，林之奇《拙斋文集》记载："张侍郎子韶有《资治通鉴》，拈提其大意，言古之为治者难，今之为治者易。"[④]此文不见其他学者提及，是否为横浦所作及文章具体内容均不可考。赵希弁《郡斋读书志附志》卷上言："《读史明辩》三十卷。右伊川、元城、龟山、了斋、横渠、屏山、横浦、五峰、东莱、南轩、止斋、致堂十二先生史论也。"[⑤]横浦史学著作虽然没有流传下来，但从现存资料中尚可窥见其影响。

---

① 赵希弁：《郡斋读书志附志》卷上，晁公武撰，孙猛校证：《郡斋读书志校证》，上海：上海古籍出版社，2011 年，第 1152 页。

② 陈振孙撰，徐小蛮、顾妹华点校：《直斋书录解题》，第 103 页。

③ 参见《建炎以来系年要录》卷九十三，绍兴五年九月，进呈《重修神宗实录》五十卷之际，横浦言："在馆未及一月，最无功。"（李心传：《建炎以来系年要录》卷九十三，第 1547 页）

④ 林之奇：《拙斋文集》卷一，《中华再造善本》，第 379—380 页。

⑤ 赵希弁：《郡斋读书志附志》卷上，晁公武撰，孙猛校证：《郡斋读书志校证》，第 1117 页。

（九）部分集外文

横浦有一些未收录于《文集》中的书信、志、铭等，主要见于佛教书籍、地方志及南宋学者的文集中。如：《喻弥陀塔铭》载于明万历年间吴之鲸《武林梵志》一书中；《答何中丞伯寿书》载于《大慧年谱》绍兴十一年条中；《（绍定）吴郡志》卷四收入张九成撰《县学记》。另，宋代陈长方《唯室集》中收入张九成撰《积陈唯室文》等。笔者共辑得横浦佚文十二则，在附录中，亦可以作为了解张九成生平、思想的补充材料。

第二章　气　论

对于宋代道学的分系，学界一直存在不同意见。无论是分为理学与心学两系，还是理、气、心三系，抑或理、气、心、性四系，具体到某个道学家思想时，我们仍然发现其思想的丰富性和复杂性，常常让我们很难武断地将其完全划归到某一分系中。儒家思想中理、气、心、性以及阴阳、太极等重要概念被所有道学者熟练而灵活地使用。相同概念的使用并不影响他们的思想存在差异，甚至产生争论，同时也显示出他们思想间存在众多的一致性。正因为这些普遍的认同或者说相同的思想基础，他们才区别于当时社会中存在的其他思想派别，可以被统称为道学。

由气（或者说阴阳二气）构成世界上的万事万物和人，是道学者普遍认同的命题之一。不仅仅是作为气学代表的张载，我们几乎可以在每位道学者的思想中看到对这一命题的表达：周敦颐"二气五行，化成万物"[①]；二程"天之道，以其气下际，故能化育万物，其道光明"[②]；朱熹"天地之间，有理有气。理也者，形而上之道也，生物之本也。气也者，形而下之器也，生物之具也"[③]……气作为基本质料，在不同思想家的体系中拥有不同的内涵，占据不同的地位。

虽然张九成其学一直被定位为心学，《宋元学案》把他作为谢良佐到陆九渊之间心学形成的重要环节[④]，但"气"的概念在其思想中具有重要意义。"气"是其心学思想得以成立的基础，只有理解了其思想中"气"的内涵，他著作中如"心即理，理即心"等众多类似于汉代天人感应的论述才能够得到合理安顿。

此章将讨论横浦的气化宇宙论，在此基础上，阐述其气论思想中的独

---

① （宋）周敦颐著，陈克明点校：《周敦颐集》，北京：中华书局，2009 年，第 32 页。

② 程颢、程颐著，王孝鱼点校：《周易程氏传》卷二，《二程集》，北京：中华书局，2004 年，第 773 页。

③ 朱熹：《晦庵先生朱文公文集》卷五十八《答黄道夫》，《朱子全书》第二十三册，第 2755 页。

④ 参见《宋元学案・象山学案》："程门自谢上蔡（名良佐）以后，王信伯（名苹）、林竹轩（名季仲）、张无垢（名九成）至于林艾轩（名光朝），皆其前茅，及象山（即陆九渊）而大成。"（黄宗羲原著，全祖望补修，陈金生、梁运华点校：《宋元学案・象山学案》，北京：中华书局，1986 年，第 1884 页）

特部分，即和气与恶气、习气与气习、血气与浩然之气等概念。和气与恶气是横浦天人相感和德福相符思想的基础，也是其慎独工夫的思想基础；习气与气习是他对现实人性的诠释，也是后天教化得以可能的基础；血气与浩然之气则关系着修养之功与修养境界。

一、一气流行

在横浦现存的著述中，“气”出现的频率并不高，这大概也是以往关于横浦的研究中，“气”一直被忽略的原因。虽然出现频率低，但“气”是其哲学体系中的重要概念，离开它，我们会发现横浦很多思想难以被理解。如横浦著作中频频出现的对历史事件的阐述以及对日食等异象的解释：

> 昔燕王旦谋反日深，变怪愈至，如大夙折木，鼠舞端门，失火城楼，此怪非自外来也，即旦恶逆之心凝结成象耳，岂自外来哉？此君子所以戒谨乎其所不睹，恐惧乎其所不闻，而不愧屋漏不欺暗室，诚诸中形诸外，此理之自然者也。[①]

燕王谋反，出现大风折木、鼠舞端门、失火城楼等怪异的事情。横浦认为，这些怪异并非自然现象，而是与燕王谋反这样的恶逆之心有关。心中的恶念凝结成了可见的诸多异象；同理，君子戒慎不睹，恐惧不闻，内心之诚，也自然会形成外界的可见之象。横浦常常使用这种逻辑，比如他认为日食的原因是当政者内心存有恶念，凤凰起舞则是因为君主德性的感召。大量类似的论述出现在《孟子传》以及《尚书精义》之中。这些论述容易让人联想到汉儒的天人感应说，或者“心创生宇宙”之说。

就儒学来说，哪怕是最宽泛的儒学，是否能允许“宇宙万事万物由心创生”的观点，恐怕也是值得怀疑的。宋代道学中对理学和心学的划分，并不在于宇宙是由心还是由理创生的，心学的基础也并非唯心论或者佛家以心起灭万物的思想。很难想象一位持儒学观点的人，会认为他生活于其中的现实世界是由内心创生并根据内心改变。恰恰相反，宋代儒家正是在全力抵抗佛道教的虚无，并力图建立起儒家坚实的伦理世界。横浦也一样，他

① 黄伦：《尚书精义》卷五，第6—7页。

构建宇宙论正是为他的心性论及修养工夫提供基础和支撑。

(一)气化而为万物

横浦与其他道学者一样，就事物的起源来看，相信元气化生天地万物；就事物生成之后来看，认为万事万物皆是由气构成，“元气埏埴万物”“枝枝叶叶皆元气也”等。横浦认同张载的思想，特别是《西铭》，他不但多次引用，而且对其全篇注释。虽然都认同天地间一气感通生成万物，但横浦与张载关注的重点不同，他无意专门阐述宇宙生成以及气化过程、气之动静神化感应等性质，也不重点讨论万物形成之前的形而上学构建。他对气的论述，更多落在现实生活之中，以气论来解释自然现象和历史事件。

张君劢认为，在历史上哲学思想经历一个讨论宇宙问题的时期后，往往会回到人生的问题上，就宋代哲学来看“周敦颐、邵雍、张载的宇宙论思想之后，产生了二程子的学说，二程子之着力处主要是道德和知识问题……他们将中国思想的趋势从当时的宇宙论转变为人生问题的探讨”[①]。这可以用来理解横浦虽然认同张载思想，注释《西铭》，但并不着力构建气化宇宙论，而是以气论为基础来解释现实与历史。与其说横浦是在探寻自然和历史的真正规律，不如说他希望以气论为基础，赋予自然和历史以规律，并指导现实社会生活。所以在横浦的著作中，无论是为高宗进讲《春秋》，还是对《孟子》《尚书》的注释，他都以气论为基础，将日食干旱等自然现象、兴衰治乱等社会状况产生的原因归结为人的内心所存，尤其是君主之心。在侍讲经筵期间，他多次劝诫高宗警醒内心，不存非心邪意，戒慎恐惧，同天地之德，国家方能日趋强盛。

气论之于横浦，是其思想的基础，以气化规律阐释自然社会现象，以气论作为其心性论和工夫论的基础。以下从横浦对自然以及历史的解释中，我们可以看到他对气的理解：

> 先生云：天地之间一气相为感通，凡祥瑞祆孽皆气所化。许氏《说文》谓：“吏冥冥犯法，则生螟，乞贷则生蟚，抵冒取财则生蟊。”《尔雅》：

---

① 张君劢：《新儒家思想史》，载于刘梦溪主编：《中国现代学术经典·张君劢卷》，石家庄：河北教育出版社，1996年，第140页。

食苗心曰螟，食节曰贼，食根曰蟊。亦有此理耳。[①]

天地间一气流行。万事万物包括祥瑞或者灾异，都是气化而成。气并非一成不变，而是具有感通的作用，既气化而生成万物，又与万物相互感通、相互影响。以一气流行为理论基础，气与物、物与物之间的相互感通，实际上是不同状态的气之间相互感通。通天下一气，因此各种自然现象不是无故产生、孤立出现的，它们的出现各有原因，如引文中螟、蟹、蟊等灾害与人的某些行为相关。这种关联的基础有二：一、气充塞天地间，万事万物皆由气化而成；二、气有不同状态，不同状态的气化生出不同的事物。如此，同是由气构成的万物之间，以及万物与气之间就可以相互影响。在这种相互影响的过程中，会持续不断地改变气的状态，进而化生出不同的事物。

除了上述引文中人类活动对气的影响之外，自然界的气也会相互影响：

> 徐州东至海，北至岱，南及淮，此州乃受海岱淮之气，亦自异矣。岳渎沧溟之气，磅礴扶舆，其所产土则五色，礼则夏翟，乐则孤桐、浮磬，皆异他州。[②]
>
> 物之才性则造化以作之，如土五色，夏翟、孤桐、浮磬，是岳渎沧溟之气所造也。[③]

徐州东至海，北至岱，南及淮，海岱淮三种不同状态的气汇聚在此，以至徐州的气与其他地方不同。山海河三种不同的气相互影响，产出具有徐州特色的五色土、夏翟之礼，以及孤桐浮磬之乐。某个区域中不同状态的气相互影响，因而形成该地区特殊的状态。这种具有区域特点的气，化生出独特的事物，即地方特产。如横浦用气的不同状态来解释地方特色，也让我们看到，在一气流行的天地之间，气的状态一方面会受人的影响，另一方面自然界的气之间也会相互影响，化生出形色各异的事物。从人的视角看，会有人对气影响、自然界气与气相互影响两种关系；从气的视角看，只有不同状态的气与气相互影响一种关系。因为人也是由气构成的，人只是气的一种特殊状态，所以人对气的影响同样可以理解为气与气之间的影响。

① 于恕编：《无垢先生横浦心传录》卷下，第15页。
② 黄伦：《尚书精义》卷十，第6页。
③ 黄伦：《尚书精义》卷十，第7页。

(二)气化而为人

天地间一气流行,不但万物是气化而成,人也是气化而成:

> 无垢曰:夫人者,天地之德,阴阳之交,鬼神之会,五行之秀气,凝聚而生者也。[①]

横浦著作中无不洋溢着对人的赞扬,他反复使用"天地之德,阴阳之交,鬼神之会,五行之秀气"这句话,来表明人于天地间的独特位置,禀赋了天地间最为精华的部分。这句话出自《礼记·礼运》,原文是"故人者,其天地之德,阴阳之交,鬼神之会,五行之秀气也"。郑氏注:"人兼此气性纯也。"孔颖达疏:"故人者,天地之德,阴阳之交,是其气也;鬼神之会,五行之秀,是其性也,故注云'兼此气性纯也'。"[②]在宋代理气论背景下,此句很容易被理解为"天地之德"是"理","阴阳之交"是"气"[③],因而认为人是同时禀赋理与气二者而生。但这种解读是否能体现横浦原意,下面我们就需要分析在横浦思想中"天地之德,阴阳之交,鬼神之会,五行之秀气"其具体内容为何。

> 夫天之生物也,乌子皆黑,鹄子皆白;桃之不生李,而谷之不生麦,其气不同。故吾之子与吾父祖之气同,他人之子则自与其族类同。是天之生物也,使之一本。[④]

在横浦看来,乌鸦的后代都是黑色的,鹤的后代都是白色的;桃树不会长出李子,谷种不会产出麦子,原因在于它们的气不同。推广到人,我的孩子一定与我父亲以及祖上的气相同,别人的孩子也自然与其同族的气相同。横浦以此证明孟子所说"天之生物也,使之一本",来反驳墨者夷子的二本说。无论是人还是物,这"一本"显然是指气。因而,人所禀赋的"天地之德,阴阳之交,鬼神之会,五行之秀气",实际上可以简单概括为天地间的精华之

---

① 黄伦:《尚书精义》卷五,第10页。

② 郑玄注,孔颖达正义,吕友仁整理:《礼记正义》中册,《十三经注疏丛书》,上海:上海古籍出版社,2008年,第1423页。

③ 张九韶:《理学类编》卷六,朱熹曰:"天地之德,理也;阴阳之交、鬼神之会,气也。交者,其气之妙合;会者,其气之凝聚而成形者也。"(张九韶:《理学类编》卷六,《文渊阁四库全书》,第1页)就代表了理气二分的解读思路。

④ 张九成:《孟子传》卷十一,《文渊阁四库全书》第196册,第355页。

气。就出生来看，人禀赋精华之气而生；就死亡来看，“且夫人之将死也，其气一总，其形百变”[①]，人死时，构成其身体的气发生变化，人的形态也随之发生变化。

人与物一样都是气化而成，不同之处在于人禀赋的是天地间的精华之气。如此，横浦气化的思想与张载《西铭》所表达的“民胞物与”很相似。实际上，他从不讳言对于《西铭》的赞赏：

> 无垢曰：余以三条四列之说推其地脉相连如此。则夫人生于三条四列之中者，其气均也。天地为父母，则条列之人皆兄弟也。异形而同气，异息而同心，横渠《西铭》之说其得造化之理乎！[②]

三条四列是横浦对古代中国地形的理解。人在三条四列之中出生并成长，共同禀赋着天地之气。正因为同是天地之气化而成，所以天地为父母，人人皆兄弟，虽然形体各有差别，但同是天地间一气流行凝聚而成。这正是张载以其气学为基础，在《西铭》中所阐发的“民胞物与”的思想。通天下一气、气化而为万物的思想，横浦与张载是一致的，因而他盛赞张载《西铭》得造化之理。

禀赋“天地之德，阴阳之交，鬼神之会，五行之秀气”，不仅体现了人人皆由天地间精华之气凝聚而成、人人皆为同胞的境界，更是人性善的基础：

> 孟子见天下之人，皆天地之德，阴阳之交，鬼神之会，五行之秀气。深知人性善，超然异于群生；深识先王所以设为学校以辅相裁成之意；深识以圣贤孝友之资而至于为愚不肖。所以有尧舜与人同之说，有圣人与我同类之说，有牛山之喻，有不能尽其才之叹。[③]

因为禀赋了天地之精华，所以人人性善，这也是人与其他生物根本的不同。这种不同不是本质的差别，本质上万物都是气化而成，使人与物区别开来的是气的状态，人禀赋的是天地精华之气。气的状态并非一成不变，相反，气恰恰是一直处在变化中，因而人性之善并非对每个人都现实地完全地显现出来，需要礼仪的约束、学校的教化。没有适当的教化，甚至没有基本的生活保障，人虽然有良好的资禀，也会堕为愚昧不孝之徒。横浦以此来解

---

① 张九成：《孟子传》卷十九，第419页。

② 黄伦：《尚书精义》卷十一，第22页。

③ 张九成：《孟子传》卷二十六，第485—486页。

释《孟子》"尧舜与人同",是尧舜与常人同样禀赋天地精华之气;"不能尽其才",是后天不能得到良好的滋养和教化,使人性善无法发施出来。

(三)气 类

天下之人同禀天地精华之气,同具人性善,但人与人之间也存在种种差别:

> 圣贤之生也,受天地之正命,禀天地之间气,命世开物与天地日月同其造化。①
>
> 天地不正之气注之于人,为便嬖为女子以败人家,乱人国,乱人心术。②

相对于其他物类而言,人类由天地精华之气凝聚而成。就人与人之间来说,仍然有贤与不肖之别。圣贤之生,禀赋天地之间气③(横浦也称之为和气);奸臣以及败乱君主心性的女子,禀赋天地不正之气(恶气)。气禀的不同,导致了人材质的差别。以气禀不同来区分人的类别,称之为"气类"。

> 夫水流湿,火就燥,云从龙,风从虎,此万物之理也。苟气类不与之同,则交臂而千里,肝胆而楚越。孟子未尝与之言,以气类不同也。④
>
> 君子小人各以其气,故君子喜君子,小人喜小人;君子忠厚,小人刻薄。⑤

君子小人之辨是宋代一个重要议题。横浦认为,君子小人之间差别巨大难以相容,正是因为他们气类不同。君子和君子之气相似,所以容易相通与交往;小人与小人之气相似,也容易相通与交往。孟子不与子敖交谈,横浦将之解释为气类不同。不仅人如此,万物也是以气类相通而相互吸引,水

① 张九成:《孟子传》卷四,第275页。
② 张九成:《孟子传》卷十七,第404页。
③ 对于"受天地之正命,禀天地之间气",容易理解为"正命"是理,圣人之生同时禀赋了理与气两者。这就类似于朱熹的思想。其实单单从一句话理解,"天地之德,阴阳之交,鬼神之会,五行之秀气"也可以解释为"气以成形,理即赋焉"的模式。但从前文分析中,我们看到横浦对"一本"的理解就是指气。各人材质的不同来源于气的状态不同。并非只要提到命、理等就一定是把理气二分。张载也经常提到性、理,但性、理都是作为气的属性,不是独立的实体。
④ 张九成:《孟子传》卷十七,第402页。
⑤ 郎晔编:《横浦日新》卷上,《诸儒鸣道》卷七十一,第6页。

流湿，火就燥，云从龙，风从虎，是因为它们气类相同。

横浦关于气类的论述很多，特别是乾卦九二、九五爻辞“同声相应，同气相求”，他反复引用，来论证气类的思想：

> 乾之九二九五皆曰利见大人。孔子发之曰：同声相应，同气相求。水流湿，火就燥，云从龙，风从虎。又曰：本乎天者亲上，本乎地者亲下，则各从其类也。余于是晓然见协于帝之说矣。夫尧之有舜，所谓同声同气。①
>
> 夫尧舜禹汤文武皆圣人也，而孟子独举舜与文王，何哉？则以其声气同也。②

尧与舜是同声同气；孟子于千百年后，特举舜和文王尊之，也是因为同声同气。气类之同，不仅仅影响着现实的交往，而且，也可以超越时间和空间的距离，与古人之心遥相契合。这也是横浦交友的原则，友于当世贤者，也友于古之圣人。特别是他谪居南安十四年，在荒僻的环境中，选择与古人为友，切磋砥砺。

除了交友原则之外，这种超越时空的气类相通也提示了孔孟“传心”的可能。按照宋人对儒家道统的理解，孟子之后道统断裂，历经唐末宋初儒者的努力，直至宋代道统才被承接起来。道统如果拥有超越儒家典籍（经学）的精微内涵，那么它的传承确实需要与古人之心遥相契合的基础。这一点在宋明心学中颇为突出，比如陆九渊强调自己与孟子思想相通，是基于“宇宙便是吾心，吾心即是宇宙。东海有圣人出焉，此心同也，此理同也；西海有圣人出焉，此心同也，此理同也；南海北海有圣人出焉，此心同也，此理同也。千百世之上至千百世之下，有圣人出焉，此心此理，亦莫不同也”③。陆九渊思想中超越时空的本心，为天地之间古往今来所有圣人同心同理提供了保证。张九成则是以天地间一气流行为基础，通过气类相通，为儒家道统传承提供理论基础。

以气论为基础，横浦构造了一个息息相通的世界，这世界中，气充塞于天地间，是构成万物的基本要素。由气化而生的万事万物包括人，并非孤

---

① 黄伦：《尚书精义》卷三，第 2 页。

② 张九成：《孟子传》卷十八，第 409 页。

③ 陆九渊著，钟哲点校：《陆九渊集》卷三十六，北京：中华书局，1980 年，第 483 页。

立而生，孤立而成，它们在一气流行之中，密切关联，既受到外界之气的影响，也影响着外界之气。人作为天地间最灵明者，可以影响万物，甚至参天地造化。

由此，横浦为气化理论暗含的两个问题提供了解决：第一，一切皆为气化而成，那么如何会有世间万物的千差万别？他认为气具有不同的状态，因而可以气化为不同的事物。气具有不同状态并非外因外力，而是由于人或者自然环境的影响，也就是气与气之间的影响。第二，人如何能够区别于自然界的其他万物，并拥有参天地造化的能力？气具有不同状态，其中最为精华之气构成人，所以人相对于万物具有更高的感通性即影响力。同时，人与物均由气化而成，这种同构性决定了万物一体，相互感通，相互影响，这也就为人参与天地造化提供了可能的基础。

二、恶气与和气

在气的诸多状态中，最根本的区别就是和气与恶气。和气指气通畅祥和的状态，相反地，恶气指气乖戾恶劣的状态。对于国家来说，政事清明、国民康泰，天地间充满和气，化生出醴泉、凤凰等祥瑞之物；君主心存恶念、民不聊生，天地间充满恶气，化生出流星、日食等灾异之物。对于个人或家庭来说也是一样，和气带来福，恶气带来祸。

就恶气来说：

> 盖恶气之生始于微茫，积稔不已终于浩大。触乎天则日食星陨，触乎地则山崩川竭，触乎人则为谗夫，为女子，为不忠之臣，以败乱国家颠覆宗社。鲁自惠公以来恶气浸盛至于如此，故天变地震纷然四出，是生三桓为时蟊螣，是来女乐远去圣人，是有臧仓公沮孟子。[①]
>
> 盖恶气发于一念，充于一身，行于一家。国君则大于一国，天子则又放于天下。[②]

恶气产生于人内心的恶念，产生之初微渺飘忽，不断集聚，直至发展浩大。恶气影响到天，就会出现日食、流星；影响到地，就会出现山体崩塌、河川枯

① 张九成：《孟子传》卷五，第 287 页。

② 张九成：《孟子传》卷五，第 288 页。

竭；影响到人，就会出现扰乱君心的女子以及叛乱的臣子，危害国家社稷。横浦举鲁国的例子来说明恶气的影响：自鲁惠公以来，君主内心存有恶念，导致恶气不断集聚，充满整个国家，因而出现了众多的异常天象和地震，三桓危害国家，臧仓阻碍孟子……鲁国的诸多自然灾害和奸佞之人，都因为恶气感化所生，而此恶气来源于君主内心不正的念虑。

君主内心所存影响一国的安危，普通人的念虑行为影响一家的命运。“盖鸡之为物，雄鸣雌哺，此常理也。使雌代雄鸣，乃恶气所感，其家必有不祥事。”①公鸡打鸣，母鸡产蛋，这是常理。如果家中出现母鸡打鸣这样奇怪的现象，则是恶气的影响，说明家中有人存有恶念，才会积聚恶气，会给家中带来不祥之事。

按照横浦的阐释，无论天灾还是人祸，都不是偶然出现，无故发生的。它们由恶气凝聚而成，是人心中恶念对外界之气产生的影响。在这种解释之下，人类生活和自然世界不是割裂开来，而是浑然一体的。人类社会和自然界都是气化流行的过程，共同遵循气化的规律。气化流行的过程并非一成不变，它的变化有重要的发动之机，便是人心。人作为天地之间最具灵明者，不是完全遵循肉体欲望生存，而是拥有自主思考的能力，这样人的抉择便成为一个重要的机枢，气之变化的机枢。人自我修养为善或为恶，内心之气便趋向和气或堕为恶气，进而影响身体、家庭、周围环境。

横浦气论对人与天地关系的构建，一方面肯定了天人合一，却并没有把人消融在广漠的自然世界中，而是赋予了人作为变化机枢的地位；另一方面，人虽为变化机枢，却不能主宰亘古亘今的世界，而只是参与气在每个阶段的变化；第三，横浦取消了自古以来天象、灾异具有预测的神秘性，却并没有把它们完全归于自然界，而是以恶气来赋予它们人文主义的解释。

就和气来说：

> 臣因日食知恶气之积稔，然后知凤凰来仪，百兽率舞，即二帝之和气；而天降甘露，地出醴泉，即先王之和气也。②
>
> 俭则仁，仁则惟恐勤民动众、殀夭杀胎，故天下皆成和气。和气所

① 黄伦：《尚书精义》卷二十六，第10—11页。

② 张九成：《横浦集》卷十三，第385页。

至，动有生意，此中宗所以长年也。[①]

与恶气相对，和气可以为祥瑞之事提供解释。君主内心仁德，实施仁政，人人安居乐业，和气便会产生并充溢于天地间。和气影响到万物，则万物充满生意。于事物来说，出现凤凰、甘露、醴泉等祥瑞之物；于人来讲，和气之生意使人长寿。

不仅如此，这种气的理论也为事件的历史影响和规律提供了解释。人的所思所为对天地之气的影响逐渐发生并积累，因而内心仁德与祥瑞，内心恶念与灾祸，通常不是当即显现出来，需要一定时间的积累酝酿。历史中种种幸与不幸的事件，历史所展现出来的兴衰规律，是和气、恶气的积累和影响。

余三复斯言，乃悟鲁之国祚过周之历至汉之初犹有礼义，为项羽坚守而不肯降汉者，皆周公积善之所致也。……鲁自惠公以来恶气浸盛至于如此，故天变地震纷然四出，是生三桓为时蟊螣，是来女乐远去圣人，是有臧仓公沮孟子。夫出乎尔者反乎尔，此天理也。[②]

人与气之间相互影响，不局限于具体的一时一事，而可能在更长的时间和更广的空间中发挥作用。横浦在解释历史事件时常常运用气论，和气或恶气产生之后氤氲不已，若积累深厚，影响则会延绵长久。如周公积善，使民有礼义，其传统至汉初仍不绝，鲁地为项羽坚守而不肯投降，正是周公仁德的影响；如鲁自惠公以来德行有亏，恶气积累，造成各种异常的天象和地震，出现了三桓僭越，小人得势，纵使有孔孟这样的圣人，也因恶气充塞难以消除，无法挽回衰颓之势。

通过气的作用，不但解释了种种灾异或祥瑞，也解释了历史发展趋势和规律，以及个体在历史大势中的种种际遇。“玄宗不用张九龄，德宗不用陆贽，文宗不用裴度，使有禄山之乱、卢杞之乱、甘露之乱，若有鬼神阴沮于其间者，乃太宗开基之际杀窦建德、诛萧铣之报也。”[③]将张九龄、陆贽、裴度等人当时的不幸放回到历史发展中，可以看到正是由于唐太宗开国时杀窦建德、萧铣这样的行为，造成了恶气积累。在恶气影响下，必然导致小人得势，忠臣遭诛，国家败乱。

---

① 黄伦：《尚书精义》卷三十九，第 23 页。

② 张九成：《孟子传》卷五，第 287 页。

③ 张九成：《孟子传》卷五，第 288 页。

恶气为天灾人祸提供解释,和气为祥瑞之事提供解释。人的德性对气产生影响,出现和气、恶气两种状态,它们自人心中念虑而生,从细微开始不断积聚,影响的范围和程度不断增大,也越发久远。一方面,恶气与和气可以直接化生为事物和人;另一方面,因为天下万物本是由气化生而成,万物之气与天地间充盈之气自然会相互影响、相互作用。因此,小到一身一家,大到一国天下,恶气、和气对各种事物以及人发生影响,出现灾害或祥瑞,造成或寿或夭、或安或乱等自然或历史现象。

横浦通过恶气与和气,为诸多自然现象以及历史事件提供了解释。他在继承天人感应思想的同时,以气论为基础,赋予它们理性主义的阐释。在这种阐释中,日食与澧泉等异常现象,并非神秘的征兆,而是君主德性所致;社会败乱或兴盛等历史事件,并非无规律可循,而是前代和现代的君主德性所致。以气来阐释自然和历史规律,通过和气和恶气,横浦将责任最终赋予人,人的德性是天象异常和历史事件发生的根本原因。在对历史以及具体社会事件的解释中引入气论,不但对历史赋予了规律,也对人赋予了责任,同时深化了气论思想。使气论不仅仅停留在对宇宙化生的解释,也能够渗透到日常生活,参与到历史的演进中。

三、习气与气习

人与天地万物皆为气化而成,所以天地万物与人是息息相关的整体。发于人内心的念虑通过气对外界产生影响,外界同样可以通过气对人的内心产生影响:

> 志至焉,气次焉,是气以志为主也;然持其志无暴其气,是又志以气为养焉。志与气交相养,乃至论也。……孟子直指以志气相为用处告之,曰:"志壹则动气",以为志之充塞可以动气。《九韶》奏而凤凰来仪,《春秋》成而麒麟自获,此所谓先天而天弗违者也。气之充塞则可以动志,如河出图而画八卦,洛出书而演九畴,此所谓后天而奉天时者也。如其未明,且观夫蹶者之惊,则心为之震掉;趋者之敬,则心为之端严。气之动志,亦可见矣。①

① 张九成:《孟子传》卷六,第297页。

志乃心之所向。《孟子》原文“志壹则动气，气壹则动志”，本是就人身立论，即意志专一，人的精神面貌就会受到影响；精神面貌专注，人的意志也会受到影响。例如一个人忽然跌倒，内心会因为惊吓而震动；一个人恭敬地小步快走，这种身体状态会使内心随之端严。但横浦不满足于此，他把这种志气交相养的关系从人推广到天地之间，认为思想意志不仅仅能够影响个人身体之气，也会影响到万物之气；不仅仅身体之气可以影响到人的思想意志，万物之气也会影响到人的思想意志。于是依照“志壹则动气”的逻辑，在我奏《九韶》之乐，在外则凤凰来仪；在我成《春秋》之书，在外则麒麟自获；依照“气壹则动志”的逻辑，在外河出图，在我则画八卦；在外洛出书，在我则演九畴。

横浦对孟子的志气关系进行了极大的拓展，从一人之身推广到天地之间。以气论来解读孟子人性论，并将其拓展到天地万物，这是横浦的一个创见。天地万物浑然一体，狭义来看，人与物皆为个体；从天地视角来看，人与万物皆为天地一体中的某个部分或过程。志气的交互作用既可以发生在个体内部，也可以发生在天地间，仅是范围大小的差别。横浦这种天地一气的思想与张载有很多相似之处，横浦还曾为《西铭》做过注释。

“志壹则动气”，即人内心所存对气的影响，“恶气与和气”一节已经讨论过。“气壹则动志”，气对人内心的影响可以从两个方面来看：一、习气，就人出生之后而言，是外界环境对人产生的影响；二、气习，着眼于人生而具有差别，是禀赋之气的不同。

（一）习　气

“气壹则动志”在横浦来看，即身体之气和外界之气都可以对人的内心产生影响。可见人的德性不是与生俱来保持一成不变，它与外界紧密联系，会受到外界的影响：

> 惟人亦然，心与智长，道与时会，中之与才固日进而月益矣。及夫声色摇之，富贵淫之，贫贱移之，威武屈之，则喜怒哀乐为失节，仁义礼智皆沦胥。傥有礼义润泽之，师友切磋之，是以此之中养彼之不中者，不中既去，其中自见矣。[①]

---

① 张九成：《孟子传》卷十八，第414页。

中与才在此指德性与能力，这两方面随着人的成长、经历而变化。在气论之中，成德不仅来自个人的学习和修养，还与外界环境相关。如果有声色使之动摇、富贵使之淫乱、贫贱使之更改、威武使之屈服，德性和能力也会随之受到损害；相反，如果有礼仪对其涵养，师友与其切磋，偏倚的德行慢慢消退，美德与能力就会显现出来。这是外界环境对人内心的影响，方式主要有两种——习俗与教化。

1. 习　俗

习俗即风俗习惯，一个社会一个时代的风气是个人成长的大环境，影响最为广泛和深入。横浦非常重视习俗对人的影响，在他看来，很多表现在个体身上的恶，都是习俗影响的结果。在《孟子传》开篇，横浦就历言习俗的作用：

> 尝思习俗之移人也甚矣哉！自尧舜三代以来，上自朝廷君相，下及于比闾族党，无非以仁义为言，而谈利之说寂然。[1]
>
> 孟子深见天下之心，思脱攘夺兵戈之苦，而复见圣王之治……惜乎习俗深入，未易磨濯，而众楚人之咻未易力行也。[2]

习俗作为人生活于其中的社会风气，在人的成长过程中产生潜移默化的影响。良好的习俗，如尧舜三代，能够养成个体良好的品行，生活于其中的各个阶层的人都能以仁义为本；恶的习俗，如春秋战国，连年战乱，商鞅苏秦等权谋诡诈之说横行于世，人人以利为本，相互攘夺，习俗深入人心，进一步导致征战频繁、民不聊生。即使有孟子这样的圣贤游走各国，倡导仁义，也很难剔除习俗对人心产生的根深蒂固的影响。"众楚人之咻"展示了横浦对习俗的理解，人生活在群体之中，习俗是整个群体形成并通行的习惯。生活于其中的个人，必然会对习俗耳濡目染，以至深入内心，成为价值导向和行为准则。横浦也以此来看待自己的现实生活：

> 或问：先生当官，多与人议论不合，多不能久，即欲归，何也？曰：习俗坏人，正理难行，动多龃龉，不如归来，多少快活，久而后渐渐病入矣，亟归为上。[3]

① 张九成：《孟子传》卷一，第 231 页。
② 张九成：《孟子传》卷一，第 232 页。
③ 于恕编：《无垢先生横浦心传录》卷上，第 25 页。

横浦刚正不阿，仕途多舛，几次启用都不久即离职。他认为当时官场不良的习俗使得人人受其影响，正理难以推行。在此习俗中，依正理行事则与习俗不合，多受阻碍。在这样的环境中生活久了，会渐渐被习俗同化，内心发生改变，不如辞职还乡，尚能够依循正理，自主处事。

习俗对生活于其中的人产生影响，潜移默化、深入人心，甚至被时代信奉为价值标准，其影响难以剔除。所以，横浦以"习俗深入"解释那些难以教化甚至执迷不悟的人。如战国以利为主，权谋为胜，人人争相夺利，即使公孙丑等久居圣门，也难以变更其心：

> 宣王欲孟子舍帝王之学而为驵侩之材之学，以遂其辟土地、朝秦楚、莅中国、抚四夷之志，不知轻重矣。此无他，以习俗之久深入肌骨，未易洗除也。①
>
> 不见诸侯之问，陈代、公孙丑、万章更相致疑于孟子。以此见习俗移人，虽居圣贤之门洗除不去。②

个体的德性修养固然重要，但外在环境也是个人成德不可忽视的重要因素。齐宣王、陈代、公孙丑、万章等人不能笃信儒学，横浦并不全然责怪个体的德性修养或者天生气禀，而是主要归因于战国时期的时代环境。齐宣王不能领悟孟子的王道，只看重以霸道扩展疆土的权谋诡诈之术，即使孟子反复启迪，齐宣王依然没有被感化。横浦对此解释为习俗的影响，因为权霸的习俗已经深深浸入齐宣王的身体中，难以在短时间内消除。同样，陈代、公孙丑、万章等作为孟子弟子，不能笃信圣学，反而怀疑孟子，横浦也解释为习俗影响之深，以至于亲聆圣人教诲，久居圣贤之门，依然难以洗除。

共同生活于一个社会中的个体，他们的行为活动参与并形成习俗，习俗形成之后，反过来会对个体产生深刻的影响。不良习俗一旦形成，生活于其中的人们会日益熟知，习以为常，甚至以习俗为是非标准，置孝悌忠义等基本人伦于不顾：

> 呜呼！习俗之移人深矣哉！夫三年之丧，自有天地以来行之。鲁自庄公文公皆于丧纪中娶妇，自是三年之丧不复行于时，此风既成，父

---

① 张九成：《孟子传》卷四，第 273 页。

② 张九成：《孟子传》卷十二，第 366 页。

> 兄百官闻见习熟，不以为异见。[①]

在先秦时期，父母去世守三年之丧是基本孝道。自鲁庄公、文公服丧期间娶妇开始，不服三年之丧的人越来越多，逐渐形成习俗，人们日日目见耳闻，反而以此为常理，以守三年之丧为特立独行。从孝悌之道推广到国家治理，习俗尚利，信奉以权谋和战争获取更广的疆域和更大的权力。在这种习俗影响下，国君不问孝悌，不信王道，穷兵黩武，极尽所能推行霸道。人们对此习以为常，认同追逐利益的霸道，反而不信王道。人生活于其中的社会风俗，在潜移默化之中培养人的习惯，塑造人的品格，导向人的价值，使人同化于其中。横浦多次疾呼："呜呼！风声所传，习俗所尚其亦可畏也。"[②]正是着眼于习俗在不知不觉中对人产生巨大而深入的影响。

横浦之所以如此重视习俗，是因为他看到，德性修养并非局限于个体自身，个人德行会受到外界环境的影响，其中最为主要的当然是社会习俗；反过来，个人德行也会参与到习俗的形成之中，突破一身一家，影响久远，所以学者更要谨慎自身的修养与言行。就商鞅变法来看，其学说贻害直至西汉：

> 此令一行，民忘礼义，而以力相夸、以智相胜、以谋相轧之风起矣。夫使民相告讦，民忘六亲，民忘礼义，此风既成，习俗浮刻……逮至始皇而烧诗书杀学士，至二世而倡督责之说起骨月之诛，天下荡然无复人理，至西汉而秦风犹在。[③]

商鞅主张变法，只看到了眼前的利益，没有考虑到长久的影响。变法奖赏以力量和智谋取胜者，不问仁义，不顾礼仪孝悌，人们纷纷崇尚力量和智谋，形成刻薄的社会习俗；这样薄恶的习俗盛行，深入人心，裹挟生活于其中的人们认同并继续实施，加深此种习俗的影响，最终导致恶俗贯穿秦朝，一直延续到西汉。几百年的残暴统治，乃商鞅变法的贻害。

横浦将习俗与人之间的相互作用置于气论之中，人与天地万物是息息相通的整体，人的德行一直参与着天地之气的运化，天地之气也始终影响着人的活动。这一理论从根本上打破了个体的局限性，个人的德性修养不

① 张九成：《孟子传》卷十，第 340 页。
② 张九成：《孟子传》卷十六，第 397 页。
③ 张九成：《孟子传》卷十三，第 369 页。

仅是一己之事，同时也是天地之事。个体的境遇既发生在当下，同时也来源于历史，影响至未来。

2.习　气

在论述习俗对人的影响时，横浦多次发出类似的感慨："习俗之久深入肌骨，未易洗除也。"[①]"奈何邪说深入，沦肌肤而浃骨髓，岂易扫除乎？"[②]人在习俗中长期浸染，潜移默化习以为常，就个体而言会形成习气，习气进而影响人的思想和行为：

> 孟子此对可谓举网提纲挈裘振领矣。奈何惠王习气不除，邪说犹在，私意方炽，而不能行此道也。[③]

习俗与习气并非相互孤立，从社会风气着眼则称之为习俗，习俗落实在个人身上则称之为习气。孟子于齐梁之间以仁义为说，倡导王道，却始终不能得到君王的认可。齐宣王不信孟子，横浦解释为习俗深入；梁惠王不行王道，横浦解释为习气不除。

习俗对人的影响，是通过气来实现的，人受习俗的影响而生习气，习气影响人的内心与行为。横浦也称习俗在个人身上造成的影响为"俗气"，如"公孙丑俗气未除，邪心犹在，止见管晏之功业，不知二子之存心"[④]。公孙丑未能剔除社会习俗的影响，所以崇尚管、晏的功业，而不识圣贤之心。

> 惟众人所见如此，所以俗气不除，皆景慕商、孙、苏、张、稷下诸子，惟恐学之不及。而风俗薄恶，日趋于鬼魅之地、禽兽之心，将血肉吾民，大乱吾中国，可胜悲哉！[⑤]

习俗与习气相互影响。就习气来说，人们受习俗影响，形成习气（俗气），以利为主不顾仁义，便会仰慕商鞅、孙膑、苏秦、张仪等权谋之人，以他们作为努力学习的目标。就习俗来看，人们形成崇尚功利的习气，不修养德性只追求利益，人心诡诈，血肉人民，败乱国家，社会习俗会更加恶化。社会之习俗与人之习气相互影响，习俗落实在人，即为习气，不良的习气使

① 张九成：《孟子传》卷四，第273页。
② 张九成：《孟子传》卷二十六，第482页。
③ 张九成：《孟子传》卷一，第238页。
④ 张九成：《孟子传》卷六，第297页。
⑤ 张九成：《孟子传》卷十二，第362页。

人从恶，导致习俗更加败坏。

习气是受习俗影响的结果，即人后天习染所致，所以横浦又称之为染习。染习更加突出了习气的特点——由外界环境习染而成：

> 告子以性为无善无不善，此不识性之正体者也。或以为性可以为善，可以为不善，以文武民好善，幽厉民好暴实之，此论染习，非言性也。[①]

这是横浦对孟子与告子性善之辩的注释。在他看来，告子认为"性可以为善，可以为不善"，是因为告子没有看到性的正体，错误地将染习理解为性。文王武王之世，习俗醇厚，人民好善；幽王厉王之世，习俗薄恶，人民好暴。人受习俗的影响而产生相应的性情，这是染习，是习气。

正因为人受习俗影响而生习气，所以，对于国家治理、民众的教化，横浦特别强调习俗的作用。习俗善则民众多善，习俗恶则民众多恶，习俗变则民众随之变：

> 风俗醇厚，人心温良。人人知爱其亲，敬其兄。既爱其亲，又敬其兄，则其心朴粹，无粗猛之气，其心柔和，无忿戾之色。[②]
>
> 庶几此风一变，圣贤言行皆可以安行于世，而无知小子翕翕訿訿灭影绝迹，岂不幸欤？[③]

如果社会习俗崇尚孝悌，生活于其中的个人，很容易受环境的影响也孝敬父母，尊敬兄长，孝悌的行为会使其内心真诚柔和。因而处乱世之中，要特别重视变更习俗，将薄恶的习俗转而化为醇厚之风，则小人自然消退，圣贤得以推行学说，畅行王道。

习俗作为人生活的大环境，对人产生潜移默化的影响，使人同化于风俗。横浦重视外界环境对人性情的影响，并把这影响归之于习气，也称为俗气、染习。人身上的习气则直接影响着人的思虑与行为。

3.教化之功

习俗是人生活于其中的社会环境，除了大的社会环境之外，每个人还处在自己的生活空间中，包括自然环境也包括家庭环境、师友交流。习俗

---

① 张九成：《孟子传》卷二十六，第484页。
② 张九成：《孟子传》卷十五，第389页。
③ 张九成：《孟子传》卷九，第333页。

是整个社会环境对民众的影响，其覆盖广泛；个人生活环境是对个体的教化，具有独特性。这种小环境对个人造成的影响，同样是后天习染所得，也可以称之为习气。

> 夫风之于物，虽无形色可见，而披拂震动，不言之中，功用大焉。与圣贤士君子处，其气类渐染，鼓舞策励，亦何异于风乎？[①]

正如自然界里，风在无声无形之中对物产生影响；社会中，圣贤士君子也会在潜移默化中对他人产生影响。圣贤士君子的气会对周围人的气产生影响，使周围的人被其所化，也渐渐趋于士君子。这是人与人之间的相互影响。

个人所处的自然环境也会对人造成影响。横浦依循这一思路，对《中庸》“子路问强”一段中“南方之强”的注释可谓神解：“宽柔以教，不报无道，君子居之，是亦足矣，乃谓之血气之强，何哉？……若乃山川风气使之如此，而中无所得焉，岂非血气之强？”[②]南方之强，并非中庸之强。“宽柔以教，不报无道”虽然是君子德行，但这是南方独特的山川风气对人影响而成，此强来源于外界环境。所以南方之强在本质上与北方环境所生之人“衽金革，死而不厌”的性情并无差异。北方与南方环境不同，造成了人或刚或温的性情。这种因地域而有的性格差异，我们在日常生活中也屡见不鲜。若从更细处着眼，不仅是南北之别，不同的环境均可以给人带来不同的影响：

> 伊尹又陈先王求贤之说以感发之，又陈越命自覆之言以震动之，而太甲又不省。夫其所以不省者恶气也。[③]
>
> 伊尹乘欲变未能之几，乃使不近于弗顺义理之人，以绝其为恶之萌；放之于桐宫以起其悲怆之心；密迩先王其训以发其仁义之性。[④]

伊尹以先王之事教化太甲，太甲不能醒悟。横浦将太甲不醒悟的原因解释为恶气。因恶气影响，太甲不能当下醒悟。为了使太甲向善，伊尹将其放逐于桐宫，一方面，太甲远离奸邪之人，不再受奸邪人之气的影响，亲近先

① 黄伦：《尚书精义》卷二十二，第 11 页。
② 张九成：《中庸说》卷一，《四部丛刊三编》，上海涵芬楼影印本，上海：商务印书馆，1936 年，第 11 页。
③ 张九成：《横浦集》卷七，第 335 页。
④ 黄伦：《尚书精义》卷十七，第 10 页。

王，渐渐被先王之气同化；另一方面，处于桐宫庄严肃穆的环境，远离朝廷的声色喧嚣，使太甲之气得到转变。伊尹从太甲接触的人与居住的环境两方面入手，远离奸邪之人、富足的环境，使太甲恶气不生，恶念不萌，受先王感化而生和气，发仁义之性，渐渐趋近先贤。

人后天受环境习染而生习气。正是习气这一概念的引入，使人后天的差别得到了解释和安顿。现实生活中人与人之间展现出迥异的性格与品行，横浦认为这些差别不是本性的不同，而是后天习染所致，这样既肯定了人人具有本然之性，也同时认可后天习染会带来现实人性的差别。当然，正因为人的气可以受环境影响而变化，才使得教化得以实现：圣人以习俗教化民众，以师友教化个人。

（二）气　习

几乎所有的道学者，甚至所有主张性善的学者，都必须面对一个问题——在肯定性善的前提下，现实之恶如何安顿。横浦使用习气来解释后天的差别，同时用另一个概念——气习，来解释人生而具有的差别。在横浦著作中“气习”很容易与上文的“习气”混淆，造成理解上的困难。气习与习气，都是落实在人身上的气，却是大不相同的两个概念。

天下之人，同是由气化而成，同样禀赋“天地之德，阴阳之交，鬼神之会，五行之秀气”，但仍然有贤与不肖之别。圣贤之生，禀赋天地之正气；奸臣小人之生，禀赋了不正之气。这种生而具有的差别，就是气习：

> 然而叔鱼之生也，其母视之知其必以贿死；杨食我之生也，叔向之母闻其号也知必灭其宗，越椒之生也，子文知若敖氏之鬼不食何也？曰：此其气习也，非性也。所谓习者，非一时之习，乃气禀之习也。[①]

后天环境的影响并不能解释人的所有差别，例如尧治理天下，可谓习俗醇厚，却出现舜弟弟象这样傲狠之人；父母弟弟都顽劣不恭，却成长出舜这样的圣贤；商纣暴虐，朝中却有微子启、王子比干；叔鱼、杨食我、越椒，出生之时就已展现其恶。这些并非来自后天习染，而是天生具有的差别，在横浦看来不可以归结为性有善有不善，而是气习不同——所禀赋之气不同。

① 张九成：《孟子传》卷二十六，第 479 页。

在主张性善的前提下，气习为人生而具有的差别提供了解释。贤与不肖、材与不材，是因为天生禀气不同，即气习不同；性格的偏向如清浊缓急等，也是气习所至。“予平生气习如此，所以能耐穷，免有贪心。”[①]横浦一生困厄，但安于穷苦，生活坦然，被时人崇敬甚至效仿，横浦解释自己安于贫困和清苦的生活是因为气习，生而如此。

人生而具有的气习，导致人生而材性不同，这样的差别与生俱来，不是个人力量可以控制的，所以人后天的行为也并非全然依赖个人的修养。“所谓习者，乃气习之习。是其生也，适禀天地之恶德，受阴阳之乖气，其为不义亦性情所不能自已者也。”[②]生而禀赋天地恶气之人，其行为不仁不义，并不能完全归责于个人。

横浦在讨论人与人的差异时，归结为两方面原因：生而不同（气习），后天习染（习气）。人生而不同并非是本性不同，因为恶气并非气的本然状态。虽然就个体而言，生而不同确实类似于本性差异，但从一气流行的视角看，这只是气的某种特殊状态，因而称之为气习。气习是从天地一气凝聚为人而言，也就是从天地视角看个体差异性；习气是从个体视角来看，个体受习俗、教化、修养等影响，一身之气因熏染而发生变化。

四、血气与浩然之气

横浦以气作为构成世界的基本要素，气化而为万物，气有不同状态因而造成世间万物的千差万别。具体到人来说，先天之气习与后天之习气造成了现实人性有善恶缓急等差异。本节所讲的血气与浩然之气，是就后天修养功夫而言。

朱子理学框架中，在理气二分的基础上，现实人性的差别可全然归结为气的影响，由气产生私欲和对本性的遮蔽，因而工夫修养的根本在于存理去欲，养得纯然天理。横浦以一气化生万物，本然之性与人欲的根基都是气，理是气的条理、规律。因而从根本上讲，横浦的修养工夫不可能是以理治气，而是将常人之血气转化为圣人之“浩然之气”，养得体内浩然之气

① 于恕编：《无垢先生横浦心传录》卷上，第36页。
② 黄伦：《尚书精义》卷十七，第10页。

充塞。

(一)血　气

在横浦思想中,血气与浩然之气是一组相对的概念。"血气"一词在先秦已经出现,如《管子·禁藏》:"宫室足以避燥湿,食饮足以和血气。"[①]《礼记·三年问》:"凡生天地之间者,有血气之属必有知,有知之属莫不知爱其类。"[②]血气含义丰富,日常、中医、哲学等不同领域使用内涵不同,主要有以下几种:第一,血气通常指血液和气息,是人和动物体内维持生命活动的两种要素。第二,由维持生命活动的要素,进而将血气引申为元气,精力。如《左传·襄公二十一年》:"瘠则甚矣,而血气未动。"[③]《汉书·宣帝纪》:"耆老之人,发齿堕落,血气衰微。"[④]第三,指血性,骨气。如《中西纪事后序》:"凡有血气者,莫不抚膺浩叹,指发狂呼。"[⑤]第四,指血统。孙中山《答〈朝日新闻〉记者》:"兄不当恨乃弟过于恨强盗,以吾二人本同血气也。"[⑥]第五,指感情、气质。叶适《李仲举墓志铭》:"及长,足智恢达,以义理胜血气。"[⑦]

宋代理学使用"血气",于上述内涵兼而有之。血气作为理学中的概念,主要指气禀,以及由气禀而有的形体、由形体而有的刚柔缓急等性格、欲望。朱熹言:"性者,即天理也。万物禀而受之,无一理之不具……气者,即吾之血气而充乎体者也,比于他,则有形器而较粗者也。"[⑧]朱熹认为人禀赋天理以为性,禀赋气以为形体。血气就是指人禀气而成形体,属于形而下层面。以道器来说,性为道,血气为器。

横浦虽然没有朱熹的理气二分,但他在气中区分出血气与浩然之气两者。横浦对血气的定义与朱熹相似。自上而下讲,天地之间气凝聚而充塞于人形体者,即为血气;自下而上讲,人的形体,形体的元气、精力,以及形

① 黎翔凤撰,梁运华整理:《管子校注》卷十七,北京:中华书局,2004年,第1012页。
② 孙希旦撰,沈啸寰、王星贤点校:《礼记集解》下册,北京:中华书局,1989年,第1373页。
③ 洪亮吉撰,李解民点校:《春秋左传诂》下册,北京:中华书局,1987年,第553页。
④ 班固撰,颜师古注:《汉书》卷八《宣帝纪第八》,北京:中华书局,1962年,第258页。
⑤ 夏燮著,欧阳跃峰点校:《中西纪事》,北京:中华书局,2020年,第438页。
⑥ 陈夏红选编:《孙中山答记者问》,北京:中国大百科全书出版社,2011年,第99页。
⑦ 叶适著,刘公纯、王孝鱼、李哲夫点校:《叶适集》卷十八《李仲举墓志铭》,北京:中华书局,2010年,第357页。
⑧ 黎靖德编,王星贤点校:《朱子语类》卷五,第118页。

体自然而有的情感、欲望，通过勉强形体而有的技巧、勇猛等都属于血气。虽然不合理的私欲出自血气，但血气并非全然是私欲，还包括身体正常的饮食、视听等需求。简言之，血气指形体和因形体而有的特点。以下具体分析横浦思想中"血气"的内涵：

1. 血气指形体以及构成形体的元气、精力等要素。"自日出而作，至日入而息，所以少休其劳苦，而调养其血气也。"[①]日出而作，日落而息，有作有息才能使人的元气、精力得到调养。血气是维持个体生命所必需的元气、精力等。

因为血气作为元气、精力是个体生命的必要元素，所以血气也直接指称形体生命。"使易牛之心见于面，盎于背，施于四体，溢于中国，施及蛮貊，天之所覆，地之所载，日月所照，霜露所坠，凡有血气者莫不尊亲，则仁之道大熟，而其利充塞天下矣。"[②]其中"凡有血气者"，即凡是有形体有生命者，泛指所有人。

2. 血气与性情相关。血气作为形体的基本要素，血气自身的刚柔缓急会造成个体的不同性情。"暴德之人与夫逸德之人，皆血气为之也。血气之急者必暴，血气之缓者必逸。"[③]性情暴躁之人滥施刑罚，性情闲散之人不理事务，这两种性情都是由血气造成的。血气急则造成人性情暴躁，血气缓则造成人性情闲散。

3. 血气有平和、虚羸、飘盈等不同状态。刚柔缓急等是血气之性不同，平和虚羸则是血气的状态不同：

> 如医之治积，当积之盛作则以温平之药消磨之，及积之将去则以迅利之药荡涤之。当其荡涤不免肢体疲顿，血气虚羸，瞑眩愦闷，理之必然，然而病之本根自此尽矣。[④]
>
> 思虑溃乱，血气飘盈，动者莫觉，而静者见之。[⑤]

第一条材料中"血气虚羸"指血气虚弱的状态，主要指人身体虚弱。第二条材料中"血气飘盈"是指血气飘忽盈乱的状态，主要指人的思虑纷乱、

① 黄伦：《尚书精义》卷二，第1页。
② 张九成：《孟子传》卷二十七，第498页。
③ 黄伦：《尚书精义》卷四十四，第4页。
④ 黄伦：《尚书精义》卷二十一，第13页。
⑤ 张九成：《横浦集》卷十七，第411页。

飘忽不定。最好的状态则是血气和平,“盖方其敬时,万理皆著,百邪不生。于内则耳目聪明,血气和平;于外则正其衣冠,尊其瞻视,俨然如天帝在上,临北极而拱众星”①。人能够以敬为主,则心存万理,邪心非意不生。在人身体内的体现是耳聪目明,血气和平;在外表现是外表端正严肃。血气的不同状态,可以造成人的身体、思虑的不同状态,血气和平,人的身体、情感、思虑等均处在端正平和的状态。

就以上三点可知,血气不但构成人的形体,影响人身体的健康状况,而且血气影响着人的性情、思虑。性情、思虑进一步就会影响人的行为。可见,人的行为思虑并非单一地源于本心,也会受到血气的影响。相对于本心而言,血气对行为思虑的影响主要在于身体自然的倾向、欲望、情感等。横浦认为幼喜放,壮喜斗,老喜贪,即是“气血所使然耳”②。不仅饮食欲望等源于血气,苏秦、张仪等人颐指气使,荣辱诸侯,是一味血气;勇夫当死不畏,也是血气所为。

因此横浦明确区分行为的最初来源是根于血气,还是根于本心,来源不同则决定了该行为的道德属性。解《中庸》子路问强一段,横浦认为南方之强、北方之强与夫子路之强皆是血气也。对此,他解释说:“然而‘衽金革,死而不厌’谓之血气之强可也。‘宽柔以教,不报无道’,君子居之是亦足矣,乃谓之血气之强,何哉?盖强当从戒慎不睹、恐惧不闻中来,则此强为中庸之强。若乃山川风气使之如此,而中无所得焉,岂非血气云乎?”③在横浦看来,“衽金革,死而不厌”“宽柔以教,不报无道”这些品行之所以没能得到夫子的赞许,是因为它们都源于血气。气候、地理、风俗等等影响带来了南北方人不同的血气,进而造成或勇猛或宽柔的性情,它们是人身体自然而然的倾向。从这个意义上讲,南方之强与北方之强都是血气为之,而非源自对本心的涵养。在这点上,横浦和绝大多数儒者一样,对行为的道德判断属于动机主义而非结果主义。与西方伦理学中的动机论不同,儒者对于动机的定义不仅仅是行为发生时内心是否出于道德考量,大都进一步向人性深处推展,评价思虑的最终来源。如对引文中南方之强、北方之强的评价,张九成认为需要进一步断定勇猛、宽柔这些品质的来源,只有来

① 黄伦:《尚书精义》卷三十七,第1—2页。

② 于恕编:《无垢先生横浦心传录》卷中,第9页。

③ 张九成:《中庸说》卷一,第11页。

源于因自主修养而呈露的本心，才具有真正的道德价值。

血气作为人行为思虑的一个重要来源，影响着对一个行为的道德评判，进一步血气也可以用来评判一个人道德修养工夫：

> 或问：古人云穷当益坚，老当益壮，合如此否？先生曰：此又是于血气上用工夫，才着力，便有怠时。若见得透人，正不如此费力。[①]
>
> 以血气为我者，方其壮也，立名立节似若可观。及其衰也，丧名败节无所不至矣。血气之不足恃也甚矣！惟学问克己，转血气为理义，则穷而益坚，老而益壮矣。[②]

穷当益坚、老当益壮本是值得赞许的品行，但仍然需要区分其来源。通过勉强身体而有的品行，虽然表面看来名节可观，但其根本还是属于血气。只有通过克己、慎独工夫，内心以理义为主，德性方得涵养。这在横浦注解《孟子》“不动心”一段表达得更为清晰：

> 顾不动心岂无得而然哉？然不动心者，勇而已矣。勇有数等，不可概论也。北宫黝、孟施舍皆以血气为勇者也，岂所以语于大君子之门？北宫黝一切血气，盗贼之勇也。如“视刺万乘之君若刺褐夫”，成济、蒋元晖皆能之，何足道哉？孟施舍虽未免血气，然犹以道理为主。如视不胜犹胜，“舍岂能为必胜哉？能无惧而已矣”。此似见理也。至于谓“量敌而后进，虑胜而后会，是畏三军”，岂非未免血气乎？曾子所养本于忠恕，是见理者也，故孟施舍似之。子夏所养，尚有纷华，是血气未除也，故北宫黝似之。……何谓大勇？曾子尝闻于夫子，又尝以语子襄矣。其说曰：“自反而不直，虽一介之夫如褐宽博者，吾不敢以恶声加之，以曲在我也；自反而直，循理而行，虽千万人以为不可，吾将循理而往焉。”且孟施舍一于无惧而不问己之是非，岂闻所谓大勇者其约乃在于吾直与不直如何耳。[③]

孟子将北宫黝、孟施舍与子夏、曾子之勇作了层次区分。总的来说，北宫黝、孟施舍属于血气之勇，子夏、曾子属于理义之勇。其中又可细分，北宫黝之勇全凭血气，而孟施舍虽为血气之勇，但能于其中见得些道理。子夏

---

① 于恕编：《无垢先生横浦心传录》卷中，第19页。

② 张九成：《横浦集》卷十九，第428页。

③ 张九成：《孟子传》卷六，第296页。

之洒扫应对偏重于外在的举止行事，虽属于义理之勇，但其中未免于血气；曾子之修养则本于忠恕，乃夫子一贯之道，方是义理之大勇。血气之勇流于形式，重于表现，内心有所不足。义理之勇不依靠血气之强，而是来自内心，是通过涵养内心自然而生的自信。这种自信的根本在于对本心的体认和涵养，确信行为思虑发于本心，合于义理，因而带来刚直不倚之大勇。

综上，血气是相对于本心、义理而言的，指人外在的形体，以及与形体有关的自然倾向和欲望，因而也用来区分不同的修养工夫。但是血气与本心并非一组对立的概念，不是非血气即本心，非本心即血气，而是二者谁做主宰的问题。血气构成人的形体，是生命存在不可或缺的要素，理想的状态是血气处于本心的照管之下，人的行为思虑源自本心，而非受血气的控制。

（二）浩然之气

“浩然之气”出自《孟子·公孙丑》“我善养吾浩然之气”。横浦将浩然之气阐释为理义之气，与形体之血气相对：

> 孟子真有大功于圣人者矣。其曰：“我知言，我善养吾浩然之气”者，夫浩然之气非北宫黝之凶狠，非孟施舍之无惧，亦非告子之以义为外，不得于言之学也。然而是气也，可以心得，难以言论。其为气也，非血气、非客气，乃理义之气也。①

孟子异于告子者，乃在“知言”与“浩然之气”。北宫黝之凶狠、孟施舍之无惧、告子之义外是通过勉强身体而有，因而都是血气。浩然之气源自内心，是理义之气。与血气相比，浩然之气的特点在于：

首先，浩然之气是内在的，得于心，血气是外在的，得于形体。内在与外在是孟子之浩然之气与北宫黝、孟施舍、告子之血气最根本的区别。

其次，浩然之气“至大至刚以直”，血气则是相对不稳定的。“理义之气无物可并，故曰‘至大’；无物可屈，故曰‘至刚’；无物可挠，故曰‘以直’，此言气之体也。此孟子心所自知也，此孟子指心之所自得而言之也……”②“无物可并”言浩然之气的超越性，“无物可挠”言浩然之气的刚正，“以直”

① 张九成：《孟子传》卷六，第 297 页。

② 张九成：《孟子传》卷六，第 297 页。

言浩然之气自身的状态是直而不屈的。浩然之气源于内心对理义的确信和坚守，因而有其直而不屈之体，以及刚正的状态和超越性的地位。血气的特点则在于身体的自然倾向和欲望，容易受到外界的影响，因而不稳定。

第三，浩然之气不仅仅充于一身，而且可以发为道义，进而参天地造化。“如此则刚大直之气根于心，见于面，盎于背，施于四体。其功用所及，如乾坤之运六子，沧溟之转百川，日月星辰岳渎精澜皆吾气之所在也。是故敛之则为刚为大为直，发之则为道为义，终不与不仁不智无礼无义之人相合也。”[①]浩然之气收敛于一身为刚、大、直，施发于外为仁义礼智，此气与天地之气相感，参天地之造化。血气则多为形体之私。

浩然之气与血气的共同点在于二者都是气，并存于一身之中。这再次展现了横浦思想的特点：理不是一个与气对立存在的形而上实体，气是唯一独立存在的实体。在理气二分的前提下，可以很容易将浩然之气与血气分别归属为理、气，但在横浦一气的前提下，身体之中如何能够存在两种不同的气，就需要给出进一步的解释：

> 是气也，是集吾固有之义以生者，非义自外来而成之。何以验之？心为所不当为者，是欺暗室愧屋漏，不足于心，惭生于内，颜变于外，馁莫甚焉。告子不知浩然之气自此而生，乃以义为外，颠倒如此，其不动心者亦血气之胜耳。[②]

上文已讲血气与浩然之气的最根本区分在于前者得于形体，后者得于内心。从心上讲，如果本心呈现，全然天理，一切行为思虑本于天理，进而自然产生一种由义理而有的确信不疑。以本心为我，以天理为我，这种对义理的遵循和确信就是浩然之气。相反，内心没能达到对天理的体认，尚有所遮蔽，未能完足，对自我无法产生真正的认识和确信，以身体为我，以欲望为我，则行为思虑本于欲望，血气成为自我的主宰。现实中的绝大多数人，既不是完全泯灭本心听从欲望，也做不到本心之理全然呈现，所以根于本心的浩然之气与得于形体的血气共同存在。“知礼义则其心常明，任血气则其心常昏”[③]，个体的德性取决于一身之中血气、浩然之气二者孰为

---

① 张九成：《孟子传》卷六，第 297 页。
② 张九成：《孟子传》卷六，第 298 页。
③ 黄伦：《尚书精义》卷十八，第 2 页。

主宰。

浩然之气是天地之气的本然状态。血气是人生而后的现成之气，此现成之气有刚柔缓急、清浊薄厚等差别，构成了个体的独特性。对人来说，浩然之气由本心体认天理而有，自然合于天理。这种自然合于天理之气就是天地之气的本然状态。那么转血气为浩然之气，是人对本心之天理的体认，也是由现成之气到天地之气本然状态的回归。浩然之气能够参天地之造化，也正是因为它遵循与天地之气一致的规律和条理，方能突破个体局限回归气的本然状态。二程对浩然之气也曾有类似的论述："天人一也，更不分别。浩然之气，乃吾气也。养而无害，则塞乎天地；一为私意所蔽，则欿然而馁，却甚小也。"[①]浩然之气是个体与天地一致之气，充塞于天地之间；若受个体欲望影响，则失去其本然状态，狭隘局限于一己之私。从天地视角看，浩然之气是天地之气的本然状态；从个体视角看，浩然之气是个体突破一己之私的局限，由内心体认天理而变化气质，返归天地之气的本然状态。

那么如何养浩然之气？《孟子》言："必有事焉而勿正，心勿忘，勿助长。"横浦对此有如下论述：

> 所谓必有事焉者，谓心不忘思，以义为主也。夫心无事，则众邪皆入；心有事，则百物不干。此所以必以义为事也。以义为事，当纯一其思，精专其虑，优而游之，使自得之，餍而饫之，使自趋之，可耳。不可动也，动则妄生；不可急也，急则理逆，故曰勿正。勿正谓纯一专精，不可动亦不可急也。心勿忘者，即必有事之用功处也。勿助长者，所以力言正之之所以害道也。夫必有事者，必有正之之病；心勿忘者，必有助长之病。孟子又恐助长之病天下不明知其为害也，故力引宋人揠苗为言；又恐以揠苗为戒尽废其为养也，故又以不耘苗为戒。其有功于圣道可见矣。[②]

《孟子》此句历来断句、阐释不一，张九成将此句内涵分为两层："必有事焉而勿正"是一层，"勿正"是对"必有事焉"的补充；"心勿忘，勿助长"是一层，"勿助长"是对"心勿忘"的补充。"必有事"是言保持中心有主，内心

① 朱熹：《四书章句集注》，北京：中华书局，1983年，第231页。

② 张九成：《孟子传》卷六，第298页。

以义为主则邪思不入。“心勿忘”是保持内心以义为主的状态，即“必有事”的用工处。但内心以义为主，容易导致对内心之义的过度执着，所以在“必有事”之后补充“勿正”；保持内心以义为主，容易导致急于用工、揠苗助长之弊，所以在“心勿忘”之后补充“勿助长”。最终要自得本心，达到内心悠游涵养、自然合于义理的状态，也就是天地之气的本然状态。

综上，对于个体而言，浩然之气的可贵之处是“自得”。“自得”包含两个方面：一是自得本心；二是不妥协于现成血气的自然倾向，将生命活成一团随波逐流的血肉，而是逆着肉体的欲望，寻找真正的自我，寻找能够使自我坚定自立的本心。“穆公始也以血气为我，故不喜见老成而喜新进；今也以义理为我，故喜见老成而恶新进。揆其前后，盖不啻若相反矣。不如是，安得为悔过？”[①]人可以以血气为自我，也可以以本心之义理为自我，即人可以作为现成肉体而存在，也可以作为返归本心追寻义理的浩然之气而存在。后者赋予人独立的思考和真正的德性，使人能够超越现成血气的局限，追求返归天地之气的本然状态。即突破小我而参天地造化，与天地为一。

小　结

横浦曾受学于杨时，是程门再传。虽然认同气化而为万物，但较之于二程，横浦更重视一气流行，即气普遍存在的作用。《二程遗书》：“万物之始，皆气化；既形，然后以形相禅，有形化；形化长，则气化渐消。”[②]言万物最初都是气化而成，但万物出现之后，就代代繁衍，气化渐渐消退。横浦认为气化的作用始终存在于天地间，各种自然现象、社会事件中均贯穿着气化的影响。

横浦与朱熹的差别，简言之，横浦认为气充塞天地间，构成万物，理是气之理；朱熹强调理与气的区分：事物由理与气二者构成，理逻辑上先于气。“未有此气，已有此性；气有不存，而性却常在。虽其方在气中，然气自是气，性自是性，亦不相夹杂。”[③]理需要气作为承载，理与气二者相即，但不相杂。

---

① 夏撰：《夏氏尚书详解》卷二十六，第29—30页。

② 程颢、程颐著，王孝鱼点校：《河南程氏遗书》卷五，《二程集》，第79页。

③ 黎靖德编，王星贤点校：《朱子语类》卷四，第82页。

横浦高度赞扬张载《西铭》所表达的“民胞物与”的思想。就气化而成天地万物来说，横浦与张载也很相似，但是，横浦思想的重心明显不同于张载。他所重视的并非宇宙如何生成，其论述也很少提及气化的具体过程、阴阳二气的神化作用等等。横浦的重心在于强调由气化生成的天地万物与人之间的密切联系、相互影响。正因为人可以影响天地，人乃天地之心，所以修养内心的德性不但是个人立身所在，同样是参天地造化所在。

横浦气论在其思想中具有基石的意义。无论是横浦对经典的注释，还是对历史事件的解读，都建立在其气论基础上。离开了气论，他关于天命、心、理、历史趋势、福祸报应，以及慎独、致知格物等工夫的思想会显得飘浮而凌乱，难以构成系统。在横浦思想所构造的世界里，人与天地万物不但具有同构性，更具有牵一发而动全身的密切联系。在一气流行的天地间，人与万物息息相通，共同构成密不可分的整体。整体之中人与万物相互影响，人的德行可以形成和气或恶气，影响天地之气，进而影响万事万物；外界的环境也会对人产生影响，在人身上形成气习与习气。个人可以通过德性修养来去除气习和习气的影响，使本心呈露。因而张九成又区分出血气与浩然之气，前者来自现成的身体之气，后者来自对本心的体认和存养。

第三章　天人相感

人与万物都是由天地之气凝聚而成，天地之气的不同状态，导致人与万物具有不同的气类。同时，人也可以反过来对天地之气产生影响，这是横浦气化理论的重要部分。人如何对天地产生影响，产生怎样的影响，下文将分别论述。

一、生于其心，害于其政

孟子提出志气关系“志壹则动气，气壹则动志也”。志气关系可以从不同层面不同角度来分析：从常识角度看，人内心的念虑与行为相互影响，内心所想指导行为，行为也会影响内心，比如保持身体端正内心不容易散漫；从心与气关系来看，人由气化而成，因此人内心所存与身体的关系，就是心与气的关系。这两个层面并不矛盾，常识层面的身心关系，就是心与气关系的局部。扩大来看天地之间一气感通，心与气的关系并不限于一人一身，而能扩展至一家一国乃至天下。

> 顾此等辞生于其心，时君用之则害于其政；发于其政，天下被之，则害于其事。[①]
>
> 至于邪说之害入于人心，作于其心害于其事，作于其事害于其政。且商君邪说一入孝公之心，其为政事刻薄如此，使杨墨之说尽行，其为害岂止洪水、夷狄、猛兽、乱臣、贼子而已哉？孟子辟之，其于圣王之道可谓有功，其于生民之性命可以同功于造化。[②]

横浦举《孟子》四言，一个人内心偏颇不明，不合于道，他的言辞自然偏邪谬误，出现诐、淫、邪、遁等错误言说。如果君主使用这种邪僻之论，就会危害政令；政令实施，就会危害到天下民众。横浦认为秦孝公任用商鞅，信

---

① 张九成：《孟子传》卷六，第 299 页。

② 张九成：《孟子传》卷十三，第 371 页。

奉法家思想，导致政令刻薄。如果任由杨墨的学说发展，深入人心，发出为具体行为、政令，对天下的危害会更加严重。孟子辟杨墨，正是预料到邪说流行的危害，及早指出其谬误，不使其贻害天下。

通过倡导学说影响政令，进而影响天下，这并不是唯一的途径。作为圣人可以直接参天地造化，有财成辅相之功：

> 圣人大有功于天地矣，天地亦大矣，阴阳亦妙矣。使世无圣人，任其自生自化，则草木畅茂禽獸繁殖，人类灭绝而天理颠倒矣。是天地之妙在圣人，而圣人之余为天地。余始读《易》，见其所谓财成天地之道，辅相天地之宜。见其所谓弥纶天地之道，见其所谓范围天地之化。求其说而不得。今观置闰一事，而财成辅相弥纶范围之说廓然大明。[①]

横浦以“置闰”一事来说明圣人如何参天地造化，达到周易所言“财成天地之道，辅相天地之宜”。在其所处时代中，横浦根据当时对宇宙运行规律的认识，认为天是圆形，即周天共三百六十五度四分度之一。太阳每天运行一度，所以一年绕天运行一圈，共三百六十五度；月亮每天运行十二度有余，所以一个月绕天运行一圈，以三十天为例是三百六十度。历法如果按照太阳或者月亮运行的时间来计算，那么每年多出来的时间就会导致节气错乱。所以圣人制作历法的时候，安排了闰月，使得四季有序。这正体现出圣人能够认识自然运行规律，体认天理，进而参与天地造化。

以“置闰”来解释圣人对天地的财成辅相之功，具有突出的理性色彩，这与张九成气论思想一致。天地间一气流行，所有看似超越的、神秘的、莫测的事件实际上都是气之运行。人作为气凝聚而生者，与天地万物的关系本质上就是气与气的关系，对天地万物的影响本质上就是气与气的交感。圣人对天地之道的参与不是对某种超越本体的把握，理乃气之理，无气之外的超越本体。因此圣人财成辅相天地之道就是认识天地运行规律，并以此指导现实生活，以最顺应气化流行的状态，参与到一气永不间断的运行中。

---

① 黄伦：《尚书精义》卷二，第 8 页。

二、念动于中，事形于外

人内心的念虑通过发为学说、政令、历法等具体措施来影响天下，这种经验常识被横浦赋予了气论的内涵。横浦思想的独特之处在于将以上种种影响都归入一气流行之中，作为气化流行的某个部分或者环节。心与气的关系是普遍的、广泛的、持久的。

（一）气以志使

孟子提出了志气关系："夫志，气之帅也；气，体之充也。夫志至焉，气次焉。"[①]"志壹则动气，气壹则动志也。"[②]从人的修养而言，内心之志主导统帅身体之气，同时身体之气也会影响内心之志。横浦继承孟子对志气的讨论，提出"气以志使""守志则气定"[③]，人若能守志，那么其身体之气也会坚定而不纷乱。心与气的影响表现在语言、情态、动作等诸多方面，统而言之，在横浦看来，凡是形之于外者，皆是气。

> 无垢：谓心静则气一，心乱则语哗。心静气一，则言出于口，而理入于心，故誓三军多以无哗为戒。[④]
>
> 凡物之形于外者，常有以泄吾之真。……为之凶恶暴横以泄吾之怒；为之谀佞倩盼以泄吾之喜；为之厄穷憔悴以泄吾之悲；为之放旷快逸以泄吾之乐。[⑤]

心静则气一，内心保持澄静，身体也会处于安定的状态；内心纷乱，表现在语言上则会嘈杂喧闹。语言作为身体之气的一种体现，反映了人内心的状态。不仅语言，凡是身体的表象，都是内心状态的展现。以喜怒哀乐为例，内心之怒发出来是凶恶横暴，内心之喜发出来是谄媚奉承，内心之悲发出来是困厄憔悴，内心之乐发出来是放旷快逸。人所有形之于外的情感、语言、行为、神态等都是气，气的状态是人内心状态的展现。

---

① 朱熹：《四书章句集注》，第 230 页。

② 朱熹：《四书章句集注》，第 231 页。

③ 于恕编：《无垢先生横浦心传录》卷上，第 42 页。

④ 夏撰：《夏氏尚书详解》卷二十六，第 26 页。

⑤ 于恕编：《无垢先生横浦心传录》卷中，第 36 页。

气是心之形于外者。孟子的志气关系重在阐发个人修养问题，横浦在此基础上推进一步，将志气关系融入气论中，以心气关系解读志气关系。心气关系不仅是个人修养工夫，从本质上说是万事万物变化的根源和基础。从个人角度看，内心与身体之气的关系，实际上就是天地之间的气化运行。以下这段关于心气关系的表述，体现出横浦与孟子志气关系的差异：

> 目犹天之日月也。日月薄蚀，犹君子之有过也。余德之不修，学之不讲，闻义不能徙，不善不能改，其得罪于天也久矣。目之生翳，是吾心之过形见于两间也。①

横浦晚年患有眼病，他对此的解释颇有其思想的一贯特点：因为修德讲学不足，内心有所不明。内心的过错形之于外，就造成了眼睛患病。从个人修养角度看，内心对身体的影响主要是气质、情感、语言、行为等；但从气论角度看，内心不仅可以影响情态言行，甚至能直接影响身体的现实状态，比如眼睛看不清是因为内心德性不修。从个人来看德性不修导致视力受损，从天地来看世道纷乱导致日食月食。从日常角度看，前者是人事，后者是自然运化；从横浦气论来看，小至个体，大到天地，全部属于一气流行，人事和自然都遵循气化的过程和规律。

一身之内的心对气的影响，会具体表现为人外在的体貌、情态等。但心气关系绝不限于一人一身，一时一地，所有事件都在气化运行之中，全部参与着气化运行。心对气的影响并不局限在一身之内，其范围可以扩大为天地之间。

（二）念动于中，事形于外

人与天地万物都是气化而成，这种同构性，为人与天地相感提供了基础。人的内心能够影响其身体，内心可以与身体之气相感，同样也能够扩大到与天地万物之气相感。前文已经讨论过，天地之气的状态能够影响人的材质，反过来，人的活动也能作用于天地：

> 孟子直指以志气相为用处告之曰："志壹则动气"，以为志之充塞

① 张九成：《横浦集》卷十九，第429页。

> 可以动气。《九韶》奏而凤凰来仪，《春秋》成而麒麟自获，此所谓先天而天弗违者也。①

“志壹则动气”，在一身之中，志会影响气的状态，表现在动作语言情态等方面。但横浦并不满足局限于一身之内的关系，他取凤凰和麒麟为例，把志与气交相养的关系由人之一身扩大到了天地间——人的内心可以影响外界之气，造成外界现象的变化。可见，人与天下万物之间的关系，实际上同人内心与身体之气的关系一样，都是心与气的相互影响。

> 人君思而睿，睿而作圣，则时风顺之矣。盖自通于理而睿，事无所不通而圣，则时风之几已在此矣，此所以八风各以时至，而万物皆得极其高大也。思起于此而风应于彼，人主于几微慎独其可不谨乎？②

君主内心明智通达，风就会恰合时宜，万物能够良好地成长。人内心中出现思虑，在外界就会有风响应。不仅仅风，横浦认为雨雪、风雷、冷暖等等自然现象都与君主的内心有关。因此君主要时时谨慎自己的思虑和行为，做到慎独。

> 思不睿则蒙心作，蒙心作于此则恒风应于彼，是恒风者即此蒙心形见于彼也。盖思不睿则放意而行，直情而前，恒风之应岂偶然哉？恒雨、恒旸、恒燠、恒寒、恒风，皆我之败德凝结而为戾气耳……不敬于一念而贻害于天下，使凶荒札瘥毒流斯民，其可忍乎？③

如果内心蒙蔽不明，外界就会狂风不止。雨雪等自然现象是人内心的思虑在自然界的表现。正如前文所述人的内心会形见于体貌、情态一样，人的内心也会形见于自然界，不同的思虑表现为不同的自然现象。这种相应关系得以成立的基础是“气”。内心不善会凝结为恶气，恶气会在自然界中造成灾害；反之，内心诚敬则会形成和气，在自然界中出现风调雨顺。内心念虑造成外界诸多现象，并非内心一念神秘莫测地造成了外界的变化，而是遵循着“内心—气—外界”的关系结构。这一关联是横浦在天地之间一气相为感通、气化而成万物的基础上提出的。内心影响气进而影响外界的作

① 张九成：《孟子传》卷六，第 297 页。
② 黄伦：《尚书精义》卷三十，第 13 页。
③ 黄伦：《尚书精义》卷三十，第 15 页。

用，简单概述即为“不敬于一念而贻害于天下”。

> 无垢曰：夫雷风之异何自而来哉？自成王心中来也。心疑忠圣凝结成象，故为雷为电为风以变常也。如周公忠圣，成王信之任之，政事一听之，此常也。成王有常心，则为天清、为地宁、为和气、为太平，安得有雷风之异？成王信小人之言，疑周公欲为篡贼，此心之变常者也。成王变常则为雷为电为风以见灾异矣。[①]

依照横浦内心之念通过气影响外界的理论，风雨雷电等自然界的变化都与君主内心德性有关。在这个意义上，可以说风雨雷电等都是产生于君主内心的。具体来说，成王内心怀疑忠良，这种不善的念虑凝结成象，在自然界形成违反常态的风雨雷电；成王如果信任忠良，那么天地清宁，人世太平。这其中有两点需要强调：一、横浦论述时在内心—气—外界的关系中，常常省略“气”的环节。因为对“气”这一环节的省略，导致他的思想容易被误解为内心念虑直接影响自然界，甚至被误解为内心直接产生了风雨雷电等。如果完整表述，引文应当是：成王内心对忠臣的怀疑凝结为恶气，恶气在自然界中造成灾异。横浦的省略也并非毫无理由，在他看来人与自然界本身就是由气构成的，人与外界之间自然就是气与气之间的相互影响。二、成王内心念虑造成灾异还是天清地宁，在于内心是否有“常”。“常”即常道。内心违反常道，外界也就违反规律。人与外界都处在一气流行之中，是息息相通的整体，内心之常道即外界之规律，也就是天理。所以然之理与所当然之则、宇宙规律与社会规范在这里是统一的。

此处对作为内心念虑评价标准的天理，需要给出进一步解释，为何以心作为本体的横浦思想中还需强调天理？天理在心学中如何安放？陈来教授在《宋明理学》一书中指出：“在孟子，理是人心之所同然，但理没有宇宙规律与社会规范的意义。陆九渊则认为本心自身即是道德原则的根源，因而本心即理，本心之理同时与宇宙之理是同一的。”[②]进而，陆氏并不认为“天地之理是人心所生”，他只强调“内心的道德准则与宇宙的普遍之理的同一性，而不是指宇宙之理是人心的产物”[③]。承认普遍之“理”，是心学

---

① 黄伦：《尚书精义》卷三十二，第 3 页。

② 陈来：《宋明理学》（第二版），上海：华东师范大学出版社，2004 年，第 149—150 页。

③ 陈来：《宋明理学》（第二版），第 152 页。

的应有之意，以上论述虽然是就陆九渊而言，对横浦同样适用。心学的标准并不在于心是否具有独一无二的本体地位，更不是由心来产生宇宙以及宇宙之理，而是强调内心的道德准则与宇宙普遍之理的同一性。在横浦来说，人与外界能够相互影响，恰恰是因为人和万物共同由气构成，人心之理与天地之理本来同一。如横浦所说"一念之微，万事之众，万物之多，皆理也"①。

1. 念虑对万物的影响

在气论的基础上，横浦所谓的"念动于中，事形于外"并非认为内心的念虑直接产生外界事物，宇宙由人的内心所创生。念虑与外界事物之间，只有以气作为基础，才具有密切联系、相互影响的可能。天地是一个整体，人在天地之中，是整体的一部分，与整体中的万物血脉相通。所以人的喜怒哀乐并非孤立，而是会对外界事物产生影响，出现凤麟泉露之瑞，或者水旱札瘥之灾：

> 乾坤犹一身也，而山川乃其血脉耳。人在天地之中，其喜怒哀乐足以致凤麟泉露之瑞，召水旱札瘥之灾，不足怪也。②
>
> 然后知凤凰、麒麟、庆云、甘露，皆圣人心中物也。③

凤凰、麒麟、庆云、甘露正是圣人内心德性凝聚而成的外在形象。这种种内心对外界的影响，是通过气来实现的。在对于日食的解释中，横浦有更为详细清晰的阐述：

> 夫人君之德与日同光，及夫邪心四起，非意已萌，嬖臣预政，女子荡心，權臣执柄，奸夫窃鼎，夷狄外侵，盗绒内起，恶气积稔，上见于天，不可诬也。然而因日食之深浅可以验恶气之重轻。至于日有食之既，则朝廷盖可知矣。④
>
> 适臣论日食之变本于恶气，恶气之萌起于恶念。不艾夷蕴崇之，绝其本根，将奔腾四达。上触乎天，则日月薄蚀，五星失行，飞流彗孛，盈满苍穹；下触乎地，则灾及五谷，祸及百虫，山摧川溃，草怪木妖；中

① 张九成：《孟子传》卷十九，第420页。
② 黄伦：《尚书精义》卷十一，第17页。
③ 张九成：《横浦集》卷十九，第431页。
④ 张九成：《横浦集》卷十三，第384页。

> 触乎人，则为兵为火，属疠为疫，为小人、为女子、为谗夫以乱国家之政事。[①]

日食产生是因为恶气凝结成象，恶气产生是因为内心的恶念。君主内心不正，萌发恶念，国家存在宦官干预政权、女子迷惑君心等不正之臣、不正之事，就会凝聚而成恶气。反过来说，出现日食则可说明恶气浩大，君心不正，朝廷状况堪忧。恶气最初产生的时候只是细微缥缈的状态，若不在内心下工夫摒绝恶念，任其发展，恶气就会积累浩大。长期积累的恶气接触到天，会造成日食、月食、彗星、流星等天象的变化；接触到地，会对庄稼、牲畜造成灾害，形成地震、水患、草木异常等地象的变化；接触到人，就会造成战乱不断、瘟疫流行，产生危害朝政的小人、谗夫和惑乱君心的女子。总之，恶念形成恶气，恶气流行波及天地万物以及人。

通过内心—气—外界的关系，将诸多自然现象形成的原因归结为人内心念虑的善恶。横浦对看起来外在于人的客观自然现象，做出了以人为中心的解释。在他看来，自然界并非如我们现代科学的理解，自身具有独立于人的客观运行规律，人对自然界的参与仅仅是认识、顺应或者违背其客观规律。在横浦思想中没有相对独立的自然界，自然与人，或者说万物与人，共同由气化而生于天地之间，是血脉相系的整体。人是这个整体之中最具灵明者，其内心的思虑能够对自身之气和外界之气产生影响，使气的状态发生变化，影响天地万物。这样，自然界就纳入以人为中心的世界之中，人是这个整体变化运动的枢纽。

2. 念虑对人事的影响

与自然现象相比，人类社会、历史与人密切相关，完全可以用常识给予解释，即念虑产生于内心，指导人的行为，造成相应的结果。但横浦选择了他一贯的气论，对人类社会给出了与自然现象同样的解释。

> 夫德可以动天，是无远弗至也。今三苗虽在王畿之外，未为远也。德且可以动天地，况近如有苗，岂不可至乎？然而所以弗率而逆命者，岂德有所未至乎？……夫顽如瞽瞍，舜号泣于旻天，于父母以哀感之也……感于此必应于彼，瞽亦信顺之，舜哀敬之力积久而形见也。至

① 张九成：《横浦集》卷十三，第385页。

诚尚可以感幽明之鬼神，况显明如有苗者，其有不感乎？然则弗率而逆命，是舜禹之满形见于有苗者。诚诸中必形诸外，岂可忽哉？[①]

前文已经阐述了内心念虑能够对自然界产生影响，其影响广泛而深远。横浦对人类社会和自然界使用同样的逻辑，所以然之理即所当然之则，同是一气流行之理。以舜、禹为例，三苗虽然远离国都，德性既然能够影响到天地，自然也会影响到三苗。三苗造反，是君主德性有不足之处，形见于三苗。同样，父顽母嚚象傲，舜内心诚敬，最终父母、弟弟都为之改变。这是舜内心的哀痛诚敬积累至久，形见于父母兄弟。

通常的逻辑会认为，舜、禹的德性能够使瞽瞍和三苗感化。从表面来看，横浦也同意君主内心德性会感化他人。但“形见于外”，突出了横浦思想的特点：三苗反叛是因为舜、禹自满，这样的念虑影响产生外在可见的形象，在三苗就表现为反叛；舜内心哀敬，这样的念虑影响产生外在可见的形象，就是瞽瞍信顺。这与内心念虑影响而出现风雨雷电等自然现象是同样的逻辑——内心的念虑通过气的影响展现为外在可见之象。人类社会中，内心与人事之间相互影响的实现方式，与自然现象一样，也是通过恶气或者和气：

然而小人之沮君子，其说乃如是之巧，不可不知也。臧仓嬖人安能为此？乃知恶气感物有以使之也。[②]

这段引文是横浦对臧仓阻挠鲁侯见孟子的解释。他认为，臧仓屡次以各种淫巧的理由来阻挠鲁侯见孟子，不是臧仓孤立一人可以做到，而是恶气的影响。当时状况是恶气积聚，小人在朝，君子在野，纵使有孟子这样的圣人也无法挽救局势，鲁国不复兴盛。

以上引文中念虑对外界的影响多是就君主来说。并非只有君主之心才能够对外界产生影响，普通人同样会对外界之气产生影响，只是深远程度不同。横浦多认为君主论述的原因在于天子乃天下之主，君王乃一国之主，其影响更为显著、广泛。“盖恶气发于一念，充于一身，行于一家。国君则大于一国，天子则又放于天下。”[③]普通人恶气影响一身一家，内心念虑

① 黄伦：《尚书精义》卷六，第 12 页。
② 张九成：《孟子传》卷五，第 287 页。
③ 张九成：《孟子传》卷五，第 288 页。

不善产生恶气，恶气首先会充塞身体，然后影响到家族。横浦曾经举过雌鸡打鸣的例子来说明普通人恶念的影响：“盖鸡之为物，雄鸣雌哺，此常理也。使雌代雄鸣，乃恶气所感，其家必有不祥事。”[①]出现雌代雄鸣这样异常的现象，是因为恶气充塞一家，不但会对牲畜造成影响，更会带来家族的灾祸。

普通人影响并非仅限于一家之内，影响的范围与个人德性、才能、位置相关。就君子小人来说，“君子之心常长厚，小人之心多刻薄。心之所存，治乱、安危、得失、成败所自生也，不可不戒”[②]。君子小人之所以对社会产生治安或乱危的影响，导致成败兴衰的结果，正是因为内心所存不同。这既要求个人严守内心的诚敬，也需要在位者近君子远小人。

就德性来说：

> 杨氏为我，壅遏为义之路，至于使天下无君；墨氏兼爱，壅遏为仁之路，至于使天下无父……仁义壅遏则君父之道不明，此异端邪说也。邪说一行，则人类殄灭，禽兽得志。兽蹄鸟迹之道交于中国，而蛇龙居之见于洚水，禽兽至焉见于沛泽，此亦邪气所感而然也。[③]
>
> 岂不信夫孟子之学专以爱民为主……不得志则以其和[④]养吾心，得志则推其和于四海。使天下心和、形和、气和，而天地之和悉皆应之，为麒麟，为凤凰，为嘉禾，为甘露，为醴泉，而四方歌华黍之诗，天下奏丰年之颂，岂不乐哉！学而不学此道，奚以学为！[⑤]

放任杨墨推行其学说，会导致无君无父。这样的异端邪说被天下人接受，仁义阻塞，人伦丧失，就会广泛产生恶气，进而造成禽兽横行、人类灭绝。相反，孟子之学以爱民为主，如其学说得以推行，内心之仁自然产生和气，充塞身体则形和，充塞外界则气和，出现麒麟、凤凰、嘉禾、甘露、醴泉、盛世丰年。杨、墨、孟子虽不是君王，但他们的思想广为人知，同样会对天下产生重大影响。此外，影响的广度和深度还取决于思想学说是否有机会推行

① 黄伦：《尚书精义》卷二十六，第10—11页。

② 于恕编：《无垢先生横浦心传录》卷上，第41页。

③ 张九成：《横浦集》卷十五，第395页。

④ 此处的“和”指和谐中正、恰到好处的状态，“以其和养吾心”中的“和”指孟子爱民的思想符合王道；同理，“气和”指气和谐中正的状态。

⑤ 张九成：《孟子传》卷八，第316页。

于天下。

就职位来说：

> 大臣佐天子治天下，傥所行事不考中德，太过而苛刻，不及而纵恣，则天下弊政可胜言乎？惟作稽中德，则蓄为和气，散为祥风，忠厚而非姑息，密察而非刻薄，使天下依依绳墨之中而无厌苦之患，此真王正事之臣也。[①]

较之普通人，大臣拥有更高的职位和更多的权力，可以辅佐天子治理天下。其德性与行为也可以影响到天下。大臣能够内心中德，积蓄和气，辅佐圣王，则天下无厌苦之患。

由此可见士大夫阶层更要注意自己内心德性。“士大夫学问为天下治乱之源，不可忽也。”[②]横浦曾多次强调学士、大夫的思想可以影响天下治乱，“学士大夫将欲丕变四海，振起帝王之道，可不于此而尽心乎”[③]。学士、大夫要认识到自己在天地之间的责任，并勇于承担，时刻戒慎恐惧，不使内心存有恶念邪说。

三、气与天命

天命一般是指外在于人的不可抗拒的力量或者趋势。横浦以气论为基础，将变化的根源归为人内心的念虑，在这样以人为中心的世界中，如何容纳天命以及天命的内涵，是本章讨论的重点。

> 无垢曰：孔氏注，尧年十六以唐侯升为天子，在位七十年，则时年八十六矣。七十年为天子，数亦过矣，而忽有洪水之灾，此天意也；其丹朱不肖，亦天意也；有舜抱玄德在下，亦天意也。此乾上九时也，于此而不知进退存亡，则为亢龙矣。尧大圣人也，知时，知数，知天意，知进退存亡，故咨四岳以禅位之说焉。[④]

对历史事件类似的解释，在横浦《孟子传》以及《尚书精义》中比比皆

---

① 黄伦：《尚书精义》卷三十五，第 17 页。

② 于恕编：《无垢先生横浦心传录》卷下，第 13 页。

③ 张九成：《孟子传》卷十，第 341 页。

④ 黄伦：《尚书精义》卷二，第 14 页。

是。这是横浦分析事件的基本逻辑，也正是这个逻辑给他带来了许多误解。就该段引文来说，横浦认为尧在位七十年，已经到了禅位的时候，发生洪水，是天意如此；同样，其儿子丹朱不肖，是因为天意不让尧的后代继续为王；民众中存在舜这样拥有崇高德行的人，也是天意让尧禅位于舜。尧选择禅让，正是因为他对天意的了解与遵从。

在这样的逻辑之下，天意似乎具有人格神一般的掌控力，具有不可抗拒的意志。但树立人格神，以天命来安顿现实，却不是横浦能够接受的方式。在他的思想中，一直高扬人的独立与价值，不可能依赖天命定数来构造人类历史。以横浦的气论来理解其"天命"，我们会发现"天命"有其独特内涵。

人对外界的影响，即内心念虑形成恶气或和气，恶气或和气在外界形成灾异或祥瑞。横浦强调恶气积累并产生影响是一个渐进的过程，并非一蹴而就。人的恶念形成的恶气，起初非常微渺，需要不断地积累聚集才能够在外界造成影响：

> 适臣论日食之变本于恶气，恶气之萌起于恶念。不艾夷蕴崇之绝其本根，将奔腾四达……恶念之起，如霜之轻，不即除之，日复一日，其所由来者渐矣。故其恶至于如此。①

日食是因为恶气上达于天。恶气最初萌发于恶念时很轻微，不绝去本根，放任它不断积累聚集，才最终导致奔腾四达，灾害百出。恶念即恶气的本根，恶念刚刚出现时，正如初秋的薄霜，预示着寒冬不远。积累长久的恶念，灾害深重。横浦多次使用"履霜坚冰至"来阐述恶念积累形成灾害的过程，这个过程有时会历时上百年：

> 余读《易》至坤之初六，观其爻辞曰：履霜坚冰至。及圣人至此一爻发之曰：积善之家必有余庆，积不善之家必有余殃。余三复斯言，乃悟鲁之国祚过周之历至汉之初犹有礼义，为项羽坚守而不肯降汉者，皆周公积善之所致也。然自惠公以妾为妻，夫妇之伦乱矣；隐公不书即位，君臣之伦乱矣。所以公子翚擅兵，桓公弑立，庆父弑子般，又弑闵公，公子遂杀恶。及视季氏三分鲁国而有其二，孟孙、叔孙各有其

---

① 张九成：《横浦集》卷十三，第385页。

一，公赋尽入于私家，兵权不出于公室。以至昭公逐既不得正其终，定无正，又不得正其始。静观二百四十二年间，天理颠倒，恶气蕴积如此，焉得有治安之事乎？[①]

恶气与和气的积累都需要一个渐进的过程，横浦认为坤卦初六爻辞"履霜坚冰至"阐明了这点。恶念不除—恶气积聚—形成灾害这个过程简要叙述，即为"积善之家必有余庆，积不善之家必有余殃"。一次为善或为恶可能不会马上出现相应的结果，但长久来看，善的积累必然会带来祥福，恶的积累必然会造成灾祸。横浦用这一理论解释历史，将春秋时的各个事件，放回到 242 年的历史之中，就会看到积善积恶的不同结果。周公积善，直至汉初影响犹在；惠公乱夫妇之伦，隐公乱君臣之伦，其恶积聚，以致相互仇杀，鲁国三分，昭公终始不得其正。和气和恶气积聚越多越深，影响就会越久远，以至历时百年难以化解。横浦认同因果报应，但他强调因果报应并非一时一事完成，因为气的积累与影响需要时间，甚至可能经历几百年。在某个时期看起来冥冥之中注定的天命、难以抵抗的大势所趋，实际上是和气或恶气积累带来的长远的影响。

以恶气与和气来解释历史，是横浦一贯的思路。如汉武帝穷兵黩武，不但使太子遭巫蛊之祸，其影响还远及后代，"是生石显以祸元帝，是生昭仪以祸成帝，是生董贤以祸哀帝，是生王莽以祸平帝"[②]。同样，唐太宗杀窦建德、萧铣，其影响也长达数百年，"玄宗不用张九龄，德宗不用陆贽，文宗不用裴度，使有禄山之乱、卢杞之乱、甘露之乱，若有鬼神阴沮于其间者，乃太宗开基之际杀窦建德、诛萧铣之报也"[③]。历史事件冥冥之中若有定数，实际上都是恶气或者和气的积累。

孟子遇臧仓则曰："行或使之，止或尼之，行止非人所能也。吾之不遇鲁侯，天也，臧氏之子焉能使予不遇哉？"圣贤深见天意，借手于匡人、公伯寮、臧仓以厄吾道。使天下无治安之望，而鲁国有衰替之风，此皆恶气之积，不可遽已也。[④]

---

① 张九成：《孟子传》卷五，第 287 页。

② 张九成：《孟子传》卷五，第 288 页。

③ 张九成：《孟子传》卷五，第 288 页。

④ 张九成：《孟子传》卷五，第 288 页。

孟子认为单单凭借臧仓一人的奸佞巧言，并不能阻止鲁侯来见孟子，能够决定自己是否遇鲁侯的，是“天”。“天”在这里带有不可抗拒的、注定的含义。横浦对此处“天”的解释是：恶气积聚浩大，使得天下混乱，鲁国衰微，所以孟子不会得到鲁国重用，不能以王道使鲁国兴起。这样的解释同样带有不可抗拒的含义，但是这“不可抗拒”不是外来的，而是人类自身造成的后果。因为历史中诸多恶气聚集，影响难以化解，即使出现孔孟这样的圣人，短时间内也很难消除。“恶气凝结，未易消除，虽以圣贤之力犹不能消复于冥冥之中，况其他人乎？”[①]这要求人应该在恶念刚刚萌发时就对其加意，绝去根本。“此盖言恶念之萌，不可留于心也。”[②]当恶念刚刚萌发、恶气微渺的时候，戒慎不睹，恐惧不闻，保持内心诚敬，杜绝恶念，恶气也就随之消失了。

如上所述，横浦基于气论使用“天命”“天意”等带有绝对的、不可抗拒的色彩的概念：

> 细察人事，以卜吾心，万不失一。是降灾于夏者，所以彰灭德作威敷虐万方之罪也。天生一桀，又生一汤，是桀之作淫，天固生汤以待之也。使桀改过，天命归桀，汤不失为忠臣。使桀不悛，天命归汤，汤将天命明威，亦岂敢以私赦桀恶乎？然则何以知天命明威之在我乎？天出灾异以警桀，民心戴商而不回，此天命之所在也。[③]

天命并非有意志的天神，而是源于人的自身。夏王灭德，所以降灾；桀之作淫，所以天命归汤。所谓天命，是由人自身是否修德所导致的。内心修德，则民心所向，天命所归；内心淫邪，则灾异四出，天命所弃。在横浦思想中，不存在完全外在于人的不可抗拒的意志，人即“天地之心”，一切灾异或祥瑞，一切历史事件，都是源于人类自身，是内心所存长期积累所致。

正因为内心念虑会形而化为外界可见的现象，所以用外界的事件来检验内心修德与否，万不失其一。“且夫岁之所以凶，以和气不生也；和气所以不生者，以吾心术不得其道，而政令有拂于民也。”[④]横浦以惠王为例，当

① 张九成：《孟子传》卷五，第287页。
② 张九成：《横浦集》卷十三，第385页。
③ 黄伦：《尚书精义》卷十六，第20页。
④ 张九成：《孟子传》卷一，第238页。

时恶气充塞，灾害频繁。出现灾害正可以说明君主心术不正，以致恶气积聚，和气不生。惠王在此时应该反省内心，意识到自己内心所存才是出现凶年或丰年的根本。人是天地之心，是和气恶气的发动处，因而出现问题应“反求诸已”，考察内心所存。

> 盖天下莫难化于殷士，吾意诚于此，则殷士化于彼，是殷士之化不化可以卜吾德之进否。使殷士背叛则吾德不修可知矣，吾德不修岂惟殷民背叛，天下皆将叛矣。此天下所以危也；使殷民服化，则吾德之修可知矣，吾德修则岂特殷民服化而已，殆见皆为君子，此天下所以安也。此论极有源渊，故特存之。[①]

横浦不但以气的影响来解释自然现象，也同样用来解释社会现象。周朝初立，殷士时常叛乱。叛乱表明自身德性有所不足，那么不但殷士，天下皆叛乱；服化表明自身德性之善，那么不仅殷士，天下皆服化。殷士是否服化，正可以用来检验自己的内心所存。所以一方面，当外界出现灾异或者社会动乱，修正的根本在于退而省察内心，遏制邪念。另一方面，从防患于未然来讲，“尧不问洪水而明俊德，舜不问凤凰而去四凶。俊德不明，无洪水不免于乱，四凶不去，有凤凰何益于治”[②]。知晓内心的念虑会外化为外界的事件，就应该在内心念虑萌发时预见到它可能带来的后果。因而，在恶气尚未积聚、外界尚未发生灾异之前，就将恶念剔除，保持内心诚敬。

对内心的警醒和诚敬就是慎独之学，也是横浦修养工夫的根本。“谨独之学，其用甚大，陛下不可不知也。古之圣人所以端拱岩廊而四方万里日趋于治，天地清明，日星循轨，百谷用成，蛮夷率服，用此道也。心一不善，足以伤天地之和；心欲悔过，固已同天地之德。”[③]古之圣人垂衣裳而天下治，并非“无为而治”，而是圣人慎独，时刻保持内心警醒和诚敬，不使内心存一丝恶念，与天地同德，因而天地清明，世道太平。因为内心所存会积累并影响外界，横浦非常重视慎独工夫，严格对待心中一念，这与后来阳明“一念发动处，便即是行了”有共通之处。

---

① 夏撰：《夏氏尚书详解》卷二十四，第 15 页。

② 于恕编：《无垢先生横浦心传录》卷中，第 46 页。

③ 张九成：《横浦集》卷十二，第 378 页。

小 结

横浦气论在其思想中具有基石的意义。无论是横浦对《孟子》的注释、对《大学》《中庸》的理解，还是对历史的解读，都建立在气论基础上。在横浦思想所构造的世界里，人与天地万物同为气化而成，相互联系，相互影响。人禀五行之秀气而生，是天地间最为灵秀者。人内心的念虑不但会影响充塞身体之气，造成身体情态的变化；念虑所产生的恶气或和气更会影响到外界之气，造成自然界与社会中的种种现象。

横浦对心的作用极为重视，认为内心的念虑会对外界产生影响，但这种影响并非是凭空发生，不是内心念虑直接产生万物，或内心创生宇宙，种种变化是在气的基础上并以气为中介而发生作用。他肯定心的本体地位，但并不否认世界的实在性。他以气为基础建立起来的坚实世界中，人与万物都是由气化而成，具有同质性和同一的规律，因而紧密联系相互影响。

从根本上说，横浦思想是以气论为根基的。这种通天下一气的思想早在先秦时期就有雏形了，《国语》中记载了一段伯阳父对地震的解释，其内在逻辑与横浦思想颇为相似：

> 幽王二年，西周三川皆震。伯阳父曰："周将亡矣！夫天地之气，不失其序。若过其序，民乱之也。阳伏而不能出，阴迫而不能烝，于是有地震。今三川实震，是阳失其所而镇阴也。阳失而在阴，川源必塞；源塞，国必亡。夫水土演而民用也。水土无所演，民乏财用，不亡何待？昔伊、洛竭而夏亡，河竭而商亡。今周德若二代之季矣，其川源又塞，塞必竭。夫国必依山川，山崩川竭，亡之征也。川竭，山必崩。若国亡不过十年，数之纪也。夫天之所弃，不过其纪。"是岁也，三川竭，岐山崩。十一年，幽王乃灭，周乃东迁。[①]

春秋初期已经有了阴阳的概念，它们被用来解释自然现象和社会事件。此处引文中阴阳与"天地之气"连用，已经将阴阳作为两种不同状态的气，阴气和阳气的相互作用，造成了世间的种种现象。阴阳二气本应运行

① 左丘明：《国语》，北京：华龄出版社，2002年，第10页。

有序，配合恰当；若是人的行为破坏了这种秩序，则会造成阴阳失调，带来地震等自然灾害。“把阴阳二气的失调失序归因于‘民乱之也’，意味着人在社会中的行为会影响天地之气，不当的人的行为可以造成天地之气的失序。这种说法似乎不是一种感应论的说法，而是把人的行为与天地之气看成一连续性的同质系统。”①这一观点不再将自然变化归因于神灵，而是从物质性的阴阳之气中寻找解释。虽然从表面来看，人事影响自然的观点仍不免带有古代神话的痕迹，但其内在理路是趋向理性的。

在这个意义上，横浦言：“内而一念，外而万事，知其始，知其终，知其利害，知其久近。是以念动于中，事形于外，微而未著，兆而未彰，吾已知之矣。知之则或用或舍在我而已。”②“念动于中，事形于外”，是以气的相互影响为基础才得以成立的，内在于人的念虑通过气造成外界的变化。由此他确立了人作为“天地之心”的位置，将自然以及社会发展变化的最终原因归结为人内心的念虑。

于是，已经在外界出现的事件恰恰可以用以反推内心的状态。异象、灾祸说明心存恶念，祥瑞、繁盛说明内心修德。在横浦来看，以气论为基础，在气相互影响的关系上，《孟子》“行有不得者皆反求诸己”才能够得到正确而深刻的理解。横浦注释言：“行有不得者，皆反求诸己，其身正而天下归之。其说渊微不可以浅心窥测也。且干羽舞而有苗格，箫韶奏而凤凰来，恭默思而傅说梦，金縢启而天反风。则以反求诸己得其正处，故彼来应，疾于置邮，此理深矣，安可以浅易观之哉？”③在德性修养上，横浦强调慎独工夫，念虑一旦出现便要考虑到它将带来的后果，在后果出现前就消除恶念，保持内心诚敬，使恶念不再萌发。因此，横浦多次上书言灾异，他反复论述日食的根本在于君主的内心所存；横浦为高宗进讲《春秋》，处处以“如何存心”为问；其自身为学处事，时时警醒内心，以慎独为工夫根本。

---

① 陈来：《古代思想文化的世界：春秋时代的宗教、伦理与社会思想》，北京：生活·读书·新知三联书店，2009年，第90页。

② 张九成：《孟子传》卷十四，第381页。

③ 张九成：《孟子传》卷十四，第380页。

第四章　性　论

宋代道学对传统儒学的发展之一，就是为传统儒家思想构建形而上学基础，将性、心、才、情等概念与理、气联系起来。在这种联系中，性与天理相通无疑是最根本的部分。人之生，禀赋天理以为性，这样就使人性上达乎天理，人性善的思想以天理作为支撑，但并非以天理作为人性善的保证，儒家伦理思想就在这一基础上顺利地拓展开来。“性即理”不仅要面对传统儒家性善论所面对的问题：既然同样禀赋天理而生，那么现实生活中善恶如何解释？此外，性即理还会与儒家经典中某些条目产生矛盾：“性相近也，习相远也”“惟上智与下愚不移”等，显然不符合人人都禀赋天理而为性的逻辑。

这些问题，使得道学者在将性善与天理相通之后，需要继续思考并完善伦理思想与形而上学之间的联系。完善的路径不尽相同，形成了各自学说的特点以及相互之间的辩难。张九成作为杨时弟子，二程再传，其性论继承并发展了洛学思想，并且借鉴了张载的气学。他肯定性禀受于天，“秉彝之性，人所固有”[①]，每个人的性都禀受于天，并且本然之性与天、与命、与理是同一的。横浦性禀受于天的思想，强调了两方面意思：一、每个人都全然地禀受了天作为性，所以人人之性相同；二、性是全然禀受于天的，所以性与天相同，在这个意义上横浦常常称性为“天性”，天性至善无恶。由第一点所引发的问题就是圣愚之别何在，由第二点所引发的问题就是如何安顿现实之恶，本章将逐一论述。

一、性善与人人可以为尧舜

横浦明确强调人人禀受相同的性，“《记》曰：‘人生而静，天之性也。’是人生本自有得也”[②]，“我有此性，尧亦有此性，舜亦有此性，岂有二理哉”[③]。

---

① 张九成：《孟子传》卷二，第249页。

② 张九成：《横浦集》卷七，第336页。

③ 张九成：《孟子传》卷十，第338页。

无论尧、舜、禹、汤、文王、周公等圣人，还是叔鱼、食我、越椒等出生时就带有恶象的人，他们的性都生而禀受于天。也就是说无论圣人还是恶人，其性相同。因而横浦否定荀子人性恶、扬雄性善恶混，以及董仲舒、韩愈主张的性三品。这必然也暗含了对《论语》中"性相近"的否定，从实质上将"性相近"改成了"性相同"。

先秦以后，学者都是以注释经典的形式来阐发思想。在与经典产生矛盾的时候，就需要对经典进行重新诠释。肯定性出于天的同时，宋代的道学者都必然要面对与经典之间的矛盾，即"性相同"与"性相近"的矛盾。于是焦点就集中在如下的讨论思路中：如何阐释《论语》中"性相近也，习相远也""惟上智与下愚不移"？如何解释叔鱼、越椒等生而为恶的人，以及尧、舜、文王等生而为善的人？人与人之间的差别如何产生，特别是人与人出生时即带有的差别如何产生？这一问题以及讨论思路，从张载、二程到程门弟子杨时、再传弟子横浦，以及三传集大成者朱熹，我们都可以清楚地看到。横浦对性善的论述正是沿着这一思想脉络展开。

程颢以"生之谓性"来概述其人性思想："'生之谓性'，性即气，气即性，生之谓也。人生气禀，理有善恶，然不是性中元有此两物相对而生也。有自幼而善，有自幼而恶（后稷之克岐克嶷，于越椒始生，人知其必灭若敖氏之类），是气禀有然也。"[①]"生之谓性"本是告子之说，告子认为"食色，性也"，认为性就是饮食、欲望等自然生命的属性。程颢之说与告子不同，程颢言"生之谓性"是建立在《易传》"天地之大德曰生"以及《中庸》"天命之谓性"的基础上，认为现实人性是天命之性的具体流行。"性即气，气即性"一句则争议较多[②]，本书认同张学智先生"性就是气，气就是性"的理解，气外无性，性外无气，性气不是截然二分的。生而有善有恶的气禀就是现实人性，此乃"生之谓性"。程颢认为，"性相近"是就生之谓性来说，而《孟子》

① 程颢、程颐著，王孝鱼点校：《河南程氏遗书》卷一，《二程集》，第 10 页。

② 关于程颢上述引文的阐述学界存在分歧，如牟宗三认为："'性即气，气即性'不是概念断定的陈述语，乃是性体与气禀滚在一起而不离之关联语。"这种性、气二分的思路实质上与朱熹相同，均预设了本然之性。张学智先生结合程颢的思想特点和其一贯的论说方式，认为以性气二元立场解释此段语录，不符合程颢本意，程颢此段是就气说性，原意应为："性就是气，气就是性。这就是生之谓性的意思……人之或善或恶是气禀造成的。气禀善的是性，气禀恶的也不能不叫作性。这是因为，人生来如此的就是性。"（张学智：《程明道之"生之谓性"及其歧解》，收录于张学智：《心学论集》，北京：中国社会科学出版社，2006 年，第 52—65 页）

“性善”是就“继之者善”来说，如“水流就下”一样，是言性的本然倾向。

与程颢“生之谓性”的着眼点相似，张载非常关注人生而后所具的现实人性，他提出气质之性的概念，认为人出生后受到气禀的影响，展现出来的就不再是纯然的天命之性。“人之性〔虽〕同，气则〔有异〕，天〔下〕无两物一般，是以不同。孔子曰：‘性相近也，习相远也’，性则宽褊昏明名不得，是性莫不同也，至于习之异斯远矣。”[①]张载肯定“习相远”，人所处的环境以及自身的行为修养造成了后天的差别，称之为习；对于“性相近”张载认为，天下之物千差万别是由于所禀之气不同，性则是相同的，“宽褊昏明名不得，是性莫不同也”。

这一问题在杨时的一封书信《答吕居仁其一》中更为集中：

> 孔子曰：“性相近也，习相远也。”“惟上智与下愚不移。”言相近则不可谓一，孟子论“白羽之白”与“白雪之白”是也。惟相近，故以习而相远。若叔鱼之生，其母视之，知其必以贿死。若此类，是生而恶也。文王在母也，母不忧；既生也，传不勤；既学也，师不烦。若此类，是生而善也。韩子不究其所以然，遂列为三品，则失之矣。是数说，要之皆原于性善然后为得。
>
> 横渠曰：“形而后有气质之性，善反之，则天地之性存焉。故气质之性，君子有弗性者焉。”又曰：“德不胜气，性命于气；德胜其气，性命于德。”斯言尽之，更当深考之也。[②]

杨时总结了强调性善思想与儒家经典间三个经典的矛盾：一、与“性相近也，习相远也”的矛盾。二、与“惟上智与下愚不移”的矛盾。三、与《左传》记载叔鱼生而恶、文王生而善的矛盾。三个矛盾实际上共同指向一个问题——人与人之间差别的根源何在。杨时认为张载对气质之性和天命之性的划分很好地解决了这个问题。人出生之后，由于气禀不同，所展现出来的现实人性自然也有差别，这就是气质之性。现实中的气质之性与纯然不杂的天命之性不同，所以人应该通过德性修养，控制由气质而生的冲动欲望，德胜其气，回复到天命之性。

横浦秉承了北宋以来性善问题的思想脉络：

---

① 张载著，章锡琛点校：《张载集》，北京：中华书局，1978 年，第 330 页。

② 杨时撰，林海权校理：《杨时集》卷二十一，第 573 页。

首先，就“性相近也，习相远也”以及“叔鱼生而恶，文王生而善”的矛盾来看，横浦与张载、二程以及杨时一致，将善恶差别归因于气禀。但是在概念上，横浦不使用“生之谓性”或者“气质之性”，他使用的是“习”。横浦甚至明确反对“生之谓性”的说法，认为告子所谓“生之谓性”实际上是在说“习”，根本不能称之为“性”。习在横浦思想中具有丰富的内涵：

> 告子之论性错指习为性，孟子之论性乃性之本体也。……善恶习也，安可以习为性哉？……然而叔鱼之生也，其母视之知其必以贿死；杨食我之生也，叔向之母闻其号也知必灭其宗；越椒之生也，子文知若敖氏之鬼不食何也？曰：此其气习也，非性也。所谓习者，非一时之习，乃气禀之习也。……叔鱼食我之生，非性不善也，其习之深，正当其激而不已耳。[①]
>
> 或以为性可以为善，可以为不善，以文武民好善，幽厉民好暴实之，此论染习，非言性也。或以有性善，有性不善，以尧为君而有象，瞽瞍为父而有舜，纣为兄之子且以为君，而有微子启、王子比干，此论气习，非论性也。论染习，论气习，与夫不识性之正体者，皆非善论性者也。[②]

在横浦思想中，性单指“性之本体”，即气纯然不杂的本然状态，与“天命之性”相同。在他看来，气质之性、生之谓性根本不是性，而是习。“性之本体”在现实生活中展现出多种多样的状态，主要受“习”的影响。习则细分为气习和染习（又称习气），气习指人生而禀得之气有善有恶，与程颢“生之谓性”、张载“气质之性”同；染习（习气）指人后天所受到的习俗、环境、教育等影响。在横浦看来，孟子“性善”就性之本体来立论，告子“生之谓性”仅仅看到了人出生之后的现实状态，根本没有认识到性之本体，告子所理解的性，只是气习而已。

由此，横浦对人与人之间的差别给出了解释：就后天来看，习俗环境等对人产生影响，即染习不同，所以盛世之民和善，乱世之民凶暴；就出生时来看，所禀得的气不同，即气习不同，越椒、叔鱼、食我生而恶，舜、微子启、王子比干生而善。通过“习”的概念，对“性相近也，习相远也”给出道学体

---

① 张九成：《孟子传》卷二十六，第479页。

② 张九成：《孟子传》卷二十六，第484页。

系下的阐释,“性相近”指的是气习,“习相远”指的是染习。并且进一步推论,孟子言“性善”,直指性之本体,阐发了孔子的隐微深意,深合孔子的思想。这就将孟子“性善”与《论语》“性相近”连为一脉,即从先天“性善”到后天受气习影响人人差别的“性相近”。

其次,对“惟上智与下愚不移”的否定,是宋代道学肯定性禀受于天的必然要求,也是横浦着重强调的问题。

> 孟子言性善,深合孔子之论,而超百家诸子之上。是其所见人人皆可以为尧舜,其补于名教也大矣。①
>
> 人人具有仁义礼智之性,人人可以为士君子,为圣人。②

人人可以为尧舜,人人可以为圣人,这并不是横浦独发之论,而是肯定性禀受于天就必然会导出的结论。既然我和尧舜之性同样都禀受于天,我之性与尧舜之性并无差别。“不幸而为叔鱼食我者,非其性也,习也。”③圣人与恶人的差别在于气习,即生时禀赋的气之状态不同。气的状态是可以变化的,因而通过学习修养变化气质,每个人都具有成为尧舜的可能。如此,人人皆可以为尧舜,不存在无法改变的下愚之人。

性善与现实中复杂人性的关系问题几乎所有道学者都不能回避:

> “……性即是理,理则自尧、舜至于途人,一也。才禀于气,气有清浊。禀其清者为贤,禀其浊者为愚。”又问:“愚可变否?”曰:“可。孔子谓上智与下愚不移,然亦有可移之理,惟自暴自弃者则不移也。”④
>
> 人之气质相近之中,又有美恶一定,而非习之所能移者。⑤

程颐和朱熹都将智愚之别归为气禀。程颐认为,上智与下愚可以改变,孔子之所以发“不移”之论,是针对那些自暴自弃、不思学习修养来变化气质的人。较程颐,朱熹更努力去切合经典。《集注》中,朱熹认为美恶是气质上的差别,但并非气质上的差别都可以轻易改变。“不移”是指某些气质上非常大的差别,不是后天学习修养可以改变的。不过,在《或问》中,朱熹语

---

① 张九成:《孟子传》卷二十六,第484页。

② 张九成:《孟子传》卷二十六,第487页。

③ 张九成:《孟子传》卷二十六,第479页。

④ 程颢、程颐著,王孝鱼点校:《河南程氏遗书》卷十八,《二程集》,第204页。

⑤ 朱熹:《四书章句集注》,第176页。

气又稍有改变，认同程颐以“自暴自弃”来解释“不移”。

横浦与程颐的看法相同，至愚极陋之人，只是没有努力发挥其固有之性，如果学而不辍，也可以达到尧舜境界。“仁义礼智，人人所有，是人之才地，皆可以为尧舜。然而至于至愚极陋，与圣人或相倍蓰而无算者，不能尽其才地耳。”①

以上两则对于经典创造性的诠释，除了缓和性禀受于天与经典之间的矛盾外，还有更深层次的考虑。理学家们对形而上基础的构建，绝非为了单纯创造一个宏伟的理论体系，这从来都不是儒者所追求的目标。他们也绝非因看不到现实生活中人的欲望而一味强调性善。道学者的努力在于，人肉体的欲望与德性两者之间，不是以欲望作为人行为和选择的主导，而是高扬人的德性，让人作为德性的存在。将欲望和冲动置于德性之下，以德性来约束、规范肉体的自然倾向，使人更有尊严地生存。

因此要消除可能导致人甘愿顺从自己肉体倾向、放弃在生命中挺立德性的思想基础，这正是横浦处处强调人人可以为尧舜的原因所在：

> 或以为性可以为善，可以为不善……或以有性善，有性不善……如或者前说行，则其罪一归于君上，而不知自责；如或者后说行，则善不善皆归于天，而无与于人事。伤名败教莫此为甚。②

横浦此处指出两种理论弊端：如果否认性是生而禀受于天的，认为性是后天环境教养而成，就会导致人将自身的善恶归结为环境的影响，而放弃自身的努力；如果认为性并非人人相同，而是出生时就有善恶差别，就会导致人将自身的善恶归结为天命，而放弃自身的努力。正是看到了这两种理论会导致人甘于肉体堕落的危险，横浦高扬人人性善，强调人人同有的德性面，使生命始终饱有向上的冲力和不甘肉体生存的高贵。

二、性善之善不与恶相对

横浦言“夫孟子之所论性善者，乃指性之本体而言，非与恶对立之善

① 张九成：《横浦集》卷十五，第396页。

② 张九成：《孟子传》卷二十六，第484页。

也”[①]，容易被理解为性无善无恶的思想，与胡安国“孟子道性善云者，叹美之辞也，不与恶对”[②]相同。横浦多处言性善，并且认为孟子大有功于圣学之处即主张性善，善之于性并非叹美之意。“性善之善不与恶对”与“性无善无恶”不能简单等同，实际上它们是两个不同的命题。

善恶与性的关系，是宋代理学贯通性与天道后自然带来的问题。理学肯定性出于天，天理是性善的形而上基础，气禀是现实恶的来源，以性和气来划分善与恶。性全然善，恶乃是气质的驳杂不纯，在保证性善的基础上安顿恶的来源问题。此理论中善、恶属于不同的层面，恶是气质对性善造成的遮蔽作用。这明显区别于与通常善恶对举、将善恶视为一对平行概念的看法。如果以善恶对举的方式来理解性善，就会造成肯定性善，就可以同时肯定性恶这样的混乱[③]，于是需要进一步对善恶以及善恶与性之间的关系加以阐释。

（一）二程：不是性中元有此两物相对而生

要理解横浦性善之善不与恶对的思想，有必要简短回顾一下善恶问题在宋代的发展脉络。程颢对此问题的回答是：

> “生之谓性”，性即气，气即性，生之谓也。人生气禀，理有善恶，然不是性中元有此两物相对而生也。有自幼而善，有自幼而恶，是气禀有然也。善固性也，然恶亦不可不谓之性也。盖“生之谓性”“人生而静”以上不容说，才说性时，便已不是性也。[④]

对此段的理解要区分性的不同含义，“生之谓性”是从有生之后来看，气禀的差异导致现实人性有善有恶；“不是性中元有此两物”，此处言“性”是从性之本体来看，此性乃天命之性。有生之后的善恶是由气禀差异造成的，善恶皆谓之性，是就“生之谓性”立论；有生之前“人生而静”，乃性之本体，

① 张九成：《孟子传》卷二十六，第484页。

② 胡宏著，吴仁华点校：《胡宏集》附录一《胡子知言疑义》，北京：中华书局，1987年，第333页。

③ 曾枣庄、舒大刚主编：《三苏全书》（第3册），北京：语文出版社，2001年，第255页。苏轼：“人性为善，而善非性也。使性而可以谓之善，则孔子言之矣。苟可以谓之善，亦可以谓之恶，故荀卿之所谓性恶者，盖生于孟子；而扬雄所谓善恶混者，盖生于二子也。性其不可以善恶命之，故孔子言之曰：‘性相近也，习相远也’而已。”苏轼认为善恶相对而生，有善即有相对之恶，所以孟子之性善，可以逻辑推出性恶之说。

④ 程颢、程颐著，王孝鱼点校：《河南程氏遗书》卷一，《二程集》，第10页。

性之本体中没有善恶二物相对而生。凡是就现实之人来说性，都是合气质而言的“生之谓性”，已不是性之本体。这段语录经过此后道学者的进一步阐释，发展出了性善以及性不可以善恶言两种思想倾向。

如果单单以这段引文来推论，可以说在程颢语录中已经暗含了性无善无恶的思想——善恶均属于气禀，而性之本体无善无恶。这也是胡安国、胡宏所代表的湖湘学派“善不足以言性”的思想来源之一。

通观整段语录，程颢对性与善恶的关系并非截然二分。他以水的比喻来继续阐释气禀之善恶如何影响原无善恶相对而生的性之本体，以及善恶均谓之性是从何种意义上来立论的：

> 凡人说性只是说“继之者善”也，孟子言人性善是也。夫所谓“继之者善也”者，犹水流而就下也。皆水也，有流而至海，终无所污，此何烦人力之为也？有流而未远，固已渐浊；有出而甚远，方有所浊。有浊之多者，有浊之少者。清浊虽不同，然不可以浊者不为水也。……水之清，则性善之谓也。故不是善与恶在性中为两物相对，各自出来。此理，天命也。顺而循之，则道也。循此而修之，各得其分，则教也。自天命以至于教，我无加损焉，此舜有天下而不与焉者也。[①]

程颢认为，孟子所言人性善，与“继之者善也”相同。“继之者善”，不但指出性出于天，更强调了现实人生顺承天道的趋势，就像水流均有向下的趋势一样。趋势是一种指向，并非都能顺利而完满地实现，就像水并非都能如其本然那般清澈而顺利地向下流入大海。有的水一直流入大海而没有污浊，有的水流到半途被污浊，这种受到污浊之水虽然已不是水的本然状态，但不能说就不是水了。实际上只是一股水，本然清澈，受到污染则浊，不是本来就有清水和浊水二物相对。性与善恶的逻辑关系也是如此：性善乃就性之本体而言，性出于天，人本应以不息的实践来顺承天。这种性本然应有的趋势在现实人生中顺利而完满地展开，就是善；本然之性在现实生活中受到污染、阻碍，不能如其本然应有的趋势那样实现，就是恶。

善恶不是性中本有的对等两物。善是人的本然趋势，就像水流之清，“此何烦人力之为也”。在现实生活中，性如其本然状态那般展开实现，是

---

① 程颢、程颐著，王孝鱼点校：《河南程氏遗书》卷一，《二程集》，第10—11页。

善;不能如其本然状态那般展开实现,就是恶。可见,相对于善,恶是后出的。善有其形而上来源——性,恶根本没有形而上的来源,它因性不能如其本然那般实现而得名。对此牟宗三在《心体与性体》中为我们提供了两种可能的解读,他说:"善不善之规定不是以比较而规定,如大小高下者然,乃是由是否能表现或易于表现本心性体或性理而规定。其能表现或易于表现本心性体或性理者为善才,否则为恶才,而善恶之差是由于气质使然,是则禀于气之才之有善恶实有本质的意义,非只是比较之差之相对的形式意义也。"[①]按照牟宗三的说法,善恶可能是因比较而产生的形式义,也可以是实质义。形式义是说善恶因比较而产生,就像大小、高下是在比较中得出的,就单独的个体而言并不具有大或小的本质。于是,易于展现性体的为善,而相对来说不易于展现性体的为恶。实质义是说,气清就是善,气浊就是恶,善恶非因比较而得名。

对于善恶概念的两种区分,有利于厘清性与善恶的复杂关系。如果将善恶理解为实质义,气禀本身就具有或善或恶的本质,将善恶归给气禀,性与善恶就会出现断裂。"那么气与性的关系该如何处置?既然气的属性就能决定人之善恶,那本原上的无不善之性还有何意义?"[②]这样的断裂,很容易导致对性善论的否定,导致告子意义上的"生之谓性",并推出韩愈"性三品",或者扬雄的"性善恶混"。

上述引文中程颢所言善恶,更接近形式义,恶的规定来自所禀之气不能良好地展现性之本体。就生而后来说,性之本体展现的过程也就是现实人生顺承天命的过程。气禀清者,性之本体能够顺利而完全地展现出来,"自性而行,皆善也"[③];气禀浊者,性之本体受到浊气的污染阻隔不能顺利而完全地展现出来,就是恶。恶不具有实质义,不是气禀自身包含恶的本质,而是相对于"自性而行"来说,浊的气禀不易于展现性之本体。恶并没有其形而上来源,恶是善的缺失,不善即是恶,因而可以说恶是形式义。此后的道学者普遍接受这一点,如杨时、朱熹等。

但是否能以形式义来理解善呢?这需要进一步分析程颢对善的使用。

---

① 牟宗三:《心体与性体》中册,上海:上海古籍出版社,1999 年,第 264 页。

② 唐纪宇:《〈周易程氏传〉研究》,北京大学博士学位论文,2011 年。

③ 程颢、程颐著,王孝鱼点校:《河南程氏遗书》卷二十五,《二程集》,第 318 页。

水之清,则性善之谓也。故不是善与恶在性中为两物相对,各自出来。此理,天命也。顺而循之,则道也。循此而修之,各得其分,则教也。自天命以至于教,我无加损焉。[①]

就水的比喻来看,水之清即是性善。水之清者乃水的本然状态,也就是说,性善乃就性之本体来说无不善。性善是性的本然状态,不是通过人为努力使其成为善,就像水本来清澈不需要施加外力。无论是人们循承天理而行,还是修身以复性,都只是此性善的展现和施用,不能对性本身有任何增加和减损。那么"不是善与恶在性中为两物相对各自出来",其内涵不是性无善无恶,而是强调性之本体中没有与善相对之恶,性之本体全然为善。对此,二程有更为清楚的正面论述:

且如言人性善,性之本也;生之谓性,论其所禀也。[②]

"生之谓性",止训所禀受也。"天命之谓性",此言性之理也。今人言天性柔缓,天性刚急,俗言天成,皆生来如此,此训所禀受也。若性之理也则无不善,曰天者,自然之理也。[③]

性善乃是就性之本体、"天命之谓性"来说,性之本体全然为善。"生之谓性"是就生而后所具的现实人性来说,"所禀受"指禀受理、气两方面,此性已是杂于气质而言,在这个意义上可以说"性相近"。二程并不因为性之本体中无恶,就否认性善。因为恶不具有本质义而推出善也不具有本质义,这实际上是一种语言上的过激和误用。由比较而产生的形式义,可以用来理解恶,但善并非形式义。善的形而上来源是天理,是"天命之谓性",性善即性之本体无不善。从本体来看,恶显然不是与善对等出现的,恶没有形而上来源,现实人生中性善不能如其所是那般展开才成为恶。

(二)张九成和朱熹对二程学说的不同发展

朱熹继承并发展了二程"不是善与恶在性中为两物相对各自出来"的思想。二程讨论的重点在于性之本体、天理全然为善不可加损,对"生之谓性"只说其就禀受而言,没有详细论述人禀受理、气二者之间是何关系,气

① 程颢、程颐著,王孝鱼点校:《河南程氏遗书》卷一,《二程集》,第11页。
② 程颢、程颐著,王孝鱼点校:《河南程氏遗书》卷十八,《二程集》,第207页。
③ 程颢、程颐著,王孝鱼点校:《河南程氏遗书》卷二十四,《二程集》,第313页。

如何对理产生影响。朱熹进一步明确性和气的关系，更为详尽地厘清善恶归属问题。性与气不离不杂，性全然是善，但气有清有浊，浊气会对本然之性造成遮蔽作用。于是，至善之性受到浑浊之气的遮蔽无法施发出来，就是恶。

> 性只是理。然无那天气地质，则此理没安顿处。但得气之清明则不蔽锢，此理顺发出来。蔽锢少者，发出来天理胜；蔽锢多者，则私欲胜，便见得本原之性无有不善。孟子所谓性善，周子所谓纯粹至善，程子所谓性之本，与夫反本穷源之性，是也。只被气质有混浊，则隔了。[①]

理和气共同构成人，但两者相即不杂。理、气不融汇掺杂，因此气不能对性之本体（理）产生影响，造成善性或恶性。气对于理只能产生遮蔽作用，阻碍理的显现、发用。性即理，全然为善，此性之本体；性之本体受到浑浊气禀遮蔽无法显现发用，就是现实人性之恶。恶虽然因为气禀而出现，但不可以武断地划分为性善、气恶，只是至善之性受到气禀的蔽锢无法显现发用，才称之为恶。朱熹认为，孟子性善、周子"纯粹至善"、程子"性之本""反本穷源之性"，都是就本然之性来说的，是指没有受到气禀影响的性之本体，所以称之为善、至善。

通过阐明恶的根源在于气禀对性之本体的蔽锢作用，朱熹对善恶分属问题给出了明晰的解答。但这并非唯一的解决路径，同样继承洛学，横浦则侧重于阐明性善之善不与恶对：

> 是孟子之论善非如告子与恶对立之善也，直指性之正体而言耳。……文王之在母也，母不忧；既生也，傅不勤；既学也，师不烦，此人性之本也，此孟子之所谓善也。凡为人类者皆当如此，不幸而为叔鱼、食我者，非其性也，习也。[②]

孟子所谓性善，是就本然之性来立论的，这一点横浦与朱熹并无不同。但横浦与朱熹论述的重点不同，朱熹强调恶来源于气禀对性的蔽锢，横浦强调性之本体全然至善。在横浦看来，孟子所说的性善直指本然之性，此善不与恶相对，这同样继承了二程"不是善与恶在性中为两物相对各自出

① 黎靖德编，王星贤点校：《朱子语类》卷四，第 82 页。

② 张九成：《孟子传》卷二十六，第 479—480 页。

来”的思想。

“不与恶对”强调了性善之善的绝对性。首先,我们需要解释“与恶对立之善”为何义。日常使用善恶,是作为一组相对的概念,与高低、长短、上下相同,说善就暗含了有相对应的恶存在。如划定某些人为善,就说明还存在不善之人甚至恶人,因为相对于恶人来说,才有善人。这种善恶相对的用法与《老子》“天下皆知美之为美,斯恶已;皆知善之为善,斯不善已”逻辑相同。善恶相对而言,因比较而产生,所以二者必须同时出现,有善则有恶。苏轼对孟子性善的否定就采用这种逻辑:“使性而可以谓之善,则孔子言之矣。苟可以谓之善,亦可以谓之恶,故荀卿之所谓性恶者,盖生于孟子;而扬雄所谓善恶混者,盖生于二子也。”①

横浦认为,性善绝非在这种善恶相对的意义上立论,就性之本体来说全然为善。“性善”与“人性之本”一样,都是指性本然完足,无不善。“我有此性,尧亦有此性,舜亦有此性,岂有二理哉?”②“凡为人类者皆当如此,不幸而为叔鱼、食我者,非其性也,习也。”③凡是人类,均与尧舜一样具有本然之性;出生时就带有恶象的人,不是没有本然之性或者本然之性恶,而是气习的影响。

性善之善不是与恶相对,是强调性之本体无不善,与“性无善无恶”的理论不同。横浦明确反对性无善无恶的说法,“告子以性为无善无不善,此不识性之正体者也”④。性善之善不与恶相对,与告子的性无善无恶实际上是两种不同的思想。那么二者有何区别呢?

> 夫孟子之所论性善者,乃指性之本体而言。非与恶对立之善也。夫性善何自而见哉?于赤子入井时可以卜矣。今人乍见孺子将入于井,皆有怵惕恻隐之心。怵惕恻隐忽然而发,已堕于情矣。性发为情,乃为怵惕恻隐。以情卜性,可以见其为善矣。夫恻隐、羞恶、恭敬、是非人皆有之,其用则为仁义礼智,此性之所固有者,外物岂能铄之哉?⑤

性无善无恶,是主张性没有固有的倾向,就像水流并不确定向东还是

① 曾枣庄、舒大刚主编:《三苏全书》(第3册),第225页。
② 张九成:《孟子传》卷十,第338页。
③ 张九成:《孟子传》卷二十六,第479页。
④ 张九成:《孟子传》卷二十六,第484页。
⑤ 张九成:《孟子传》卷二十六,第484页。

向西,“决诸东方则东流,决诸西方则西流”;而性善之善不与恶对立,则主张性有确定的倾向,如见孺子入井,皆发恻隐之心。这里需要区别,孺子入井的事件引发我内在本有的恻隐之心,并非因孺子入井我才拥有了恻隐之心。恻隐、羞恶、恭敬、是非不是从外界获得,而是性中固有。告子无善无恶之性,似一张等待涂绘的白纸,因后天习染而产生善恶的差异;性善之善不与恶对,则是性之本体自身完足,无所缺欠。之所以在“性善”之外还要补充不“与恶对立之善”,是强调孟子所言“性善”,并非在我们日常所说的善恶相对的层面上,而是直指本然完足的性之本体。这样就厘清了苏轼以善恶对等所造成的误解和困难。

横浦性善之善不与恶相对的思想,是对二程善恶区分的进一步阐发。就其思想实质来说,与朱熹对善恶的诠释也并无本质的差异,仅是论述重点不同。朱熹从恶的产生入手,阐明此恶是气禀对性蔽锢造成的,不是与善同等地源自性、理;横浦从性善本身入手,强调性之本体自身完足,无不善,恶不是性中本有,也不是性中有善恶相对而存在。

(三)张九成性善思想与湖湘学派的差异

性善之善不与恶相对并非横浦独发之论。杨时与东林常总的讨论中已有此言,并且经胡安国、胡宏而进一步发展为性无善无恶。朱熹曾追究此论:

> 此文定之说,故其子孙皆主其说,而致堂五峰以来,其说益差,遂成有两性:本然者是一性,善恶相对者又是一性。他只说本然者是性,善恶相对者不是性,岂有此理!然文定又得于龟山,龟山得之东林常总。总,龟山乡人,与之往来,后住庐山东林。龟山赴省,又往见之。总极聪明,深通佛书,有道行。龟山问:“孟子道性善,说得是否?”总曰:“是。”又问:“性岂可以善恶言?”总曰:“本然之性,不与恶对。”此语流传自他。然总之言,本亦未有病。盖本然之性是本无恶。及至文定,遂以“性善”为赞叹之辞;到得致堂、五峰辈,遂分成两截,说善底不是性。若善底非本然之性,却那处得这善来?[①]

① 黎靖德编,王星贤点校:《朱子语类》卷一百一,第3150页。

朱熹认为湖湘学派"善不足以言性"的思想有其传承和发展脉络，最初始于东林常总，到胡安国则认为"性善"为赞叹之辞，到致堂、五峰则进一步推出两性的说法，认为本然者是一性，善恶相对者又是一性。就杨时与常总讨论心性的材料来看，《佛法金汤编》卷十三所载与朱熹所用基本一致：

> 师又与时言十识："第八庵摩罗识，此言白净无垢。第九阿赖耶识，此言善恶种子。白净无垢即孟子之言性善。性善则可谓探其本也。言善恶混，乃于善恶未萌处。"时又问曰："孟子道性善是否？"师曰："是。"时又问："性何以善言？"师曰："本然之性，不与恶对。"①

此则材料前半段言十识，与《杨时集》所记大体相同②；后半段与《朱子语类》大体相同，只有一处明显差别是杨时最后一问《佛法金汤编》记"性何以善言？"而朱熹所记则为"性岂可以善恶言？"可见此则材料具有很高的真实性。

就"本然之性，不与恶对"来说，朱熹言"本亦未有病"，对常总此观点并不否定。前文已经叙述了朱熹对二程性善思想的继承和发展：性即理，本然之性无不善，恶是生而后气禀对性体蔽锢所产生的。在这个意义上，朱熹当然认同本然之性无恶，同时性善之善不是与恶相对而言的。朱熹坚决反对的是胡安国、胡宏对此说法的进一步推展：

> 曰："宏闻之先君子曰：'孟子所以独出诸儒之表者，以其知性也。'宏请曰：'何谓也？'先君子曰：'孟子道性善云者，叹美之辞也，不与恶对。'"③

承认本然之性不与恶对，善恶并非一组相对的概念，胡安国进一步推出性善之"善"是叹词，性善不是说"性是善的"或者"善的性"，而是赞叹"性多么美好啊！"善作为赞叹之词，不对性产生任何修饰或限定的作用，就像释氏所说善哉善哉，没有实际意义。胡宏在继承父亲思想的基础上，认为

---

① 释心泰编：《佛法金汤编》卷十三，《卍新纂续藏经》编号 1628，第 87 册，台北：新文丰出版社，1975 年，第 430 页。

② 《杨时集》卷十三："总老言经中说十识，第八庵摩罗识，唐言白净无垢；第九阿赖耶识，唐言善恶种子。白净无垢，即孟子之言性善是也。言性善，可谓探其本。言善恶混，乃是于善恶已萌处看。"（杨时撰，林海权校理：《杨时集》卷十三，第 393 页）

③ 胡宏著，吴仁华点校：《胡宏集》附录一《胡子知言疑义》，第 333 页。

不但恶不是性中本有，善也不是性中本有。这不但是对荀子性恶、扬雄性善恶混、韩愈性三品等思想的否定，也是对孟子性善思想的否定。

> 或问性。曰："性也者，天地之所以立也。"曰："然则孟轲氏、荀卿氏、扬雄氏之以善恶言性也，非欤？"曰："性也者，天地鬼神之奥也，善不足以言之，况恶乎？"①

在胡宏看来，话语不能言说属于形而上层面的性，"性"作为宇宙本体具有普遍性、终极性、根本性，远远超出了"善恶"能够论述的层面。在这个意义上讲，善不足以形容本然之性，恶更不能形容。"性作为'天地之所以立'的根据和哲学本体，从逻辑上就可以判定与后天的善恶评价不在同一个层次上，而应当是超善恶的，即性在善恶之上，不然，也就做不得本体。"②胡宏将本然之性与善恶归属到不同层面，认为性作为形而上之本体，属于未发层面，只能赞叹其美好，而不能用善恶来形容和规定；相应地，善恶属于后天的已发层面，圣人发而中节，中节而行则为正为善，众人发而不中节，不中节而行则为邪为恶。由于善恶是用来说情之已发是否中节，那么性是未发之本体，自然就谈不上善恶。因而也就出现了朱熹的批评："说善底不是性。若善底非本然之性，却那处得这善来？"③

单就"性"作为宇宙本体来看，胡宏性无善恶的说法只是对"善恶"的使用不同，他将"善恶"作为一对概念划分到后天已发的伦理层面，并非与告子和佛教的无善无恶同类。朱熹之所以对胡宏性学提出严厉的批评，不是仅仅着眼于"善云者，叹美之辞也，不与恶对"这句话本身，而是联系到胡宏《知言》中还以好恶言性，并提出"天理人欲同体而异用，同行而异情"④等。如劳思光在《新编中国哲学史》中指出："胡氏自己立说不甚严明，忽以'好恶'说'性'，忽以'天地之所以立'说'性'，则朱氏之反对亦理所当然。以'好恶'为'性'，则普遍意义之价值标准不能成立，而只剩下特殊意义之心理标准。"⑤胡宏好恶论性，就取消了性作为本体的普遍性、超越性的意义，使性实质上沦为伦理层面的无善无恶。这种对性不严明的论说，联系到

① 胡宏著，吴仁华点校：《胡宏集》附录一《胡子知言疑义》，第 333 页。

② 向世陵：《理气性心之间——宋明理学的分系与四系》，北京：人民出版社，2008 年，第 104 页。

③ 黎靖德编，王星贤点校：《朱子语类》卷一百一，第 3150 页。

④ 胡宏著，吴仁华点校：《胡宏集》附录一《胡子知言疑义》，第 329 页。

⑤ 劳思光：《新编中国哲学史》(三卷上)，桂林：广西师范大学出版社，2005 年，第 262 页。

"善云者,叹美之辞也",很容易导向与洛学、闽学相悖的结论。

以胡安国、胡宏为代表的湖湘性学,将"性善之善不与恶对"进一步推展,得出性无善无恶。这就从根本上区别于横浦"性善之善不与恶对"所指向的性善论。湖湘性学的思想来源中无疑有程颢"'人生而静'以上不容说,才说性时,便已不是性也"[①]的影响,也是对性与善恶关系——"不是善与恶在性中为两物相对,各自出来"[②]的进一步阐释。但湖湘性学已经走向了与洛学、闽学不同的路径,肯定性形而上本体地位的同时,也显露了对传统性善论的否定。这与程颢在"人生而静"同一段语录中所表达的"水之清则性善之谓也"明显不同。

如此来看,横浦"孟子之论善非如告子与恶对立之善也,直指性之正体而言耳"[③]的思想与湖湘性学性之本体无善无恶的思想明显不同,二者对于性与善恶关系问题,采取的是完全不同的解决方式。在这个问题上,横浦与朱熹反而更为接近。首先,对于"性善之善不与恶对",横浦、朱熹、胡氏父子均承认"不与恶对",但他们对此不与恶对之"善"的定义不同:横浦、朱熹肯定善具有实质义,而胡氏父子则认为善乃叹美之辞。其次,就性与善恶的逻辑关系来看,横浦以及朱熹主张将性善之善与恶划归为不同层面,善来源于性之本体无不善,而恶是气禀(习气)影响阻碍性之本体顺利施发、展现,不具有形而上的来源;湖湘性学则将善恶都归为后天已发的层面,性归为形而上的本体层面。这就否定了性与善在本体层面的关系,致使性善之善不再拥有实质含义,仅仅成为叹美的虚词,加之其对"性"论述不够严谨,就易于导向佛教无善无恶、自性清净的思想。这关涉儒家和佛教在本体之性上的根本差别,也是朱熹严判儒佛之辩的重点之一。

三、恶的来源

天理作为人性善的形而上基础,从本体上保证了人性纯善无恶。但是现实生活中人的思虑行为却常常与天理不合,甚至悖逆天理。这就需要回答,纯善无恶的本然之性与善恶混杂的现实人性之间到底是何关系。对此

① 程颢、程颐著,王孝鱼点校:《河南程氏遗书》卷一,《二程集》,第10页。
② 程颢、程颐著,王孝鱼点校:《河南程氏遗书》卷一,《二程集》,第11页。
③ 张九成:《孟子传》卷二十六,第479页。

问题的回答无非两种思路：一、承认善、恶行为都是来源于本然之性。随之而来的问题就是：本然之性善的意义何在？纯善之性又如何能发出恶的行为？二、认为善的行为来源于本然之性，恶的行为则另有来源。随之而来的问题是：恶的来源是什么？本然之性与恶的来源之间又是何种关系？对于这些问题的回答，不但关乎对恶的阐释，更关乎选择怎样的修养工夫。因而道学者在共同肯定性善的前提下，他们之间仍然存在着大量有关善恶的辩论，我们可以看到这种论辩直至阳明及其后学，都始终是人性讨论的重点。

对于恶的来源问题，横浦除使用天理与人欲这对概念外，还使用本心与非心、公心与私心、容心与无心等，以下将一一讨论。

（一）天理与人欲

天理人欲之辨是宋代理学的重要议题。天理从本体层面保证了人性善，人欲则用来解释现实生活中人行为的诸多不善。横浦继承了这一讨论思路，认为耳目饮食等欲望是人欲，人欲并非性中本有。“夫食色人欲也，乃指为性，与前人牛同性之说合矣。”[①]如果将食色作为性，人与牛都有饮食欲望，那么人性与牛性相同。在儒家看来性善不是指身体的自然欲望，性善是就人的本质而言，是人之为人的根本，将现实中的耳目饮食等自然欲望归为人欲。宋代理学进一步发展了该思想，认为性善的来源是天理，人欲的来源是气，从本体论层面区分了性善与人欲，成为善恶讨论的基础。就横浦思想来看，他以宋代理学天理人欲的思想解读孟子性善论：

首先，天理人欲之辨是人与禽兽之别。横浦认为，人欲既然是食色欲望，那么人与牛马在目视色、耳听声、口尝味等方面并无不同。人与动物在满足耳目饮食等欲望上是一致的，人的本质在于“性”与“天理”。

> 夫人与禽兽相去几何，耳目口鼻好恶嗜欲一切无异，其所以异者特有仁义礼智见于君臣、父子、兄弟、夫妇、朋友之间耳。徇人欲则为禽兽，守天理则为人伦。人心何所不有？人欲、天理之所推焉者也。庶民去天理而堕人欲，所以有禽兽之行；君子存天理而忘人欲，所以造

① 张九成：《孟子传》卷二十六，第 482 页。

人伦之至。[①]

从人欲方面看，人与禽兽相同。将人区别于禽兽的是性与天理。人禀赋天理以为性，因而具有仁义礼智四德，发于君臣、父子、兄弟、夫妇、朋友之间则有人伦之序，是人与禽兽差别的根本所在，是人所以为人的根本。因此，能守得此天理，一切行为本于天理，则为人伦；不能守得此天理，行为循照人欲，则为禽兽。简而言之，以身体的欲望作为自己，则人与禽兽相同；以本心之天理作为自己，人性方得挺立。"稍堕人欲，即为禽兽；一明天理，即是人伦"[②]，人与禽兽之间所差仅在内心所存，君子存天理忘人欲，造人伦之至；庶民去天理堕人欲，有禽兽之行。

其次，天理人欲之辨是善利之别。

> 善者天理也，利者人欲也。舜跖之分，特在天理人欲之间而已。然天理明者，虽居利势之中而不为人欲所乱；人欲乱者，虽居仁义之中，亦无一合于天理者，此又不可不辨。[③]

横浦将孟子的"义利之辨"引申为"善利之辨"，并进一步推出天理人欲之辨与善利之辨是一致的：善就是天理，利就是人欲。横浦强调，善利不在于外在的境遇如何，而在于内心所存。内心存得天理，行事本于天理，即使处在为利的境遇中，仍然能够不被人欲所乱；内心被人欲所乱者，行事追逐利益，即使处在仁义的境遇中，思虑行为仍然无一合于天理。这就将"利""善"从外界客观的环境中抽离出来，完全归结为人的内心、人的主观意志。"夫利心既生，虽世子至于弑其君，如楚商人者，如蔡般者，遗亲后君乃至于此。若利心不见，仁心自生，仁心之中事亲而已矣；义心自生，义心之中事君而已矣。"[④]内心之中一切以利为主，则杀父弑君无所不为。只有为利之心消亡，心中仁义发见，则事亲以仁，事君以义，人伦之序井然。

这里需要强调的是，"利心"与"仁心""义心"不是并列而言的。仁心、义心均指明天理之心，即本心的自然发见；利心是由人欲而来，即堕人欲而导致本心被蒙蔽的状态。简言之，利心虽然也被称之为"心"，但它并不来

① 张九成：《孟子传》卷十九，第425页。
② 张九成：《孟子传》卷十九，第426页。
③ 郎晔编：《横浦日新》卷上，《诸儒鸣道》卷七十一，第5页。
④ 张九成：《孟子传》卷一，第233—234页。

源于本心，也非本心中固有的内容，而是根源于人欲。

再次，天理人欲存于一心，两者此消彼长。天理、人欲，一为善的来源，一为恶的来源，横浦认为两者都存在人的内心中。“人心何所不有？人欲、天理之所推焉者也。”[①]人有形体之后，内心就并非先天禀受的纯然天理，人心之中天理、人欲并存。天理推进一分，则人欲消亡一分；反之，人欲推进一分，则天理晦暗一分，二者此消彼长。圣人内心则全然天理，无一毫人欲。

当内心全然天理，无一毫私欲时，则人与天理同一。“舜人欲都亡，天理昭灼”[②]，则舜即是天理；颜子“人欲都忘”[③]，则颜子与天理为一。在横浦看来，天理贯穿未发已发，天理的发见也可以称之为“天理”。圣人天理昭灼，明辨人欲与天理，由天理而行则自然为人伦之正。士君子应当通过慎独工夫体认到天理，努力使一切行为本于天理，则人欲消亡，与天理为一。在天理人欲此消彼长的关系中，暗含了修养的两种路径：一种是从天理着眼，存养得全然天理，则人欲不存；一种是从人欲着眼，使人欲皆丧，则天理尽现。

言及存于一心，就涉及宋明道学中一个固有的问题，天理人欲是否有如二物横在心中。承续上节对于“性善之善不与恶对”的思考逻辑，从根源上讲显然不是天理人欲相对并存于心中。本心即天理，本心应是至善无恶的，但现实人性必然会受到气习与习气的影响，即先天之气禀驳杂与后天之环境习俗的影响。本心受到气习和习气的遮蔽干扰，使得人屈从于肉体的欲望来思考行事，这就是人欲。现实人性，大都是本心未能全然呈现的状态，但本心也不至于全然沦丧，此时心中就是天理与人欲并存。

(二)本心与非心

本心与非心是横浦使用的另外一对表达善恶的概念。本心指心之本体，同于天理。非心则是“非本心”，即现实生活中人的内心所存不再是心之本体。存得本心，由本心所发的思虑行为是善的；本心沦丧，由非心所发的思虑行为是恶的。

---

① 张九成：《孟子传》卷十九，第425页。

② 张九成：《孟子传》卷十九，第425—426页。

③ 张九成：《中庸说》卷一，第9页。

无论圣贤百姓，本心乃人所固有。“世之士不探其本心，而观其末迹，乃以为民无知，民至愚，民蚩蚩，未尝有圣贤之才，岂不厚诬天下乎？”[①]圣贤能够存得本心，所以行为合于天理，而一般人不能全然存得本心，所以行为常悖于天理。“天下之本在人君，人君之本在一心。一心本体有何物哉？仁义正而已矣。心或有偏，所向皆暗”[②]，“知其非心偏于何处”[③]，“非心”作为独立的概念与“本心”并举，很容易被理解为非心如本心一样，是一种实体性的存在。实际上，非心不是指本心之外还存在一种心，也不是心的某个部分，而是指不符合本心的状态。本心受到蒙蔽，有所偏倚就是非心。因而，横浦言“格非心”，即是去除内心之非，存养本心。

（三）公心与私心

在宋代道学话语中，自程颐倡“以公言仁”以来，“公”便成为一个道学概念。横浦将“公”“私”作为一对概念，以公心对私心，以正理对私意。本质上公心源于天理，顺应天理，私心乃出于个体的欲望。虽然公心私心之别与天理人欲之别类似，但侧重点不同。

首先，较之天理人欲之别，公心私心之别属于已发层面，更偏重现实，是对现实生活中人不同思虑的区分，也是对人现实生活提出的具体指导。

> 或问：法未尝不便于民，而吏每至于害法。治吏者当如何？先生曰：仕宦者往往多以私意处法，故吏得以欺之。稍能以公心守正理，则人情所在即是法意，吏安能欺之。[④]

治吏的问题在《心传录》《横浦日新》中有多处讨论，是当时颇受关注的现实问题。陆九渊的一段话可以让我们了解当时治吏问题的背景：

> 官人者异乡之人，吏人者本乡之人。官人年满者三考，成资者两考；吏人则长子孙于其间。官人视事，则左右前后皆吏人也。故官人为吏所欺，为吏所卖，亦其势然也。
>
> 吏人自食而办公事，且乐为之，争为之者，利在焉故也。故吏人之

---

① 张九成：《孟子传》卷二十六，第488页。
② 张九成：《孟子传》卷十六，第398页。
③ 张九成：《孟子传》卷十六，第392页。
④ 于恕编：《无垢先生横浦心传录》卷上，第22页。

> 无良心，无公心，亦势使之然也。[1]

由于官制和吏制不同，官员是外乡人，且职位、地区多变动。吏员则为本地人，他们作为律法的具体执行者、政事的具体办理者，行事受利益驱使，仗势欺人，违背律法，甚至欺骗官员。他们往往从最直接、最具体的层面违背律法的本意。即使官员本身清廉，也时常敌不过“吏猾如油”。面对“治吏者当如何”的提问，横浦并没有从具体的制度、行事上着眼，而是以“公心”“私心”为答。横浦认为，官员之所以被吏员欺骗，是因为官员自身守理不正，官员以一己之私意来对待律法政事，则吏员以私意欺骗，官员往往不能察觉。如果官员能够内心无所偏倚，存得全然天理，遇事以公心处之，断事自然合乎正理。若以私意与吏员之私意相较量，难敌吏员；若以公心之正理对待吏员之私意，吏员若有谎言欺诈，本心自知其不合于理，吏员安能欺骗？

公心、私心之别一方面是对天理的顺应或违背，一方面是对待现实生活的方式。以私意处事为私心，以公理处事为公心。最理想的境界是人的一切思虑行为从本心之天理自然施发出来，无一毫干扰、牵强和作伪。“见恶人而不忍，岂非私心哉！”[2]本心见恶人自然发出愤怒，如果面对恶人仍然表现出仁爱，则为私心。以公心处事犹如以明镜照物。“但揩摩吾心使明白，无以私意乱公道。如揭明镜于中庭，凡物至前，长短、小大、妍丑、肥瘠，一一自见。镜何心哉？使物至则应，不必求以应物。”[3]内心全然天理，无一毫私意，犹如明镜无纤毫尘染，物至于前，明镜自然反映出其真实状态，处理事物，公心所发思虑行为自然合乎天理。

其次，较之天理人欲之别，公心私心之别侧重对治道的关注。公心除顺应天理之外，还有天下公心之意；私心除人欲之外，还有与民心相悖之意。

> 圣人无私心，以天下为心。天下之心忧，即圣人之忧也，此禹所以思天下之溺犹己之溺也；天下之心乐，即圣人之乐也，此“大赉于四海，而万姓悦服”，武王所以垂拱也。使主有私心，则忘天下矣。忧乐在一

① 陆九渊著，钟哲点校：《陆九渊集》卷八，第112页。

② 张九成：《横浦集》卷八，第349页。

③ 于恕编：《无垢先生横浦心传录》卷中，第25页。

己而不知有天下，桀纣所以败亡如此。[①]

从治道角度讲，公心乃天下之心，即民心；私心乃不顾天下之忧乐，逐一己之欲。大禹、武王以民心为己心，以天下之忧乐为自己之忧乐，故百姓顺服，天下大治；桀、纣只在乎自己的忧乐，不顾百姓，因而失去民心，亡国灭身。公心与心怀天下不同，公心不只是内心忧虑天下，而是要求直接以天下之心为己心，天下之心与己心本来为一，而非外在的符合或包容。

在横浦看来，公心有天理和天下之心两方面的含义，这两者是一致的：

无垢曰：天下非一人之天下，乃天下之天下也，必尽天下之公议乃可以与之。[②]

又曰：尧意虽知德莫如舜，圣莫如舜，得天历数莫如舜。然而天下至重，一旦不询于众，不考之公论，断以己意，遽以一匹夫为天子，此皆怪异不常，惊骇观听之事，圣人所不喜也。[③]

天下之公议、天下之心即天理，民意即天意。因而考之于公论，断之以公心，就是对天理的遵循。人禀天理为本心，天下人人禀得天理，一人之心难免或多或少存有非心私欲，但众心所同向、众民所同愿则与本心天理一致。公心既是顺应天理，也是顺应天下人之心。

公心、私心就已发层面而言，公心顺应天理，乃天下之心；私心出于个体欲望，违背民心。从"公"的方面讲，公心对天理的顺应，不是外在的遵从，而是公心本来源于天理，自然符合天理。同样，公心与天下之心也不是外在的符合，而是本来为一。也就是说天理乃"公"之本体。从"私"的方面讲，私心、私意、私智等都是指从一己之私而发，即从人欲而发，是对天理、正理的干扰和违背。"或问：屈人以服己，不争则怨；屈己以服人，不斗则憾。力未屈则争斗，力已屈则怨憾，此人情也。而孟子论以大事小者乐天，以小事大者畏天，皆以为然，何也？先生曰：圣人以天理为人情，常人往往徇人情而逆天理，故争斗怨憾，与畏乐不同。"[④]常人往往行事从一己之私的好恶出发，循私意悖天理，因而生争斗怨憾之情；圣人行事顺应天理，以天理

① 张九成：《横浦集》卷十五，第393页。
② 黄伦：《尚书精义》卷二，第16页。
③ 黄伦：《尚书精义》卷二，第14页。
④ 于恕编：《无垢先生横浦心传录》卷上，第20页。

之应当作为我之好恶，因而当畏则畏，当乐则乐。公心落实在现实生活中，其根本要求就是以“天理为人情”的境界，好恶皆循天理，是天理的展现。

小　结

宋代理学内部虽有学派及思想理论的差异，但都一致性高扬人性至善，拥护孟子的性善论，认为人人固有本然至善之性，此至善之性源于天理。这一主张虽然与传统儒家思想不完全一致，但对于宋儒的理论构建来说至关重要，是宋明理学伦理思想的基石。

强调性善的绝对性，首先会带来如何安顿恶的问题。人人本性至善，那么恶的来源何在？道学中的不同学派均提出了自己的见解，并且相互论辩，也在论辩中将这一问题不断深化。实际上，以性即理为基础的性善论中，无论怎样阐述恶的来源，都无法达到理论上的彻底圆融。

性与善恶的关系并没有止于朱熹与湖湘学的讨论，也没有止于宋代道学。明代，对阳明四句教首句“无善无恶心之体”的不同理解，不但造成了以钱德洪和王畿为代表的王门内部的分歧，也带来了朱子学与阳明学的分歧。直至明末，性无善无恶与性善之间仍然掀起了两次著名的辩论[①]。其中高攀龙为方学渐《性善绎》所作的序中，清晰地阐述了性无善无恶的思想基础以及可能导致的流弊：

> 吾以善为性，彼以善为念也；吾以善自人生而静以上，彼以善自吾性感动而后也。故曰：非吾所谓性善之善也。吾所谓善，元也，万物之所资始而资生也，乌得而无之？故无善之说，不足以乱性，而足以乱教。[②]

宋明道学内部，性善论与性无善无恶论双方对于“善”采取了不同的用法。一、性善论者，无论说此善不与恶对，还是说“非吾所谓性善之善也”，强调的都是性善之善，与日常善恶相对的用法不同。此善不与日常伦理层面的恶相对，也不同于日常使用的善。日常的善恶就后天已发来说，性善

---

① 一次发生在万历二十年(1592)前后，一方以周海门为代表，另一方以许孚远为代表。另一次发生在万历二十六、二十七年(1598—1599)间，一方以管志道为代表，另一方以顾宪成为代表。

② 高攀龙：《方本庵先生〈性善绎〉序》，《高子遗书》卷九上，《文渊阁四库全书》，第16页。

就本然之性、人生而静以上来说，属于本体层面，所以又言“吾所谓善，元也，万物之所资始而资生也”，这与二程“善便有一个元底意思”[①]相似。二、性无善无恶论者，正好与性善论者相反，认为善就是日常善恶相对的用法，因而“以善为念”，善与恶一样都是后天已发层面，因性体感物而动才出现的。由此不言“性善”，而主张性“无善无恶”。就理论本身来说，这两者都讲得通，但是以它们教化的结果却大大不同。主张性无善无恶，善恶不是性中本有，会使人不但去恶，也同时去善，仅仅执着于“无”，就会带来无拘而放荡的生活。所以要看到性善与性无善无恶之间的辩论如此激烈和持久，不仅在于理论本身，还在于二者会对社会教化产生不同的影响。

① 程颢、程颐著，王孝鱼点校：《河南程氏遗书》卷二上，《二程集》，第29页。

第五章　心　论

横浦心学思想以其气论为基础，天地间一气流行感通，理是气固有的条理、本质属性，这落实在心性论上，就表现为"天人一心"的独特思想。天人一心的特点在于心不仅仅与天理同一，而且与天一样具有生生不已的造化之功。这一点是单言"性即理"所不具备的：单言性，需要心的思维、主宰作用来补充；言心，则自然具有能动的意思。

宋代道学认同天人具有一致之处，但此一致之处在性还是在心，不同学派各有见地。因而天人一心、天人一性两个命题，并非仅是概念使用的不同，其中蕴含着对本体理解的不同。心作为思考和认知的主体，自身具有能动性、主动性；性一般来说作为未发本体，是人的本质和根据。横浦作为龟山弟子、程门再传，提出了天人一心的观点，并进一步认为人者天地之心。这一思想涵盖了两个重点：一、本心同于天理；二、本心具有参天地造化之功。相比较于闽学，横浦以心作为本体，赋予了心即本体即活动的特性。本心同于天理，将思维主宰能力归于天理，使天理不但具有作为万物根据的本体意义，更能活泼泼地呈现在现实生活中，对现实的人生给予指导。

在概念使用方面，横浦对"心"的使用远远超过"性"，在横浦思想中说"心"就已包含了"性"的意涵，说"性"却难以涵盖"心"。"性"除了"目性欲色，耳性欲声，鼻性欲臭"[①]这样泛泛地作为"属性"义使用之外，在横浦思想中都是指"性之本体"。在他看来，凡说性，就是性之本体，没有天命之性、气质之性的区分。与"性"不同，心的内涵在横浦思想中则非常丰富，既有思维知觉等主观义，也有与天为一、与万物为一的本体义。

一、天人一心

横浦高扬人性善，但是他很少单独使用"性"这一概念，对"性"的使用

---

① 张九成：《横浦集》卷十五，第 397 页。

几乎都是在有关“性善”这一议题的讨论中。在其思想中,“性”并非核心概念,这与湖湘学和闽学形成了鲜明对比。相对于“性”,横浦对“心”的使用则非常广泛、成熟,他通常用“心”来作为人人共有的禀赋,作为人与天、与理的一致之处。这点突出表现在“天人一心”的思想上,他不言“天人一理”“性即理”等,而是处处强调“天人一心”“人人同此心”:

> 夫天人一心,本无彼此。自是学之不精,不能尽识,流荡人欲,故此心不见尔。惟学问之深者,人欲不行;惊忧之迫者,人欲暂散,故此心发见焉。此心既见,则天理在我耳。欲代武王,欲天反风,惟吾所造如何耳。周公作册,而武王疾瘳,此学问之深者也;成王出郊,而天乃雨反风,此惊忧之迫者也,所以皆足以动造化焉。造化何在?吾心而已矣。吾心如此其大,而或者以人欲而狭之,殊可悲也。孟子深识此理,故曰:“尽其心者,知其性也。知其性,则知天矣。存其心,养其性,所以事天也。”夫知天在尽心,而事天在存心,则人之于心其可不谨乎?①

虽然理学家大都认同人与天具有一致之处,但是一致之处究竟在心还是在性?在需要不断返归的本然之性,还是在现实呈现的良知之中?这些问题仍需要细细分疏。就本段引文来看,可以分为以下三个方面来理解:一、在横浦看来,天人一致之处在心,“夫天人一心,本无彼此”。人的本心与天一致,如果个人通过学习、修养让本心完全地显现出来,那么此心就是全然天理,即天理在我。二、天人一心,不仅赋予了心与天同一的天理,而且赋予了心参天地造化的能力,“造化何在?吾心而已矣”。如“周公作册,而武王疾瘳”,“成王出郊,而天乃雨反风”,内心所存关系着外在世界的变化。三、现实生活中此心并不能完全呈现,人欲是阻碍其完全呈现的重要原因。人欲流荡会蒙蔽、狭隘此心,致使此心与天悖离,不能参天地造化;反之,进学、修养则可以体认本心,使本心呈现。

在天人一心的前提下,认识本心,使本心呈现的过程,也就是知天、事天的过程。因而在对《孟子》“尽其心者,知其性也。知其性,则知天矣。存其心,养其性,所以事天也”的阐释中,横浦言:“知天在尽心,而事天在存

① 张九成:《横浦集》卷九,第352页。

心，则人之于心其可不谨乎？”他只抽取了“天”与“心”两个概念，搁置了“性”的环节，本心直接等同于天，不需要“性”作为中间环节，本心即性，与天理一致。这不同于心、性二分的逻辑——尽心达到知性，性与天理一致，心、性、天三个环节逐步提升。

就第一点和第三点来说，横浦对心的使用包含了通常理解的“性”的基本含义：性出于天，现实生活中性之本体不能完全呈现，需要学习修养以返归本性。但是结合第二点，相较于程朱理学的“性”，心作为本体的特点就凸显出来，心拥有思维和参与造化的能力，与性相比，更为主动，内涵更为丰富。下文将进一步分析上述三点。

（一）此心即是天理

在横浦思想中，本心即是性，即是天理，凡说心实际上就已经说到了性。心包含了通常所理解的性的基本含义，但横浦思想中的性并未成为独立于心的概念。他有时也单独使用“性”，但这并不表示心与性是两个不同的概念。他使用“性”多是出于注释经典、引用经典的考虑，如对《西铭》的注释中，他将心性连用作为一个概念，“心性即天地，夙夜存心养性是夙夜匪懈以事天地也”[①]，就是出于对孟子“存心养性”的考虑。引文中心、性共同指向“天地”，在这一点上，二者之间没有差别。这在他对“性善”的阐释中表现得尤为明显：

> 夫孟子之心所以切切于民如此者，则以明性善之几故也。以孟子之心推诸圣贤，其心一，皆见天下之人为天地之德，阴阳之交，鬼神之会，五行之秀气，其心与圣贤同悦理义，同好懿德。其可宝可爱，孰有大于民乎？[②]

横浦极力推崇孟子，反对当时学者的疑孟之风，重要原因就是孟子主张“性善”，认为人人具有禀彝之性，人人可以为尧舜。在他所著的《孟子传》中，《孟子》原文有关“性善”的内容是他着重注释和阐发的部分；在其他著述中，他对性善的讨论也多以《孟子》为理论基础。引文中，他认为孟子之心与圣贤之心相同，知晓天下之民皆性善。在对性善的进一步解释中，

① 张九成：《横浦集》卷十五，第401页。

② 张九成：《孟子传》卷十，第342页。

他引用《礼记》：天下之人皆为“天地之德，阴阳之交，鬼神之会，五行之秀气”。按朱子学的理路，这里本可以直接得出人人性善，但横浦却说“其心与圣贤同悦理义，同好懿德”，即民众之心与圣贤之心同悦理义，好懿德。这里由性转而说心，因为在他看来，性与心不是截然二分的两物，心善即性善。横浦常常以“心”来论说性善，“夫心同然，则性善之说也。以其性善，故心所同然者理也，义也”[①]，人人都有本心与人人性善是同一个命题，本心与天理同一。

以心善论性善是传统儒学中的一种思路。孟子以“四端之心”言性善，就是采取以心善论性善的路径。横浦思想虽基于洛学，但并未延续心性二分的思路，而是以气学为基础，心性为一。天理是气的本质属性与规律，不是气之外别有一物，同样本心是人的本质，是性，性不是心中别有一物存在。

横浦有时也用“固有之心”来表达本心的含义，即人之本心禀赋于天，与天为一。心不是空空的知觉思维器官，与天一样，充实饱满。与天为一的本心是每个人生来固有的，不是从外界强加，不是后天获得，更不会消失或改变。教化、习染、人欲等只能影响本心在现实生活中的显现，并不能造成本心的增减或质变。“使人君一言之下、一事之间，忽然开悟，平生非心，一息顿影灭迹绝，而固有之心尽皆发见。所谓仁，所谓义，所谓正者，皆昭然显露，此乃固有之心也。……天下皆有之，特未有以发之耳。”[②]固有之心即本心，无论百姓还是君主，人人本来固有。人人固有的本心相同，只有是否发见的区别，没有本质的差异，也不能人为增减。“则人之为圣贤愚不肖，惟以学与不学之不齐”[③]，学习修养可以帮助本心发见，圣、贤、愚、不肖只是学与不学的区别，本心人人相同。

本心包含自然规律和伦理规范。本心禀自天，天化育万物，是一切自然规律和社会规范的最终来源，因而本心同样包含自然规律和伦理规范。就社会规范、伦理德性来看，“所谓仁，所谓义，所谓正者，皆昭然显露，此乃固有之心也”[④]。仁、义、正等德目是本心应有的内容。现实生活中，本心

① 张九成：《孟子传》卷二十六，第486页。
② 张九成：《孟子传》卷十六，第392页。
③ 张九成：《孟子传》卷二十六，第486页。
④ 张九成：《孟子传》卷十六，第392页。

发见，则仁义等德性均显现出来；本心遮蔽，则人欲流荡，邪念四出。“然则学者之彀与夫规矩之宜其何在乎？亦曰心而已矣。”[①]为学最重要的是体认本心，本心是德性和种种规范的根源。正是在这个意义上，横浦说“正心以成天下之本”[②]，通过正心等修养工夫，体认到本心，此心即是天下之本。

就自然规律来看，此人人固有的本心不只是人的本质，因其与天一致，则古往今来万事万物，此心均在。“夫所谓天下四方万里事物之本，何物也？曰中而已矣。盖天下，此心也；四方万里，此心也；若事若物，此心也。”[③]天下事物表面看来各个相异，但是就本体看，万事万物都与人一样本自天。因此本心是人与天的同一之处，同时也是人与万物的同一之处。

本心超越时空，四方万里、古往今来本心同一。“盖地有远近，心无远近；时有后先，心无后先。”[④]本心不受地域差异、时间变迁影响。将本心放到历史长河之中，时间流逝，世事变迁，先哲已往，此心却不消失不增减不亏欠。“乃知千圣虽往，此心原不去；万变虽经，此心自有余。”[⑤]这与二程对理的论述相似：“虽能推之，几时添得一分？不能推之，几时减得一分？百理具在，平铺放着。几时道尧尽君道，添得些君道多；舜尽子道，添得些子道多？元来依旧。”[⑥]此心与天同一，超越时空，自身完足，亘古不变。四方万里，无论人、物，此心同一；古往今来，任凭历史沿革，此心同一。心完全超出了一人、一物、一时、一地的限制，提升至本体的层面，与天为一。

综上，本心即天理，包含了两方面的含义：一、纵向来看，本心与天同一；二、横向来看，人与万物都具有本心，本心超越时空永恒不变。第二个含义实际上逻辑地来自第一个，本心既然与天一致，那么必然与天一样作为万物本体，自身完足，永恒不变。在横浦思想中，本心远远超出了日常知觉思维之心，不是人身体内一个承担具体功能的器官，而是与天为一、永恒而完足的本体。在宋代人心道心的讨论中，横浦认为本心即道心，“道心，

---

① 张九成：《孟子传》卷二十七，第 498 页。

② 郎晔编：《横浦日新》卷上，《诸儒鸣道》卷七十一，第 5 页。

③ 黄伦：《尚书精义》卷六，第 3—4 页。

④ 张九成：《孟子传》卷十八，第 408 页。

⑤ 张九成：《横浦集》卷十七，第 409 页。

⑥ 程颢、程颐著，王孝鱼点校：《河南程氏遗书》卷二上，《二程集》，第 34 页。《遗书》中未注明此条是程颢或程颐的语录，《宋元学案·明道学案上》列有此条。

天理也”[①]。

心的本体地位来源于天，本心出自天，本心与天同一，本心即天理。伊川言：“圣人本天，释氏本心。”[②]以儒家天理之实在与佛教心性之空作为儒佛分判，这一点也是朱熹分判儒佛的根本原则。依此原则，宋代理学中凡涉及本体之“心”，都被判为杂佛，如横浦言本心，陆九渊言心即理。究其根源，圣人所本之天是实有的天理，释氏所本之心是如来藏自性清净心。横浦所言之心，不是禅宗作用见性、虚灵明觉，不是立足于缘起性空，而是本于实有的天理，此心即圣人所本之天。

（二）参天地造化

“本心即天理”这一命题就以上的讨论来看，与“性即理”所含之义相同，均是由天理来挺立本心或性的本体地位。“天人一心”的独特之处在于，心不仅仅与天理同一，而且与天一样具有生生不已的造化之功。这一点是单言“性即理”所不具备的。

就人自身来说，不但本心与天理相同，而且心具有知觉、思维、判断的能力。天理与知觉思维能力并非如二物横于心中，而是同一整体，即天理即思维。心作为本体兼具思维的属性，与牟宗三所言“神理是一”有相似之处：“若说理，神亦当然即是理。神既是‘妙万物而为言’，则神体当然亦即是万物之所以然之理，但此理是‘即活动即存有’之理，其为所以然是动态的所以然，而不是‘只存有而不活动’的静态的所以然。此是‘神理是一’的理，故可以动静说，但却是‘动而无动’之动、‘静而无静’之静也。非如朱子所谓意谓之‘只是理’（神成只是虚说之形容词），而无所谓动静也”[③]。“神”是否可以成为“体”，以及“神体”是否可以作为一个独立概念尚存质疑，但牟宗三通过强调神的内涵，来展现心体、仁体等实体本身具有的活动性，以及神妙万物的能动性，与本书论述的本心参天地造化的观点一致。这与朱子学之理形成了鲜明对比，朱子学之理作为静态的所以然，乃是只存有而不活动的本体。

在横浦，本体之心更接近“神理是一”的含义。与天理同一的本心，其

---

① 黄伦：《尚书精义》卷六，第 4 页。

② 程颢、程颐著，王孝鱼点校：《河南程氏遗书》卷二十一下，《二程集》，第 274 页。

③ 牟宗三：《心体与性体》下册，第 418 页。

自身就具有知觉思维的能力，或者说得更为直接，天理本身就包含了知觉思维的内容。天理不是一个固定在那里等待被认知的对象，因而不需要从天理外部寻找知觉思维能力来达到对天理的认知。以心同于天理，将思维能力归于天理，使天理不但具有作为万物根据的本体意义，同时还能够现实地呈现、发用，指导人的行为。这一点我们在横浦对“心”与“思”的阐释中可以看到：

> 天下有良贵，其惟人之心乎？夫耳目口鼻未足贵也，其所以用耳目口鼻者，乃良贵也。故孟子以为人人有贵于己者，所以指用耳目口鼻也。用耳目口鼻其谁哉？心而已矣。诚使以思而入之，惟精惟一，惟时惟几，一旦豁然，念虑皆断，心之本体见矣。居之则为仁，由之则为义，闻于众听则谓之令，闻誉于众口则谓之广誉，天下之贵其有过于此乎？①

心乃天下之良贵，基于两点：一、于人之一身来说，心为最贵。相对于耳听目视口尝鼻嗅，心是所以用之者，即心可以主宰人的身体。若心之本体发见，更能够使人的一切行为思虑合于天理，居之为仁，由之为义。二、超越一身来看，此心与天同一，人人生而固有，其用无穷，外人无法给予也无法剥夺。这两点实际上概括出了心的两个最重要的方面：与天同一，具有思维主宰能力。

与天同一上文已经论述过，现在就思维主宰能力来看，此天下之良贵、人人固有之心，与耳目口鼻的区别在于“思”。思维能力使得心能够掌管一身，更为重要的是通过“思”，人可以使固有的本心发见，这正是德性修养的目标。横浦显然继承了孟子对“思”的论述：“耳目之官不思，而蔽于物，物交物，则引之而已矣。心之官则思，思则得之，不思则不得也。此天之所与我者。”②并且把孟子之“思”进一步深化。心具有可以掌管其他器官的思维能力，但天之所与我者，不仅仅是思维能力，而是本心天理，通过“思”人可以认识到自我的本心，并使本心发见。

横浦明确点出了“思则得之”的对象是“本心”，而“心之官则思”，思又是本心具有的能力，这种以心识心的观点遭到了朱熹的强烈反对。理解以

---

① 张九成：《孟子传》卷二十七，第497页。

② 朱熹：《四书章句集注》，第335页。

心的思维能力来认识本心的观点，需要进一步阐释思与本心的关系：

> 心体至大，惟思能入之。盖心之官为思，以思为官，则心为主矣……凡耳之所听、目之所视、鼻之所臭、口之所尝，一以思为主。是故行乎声色臭味之中，而不为声色臭味所乱。当声色臭味之未经乎前也，吾则思其所以思者其谁耶？惟精惟一，惟时惟几，一旦恍然雾除，霍然云消，思虑皆断，而心之大体见矣。然后知吾之所以为天者在此……孟子直指思以示人，可谓有功于圣学矣。然而孟子之言非私意也，乃天理也。[①]

“心体”即心之本体、本心，指向的是天，因而言“心体至大”，通过“思”才能达到对天的体认。“思”是心所具有的思维能力，所思的对象可以区分为两种不同层次：一是声色嗅味等，思可以为耳目鼻口提供指导，使它们不沉溺于对外物的追逐，不被外物所乱。一是向内思考“所以思者”，对声色嗅味的思维之外，思考自身具有此种思维的根据，即谁是思维者，何以具有思维能力？这样对思维本身进行思考，就会上溯到最终的“所以思者”——本心，本心是思维的来源和根据。本心具有的思维能力，不但能指导人的具体生活实践，而且可以对自身进行思考，最终体认到思维的最终根据——本心。这样的思维过程，实际上就是不断认识并返归本心的过程。本心即天，因而又可以说，思根源上本于天，思的最高境界是体认本心，与天为一。

“思”不再是日常所理解的限于一人一身的思维能力，它是人禀赋于天而拥有的思维能力，源于天并返归于天。因而凡说到“思”，就已有天理在。这样具有本体性和普遍性的“思”，明显区别于个体的思维能力。个体的思维能力，必然要求个体凭借自己的思维，将天理作为对象来认识或遵循；普遍性的“思”，因为其源自天，所以是内在地体认和返归天。

出于这样的差别，才有了横浦与朱熹在修养工夫上的巨大差异。在横浦看来，说到思，已有天理在。当思反求自身，对“所以思者”进行思考，并最终体认和返归到本心后，本心呈现，不假外求，人的念虑、行为便自然合于天。“其名数散为六艺，其精微在吾一心”[②]，“师即吾心也。取之愈有，

---

① 张九成：《孟子传》卷二十七，第494—495页。

② 张九成：《孟子传》卷十九，第421页。

抑之不竭,子何假于人也”[①],人可以从本心寻得一切行为的根据、处理事件的原则,并且取之不尽用之不竭。“天既在我,卓然群物之上,卷舒阖辟变化转移,无往而不为大。”[②]本心通过“思”对人行为进行指导,实际上就是作为万物本体的天在现实生活中的具体呈现。此种呈现,是天能动地作用于人的实践活动中,而不是人通过规范自身行为去契合天。

二、人者天地之心

“人者,天地之心”在横浦著作中既是对经典的引用,更是其心性论中的重要命题。此语出自《礼记·礼运》:“故人者,天地之心也,五行之端也,食味、别声、被色而生者也。”[③]句首“人者,天地之心也”是注释的重点,历代注疏者对此句均有自己的解读。郑玄注:“此言兼气性之效。”[④]孔颖达:“前文论人禀天地、五行气性而生,此以下论禀气性之有效验……天地高远在上,临下四方,人居其中央,动静应天地。天地有人,如人腹内有心,动静应人也,故云‘天地之心也’。”[⑤]王肃:“人于天地之间,如五藏之有心矣。人乃生之最灵,其心,五藏之最圣也。”[⑥]孙希旦:“天地之心,谓天地所主宰以生物者……人物各得天地之心以生,而惟人之知觉禀其全,故天地之心独于人具之,而物不得与焉。”[⑦]统括来看,注释思路大体有如下几种:一、从本源上说,人之所以作为天地之心,是因为人禀得天地之气而生,即“故人者,其天地之德,阴阳之交,鬼神之会,五行之秀气也”[⑧]。二、从效用看,人在天地间的作用,与心在人身的作用相同,是天地主宰,人与天地互动,犹如人内心与身体的互动。三、就地位看,心是五脏之最圣,人是万物中最灵。这三种解读思路并非截然分开,注释者往往杂合两种甚至三种进行注释。

---

① 张九成:《孟子传》卷二十八,第500页。
② 张九成:《孟子传》卷二十七,第495页。
③ 孙希旦撰,沈啸寰、王星贤点校:《礼记集解》中册,第612页。
④ 郑玄注,孔颖达正义,吕友仁整理:《礼记正义》中册,《十三经注疏丛书》,第928页。
⑤ 郑玄注,孔颖达正义,吕友仁整理:《礼记正义》中册,《十三经注疏丛书》,第928页。
⑥ 郑玄注,孔颖达正义,吕友仁整理:《礼记正义》中册,《十三经注疏丛书》,第928页。
⑦ 孙希旦撰,沈啸寰、王星贤点校:《礼记集解》中册,第612页。
⑧ 孙希旦撰,沈啸寰、王星贤点校:《礼记集解》中册,第608页。

宋代以后的注释为此句添入了新的内涵，这也是宋学与汉学之间的差异在注释经典中的体现。所添内涵中最为显著、影响最为深远的就是“生意”。如黄震在《黄氏日抄》写道：“天地有人，如人有心，以其居天地之中而生意之所钟聚。凡果实之心皆名曰人，字亦作仁，故天地之心亦名曰人。曰‘仁者，人也’。又曰‘仁，人心也’。人之名盖出于此。”[①]此段明显带有洛学以生意言仁的特点。将人字与仁字通，果实之中果仁最富生意，如天地之中人最富生意。这显然来自程颢的仁学思想。“程颢借用医学上手足麻木为不仁的说法，将仁理解为知觉无所不通，不受一己之私的阻塞，就能体会到外物与自己的联系，将自己与宇宙万物看作是息息相关的一体，即与万物为一体。在这个意义上，以同体论仁是指出仁的境界的内涵意义；而以知觉论仁，是指出仁作为境界的感受形式。”[②]作为这种精神境界的宇宙论根据，就是以生意言仁。“切脉最可体仁”[③]，“观鸡雏（此可观仁）”[④]，“万物之生意最可观，此元者善之长也，斯所谓仁也”[⑤]。无论是通过切脉还是观鸡雏，都可以体会到万物之生意。仁正是宇宙生生不息的本质。

后来理学家对程颢以生意言仁的思想多有继承，如谢良佐言“今人身体麻痹不知痛痒谓之不仁，桃杏之核可种而生者谓之桃仁、杏仁，言有生之意”[⑥]，朱熹言“且如程先生言‘仁者，天地生物之心’”[⑦]等。对宇宙生生不息之义的重视，便使“生意”自然地融入对经典的注释中，明代心学家湛若水对“人者，天地之心也”一句的解读就是其中的代表。“记云：人者天地之心也。程颢之言其本于斯乎！夫人一天地也，而心果有二乎哉？天地之心何心也？生生不息者也。人其在生生不息之中最灵者尔。心果有二乎哉？是故人之心即天地之心，即鬼神之心，即尧舜禹汤文武周孔之心，即途之人之心，宇宙内只一心而已矣！知乎此者，可以识心矣，故可以知道矣！”[⑧]湛若水认为“吾心中正之本体”就是天理。“在‘吾心中正之本体’中，生意、仁

① 黄震：《黄氏日抄》卷十八，《文渊阁四库全书》，第40页。
② 陈来：《中国近世思想史研究》，第57页。
③ 程颢、程颐著，王孝鱼点校：《河南程氏遗书》卷三，《二程集》，第59页。
④ 程颢、程颐著，王孝鱼点校：《河南程氏遗书》卷三，《二程集》，第59页。
⑤ 程颢、程颐著，王孝鱼点校：《河南程氏遗书》卷十一，《二程集》，第120页。
⑥ 谢良佐：《上蔡语录》卷一，《文渊阁四库全书》，第3页。
⑦ 黎靖德编，王星贤点校：《朱子语类》卷五，第105页。
⑧ 湛若水编著：《圣学格物通》第2册卷二十，桂林：广西师范大学出版社，2015年，第840页。

是主要内容,保任此一点生理不受戕害,便是中,便是天理。”[1]虽然湛若水与黄震对“人者天地之心”的注释存在差别,但他们代表了同一个倾向,以“生意”来解读天理,认为“生意”是人作为天地之心的根本。

万物一体是宋代理学家为“人者,天地之心也”添加的另一个重要内涵。万物一体是张载《西铭》中的重要思想,也是程颢仁学思想的重要内容,即“仁者,以天地万物为一体”[2]。谢良佐发展了程颢以觉言仁、生意言仁的思想,杨时则发展了程颢仁说中“一体言仁”的思想。简要来说,通过对恻隐之心的体究,杨时认为之所以能够对自身以外的人或物自然地产生隐忧,是因为“万物与我为一”,才是仁之本体。吕大临则强调,仁者能够以天下为一体,是因为克服了一己之私。私欲的遮蔽使得人把自己与外物对立起来,克己复礼就是为了去除私欲,返归天理。游酢也持一体言仁的说法,认为心之本体就是与万物为一体,因此本心即仁之体。明代,王阳明认为人者天地之心就是基于万物一体而言:“夫人者,天地之心。天地万物,本吾一体者也,生民之困苦荼毒,孰非疾痛之切于吾身者乎?”[3]人作为天地之心,是因为人与万物一体,人应体察到万物以及他人的遭遇。

除了生意、万物一体外,传统的“主宰”义仍是宋明理学解读“人者,天地之心”的重要方面。朱熹以主宰义解读该句:“人者,天地之心。没这人时,天地便没人管。”[4]此处“管”可理解为“主宰”。人在天地间,可以主宰天地万物。这种主宰并非无根据无原则地任意支配,而是以天人一理为基础。“问:人者,天地之心。朱子曰:如天道福善祸淫,善者人皆欲福之,恶者人皆欲祸之。又曰:教化皆是人做,故人为天地之心。”[5]正如心对人的器官肢体具有支配、主宰的作用,人作为天地之心,也对天地万物具有主宰的作用。这里并不是说人是天地万物赖以生存的主宰者,而是强调人具有高度的自主性和能动性,具有自觉决定和选择的能力[6]。天地万物自生自灭,因为有人,才依据天理设立和实施教化,有了可以遵循的规范,并且人可以依此规范来照管天地万物。人对天地造化的参与,实际上是依循天理

① 张学智:《明代哲学史》,北京:北京大学出版社,2000年,第60页。

② 程颢、程颐著,王孝鱼点校:《河南程氏遗书》卷二上,《二程集》,第15页。

③ 王守仁撰,吴光等编校:《王阳明全集》卷二,上海:上海古籍出版社,1992年,第79页。

④ 黎靖德编,王星贤点校:《朱子语类》卷四十五,第1414页。

⑤ 《钦定礼记义疏》卷三十二,《文渊阁四库全书》,第23页。

⑥ 参见陈来:《朱子哲学研究》,第215—216页。

而行，正如天理福善祸淫，人类社会也福善祸淫。人作为天地之心，拥有参天地造化的能力和照管天地万物的责任，此能力与责任根源于天理，人生而禀赋天理并且后天体认天理依天理而行。人主宰天地万物，如心主宰身体，这种解读与汉代孔颖达解经的思路接近，只是孔颖达说“应”，朱子言“管”，后者更强调人的主动性。朱熹以主宰言“人者，天地之心”也是一种被普遍接受的思路，如：王阳明：“人者，天地万物之心也；心者，天地万物之主也。”[①]明末清初的大儒王夫之也持类似的观点：“自然者天地，主持者人，人者天地之心。”[②]认为人是天地万物的主宰者。

以上我们可以简略看到汉学和宋学对“人者，天地之心”的几种解读思路。天人合一、人乃天地万物主宰、生意、万物一体是几种比较重要并且普遍接受的解读，其中生意和万物一体是宋学对于经典内涵的丰富。对经典的注释和解读远不止于训诂，不同解读常常根源于不同哲学体系。“人者，天地之心”在张横浦著作中的内涵，就彰显了其独特的心学思想。

首先，“人者，天地之心”的基础在于人之“本心”与“天地之心”一致。就天地之心而言，在注释《西铭》时，横浦三次使用“天地之心”这一概念。对“违曰悖德，害仁曰贼”一句注释言：“违天地之心，是不爱其亲者，故谓之悖德。害天地之仁，是父母之贼也。”[③]他将《西铭》原文中“违”的宾语定为“天地之心”，违背天地之心就是悖德。横浦又言：“天地之心，无幽明之间，止不欺而已。故不愧屋漏之隐者乃无忝于天地。”[④]此无幽明之间的天地之心就是天。天地之心侧重从主宰造化角度言天，天理侧重从规律条理角度言天。天地之心与天理并非别有一物，只是从不同角度对天的称谓。

横浦对“人者，天地之心”的阐释是：人人皆有本心，本心与天地之心相同。天地之心即天，落实在人就是本心，因其主要内容为生生之仁，又称之为仁心、不忍之心。横浦言：“‘人者，天地之心也’，其谁无不忍之心哉？但不忍之心一起而辄断，此所以为愚人也。若圣人者其心常在，绵绵不绝。”[⑤]不忍之心来源于孟子“不忍人之心”，主要内涵是“恻隐之心”，即不

---

① 王守仁撰，吴光等编校：《王阳明全集》卷六，第214页。

② 王夫之撰，陈玉森、陈宪猷注释：《周易外传镜诠》，北京：中华书局，2020年，第245页。

③ 张九成：《横浦集》卷十五，第401页。

④ 张九成：《横浦集》卷十五，第401页。

⑤ 张九成：《横浦集》卷五，第323页。

忍他人遭遇苦难,对他人痛苦的同情。在宋代理学中,恻隐之心源自万物一体,即我与他人、与万物是息息相通的整体,若无私欲阻碍,自然能与他人相感通。横浦称本心为不忍之心,正是在万物一体的意义上,是对洛学的继承。无论圣人还是愚人,都有本心,差别在于圣人其心常在,绵绵不绝;愚人不忍之心刚刚发端就被私欲阻断。

上文已述本心与天同一,因而就人生而后来看,本心即是一切规矩的来源以及是非判断的最终标准:“然则学者之彀与夫规矩之宜其何在乎?亦曰心而已矣。”①“是心者,射之彀,而百工之规矩也。”②本心全然天理,乃一切规矩之所出,“尧舜禹汤文武周孔之道具在人心”。本心即天地之心,即天理,在天称之为天地之心、天理;在人称之为本心。本心与天地之心的一致性,是“人者,天地之心”最基本的内涵。

其次,“人者,天地之心”的效用在于参天地造化。本心与天地之心一致,是横浦“人者,天地之心”的核心内涵,人拥有参天地造化的能力是他关注的重点。在他看来,人可以影响天地万物,导致世间诸多自然现象和社会事件的产生。“向者洪水滔天首尾不辨,今水患既除,使山川复其本性,随山之势,穷极其首尾,以遂其风土之宜,此言导之意也。岂特导水云乎哉?乾坤犹一身也,而山川乃其血脉耳。人在天地之中,其喜怒哀乐足以致凤麟泉露之瑞,召水旱札瘥之灾,不足怪也。故记《礼》者谓:‘人者,天地之心’,则以天地之运用处乃在人也,其可忽哉?”③将天地比作一身,山川是其血脉,人则是其心。正如人内心的情绪会影响到身体,人作为天地之心,其喜怒哀乐也会影响到天地万物,招致祥瑞或者灾害。

人作为天地之心,拥有参天地造化的能动性。“古之圣人所以端拱岩廊,而四方万里日趋于治,天地清明,日星循轨,百谷用成,蛮夷率服,用此道也。心一不善,足以伤天地之和;心欲悔过,固已同天地之德。”④古代圣人可以垂衣拱手而天下治,不是如道家倡导无为而治所认为的那样,天地万物以及百姓本来就可以有序地、自给自足地生存繁衍。横浦与道家的主张相反,天地间没有圣人的财成辅相就会颠倒失序,“圣人大有功于天地

① 张九成:《孟子传》卷二十七,第498页。

② 张九成:《孟子传》卷二十七,第498页。

③ 黄伦:《尚书精义》卷十一,第17页。

④ 张九成:《横浦集》卷十二,第378页。

矣。天地亦大矣,阴阳亦妙矣,使世无圣人任其自生自化,则草木畅茂,禽兽繁殖,人类灭绝,而天理颠倒矣。是天地之妙在圣人,而圣人之余为天地"①。圣人垂衣拱手而天下治,根本原因在于圣人德性高尚,本心常在。本心常在,同于天理,天地间和气充盈,使得天地清明,日星循轨,百谷用成,蛮夷率服;反之,内心存有邪念,与天理相悖,天地间则恶气充塞,使得灾害并至。人内心的状态,即人是否保有本心,会对外界产生影响,导致各种自然现象的产生,带来社会的安定或战乱。人内心所存产生和气或者恶气,不仅影响当下,还会因为气的积酝影响到后世。

> 施之于身,则耳目聪明,血气和平;施之于家,则父子笃,夫妇睦,兄弟和;施之于朝廷,则君君臣臣,赓歌迭和;施之于政教礼乐之间,使四海九州岛之民咸被其泽,犹未已也。垂法天下,使后之人举其心以行其法,传其仁心,使亿万斯年而不已,何所存之远乎?②

圣人本心常在,本心施发出来,在一身而言则耳目聪明,血气和平;在一家而言,则家庭和睦;在朝廷而言,则国泰民安;实施政教,制礼作乐,则天下之民无论远近皆得其益。本心的作用不止于此,垂法天下,则此后亿万年之人都可以依循圣人之迹,体认本心,推行其政教礼乐。

人作为天地之心,犹如内心无所不至地影响耳目手足一样,对天地万物有着广泛和深远的影响。本心即是天理,是天地阴阳运行变化的根据,参与天地造化、万物化生。人了解自身可以对自然和社会造成影响,应自觉担负起参天地造化的责任,修养自身德性,使本心常在不失。"畏天地之威,若畏父母之严,保其心而不敢少肆焉,是子之敬者也。"③对本心的保持,就是对天的敬畏、遵从,就是更好地承担作为天地之心的责任。

综上,横浦"人者,天地之心"的思想包含两层内涵:就根源说,人的本心与天地之心相同,在天而言为天地之心,在人而言为本心;就效用来看,人能够参天地造化,对天地万物有财成辅相的作用。

对《礼记》中"人者,天地之心"的解读,横浦作为杨时门人,虽然继承了

---

① 黄伦:《尚书精义》卷二,第8页。
② 张九成:《横浦集》卷五,第323页。
③ 张九成:《横浦集》卷十五,第400页。

“万物一体”“生意言仁”的思想，言“圣人以万物为一体者也”[①]，“生者理也，天下之理久矣”[②]，但在“人者，天地之心”的思想中，没有依据二程、杨时思想解读人与天地万物的关系。他承续了汉代以来用本源和效用来理解“人者，天地之心”的传统思路，人禀赋于天，并且人参与造化照管天地。

此外，横浦基于其气论思想，对人如何能够参天地造化给出了独特的论证。他没有如传统解经那样，认为人是天地间最灵者，或者人具有思维能力，即推出人可以作为天地之心主宰万物。在他看来，本心即是天理，是天地万物变化的根源：“论其（本心）大体则天地阴阳皆自此范围而变理，论其大用则造化之功、幽眇之巧皆自此而运动。”[③]论其根源，本心禀赋自天，本心与天理同一；论其体段，本心是天地之气、阴阳交感变化的根源；论其功用，内心通过影响气的状态进而影响天地万物。本心常在，则天地间和气充盈，百姓祥和，风调雨顺；本心断灭，则天地间恶气充塞，战乱不断，灾害丛生。横浦认同天人之间存在相感的作用，但这种相感并非神秘而不可捉摸。自然现象与人行为之间关联，根植于天地间一气流行，本心即天地之心。内心念虑对外界的影响是人参天地造化的能力，是“人者天地之心”本有的内容。以气论为基础，儒家传统的天人合一、天人感应的观念在横浦天人一心的思想中获得了新的形式。

三、心与性

先秦儒学中心、性、天三者的关系以《孟子》“尽其心者，知其性也。知其性，则知天矣”为代表，即对“天”的体认要通过“尽心”达到“知性”。这一点被后来儒者继承和发展，在宋代，心性关系成为道学讨论的重要问题之一。道学讨论中，不仅仅就“尽心知性”的修养工夫来说，而且与心性论中的体用关系结合起来，使心性关系问题更为深化和复杂。

程颐关于心性的学说前后有发展变化，早期曾提出“凡言心者皆指已发而言”，即心为已发，为用，性为未发，为体，两者是体用的关系。后来程颐对此有所修改，认为“心一也，有指体而言者（寂然不动），有指用而言者

① 黄伦：《尚书精义》卷四，第 14 页。

② 张九成：《横浦集》卷十五，第 394 页。

③ 张九成：《孟子传》卷二十七，第 498—499 页。

（感而遂通天下之故是也），惟观其所见为如何耳”[①]。指体而言即是未发，是性，这不同于早期认为心都是已发的思想。

胡宏赞成程颐早期的说法，认为心都是已发，性才是未发，性是体，心是用。如此，心性关系就表现为两个方面：一、就体用关系来看，心是性的发用；二、就道德实践来看，“心主性情”“心以成性”，心可以使性得以完成、实现。如前文所述，本然之性在个人生命中并非现实地完满地呈现，人如果能将心的主宰能力发挥出来，做到“尽心”，就能实现自己的本性。

朱熹在己丑之悟持“心统性情”的思想。“心统性情”的命题最早出于张载“心统性情者也。有形则有体，有性则有情。发于性则见于情，发于情则见于色，以类而应也”[②]。朱熹认同性为体、情为用，心则作为总体包括性情、体用的说法，并且进一步强调，心能够主宰、统帅性情。所以朱熹“心统性情”的思想兼有“心兼性情”“心主性情”二义。

以上胡宏和朱熹对于心性关系的论说代表了道学心性思想中两个主流。虽然它们之间存在明显的差别，但都立足在心、性二分的基础上，并且都认同发挥心的主宰作用可以使性得以完成。横浦与此不同，在他思想中，心性关系不能以体用、包括、主宰来理解。横浦将本心提升到形而上的本体位置，以本心同于天，本心与性一样既是人的本质，也是宇宙的普遍法则。心就是性，就是本体，这使横浦在心性论中不需要面对心性与体用的关系问题，横浦思想中也不存在“性体心用”或者“心主性情”这样的关系。

横浦以本心同于天，但同时他也在“天命之谓性”的意义上使用“性”的概念。“心”与“性”是否存在差别？心、性是何种关系？这就需要厘清横浦思想中心性的问题。

首先，在横浦的著述中，提及本心、固有之心，本身就包含了“天命之谓性”的含义。“（见孺子入井）此盖见随机动，心与机生，天与良心于此可卜。使犬马禽兽立于其旁，又安有此心乎哉？既有此心，则是与先王同心矣。呜呼！何不于此而径识其所谓本心耶？”[③]见孺子入井时自然而发恻隐之心，此心就是与圣贤相同的本心，也是天之在人者。此心同于先王之心，同于天，既是人性本质，也是宇宙的普遍法则。在横浦思想中，这是“本心”作

① 程颢、程颐著，王孝鱼点校：《河南程氏文集》卷九，《二程集》，第609页。

② 张载著，章锡琛点校：《张载集》，第374页。

③ 张九成：《孟子传》卷七，第307页。

为形而上本体的应有之义，也是“本心”的基本用法。如“盖圣贤之心，其理如此，不如是非天理也”[①]，即言本心同于天理；“高宗、傅说同此一心”[②]，即言本心人人相同。“本心”的概念不需要另外提出“本然之性”作为补充，自身就是人人固有、同于天理的。

其次，“本心”与“性”不完全等同。在横浦著作中，使用“本心”则包含了通常“性”作为本体的含义，反之则不成立，单独使用“性”时，往往不能包含“本心”所具有的能动之义。“若圣人者其心常在，绵绵不绝。”[③]圣人之心既包含了禀赋于天、人人固有的本体之义，也包含了此本体在现实生命中施发、展现的能动之义。“秉彝之性，人所固有。”[④]性则强调禀赋于天、人人固有的本体之义，一般不具有心的能动之义。

“本心”作为本体，一方面具有普遍性、超越性、根本性，一方面也具有能动性。“性”则只强调本体的普遍性、超越性、根本性这一个方面。因而横浦对“性”的使用大概有三种：一、用来特别强调禀赋于天、人人固有的本体义，如：“我有此性，尧亦有此性，舜亦有此性，岂有二理哉。”[⑤]“凡为人类者皆当如此，不幸而为叔鱼、食我者，非其性也，习也。”[⑥]这不代表“性”在横浦思想中是唯一可以指称最高本体的概念，而是出于概念使用上的方便。由于语言使用中“性”具有人性本质的含义，在宋代又普遍接受“性”作为本体的含义，这就使得在强调禀赋于天、人人固有之义时，使用“性”比使用“本心”更为清晰明了。二、注释经典的过程中，经典本身含有“性”的概念，横浦依照文本使用，如“孟子之论性乃性之本体也”[⑦]。三、对“性”泛泛的使用，并非以本体而言。如“目性欲色，耳性欲声，鼻性欲臭，四支欲安佚，非有以抑遏之，则流荡而不知反”[⑧]，泛泛地使用“性”作为性能、自然倾向等意思。

此外值得注意的是，横浦使用“性”的本体义时，只言其禀赋于天，人人

① 张九成：《孟子传》卷十八，第417页。
② 黄伦：《尚书精义》卷二十一，第2页。
③ 张九成：《横浦集》卷五，第323页。
④ 张九成：《孟子传》卷二，第249页。
⑤ 张九成：《孟子传》卷十，第338页。
⑥ 张九成：《孟子传》卷二十六，第479页。
⑦ 张九成：《孟子传》卷二十六，第479页。
⑧ 张九成：《横浦集》卷十五，第397页。

固有,并不采用“性即理”这一命题,这与横浦的气论是一致的。横浦的气论前文已有论述,他认为天地间一气流行,气化而为万物。这不同于朱熹理气二分的思想,理气二分落实在心性论上,则是人禀赋理以为性,禀赋气以为形体,“理也者,形而上之道也,生物之本也;气也者,形而下之器也,生物之具也。是以人物之生,必禀此理然后有性,必禀此气然后有形”[①]。性来源于理,因而“性即理”就自然成立。横浦认为天地间一气流行,而不是存在理与气这样截然不同的二者。人禀赋此气而生,理即此气之理,性即此气之性,所以只言性禀赋于天,不言“性即理”。

横浦的心性论思想与其气论是完全一致的。正是因为以气作为万物本源,不将理与气二分,才使得气化而为人之后,本心作为本体自然完足,不需区分何者源于理,何者源于气。另一方面,由于没有将理从气中抽离出来作为形而上本体,就保证了气化而为人之后,不需要将人性从本心中抽离出来,也就是说,不需要将作为人性的本质、普遍之理与心的能动性截然分开。因此,本心作为本体,同时具有普遍性、超越性、根本性和能动性。

四、心与理

横浦心学是其哲学体系的核心部分,与心有关的概念在横浦著作中较多,除了上文中已经论述过的本心、固有之心、道心外,横浦还经常使用天心。单独看天心这一概念,与“天地之心”并无不同,都是指向天的。但是将横浦放归到宋学的历史语境中,考虑到宋学中“天理”的重要性和使用的普遍性,而横浦却采用了天心这一概念,我们就有必要对“天心”与“天理”做比较,以便更好地理解横浦思想中的心学特色。

此前对本心、固有之心以及天地之心的讨论中,出于概念使用的方便,本书有时使用“天理”,因为天理本身具有规律条理的意思,并且以本心同于天理,正可以区别于程颐、朱熹、胡宏等性即理的思想。需要指出,以本心等同天理这种说法并不能完全概括横浦思想,严谨来讲,本心即天、本心与天心同一、本心与天理同一,这三种说法在横浦著作中都很常见。虽然天、天理以及天心都指向最高本体,但它们之间仍存在差别。

① 朱熹:《晦庵先生朱文公文集》卷五十八《答黄道夫》,《朱子全书》第二十三册,第2755页。

“从起源来看，在五经形成的时代，是上古宗教观念流行的时代，商周文化中的帝、天都是指有人格的最高主宰。”[①]二程通过对五经系统中的思想总结，得出：“《诗》《书》中凡有个主宰底意思者，皆言帝；有一个包含遍覆底意思，则言天。”[②]即五经中，帝具有主宰的意思，天具有包含覆盖的意思。对此程颢有全新的解释，他说：“天者理也，神者妙万物而为言者也。帝者以主宰事而名。”[③]“这就是说，五经中所说的天、神、帝，都不是人格神。‘天’，其意义就是‘理’，这就是‘天者，理也’。”[④]程颐也说：“理便是天道也。且如说皇天震怒，终不是有人在上震怒，只是理如此。”[⑤]将天道、皇天等同于理。因而，程颢说“天理二字是自家体贴出来”，并非指程子创造了天理这一概念，而是说二程把古代文化中代表宇宙最高实在、最高主宰的观念，用理性化的态度，将之解释为“理”或“天理”，这不仅是哲学上的一大进步，也是理学“自家体贴”出来的新内容。“这样一来，理就成了哲学上的最高范畴，而理学之得名，亦由乎此。”[⑥]

在“天理”作为基本概念被道学者普遍应用的时代，横浦却并未将其作为自己思想中对哲学最高范畴的唯一表达，还使用“天”“天心”。就“天”来看，他单独使用“天”作为概念，这可能基于其对五经的研读和注释，但横浦所采用的并非“天”作为人格神的含义，而是与二程一样将其作为哲学上的最高范畴。“心源无际，与天同体，与造化同用。”[⑦]本心广大没有边际，它与天一样作为万物本体，与造化一样有创造化生万物之用。此处对天的使用，显然是将其作为哲学上的最高范畴。作为万物本体的天，也是万理之所出以及人行为规范的最终根据：“自日出而就功，至日入而止息，是其作也迎日而作，其息也亦送日而息。出入一循乎天，此天人一致之理也。”[⑧]其中“天人一致之理”中“理”字是规律之义，并非特指天理。这句话就是说人们日出而作、日落而息的生活习惯正是人对天的遵循，人与天具有共同

---

① 陈来：《宋元明哲学史教程》，北京：生活·读书·新知三联书店，2010年，第100页。
② 程颢、程颐著，王孝鱼点校：《河南程氏遗书》卷二上，《二程集》，第30页。
③ 程颢、程颐著，王孝鱼点校：《河南程氏遗书》卷十一，《二程集》，第132页。
④ 陈来：《宋元明哲学史教程》，第100页。
⑤ 程颢、程颐著，王孝鱼点校：《河南程氏遗书》卷二十二上，《二程集》，第290页。
⑥ 陈来：《宋元明哲学史教程》，第101页。
⑦ 张九成：《孟子传》卷八，第325页。
⑧ 黄伦：《尚书精义》卷二，第1页。

的规律。就以上的用法来看，横浦之“天”与“天理”并无不同，但结合“天心”就能看到这些相似概念间的差别所在。

除了天之外，横浦著作中还频繁出现“天心”的概念。结合“天心”，才能更好地理解横浦思想中的最高本体。“有一德则可以为天地神明之主，惟伊尹与成汤君臣之间皆超然真有所得，上当天心，可以受历数。”①“当”有对等、相当，匹配，担任、主持，承受、承当等义，其中取“对等”以及其引申义“匹配”比较符合“上当天心”一句的上下文意。“一德”在横浦思想中与“本心”相同，伊尹、成汤真有所得的对象即是“一德”“本心”。体认到本心，本心常在则与天心相同，也就是说上当天心的根本在于本心常在。人通过修养工夫体认到本心，本心就是人与天心的一致之处。正如本心与天同一，本心与天理同一，言“本心与天心同一”，可见天心是对哲学最高本体的另一种称谓。于是横浦经常劝导学者上合天心：“夫士君子当患难困苦穷迫艰难之时，正当识天之意，益自奋厉琢磨，以合天心可也。”②劝解士君子处于患难困苦的境遇时，正是努力修养自身的时候，努力使自己与天心一致，即体认本体。

那么横浦为什么要在天、天理之外，又立一“天心”作为宇宙本体呢？横浦言：“乃知千圣虽往，此心原不去；万变虽经，此心自有余。”③这与二程对理的论述相似：“虽能推之，几时添得一分？不能推之，几时减得一分？百理具在，平铺放着。”④同样是强调哲学最高本体自身完足、永恒不变，但横浦称之为“心”，程子称之为“理”。虽然“心”和“理”最终指向的都是最高本体，但它们之间存在差别，从下面一则引文中可以看到：

> 乃知不为已甚天理也，真仲尼之心也。其卦象之说非人为也，乃自然之理也。天理如此，则圣人安有绝人之心乎？文王不闻亦式，不谏亦入，不显亦临，无射亦保，皆天心也。⑤

引文中横浦前面的论述使用“天理”，最后使用“天心”，二者都是指最高本体。具体来看，不为已甚是天理的体现，也是孔子的本心。天理如此，圣人

---

① 张九成：《横浦集》卷七，第337页。
② 张九成：《孟子传》卷二十二，第447页。
③ 张九成：《横浦集》卷十七，第409页。
④ 程颢、程颐著，王孝鱼点校：《河南程氏遗书》卷二上，《二程集》，第34页。
⑤ 张九成：《孟子传》卷十八，第417页。

之心同于天理当然不会有绝人之心。使用“天理”，多用来强调最高本体“天”的客观性、规律性、条理性，特别是谈及应对具体事物之理时会相应地使用“天理”这一概念；“天心”则不同，多用来强调最高本体“天”的能动性、主宰性、妙用性，特别是出现人心时一般相应地使用“天心”，如“文王不闻亦式，不谏亦入，不显亦临，无射亦保”，这些妙用都是天心的表现。

正如程颐对“天”所做的区分：“夫天，专言之则道也，天且弗违是也；分而言之，则以性体谓之天，以主宰谓之帝，以功用谓之鬼神，以妙用谓之神，以性情谓之乾。”[①]道、天、帝、鬼神、神、乾都是从不同角度对最高本体“天”的称谓。在横浦“天理”“天心”也是从不同角度对“天”的称谓：天理侧重客观性、规律性的一面，犹如事物之理是客观的、必须遵循的一般；“天心”侧重能动性、主宰性的一面，犹如人心对身体的主宰、支配一般。在横浦著作中，我们可以看到“天理”“天心”这种不同的使用：如“然而孟子之言非私意也，乃天理也”[②]，此处用“天理”强调与“私意”相对的客观、至公无私；“文王伐纣之心已露，是天心已欲伐纣矣”[③]，用“天心”强调文王伐纣乃天意如此。

于“天理”之外，提点出“天心”来指称最高本体，这与横浦的心学思想相关。“天”在横浦思想中不单单是客观的、等待被认识和遵循的天理，横浦着重强调它具有能动性，无时无刻不参与到自然与人类社会的发展变化之中，有主宰义也有妙用义。“天心”在具体使用过程中有两种含义：一是指最高本体“天”，强调其能动性、主宰性的一面；二是指圣人之心或人的本心，天心与本心一致。正因为这种一致性，天心也用来强调天人一致之处。如“使武王有一毫私心而不出天心，是盗贼也”[④]，此处“天心”就是指武王的本心。“此理从来自不疑，奈何于此不投时。若还上下相通处，不是天心亦不知”[⑤]，天心强调天人相通、天人一致。

相对于“天理”来说，“天心”在强调“天”的能动性、主宰性以及天人相通、天人一致方面有着得天独厚的优势，这主要源于“心”本身具有能动与

---

① 程颢、程颐著，王孝鱼点校：《周易程氏传》卷一，《二程集》，第 695 页。

② 张九成：《孟子传》卷二十七，第 494 页。

③ 张九成：《横浦集》卷八，第 348 页。

④ 张九成：《横浦集》卷八，第 348 页。

⑤ 于恕编：《无垢先生横浦心传录》卷下，第 37 页。

主宰的含义。天心的使用，彰显了横浦对最高本体的理解，在横浦看来，本心即理，心既担负着天理的一面，也具有思虑、主宰的一面；同样地，最高本体不仅作为万物根据的最高之理，同时还能动地参与到现实的创生、发展与变化之中，并且通过"天人一心"贯穿到心性论、工夫论之中。

五、传　心

对儒家道统的讨论始自韩愈，陈寅恪在《论韩愈》一文中评价韩愈"建立道统，证明传授之渊源"[①]。韩愈建立道统并追溯其传承谱系，主要体现在《原道》一文："曰：斯道也，何道也？曰：斯吾所谓道也，非向所谓老与佛之道也。尧以是传之舜，舜以是传之汤，汤以是传之文、武、周公，文、武、周公以是传之孔子，孔子以是传之孟轲，轲之死不得其传焉。"[②]韩愈认为儒家道统自尧、舜、禹、汤、文武、周公、孔子，一直传至孟子，孟子之后道统断裂，直至韩愈承起孟子不传之学。陈寅恪认为韩愈"道统之说，表面上虽由孟子卒章之言所启发，实际上乃因禅宗教外别传之说所造成"[③]。当时禅宗盛行，影响颇重，受到禅宗的刺激和启发，韩愈仿照禅宗道统之说，建立儒家道统。对道学谱系的追溯，一方面确立了儒学的正统，以匡正时学，对峙禅宗思想的泛滥；一方面为自己学说的合法性寻得了历史依据；更为重要的是韩愈为宋代道学的产生奠定了思想基础，开启了此后儒学对道统、正统的讨论。

宋代理学虽然不认同由韩愈继承孟子不传之学，但是对他建立的儒家道统极为重视，甚至发展为理学内部的学派之争，确立正统，肃清儒门。这种趋势直接导致了南宋理学范围越来越狭窄，最后独以程朱一脉的理学为正统。

宋代理学家普遍接受用"传心"来指称儒家道统传授。古文《尚书·大禹谟》中"人心惟危，道心惟微，惟精惟一，允执厥中"一语，在宋代受到理学家的极力推崇，称之为十六字传心诀。这十六字为宋代理学添入新的内容，人心道心自洛学起成为重要议题，同时"传心"一词指代道统传授被宋

---

① 陈寅恪著，陈美延编：《金明馆丛稿初编》，北京：生活·读书·新知三联书店，2001年，第319页。

② 韩愈著，孙昌武选注：《韩愈选集》，上海：上海古籍出版社，1996年，第398页。

③ 陈寅恪著，陈美延编：《金明馆丛稿初编》，第321页。

明两代广泛使用。二程称《中庸》为“孔门传授心法”，胡安国称《春秋》“乃史外传心之要典也”[①]。横浦指《孟子》为“此皆千圣秘奥传心之法”[②]，其语录也名为《无垢先生横浦心传录》。在宋明两代对《易》的注解中，“传心”的使用更为灵活，元亨利贞、乾卦等都曾被称为“传心之要”[③]。

虽然“传心”作为儒家道统传承，受到学者广泛认同，但其中涵盖了一些隐而未发的问题：首先，儒家言“性善”，宋明理学认为“性即理”，那么为何儒家道统传承被称为“传心”而非“传性”？其次，心学和理学都接受“传心”这一概念，但其内涵在心学与理学之间却存在本质上的差异，这点学界关注较少。以下本节通过对二程、朱熹、张九成、胡宏思想的分析，来展现“传心”的丰富内涵，特别是通过横浦与朱熹的对比，彰显出儒家道统传承的内容、方式在理学与心学间的差异。

就“传心”一词的来源看，“传心”在禅宗中指传法，在唐代就已经作为禅宗中的重要概念被广泛接受。《坛经》言：“昔达磨大师，初来此土，人未之信，故传此衣以为信体，代代相承，法则以心传心。”[④]王维《同崔兴宗送瑗公》诗中“一施传心法，惟将戒定还”，齐己《荆渚逢禅友》诗中“闲吟莫忘传心祖，曾立阶前雪到腰”，可以看到“传心”一词大都作为禅宗用语来使用。

“传心”作为儒家的道统传授，广受重视，始自二程。二程认为“人心惟危，道心惟微，惟精惟一，允执厥中”是尧、舜、禹三帝传心的要诀，并对此作了理学意义上的阐释。程颢说：“‘人心惟危’，人欲也；‘道心惟微’，天理也。‘惟精惟一’，所以至之；‘允执厥中’，所以行之。”[⑤]就是说“传心”既要求保存天理之道心，又要防范人欲之人心，以精、一的工夫体悟道心，并执守道心，道心即“中”。

那么该如何看待“传心”一词的儒释归属问题？道学者使用“传心”是源于对古文《尚书·大禹谟》中十六字的阐释，“传心”也正是在此意义上才

---

① 胡安国：《胡氏春秋传》序，《文渊阁四库全书》，第28页。

② 张九成：《孟子传》卷九，第331页。

③ 例如：来知德《周易集注》卷一“学者能于此四字（元亨利贞）潜心焉，传心之要不外是矣”；孙奇逢《读易大旨》卷三“圣人以敬为传心之法”。

④ 释宗宝编：《六祖大师法宝坛经》，《大正新修大藏经》编号2008，第48册，台北：新文丰出版社，1983年，第349页。

⑤ 程颢、程颐著，王孝鱼点校：《河南程氏遗书》卷十一，《二程集》，第126页。

被作为儒家的道统传授。因而即便“传心”一词可能更早被禅宗广泛使用，但“传心”作为理学概念被使用，其经典来源和意义都完全是儒家的。正如钱穆所说：“今专为研讨宋儒理学思想，当探问理学家如何解释与运用此诸语，却不必过重在此诸语上辩论其出处。”[①]对于“传心”的归属问题，杨伯雄在《春秋学史》中也指出：“此语（传心）虽然可能来源于释家，但经儒者解释，已成为理学家的重要范畴，所谓‘道心’，也已具有了理想境界、政治原则、道德规范乃至自然规律等种种涵义。”[②]

选择横浦为中心，通过与二程、朱熹、胡宏等人的对比，来展现“传心”的丰富内涵，主要是因为横浦思想的代表性以及其所处时代的特殊性。横浦作为龟山弟子、程门再传，其思想是对洛学的继承和发展。时人家置其书的盛况也说明了当时学者对横浦作为程门弟子、渡江大儒的肯定和尊崇。随着朱熹思想的逐渐成熟，朱熹在维护道统的名义下，对程门弟子及其思想进行清理，逐渐确立了程朱一脉的正统地位。在这一趋势下，横浦的思想最终被排斥在正统之外。横浦作为理学道统之外的儒者，分析他对“传心”的理解、对儒家道统传承的理解，可以为我们研究宋代道统的发展提供一点补充。

横浦对“传心”的重视，不单单因为十六字传心诀在宋代受到广泛重视，“传心”已经成为被道学者普遍接受的概念，更是因为其独特的心学思想。着眼于横浦思想内部，会发现他强调“传心”一方面受注解《尚书》的影响，另一方面源于他的心性论。以本心同于天理的心学思想从根本上决定了横浦必须将“传道”等同于“传心”。这种等同是直接的、无条件的，不同于程颐、朱熹、胡宏等在“传道”与“传心”之间需要加入过渡环节。下文将借助传统对十六字传心诀的阐述方式，分为人心与道心、传道与传心两个部分来阐释横浦心学与朱子理学对儒家道统传承的不同理解。

（一）人心与道心

道学自二程起，非常重视对人心道心的讨论，与其说这是出于对古文《尚书》中“人心惟危，道心惟微，惟精惟一，允执厥中”十六字的重视，不如

① 钱穆：《朱子学提纲》，北京：生活·读书·新知三联书店，2002年，第88页。
② 赵伯雄：《春秋学史》，济南：山东教育出版社，2004年，第502页。

说是出于理学自身理论建构的需要,借助《尚书》的内容进行阐发。“以理节情,以理节欲,本是孔子以来儒家哲学的固有思想”①,从伦理学角度讲,人的意识活动不是全部合乎社会普遍认同的道德原则,那么以良知,以人在社会生活中形成的稳定道德观念来制约情欲,就成为个人德性修养中的必要内容。但是到了宋代,这种外在的对道德活动的评判、制约,已经不能满足道学所要求的主体的高度自立和自觉。理学以人的本然之性或者本心等同于天理,这就使本来外在的规则、规范化归为内在于人的性或者心。实际上,在人的内心中感性欲念和道德意识并存,这两者甚至时常发生冲突。仅仅强调本然之性、本心来源于天理,强调主体的自觉,人在现实活动中内心仍然可能产生违背道德的欲念。因此,在人的意识活动中区分道德意识和非道德意识,并且以道德意识来支配人的行为,就成为理学理论内部的必然要求。

关于人心道心的讨论正是对上述问题的解答。如孟子所言“心之官则思”,人的一切思维活动无论善恶都是由心所发,人心道心就是对人思维活动的区分。程颢说:“‘人心惟危’,人欲也;‘道心惟微’,天理也。‘惟精惟一’,所以至之;‘允执厥中’,所以行之。”②又说:“人心私欲,故危殆;道心天理,故精微。灭私欲则天理明矣。”③简要来说,人心乃人欲,容易流荡,道心乃天理,微妙难见,故言人心危殆,道心精微。深入追究的话,道心与天理究竟是何种关系,这涵盖了此后发展中可能出现的两种解读:第一,人心即是人欲,道心即是天理。人心道心的讨论与天理人欲的讨论是一致的。第二,人心道心是将人的意识活动区分为两种,由主体之私而发的感性欲念称为人心,由天理而发的道德意识称为道心。第二种解读的优点在于,将人意识活动中符合伦理道德的部分定义为自天理而发,在现实生活中以发自天理的道德意识为主宰,去除私欲,这就使得强调人的主体自觉性和以理节欲两方面在道学内部都获得了肯定和安顿。

随着道学的发展,人心道心的讨论更趋于细致精微。朱熹是第二种解读思路的代表:

---

① 陈来:《朱子哲学研究》,第231页。
② 程颢、程颐著,王孝鱼点校:《河南程氏遗书》卷十一,《二程集》,第126页。
③ 程颢、程颐著,王孝鱼点校:《河南程氏遗书》卷二十四,《二程集》,第312页。

此心之灵,其觉于理者,道心也;其觉于欲者,人心也。[①]

只是这一个心,知觉从耳目之欲上去,便是人心;知觉从义理上去,便是道心。[②]

必使道心常为一身之主,而人心每听命焉,则危者安,微者著,而动静云为自无过不及之差矣。[③]

如果说程子的解读中还存在将人心等同于人欲、道心等同于天理的可能,朱熹则清晰明确地将人心道心规定为人的知觉活动。符合道德原则的知觉是道心,出自个人私欲的知觉是人心。这不同于道心即是天理、人心即是人欲的思想。人心道心都属于已发层面,是人知觉活动的不同种类。道心本身不是天理,而是人从天理而发的意识,或者说人的意识符合天理。这样强调人以道心为主,去除过分的私欲,就使得心性论更为完备:不仅有天理在形而上层面保证人性之善,而且有道心保证现实生活中人德行修养的方向。

以上关于人心道心的讨论是基于程朱理学的,横浦基于心学对人心道心的阐释则与此不同。人心道心的讨论源自对《大禹谟》中十六字的解读,横浦对《尚书》原文的注释如下:

夫天下之大,四方万里之远,事之不一,物之不齐,宜不可以一言断之矣。然而使圣人见天下见四方万里若大若远,见事见物不一不齐,窃意圣人之心亦已不给矣。惟圣人知天下四方万里、若事若物之本,执而绥之,所以天下四方万里事物之情无不灼然布于几席之上,而发号施令,靡然自当于天下四方万里事物之心,使无冤苦失职之叹者,则以得其本也。夫所谓天下四方万里事物之本,何物也?曰:中而已矣。盖天下,此心也;四方万里,此心也;若事若物,此心也。此心即中也。中之难识也久矣,吾将即人心以求中乎?人心,人欲也。人欲无过而不危,何足以求中?又将即道心以求中乎?道心,天理也。天理至微而难见,何事而求中?曰:天理虽微而难见,惟精一者得之。精一者何也?曰:精则心专入而不已,一则心专致而不二。如此用心,则戒

① 朱熹:《晦庵先生朱文公文集》卷五十六《答郑子上十》,《朱子全书》第二十三册,第2680页。

② 黎靖德编,王星贤点校:《朱子语类》卷七十八,第2450页。

③ 朱熹:《四书章句集注》,第14页。

谨不睹，恐惧不闻，久而不变，天理自明，中其见矣。既得此中，则天下在此也，四方万里在此也，若事若物在此也。信而执之，以应天下四方万里事物之变，盖绰绰有余裕矣。[①]

横浦的阐述重点明显不在于人心道心之别，也不在于如何使道心为主宰，重心是“天下四方万里事物之本”。这样的讨论重点本来也是《尚书》原文中所蕴含的：“人心惟危，道心惟微，惟精惟一，允执厥中”，舜对禹反复叮咛的是“心”，希望其“惟精惟一，允执厥中”。横浦依此认为，舜要求禹所求之“中”就是万物之本，要想得万物之本应该从道心而入。万物之本体，横浦在天称之为天、天心、天理，在人称之为本心、固有之心、中、一德等。圣人得此本体方能识天下万物一致之理，发号施令自然合于万事万物之心。横浦此段注释在当时影响广泛，朱熹门人曾引用此段与朱熹讨论，朱熹也专门针对此段进行批评。横浦的注释可以从以下两点来理解：

1. 道心与天理

横浦对人心道心的阐释继承了程颢思想。上面引文中“人心，人欲也。人欲无过而不危……道心，天理也。天理至微而难见”[②]，与程颢“人心私欲，故危殆；道心天理，故精微”[③]文字上基本一致。朱熹选择了第二种解读思路，横浦则选择了第一种思路，人心就是人欲，道心就是天理。针对横浦的解读，《朱子语录》中记载了两则朱熹与门人的讨论，摘录其一[④]：

窦初见先生，先生问前此所见如何？对以“欲察见私心”云云。因举张无垢人心道心解云：“‘精者，深入而不已；一者，专致而无二。’亦自有力。”曰：“人心道心，且要分别得界限分明。彼所谓‘深入’者，若不察见，将入从何处去？”窦曰：“人心者，喜怒哀乐之已发，未发者，道

① 黄伦：《尚书精义》卷六，第3—4页。

② 黄伦：《尚书精义》卷六，第4页。

③ 程颢、程颐著，王孝鱼点校：《河南程氏遗书》卷二十四，《二程集》，第312页。

④ 另一则为《朱子语类》卷七十八：“问：曾看无垢文字否？某说：亦曾看。问：如何？某说：如他说‘动心忍性，学者当惊惕其心，抑遏其性’。如说‘惟精惟一，精者深入而不已，一者专致而不二’。曰：深入之说却未是。深入从何处去？公且说人心道心如何？某说：道心者，喜怒哀乐未发之时，所谓寂然不动者也；人心者，喜怒哀乐已发之时，所谓感而遂通者也。人当精审专一，无过不及，则中矣。曰：恁地则人心、道心不明白。人心者，人欲也；危者，危殆也。道心者，天理也；微者，精微也。物物上有个天理人欲。因指书几云如：墨上亦有个天理人欲，砚上也有个天理人欲。分明与他劈做两片，自然分晓。尧舜禹所传心法，只此四句。”（黎靖德编，王星贤点校：《朱子语类》卷七十八，第2017页）

心也。"……曰："不然。程子曰：'人心，人欲也；道心，天理也。'所谓人心者，是气血和合做成，嗜欲之类，皆从此出，故危。道心是本来禀受得仁义礼智之心。圣人以此二者对待而言，正欲其察之精而守之一也。察之精，则两个界限分明；专一守着一个道心，不令人欲得以干犯。譬如一物，判作两片，便知得一个好，一个恶。尧舜所以授受之妙，不过如此。"①

朱熹对横浦批评的焦点集中在人心道心的判别上。在朱熹看来，"惟精惟一"的前提是必须正确了解何者为道心、何者为人心。他认为，横浦恰恰对人心道心分判不正确，因而其对"精""一"的阐述也就不足道了。从引文中可以看出，用已发未发来分判人心道心是当时一种较为普遍的观点。道心为未发，为性，为天理，这与朱熹思想相违背。若道心与天理、性一样是未发之本体，就使得现实生活中人的念虑行为缺乏道德意识的主宰和裁制。将道心规定为人由天理而发的意识，才可以有效地解决以上问题。因此朱熹强调人心道心都是心，譬如一物判作两片，人心是由血气而成的欲望，道心是"禀受得仁义礼智之心"，即由天理本性而来的道德意识。道心与人心并非体用关系，而是道德意识与血气欲望之别，是心的不同方面。

横浦基于其心学思想而言，"人心，人欲也""道心，天理也"不需要面对朱熹的问题。在横浦，没有截然区分理与气、心与性，本心即是天理。此处言"道心"，并非对心加以分判，取一个方面命名为道心，另一方面命名为人心。道心就是本心，是依《尚书》原文而有的另一种称谓。正因为没有心性二分，等同于天理的道心就不是牢牢固定在本体层面。此道心可以自然地发为思维念虑，进而指导人的行为活动。在个人而言，道心既是人性善的形而上保证，也是现实生活中个人德行的指导；在万物而言，道心既是万物一致之理，也是圣人施令能够"靡然自当于天下四方万里事物之心"的根本。

故吾意之所在，理之所在也，圣人之所在也。②

① 黎靖德编，王星贤点校：《朱子语类》卷七十八，第2460—2461页。
② 张九成：《孟子传》卷十九，第424页。

文王不闻亦式，不谏亦入，不显亦临，无射亦保，皆天心也。[①]

乃知不为已甚天理也，真仲尼之心也。[②]

然而孟子之言非私意也，乃天理也。[③]

横浦心学中，本心具有即本体即活动的特性，这使得形而上与形而下、未发与已发是一贯的，而非截然分属两个层面。他将道心等同于天理，道心仍然可以在现实生活中发为念虑行为。这些由道心而发的念虑行为自然合乎天理，虽是已发，也可以称为天理、本心、道心。如引文中文王不闻亦式，不谏亦入，不显亦临，无射亦保；孔子不为已甚；孟子之言，显然是已发之行为，因其来源于天理且合于天理，故称为天心、天理。反之，当道心受到遮蔽或阻碍，不能够正常地施发出来时，念虑行为多与天理相悖，这就是人心。综上，横浦心学中，道心即本心，既指未发之中，也指发而皆中节者；道心受到遮蔽阻碍，违背天理，则为人心。

2. 人欲与已发

上文道心与天理的关系问题，根源在于“心即理”还是“性即理”。此小节讨论“一心”或“两心”的问题，则出于对人欲的不同规定。“人心，人欲也。人欲无过而不危……道心，天理也。天理至微而难见”[④]横浦对十六字传心诀的注释，着眼于人心、人欲，我们发现他对人欲的规定是“无过而不危”。参照程颢“人心私欲，故危殆”[⑤]，朱熹“所谓人心者，是气血和合做成，嗜欲之类皆从此出，故危”[⑥]，“有知觉嗜欲，然无所主宰，则流而忘反，不可据以为安，故曰危”[⑦]。虽然都强调人欲之危，但横浦认为“危”的原因在于“过”，此“过”当解为“知者过之，愚者不及”之义，即不符合本体之“中”。也就是说，人欲都是不符合本体之“中”的，因此是危殆的。横浦对人心、人欲的规定，有以下几点需要说明：

(1)将人欲解释为对本体的过或不及，从根本上取消了人欲的独立性。意识活动违背天理就是人欲，没有独立的人欲与天理并存。以个人而言，

---

① 张九成：《孟子传》卷十八，第 417 页。
② 张九成：《孟子传》卷十八，第 417 页。
③ 张九成：《孟子传》卷二十七，第 494 页。
④ 黄伦：《尚书精义》卷六，第 4 页。
⑤ 程颢、程颐著，王孝鱼点校：《河南程氏遗书》卷二十四，《二程集》，第 312 页。
⑥ 黎靖德编，王星贤点校：《朱子语类》卷七十八，第 2460 页。
⑦ 黎靖德编，王星贤点校：《朱子语类》卷六十二，第 1810 页。

只有禀赋于天的道心(本心),此道心同于天理,道心自然发出的意识活动符合天理;当此道心受到遮蔽或阻碍,不能自然施发出来的时候,意识活动就与天理之间存在偏差,此过或不及就称为人心、人欲,是危殆的。在横浦人欲不是与天理对等而在心中分判为二的。这与朱熹"物物上有个天理人欲"[①],将天理、人欲并举的思想不同。

(2)人心即是人欲,是对天理的违背,是恶的。在横浦看来,人心就是人欲,都是对天理的过或不及,根本不存在符合天理的人心。朱熹则认为人心根源于血肉之躯的形气,包括了一切耳目口腹男女之欲,是人生存所不可缺少的,因而不都是邪恶的。"人心亦不是全不好底,故不言凶咎,只言危。"[②]

(3)就人欲与天理的关系来看,人欲也是来源于天理。天理属于形而上、未发层面,但本体的能动性决定了它贯通已发未发。天理发而为意识活动,这些属于已发层面的意识活动中符合天理的部分仍然可以称之为天理;另外一部分不符合天理的意识活动,则称之为人欲。从本源看人欲没有单独的来源,也是从天理所发。如水流变浊,并非本源即分有清水、浊水两个,本源只是一脉清水,遇泥沙才浑浊,不能说浑浊之水不是源于清水。人欲便是从本体而发被浑浊之水。那么在横浦的思想中,人心道心便不是一组对等的概念,道心乃本体,贯通已发未发,人心都是已发,是发而不合中节者。

(4)人心道心只是一心。就未发层面来说,只有本体之道心;就已发层面来说,符合天理则为道心,不符合天理则为人心。在已发层面,不可能同时存在人心道心两者,也根本谈不上以道心为主,或者以道心来主宰人心的问题。"惟学问之深者,人欲不行,惊忧之迫者,人欲暂散,故此心发见焉。"[③]学问之深者,本心常在,故无人欲;惊忧之迫者,人欲暂时消除,则意识活动均为本心。"一心之微,其可不慎?稍堕人欲即为禽兽,一明天理即是人伦。"[④]在已发层面,人心道心是本体发用的两种状态,人只有一心,是人心,则不是道心;是道心,则不是人心。

---

① 黎靖德编,王星贤点校:《朱子语类》卷七十八,第2460页。
② 黎靖德编,王星贤点校:《朱子语类》卷七十八,第2450页。
③ 张九成:《横浦集》卷九,第352页。
④ 张九成:《孟子传》卷十九,第425页。

正是因为以上对人心、人欲的规定，横浦不需要特别讨论人心道心如何统一，怎样在一心中区分出人心道心，道心如何主宰人心，这些朱子学所面对的问题。在横浦思想中，人心与道心关系明确，不烦曲折纷说，直接明了地融在其心性论中。

(二)传道与传心

前文已经指出，对十六字心传诀的注释中，横浦与二程、朱熹最明显的区别在于他更注重后两句"惟精惟一，允执厥中"，而程朱更重视"人心惟危，道心惟微"。这是出于他们对传心的不同理解。

传心是指儒家道统的传承，其内容则是对天下大本的体认。宋代自洛学对"人心惟危，道心惟危"重视之后，儒家道统传承一般都称为传心。如《龟山志铭辩》中"自孟子既没，世无传心之学"[①]，孟子之后，道统不传，也成为宋代儒者普遍认同的观点。所以宋代儒者多以承续孟子后不传之道统为己任。程朱理学"以形而上之天理为性善提供根据，就使得本然之性同于天理，是天下之大本，道统传承应该称为'传性'，但在儒家圣人，他们前后相传所叮嘱的都是'心'而不是'性'"[②]，这就需要理学家提供合理的解释。

对此问题的回答与人心道心的阐释是一致的。程朱理学对道心的重视，在于道心属于已发层面，又符合天理的特点，可以使道心在现实生活中约束人的念虑行为，切实地保证人的德行符合普遍的道德规范。这就弥补了天理、性作为形而上本体只属于未发层面的不足。这不足一方面在于虽然人人具有本然之性，但现实中本然之性不是当下呈现，需要人通过"尽心"的工夫才能"成性"；另一方面在于性属于未发，稍涉思虑即为已发，未发难以指导具体言行决断，已发则已不是性之本体。

对此隐而不发的本体，很难通过言传身教等现实的教化形式传承。心则能弥补此不足，无论认为心统括已发未发，还是认为心属于已发，人体认和实现本然之性都要通过心。性虽然同于天理，但现实生活中，经由心的思维主宰能力才能使人的念虑行为符合天理，也需要经由"尽心"才能"成

---

① 朱熹：《伊洛渊源录》卷十，《朱子全书》第十二册，第 1054 页。

② 向世陵：《理气性心之间——宋明理学的分系与四系》，第 126—127 页。

性”。牟宗三认为:“明道《定性书》,实在讲的是心。心是主观性原则,理是客观性原则。而主观性原则就是实现原则:必须通过心觉才能说到理之体现。”[①]在这个意义上,道统传承只能通过传心来实现。钱穆总结朱熹思想,言:“尧舜禹之相传授,虽曰传道,实亦只是传心,主要乃在传此心之道心。”[②]强调所传乃道心,是因为在朱熹人心道心的区分中,道心才是人思维念虑符合天理者,才是性在现实生活中的实现。这一点胡宏论述颇为精到:

> 天命之谓性。性,天下之大本也。尧、舜、禹、汤、文王、仲尼六君子先后相诏,必曰心而不曰性,何也?曰:心也者,知天地,宰万物,以成性者也。[③]

“尽心是成性的道路,成性是尽心的结果。”[④]胡宏“万事不论惟论心”[⑤]也是在此意义上而言的。心不是最终的本体,心的重要性和价值来源于它对性的实现作用。传心之“心”是道路、方式,传心本质上是传承实现“性”的方式。既然性是隐而未发的,那么道统所传即是如何体认和实现本体之性。

横浦则认为,道统传承的内容就是本体,而非实现本体的道路。横浦对“允执厥中”之中的理解为:

> 夫所谓天下四方万里事物之本,何物也?曰:中而已矣。盖天下,此心也;四方万里,此心也;若事若物,此心也。此心即中也。……曰:精则心专入而不已,一则心专致而不二。如此用心,则戒谨不睹,恐惧不闻,久而不变,天理自明,中其见矣。既得此中,则天下在此也,四方万里在此也,若事若物在此也。信而执之,以应天下四方万里事物之变,盖绰绰有余裕矣。[⑥]

中、道心、本心、固有之心以及天理、天心在横浦思想中异名而同指,都指称

① 牟宗三:《宋明儒学的问题与发展》,上海:华东师范大学出版社,2004 年,第 34 页。
② 钱穆:《朱子学提纲》,第 90 页。
③ 胡宏著,吴仁华点校:《胡宏集》附录一《胡子知言疑义》,第 328 页。
④ 向世陵:《理气性心之间——宋明理学的分系与四系》,第 126—127 页。
⑤ 胡宏著,吴仁华点校:《胡宏集》,第 72 页。
⑥ 黄伦:《尚书精义》卷六,第 3—4 页。

形而上本体。舜对禹叮咛传授之“中”，以及“此心”之心，就是万物之本体。后面两句“惟精惟一，允执厥中”才是实现本体的方式：“惟精惟一”是说工夫，使心专入而不已，专致而不二，即保持内心敬的状态，以体认此“中”；“允执厥中”是说体认到中之后，信而执之，使此中常在，即万物之本体在我，应对万事万物自然从容中道。前者讲对本体的体认，后者讲本体在现实生活中的实现。

横浦认为“惟精惟一，允执厥中”“敬”都是传心之法，即实现本体的道路；而本体就是所传之心或者中：

> 伊尹以告归，故历举传心之法以付太甲，犹尧之禅舜，舜之禅禹，以一言相付曰：“允执厥中”是也。“中”即伊尹所谓“一德”也。君天下之法，止于此而已矣。[①]
>
> 自后稷至文武，传心之法止在此一字乎？呜呼！后世人主以敬而得天命，不敬而失天命者亦多矣。[②]
>
> 惟精惟一，惟时惟几，一旦恍然雾除，霍然云消，思虑皆断，而心之大体见矣。然后知吾之所以为天者在此。[③]

精一、允执、敬都是工夫，通过这些工夫来实现和传承本体之心。“（圣人）垂法天下，使后之人举其心以行其法，传其仁心，使亿万斯年而不已，何所存之远乎？”[④]圣人以本心垂法天下，使后人得以传承此心，既得本心则行为施令自然与圣人相同。横浦强调本心作为万物之本体，超越时空，不因时间流转而消磨更改。传心就是对儒家最高本体的直接传承。这明显不同于朱熹“虽曰传道，实亦只是传心”的思想。

总结而言，对于儒家道统传承，朱熹和胡宏都认为，本体之性在心的活动中才能实现和传承，因此传心是传道得以实现的方式，“人心惟危，道心惟危”揭示了实现本体的道路；横浦则直接明了，认为道与心本来就是同一的，传心就是传道，“惟精惟一，允执厥中”才是实现本体的道路。

---

① 张九成：《横浦集》卷九，第 338 页。

② 张九成：《横浦集》卷九，第 335 页。

③ 张九成：《孟子传》卷二十七，第 494—495 页。

④ 张九成：《横浦集》卷五，第 323 页。

小　结

张九成以气论为基础，提出了天人一心的思想。在他看来，没有截然二分的理与气，理乃气之理；相应地，在心性论上也没有心性之别，心即理，理即心。横浦认为天人一致之处在于本心，此本心不仅仅是未发之本体，同时还具有参天地造化的能动性。也就是说，天理和本心不但具有作为万物根据的本体意义，同时还可以现实地呈现和发用，对人的具体生活给予指导。本体不是完全固定于未发层面等待被认知的对象，而是自身具有能动性，可以贯通已发未发。

横浦心学的最大特点，不在于提出“心即理”这样的命题，也不在于高扬心的本体价值，而是在于肯定和赞扬了本体的能动性。正如提及心，就自然具有知觉、思维能力一样，在横浦思想中提及本体之天、天理，也自然具有神妙万物的能力。能动性和本体不是截然二分，本体即存有即活动。正是在这个意义上，横浦提出“人者，天地之心”，认为人之本心不但包含自然界的一切法则和人类社会的一切原则，而且可以参与世界的发展变化。本心与天理的一致性是“人者，天地之心”思想的基础，人如何拥有参天地造化的能力才是横浦关注的重点。在一气流行的天地间，通过气与气的相互影响和感通，人可以影响天地万物，导致世间诸多自然现象及社会事件的产生。圣人则可以财成辅相，使人与万物和谐而有序地生存繁衍。

正因为没有区分心与性，没有割裂本体与发用，横浦需要回答参差不齐的现实人性通过何种途径才能恢复到自身完足的本心。依照朱子学的理路，可以言“心主性情”，即通过心的思维主宰作用来返归本然之性。但横浦不同，他认为本体自身具有思维能力，本心不但可以为耳目口鼻提供指导，还可以对思维本身进行思考，上溯到“所以思者”，并最终体认到思维的最终根据——本心。也就是说，“思”不再是日常所理解的思维，而是具有了超越性和普遍性，是人因禀赋天理而拥有的思维能力，源于天理并且内在地体认和返归天理。因而凡谈及“思”，就已有天理在。本心通过“思”对人的行为进行指导，实际上就是天理在现实生活中的具体呈现。

这种“以心识心”的思路遭到了朱熹的强烈批评，在他看来，这是横浦杂佛的重要证据。以心识心确实是佛教的一个特点，通过思辨认识到万物没有自性，并进一步抽象，最终达到般若智慧。横浦或许曾受到佛教启发，但就理论内部来看，以本心等同于天理，承认本体具有能动性，也就自然可以推导出依据此能动性来返归本体的路径。这是理论上的逻辑推导，也是横浦心学在工夫论上的落实。因而面对儒家道统的传承问题，横浦断然指出，传心就是传道，儒家圣贤相互叮咛传承的就是本心，而非胡宏、朱熹所言传心是传承实现或体认道的方法。

第六章　已发未发

已发未发自二程起，一直是道学讨论的核心问题之一。自程颢、程颐，至弟子杨时、谢良佐、吕大临等，再传弟子罗从彦、张九成、胡宏等，在已发未发学说上观点差异较大，甚至相互矛盾。程颐既强调“存养于喜怒哀乐未发之时”[①]，又言“善观者不如此，却于喜怒哀乐已发之际观之”[②]，甚至认为“凡言心者，皆指已发而言”[③]。杨时注重“学者当于喜怒哀乐未发之际以心体之，则中之义自见”[④]，吕大临认为“当求于喜怒哀乐未发之前”[⑤]。二程自身观点不统一，门人继承时又各有偏重，这造成了南宋道学中不同学派对已发未发学说各执一词、难以统一的局面。罗从彦、李侗继承杨时思想，重视体认“喜怒哀乐未发之前气象为如何”[⑥]，胡宏认为“未发只可言性，已发乃可言心”[⑦]。横浦已发未发的学说正是在这样的思想背景下形成的，一方面横浦继承杨时一系对于体认未发的重视；一方面力求理解二程思想，并与之协调一致；另一方面还要面对同时代其他学者的思想。因而欲了解横浦已发未发的思想，需要对此前学说作一简要回顾。

在已发未发问题上，程门弟子存在一个重要分歧：是否可于未发之前求中？程颐在世时，门人吕大临已经提出了“当求于喜怒哀乐未发之前”的主张，程颐在《与吕大临论中书》和“与苏季明论中和”条目中明确反对吕大临于未发之前求中的说法：

> 或曰：“喜怒哀乐未发之前求中，可否？”曰：“不可。既思于喜怒哀乐未发之前求之，又却是思也。既思即是已发。才发便谓之和，不可谓之中也。”又问：“吕学士言：‘当求于喜怒哀乐未发之前。’信斯言也，

---

① 程颢、程颐著，王孝鱼点校：《河南程氏遗书》卷十八，《二程集》，第 200 页。
② 程颢、程颐著，王孝鱼点校：《河南程氏遗书》卷十八，《二程集》，第 201 页。
③ 程颢、程颐著，王孝鱼点校：《河南程氏文集》卷九，《二程集》，第 608 页。
④ 杨时撰，林海权校理：《杨时集》卷二十一，第 564 页。
⑤ 程颢、程颐著，王孝鱼点校：《河南程氏遗书》卷十八，《二程集》，第 200 页。
⑥ 朱熹：《晦庵先生朱文公文集》卷九十七《延平先生李公行状》，《朱子全书》第二十五册，第 4517 页。
⑦ 胡宏著，吴仁华点校：《胡宏集》，第 115 页。

恐无着摸，如之何而可？”曰：“看此语如何地下。若言存养于喜怒哀乐未发之时，则可；若言求中于喜怒哀乐未发之前，则不可。”[①]

在程颐看来，喜怒哀乐未发以前，寂然不动，无一毫思虑萌发。吕大临所谓“求中于未发之前”根本不可能实现，因为一有求之之心，即有思虑，有思虑就是已发。将“喜怒哀乐未发之前”规定为无任何思虑，也就不可能于未发时下“求中”工夫，甚至不能于未发时下任何主动的修养工夫。程颐认为未发时只能言“存养”，即对思虑未萌状态的保持，不使其外流走作。程颐的这种思路理性而富有逻辑，容易被人理解和接受，此后湖湘学派和闽学均认同并进一步发展此思想。

程颐与吕大临展现出了两种不同的工夫路径：一、程颐认为凡有思虑均是已发，因而只能于已发处用功；二、吕大临于喜怒哀乐未发之前求中的主张，是通过体认本体之“中”，从根本上保证喜怒哀乐已发之自然中节。程颐对已发思虑的警省、检点、规范，固然是切实可行的工夫路径，但人之念虑纷繁庞杂，此灭彼生，去除此处恶念，于彼处又生一恶念，去除彼处恶念，于他处又生一恶念，终无止境。如程颢言：“苟规规于外诱之除，将见灭于东而生于西也。非惟日之不足，顾其端无穷，不可得而除也。”[②]在程颢看来，已发处用功终非根本之法，《识仁篇》即开示了一条自上而下，通过体认本体，达到已发自然中节的道路：“识得此理，以诚敬存之”，则“不须防检，不须穷索”，“未尝致纤毫之力”。吕大临沿着程颢上学而下达的路径，言：“中者，无过不及之谓也。何所准则而知过不及乎？求之此心而已。此心之动，出入无时，何从而守之乎？求之于喜怒哀乐未发之际而已。”[③]已发之心，应物而动，不中节者常多；未发之际则是不偏不倚，无过不及，于此时体认本体之“中”，执而勿失，顺以养之，则物来而应，无不中节。

面对以上两种思路，横浦看到若主张求本体于未发之前，会遭遇凡涉思虑即为已发的矛盾，未发之前无工夫可言；若主张消除恶念于已发之时，则念虑无穷，终其一生不可尽除，用力于枝节，非根本工夫。横浦就以上问题重新定义了已发未发的内涵，提出了于已发未发之间存养本心的思想。

---

① 程颢、程颐著，王孝鱼点校：《河南程氏遗书》卷十八，《二程集》，第200页。

② 程颢、程颐著，王孝鱼点校：《河南程氏文集》卷二，《二程集》，第460页。

③ 程颢、程颐著，王孝鱼点校：《河南程氏文集》卷九，《二程集》，第608页。

一、未发为性

对于已发未发的重视源自宋代理学对于《中庸》的重视。《中庸》言："喜怒哀乐未发谓之中，发而皆中节谓之和。中也者，天下之大本。和也者，天下之达道。"吕大临提出"求中于未发之前"的主张，着眼于喜怒哀乐未发之前，此时之中正是天下之大本。杨时言："学者当于喜怒哀乐未发之际以心体之，则中之义自见。"[①]也是着眼于未发之中所具有的本体意义，体认此中，则不需穷索于外物，不需规规于恶念之除，行事自然中道。虽然体验未发的思想来源于《中庸》，但此后道学者，包括龟山门人对这一思想都提出了不少质疑和批评。质疑大都基于一个问题，即已发未发是就内心状态而言还是就体用而言。

横浦认为《中庸》所言"喜怒哀乐未发谓之中"是指本体之性：

> 中衍天命之义，和衍修道之义。喜怒哀乐之未发，此指言性也，故谓之中；发而皆中节，此所谓发也，故谓之和。中指性言，故为大本；和指教言，故为达道。[②]

喜怒哀乐未发之前，心中纯然天理，乃性之本体。喜怒哀乐已发之后，节制情感、察识并约束思虑，使之中节，这就是和。和既指现实生活中合于天理的行为思虑，又是道德修养的方法（教），使行为思虑合于天理。

在横浦思想中，性、天、本心三者异名而同指，因而喜怒哀乐未发虽然字义上是指情感未发的内心状态，但这种内心无思虑的状态就是本心。他又言："何谓天？喜怒哀乐未发以前，天也。戒慎不睹，恐惧不闻，于不睹不闻处深其察，所以知天也。"[③]本体只有一个，或言心，或言性，或言天，从不同角度指称同一本体。当心中无思虑萌发时就是本心、性、天，并非别有一个独立的性作为本体存在于心中。

横浦此说与后来湖湘学派、朱熹修正道南体验未发之说是两种不同的思路。胡安国有"不起不灭心之体，方起方灭心之用，能常操而有，则虽一

---

① 杨时撰，林海权校理：《杨时集》卷二十一，第 564 页。

② 张九成：《中庸说》卷一，第 3 页。

③ 张九成：《中庸说》卷三，第 8 页。

日之间百起百灭，而心固自若”[1]之语，胡宏在《与僧吉甫三书》中对此说解释道：“先君子所谓‘不起不灭’者，正以‘静亦存，动亦存’而言也，与《易》‘无思无为，寂然不动，感而遂通天下之故’大意相符，非若二先生指喜怒哀乐未发为寂然不动也。”[2]胡宏认为动静、寂感实际上是就心的状态而言，本体之性只能是未发的，心在人的一生中无论动静都是已发的。相比性体来说，心才可以有感有发，才可以言动静，才可能寂然不动，感而遂通。朱熹在丙戌之悟时亦赞同这种观点，在乙丑之悟后对此作了进一步修正，认为已发、未发有就体用而言，有就心的状态而言。就体用言，未发为性为体，已发为情为用；就心的状态言，未发指心中思虑未萌状态，已发指心中思虑已萌的状态。朱熹此说，堪称是对此前思想明晰而完备的总结，但已经偏离了道南旨趣。将本体之性固定在未发层面，已发、未发在体用层面截然分为两段，寂然不动，却难言感而遂通。于是朱熹不得不言心统性情，以心来贯穿已发未发，弥补体用之间的断裂。

横浦之说不像胡宏和朱熹这般条分理析，却保有本体即存有即活动的特性，未发之本体自身就蕴含了已发的可能。“子思曰：‘喜怒哀乐未发之谓中’，若曰不发是无喜怒哀乐也，若曰已发此乃和尔，亦非中也。惟言未发，所以见子思之精微。”[3]《中庸》之所以言未发，是因为未发与不发相比，包含了发用的可能，是一种可发但尚未发用的状态。不发则扼杀了这种可能性，使之成为僵死之理。在《无垢先生横浦心传录》记载的一则语录中，结合《易传》，横浦也明确表达了这种思想：

> 或问：“易无思也，无为也，寂然不动，感而遂通天下之故。”若有感，心则有思为，心却说无思无为，何也？先生曰：当寂然不动时，岂是土木！[4]

关于已发未发的讨论除了与体用联系起来之外，还经常与动静、寂感一起讨论。有人提问《易传》既言易无思无为，又言感而遂通。以心来言，如果有感，则必然有思虑，为什么却说无思无为呢？这不是提问者的个人

---

① 胡广：《性理大全书》卷三十二，《文渊阁四库全书》，第18—19页。

② 胡宏著，吴仁华点校：《胡宏集》，第116页。

③ 郎晔编：《横浦日新》卷上，《诸儒鸣道》卷七十一，第1—2页。

④ 于恕编：《无垢先生横浦心传录》卷上，第14页。

困惑，如前文所说，是否凡涉思虑均是已发，这一问题在二程思想中就存在矛盾。后来湖湘学派以及朱熹丙戌之悟，均认为未发是无纤毫思虑萌发，由此推出人自生至死严格意义上讲不存在无思虑的时候，因而现实之中人的一生都是已发，未发只言本体之性。持这种观点，就会带来引文中提问者的困惑，有感即是已发、有思有为，不能言无思无为。横浦对这个问题一言概括："当寂然不动时，岂是土木！"虽然言寂然不动，但此寂然不动不是如石头、木块那般僵死，而是处于一种能动而未动的状态。喜怒哀乐未发之时内心虽然看起来寂静不动，但其可发可动之机活泼泼地存在其中，一旦遇事遇物自然发为喜怒哀乐之情。

这种思想在洛学中已有，程颐曾言："既有知觉，却是动也，怎生言静？人说'复其见天地之心'，皆以谓至静能见天地之心，非也。复之卦下面一画，便是动也，安得谓之静？自古儒者皆言静见天地之心，唯某言动而见天地之心。"[①]程颐以复卦初九，一阳动于下为言，认为当未发之时，并非全然皆静，而是暗含着动的可能性。正是通过此动之机，方可见得天地之心生生不已。从动之机来理解未发之中，本体就具有了活动的可能性。本体寂然不动，遇到事物自然可以感而遂通。但程颐此说并非确定之论，程颐也认为"既思即是已发"[②]。胡宏言："'喜怒哀乐未发'句下，还下得'感而遂通天下之故'一句否？若下不得，即知其立意自不同，不可合为一说矣。恐伊川指性指心，盖有深意，非苟然也。"[③]在胡宏看来，未发与已发、寂然不动与感而遂通不是一组概念，不能混而用之。未发已发指体用，寂感指心而言。若言未发之性即《易》所言"寂然不动"，性无法感而遂通，感而遂通（已发）是情不是性，是用不是体。"此后湖湘学者如张栻等均认为'不动'与'感通'是心自身由寂静到感通的阶段之分，即都属于用的层面；而未发已发则是本体和作用之分，双方的层次是不同的，不应混淆。"[④]这种观点就是对程颐"既思即是已发"的进一步推论，而横浦则是将洛学中固有的"动而见天地之心"的思想进一步完善，明确了未发之中是即存有即活动的本体。

① 程颢、程颐著，王孝鱼点校：《河南程氏遗书》卷十八，《二程集》，第201页。

② 李侗：《李延平先生文集》卷三《答问下》，正谊堂全书，第49页。

③ 胡宏著，吴仁华点校：《胡宏集》，第116页。

④ 向世陵：《理气性心之间——宋明理学的分系与四系》，第83页。

综上，就已发未发讨论中常见的体用、动静、寂感等问题而言，横浦认为未发即是中，是体，是寂然不动，未发不可单言静，而是静中含有动之机。这一观点在明代随着阳明学的兴起进一步发展完善。刘宗周言："若谓有时而动，因感乃生；有时而静，与感俱灭；则性有时而生灭矣。盖时位不能无动静，而性体不与时位推迁，故君子戒慎乎其所不睹，恐惧乎其所不闻，何时位动静之有。"[①]如果以动静来规定本体，就会造成动静、体用的割裂。本体贯穿动静，动静是本体发用的不同时位。横浦没有提出刘宗周这种以动静为时位的说法，但也明确主张本体可以贯穿动静，可以对现实人生给予主动的指导。

二、已发与时中

在横浦看来，未发之本体不但蕴含了动的可能性，而且本体可以实现这种动的可能性，可以发出为中节之情感、思虑、行为。"心无所倚则中，所倚在理则为和，所倚背理则为邪矣。"[②]"倚"是具体境遇中的选择。心中尚未发出思虑，即喜怒哀乐之未发，此时心中所存就是本体之中；发出的思虑符合天理则为和；发出的思虑与理相悖则为邪妄。已发之和，源自本体之中。中是本体，和是本体在具体境遇中的展现：

> 然而喜怒哀乐已发之后则谓之和，和何自而来哉？自中而已矣。中既为和，则不得谓之中矣。不谓之中而谓之和，似于潜养之功为弗著也。故谓之时中，以言和自中来也。时中即和也，盖中不可执一也，以时而已矣。如时可以仕则仕为中，时可以止则止为中，可以速可以久皆以时而为中，中不可执一也。[③]

横浦在分析中和的关系时，着重强调"时中"的概念。喜怒哀乐已发之中节来自未发之中，因其为已发，所以不能直接称之为中，而称之为和。和的本质是时中，即本体之中在不同的处境、时遇中的展现。所处境遇可以入仕，则入仕就是中；应当止步，则止步为中……在他看来，本体之中随着所处的

① 刘宗周：《刘子遗书》卷二，《文渊阁四库全书》，第30页。
② 郎晔编：《横浦日新》卷上，《诸儒鸣道》卷七十一，第1页。
③ 张九成：《中庸说》卷一，第5页。

不同境遇，发出而成为具体境遇中的合理行为，这就是时中，也称为和。

从根源上看，这种已发之中节，不是自下而上言，使思虑、行为去符合天理的具体规定；而是自上而下言，涵养此本体之中，则自然会发为符合天理的思虑、行为。从这个意义上讲，在具体境遇中由本体自然而发的思虑、行为被称之为时中。之所以强调“和”是“时中”，是为了强调此和是根源于中的。“小人乐闻时中之说，乃同乎流俗，合乎污世。时尚纵横，吾为苏、张；时尚虚无，吾为衍、晏。此窃时中之名，而略无忌惮者也，此所以为小人也。”[①]如果所在境遇中崇尚纵横之说，则学习成为苏秦、张仪之类的纵横家；所在境遇中崇尚玄谈虚无，则学习成为何晏、王衍之类的玄学家。这种做法看似符合时代需求，看似在所处时代中是合理的，但却远远不是时中。因为上述对时代潮流的附和都是外在地使自己的行为符合某种标准，而不是涵养内心之中而自然发出的中节行为。

在横浦看来，喜怒哀乐已发之中节，是本体在具体境遇的展现，已发之中节的本质就是中。从这个角度讲，和、时中，也可以说是中。但这种说法与程颐观点相悖，势必会遇到道学者的反驳。程颐言：“性即理也，所谓理，性是也。天下之理，原其所自，未有不善。喜怒哀乐未发，何尝不善？”[②]在明确了性即理，性属于未发状态之后，程颐进一步认为“喜怒哀乐未发谓之中。赤子之心，发而未远于中，若便谓之中，是不识大本也”[③]。已发中节者是情，是用，不是大本之中。即未发已发是体用关系，本体为未发之性，情乃已发之用。由此性、情被严格划分在体用两个层面。“性中只有仁义礼智四者，几曾有孝弟来”[④]，仁义礼智乃本体中所固有，而孝悌作为已发的情感不属于本体。钱穆对此评价道：“可见伊川在实下工夫处，虽极力想避免濂溪虚静一路，但在讨论心性本体上，则依然超不出有前后之两截。大体伊川认为性为未发，故说性中只有仁义礼智，没有孝弟。因伊川认仁义礼智只是理，理可属先天，孝弟则是人情与行事，皆应属后天。后天只属气，不属理。故说性即理，乃专指天地之性而言。”[⑤]将本体限定在未发层

---

① 张九成：《中庸说》卷一，第 5 页。

② 程颢、程颐著，王孝鱼点校：《河南程氏遗书》卷二十二上，《二程集》，第 292 页。

③ 程颢、程颐著，王孝鱼点校：《河南程氏文集》卷九，《二程集》，第 607 页。

④ 程颢、程颐著，王孝鱼点校：《河南程氏遗书》卷十八，《二程集》，第 183 页。

⑤ 钱穆：《中国学术思想史论丛》卷五，合肥：安徽教育出版社，2004 年，第 126 页。

面，势必会造成这种已发与未发、体与用、理与气、性与情之间的断裂。横浦在注释《中庸》时，将“时中”作为重要概念加以分析，可以避免理学的这种断裂；但由于横浦思想不同于洛学对已发未发的解读，所以他的《中庸说》遇到包括朱熹在内道学者的大量批评。对此横浦解释道：

> 夫“率性之谓道”既谓之率，则是已发矣，安得谓之中也？曰：率之为言，以见无须臾离也。既未离本位，恶得谓之发乎！诚如是说，修道岂已离性而为之哉？曰：吾尝言之矣。“率性之谓道”，此学者之事也。至于圣人则自率性直造天命之本，于是有乾坤造化，制为人伦之序以幸天下，此所谓和也，所谓天下之大本、达道，所谓天地位万物育，所以成中庸之名也。此不可以离不离名之也。其理微矣，不可不致思焉。[①]

横浦预设了反驳者的提问，并给出回答。提问有两个：第一个问题是，“率性之谓道”既然说“率”，就已经是已发了，已发是和，不是中。横浦回答是，“率”言循性、顺性，没有离开本然之性，怎能说是已发呢？第二个问题是，按照这个思路，说修道是已发，难道是说修道已经远离本然之性了吗？横浦对这个问题的回答道出了他中和思想的根本：圣人能够体认本然之性，一切思虑、行为均由本然之性而发出，则其思虑、行为与天理完全一致。此时圣人已发之中节的思虑行为，既可称之为和，亦可称之为中，称之为大本、达道。无论动静、未发已发，圣人所存、所行均是本然之性。所谓天理流行，正是圣人通过体认本体达到已发未发全然天理的境界。在横浦看来，本然之性自然流行，贯穿未发已发的境界，才是中庸之名最根本的内涵，才可以言天地位于此，万物育于此。

与本然之性的自然流行相比，“率性”“修道”都是学者的修养之道：

> “天命之谓性”，此指性之本体而言也；“率性之谓道”，此指人之求道而言也；“修道之谓教”，此指道之运用而言也。“天命之谓性”，第赞性之可贵耳，未见人收之为己物也；“率性之谓道”，则人体之为己物而入于仁义礼智中矣，然而未见其设施运用也；“修道之谓教”，则仁行于父子，义行于君臣，礼行于宾主，智行于贤者，而道之等降隆杀于是而见焉。中庸之名立于此三者矣。“天命之谓性”，喜怒哀乐未发以前者

① 张九成：《中庸说》卷一，第5页。

也，所以谓之中；“率性之谓道”，此戒慎恐惧于不睹不闻，以养喜怒哀乐未发以前之理，此所以求中也；至于“修道之谓教”，则以天命之性、率性之道而见于用，发而皆中节矣，所以谓之庸也。[①]

“天命之谓性”指本然之性，此本然之性未受任何杂染、遮蔽，未受人气习与染习的影响，因而言“未见人收之为己物”；“率性之谓道”则是人通过戒慎恐惧的修养工夫体认本然之性，尚未发为具体行为，因而言“未见其设施运用”；“修道之谓教”则是从具体行为着眼，言已发之行为符合天理，父子之间行仁，君臣之间行义，宾客之间行礼……可见“率性”是通过戒惧的工夫体认本然之性，即求中；“修道”是践行此中，即时中、和。“率性”虽然尚未发为具体的行为，但是言“求中”，就已经是自我与本然之性有间隔。对于学者而言，可以通过规范自身行为合于道义，通过戒惧工夫涵养本然之性；对于圣人而言，自我与本然之性为一，其施舍运用即是天理流行。横浦思想中，本体之中、本然之性不是完全固定于未发的状态，而是可以通过自我对本体的体认，在不同境遇中自然发为合理的行为。在理想的状态下，甚至可以说已发未发均未离本然之性，此时中、和、大本、达道异名而同指。

三、已发未发之间

宋代理学将已发未发与体用、性情、寂感等概念联系起来形成复杂的关系，使已发未发问题更为深刻和困难。在这些概念关系中，横浦将性、体、未发、寂然不动划为一组概念，情、用、已发、感而遂通划为一组概念。性作为本体，不是完全限定在未发的状态，本体自身包含了动的可能性，遇事物则可感而遂通，发为具体境遇中的合理行为，即时中。横浦对以上概念的分析，是其工夫论的基础。

程门弟子中，杨时主张体验未发，吕大临言求中于未发之际，但这种静中体认大本的思想，会遭遇凡涉思虑即是已发的矛盾；若放弃未发之前的工夫，仅仅主张消除恶念于已发之时，则念虑无穷，不可尽除，流于枝节，非根本工夫。横浦寻找到了另外一个工夫的着力点——已发未发之间。

---

① 张九成：《中庸说》卷一，第1页。

横浦曾从学于杨时，体验未发是杨时门下的基本宗旨，亦是道南一脉的修养工夫。杨时主张“学者当于喜怒哀乐未发之际以心体之，则中之义自见”[①]。通过体验喜怒哀乐没有发生时内心的状态，并加以保持，人就可以体认到大本（中），情感发生时就会自然中节。对于这种体验未发后达到的道德境界，杨时描述为“反身而诚，则举天下之物在我矣”[②]。通过体验未发，达到万物皆备于我的境界，这是对程颢《识仁篇》中“仁者浑然与物同体”思想的继承。陈来在《朱子哲学研究》一书中指出：“正是在追求未发的心理体验上表明杨时更继承了程颢，以故杨时辞程颢而归时，程颢意味深长地说：‘吾道南矣。’”[③]

由程颢开启，至道南一脉静中体验未发、静中体认大本的工夫路径，到横浦则转变成为已发未发之间的戒惧工夫。这既是哲学上的思索，也是他的现实关切。生于元祐年间的横浦，在而立之年遭遇了靖康之难，二帝北巡，朝廷南迁。绍兴二年，横浦殿试强调君主要“以刚大为心”，此后任职中一直主张抗金，反对秦桧等人苟且议和。国难之时，佞臣当道，不图中兴，反而陷害忠良，忠义之士不但无法施展抱负济世救民，反而屡遭陷害。横浦在这样的处境中，尤其注意审视内心是否坚定，思虑是否顺于天理，行事是否合乎道义，反对人一味追求主静，回避处事。其言“人之念虑欲静，要须尽穷理之学。理之不穷，而欲念静，事来无处，则愈扰矣。若见得到底人，往往常觉静，理定故也。亦有顽懒人，自会顿置闲事，不挂思虑者，然亦不可应物”[④]，认为只求念虑不起、置世事不问的人，其实并无应物处事的能力。内心之静只有来自对天理的体认，才能真正达到处事冷静，不受念虑纷扰。

横浦对南宋时事的忧虑与担当，促使他的修养工夫亦趋向于积极主动，而非完全继承杨时一脉“静中体验未发”的思想。加之“体验未发”自身固有的问题在门人传授中也日益凸显出来。杨时“万物皆备于我”的境界与大程子所谓“仁者以天地万物为一体”“仁者浑然与物同体”，都不仅仅是

---

① 杨时撰，林海权校理：《杨时集》卷二十一，第564页。

② 黄宗羲原著，全祖望补修，陈金生、梁运华点校：《宋元学案·龟山学案》，第952页。

③ 陈来：《朱子哲学研究》，第159页。

④ 于恕编：《无垢先生横浦心传录》卷中，第51页。

一种理性境界，也包含有心理体验在其中[1]。这种基于个人心理体验而言的工夫和境界，无法用语言来确切地传达，也无法纯粹用理性的逻辑思维来理解。因而道南一脉的工夫宗旨仅强调“静中体验未发”，至于如何体验到未发气象、未发时是何气象等具体问题均非言语可以传达。罗从彦、李侗至朱熹的传授就是代表，“先生（罗从彦）令静中看喜怒哀乐未发之谓中，未发时作何气象。不惟于进学有力，亦是养心之要”[2]。朱熹指出：“李先生（李侗）教人，大抵令静中体认大本未发时气象分明，即处事应物自然中节，此乃龟山门下相传指诀。”[3]这种强调内在体验的修养工夫，并非人人都可以掌握，甚至会使学者无处把捉。例如朱熹虽然得到李侗的引导，但始终没能得到这种体验，在丙戌之悟时转向了程颐的思路并且向前推进一步，认为未发时无纤毫思虑，因而人自出生至死亡，心的作用从未停止，一直处在已发的状态。横浦虽然不赞同人生均是已发、未发无纤毫思虑的说法，但也并不支持从杨时到李侗道南一派所推崇的静中体验未发的思想，他对道南体验未发工夫做了修正。

喜怒哀乐未发之前，思虑未萌，乃本然之性至善无恶；喜怒哀乐已发之后，思虑行为已经出现，则或中节或偏邪。横浦不否认已发之后为善去恶工夫的必要性，但是如程颢在《定性书》中所说“苟规规于外诱之除，将见灭于东而生于西也。非惟日之不足，顾其端无穷，不可得而除也”[4]，已发之后为善去恶终非根本工夫。横浦认为既然本然之性是一切已发中节的依据，能够体认此本体，自然可以处事合宜，那么工夫的根本就在于体认大本。其言“惟一意戒慎恐惧以养喜怒哀乐未发以前之理，此善求中之道也”[5]，“喜怒哀乐未发以前，天也。戒慎不睹，恐惧不闻，于不睹不闻处深致其察，所以知天也”[6]，都是将体认、存养未发之本体作为为学之要。在这点上，横浦的思路与杨时是一贯的，不同点是体认大本的方式：道南静中体验未发的工夫路径，到横浦则转变为已发未发之间的戒惧工夫。

---

① 陈来：《朱子哲学研究》，第159页。

② 罗从彦：《豫章文集》卷十四，《文渊阁四库全书》，第31页。

③ 朱熹：《晦庵先生朱文公文集》卷四十《答何叔京二》，《朱子全书》第二十二册，第1843页。

④ 程颢、程颐著，王孝鱼点校：《河南程氏文集》卷二，《二程集》，第460页。

⑤ 张九成：《中庸说》卷一，第3页。

⑥ 张九成：《中庸说》卷三，第8页。

> “天命之谓性”，此指性之本体而言也；“率性之谓道”，此指人之求道而言也；“修道之谓教”，此指道之运用而言也。[①]

> “天命之谓性”，喜怒哀乐未发以前者也，所以谓之中；“率性之谓道”，此戒慎恐惧于不睹不闻，以养喜怒哀乐未发以前之理，此所以求中也；至于“修道之谓教”，则以天命之性、率性之道而见于用，发而皆中节矣，所以谓之庸也。[②]

《中庸》言“天命之谓性，率性之谓道，修道之谓教”，横浦认为，“天命之谓性”指示出本然之性，“率性之谓道”指示出求得本体的方式，“修道之谓教”则言已发之中节。本然之性属于未发层面，行为之中节属于已发层面。而“率性之谓道”作为对未发本体的存养，与已发相比，尚未发出显见的行为，不应属于已发层面；与未发相比，言“率性”，则人与本然之性之间已有间隔，存养、求中等工夫本身也是一种思虑，因而也不完全属于未发层面。横浦将率性、求中这个体认大本的阶段称之为“已发未发之间”：

> 夫中庸之道，赞天地之化育如此，而其要止在喜怒哀乐未发已发之间而已，而其所以入之之路，又止在戒慎不睹、恐惧不闻而已。[③]

率性作为体认大本、存养大本的工夫，就是要在已发未发之间，戒慎不睹、恐惧不闻。此时下戒惧工夫，可以体认喜怒哀乐未发之本体，也就是性、中。这一路径类似于道南一派通过体验未发来识得大本，但又不同，横浦不主张直接在静中体认未发本体，而是要求在已发未发之间，使非心私意不起，进而识得并存养性体。“使其不睹不闻处微有私意间之，则非性之本位，而堕于人欲矣。人欲岂道也哉？故曰：可离非道也。盖当其离处，即是非道，此率性所以谓之道。”[④]已发未发之间，即使只有一点极其隐微的私意存在，就已经不是本然之性，而是堕于人欲。率性就是要以戒惧的工夫去除这种隐微的私意，对私意的去除也是对本心的存养，使自身与本然之性无间隔，最终达到与本然之性为一的境界。

---

① 张九成：《中庸说》卷一，第1页。
② 张九成：《中庸说》卷一，第1页。
③ 张九成：《中庸说》卷一，第15页。
④ 张九成：《中庸说》卷一，第2页。

横浦将戒惧作为修养工夫的根本，作为存养本然之性的途径，这与他的气论思想相关。对于戒惧工夫，他进一步阐述道：

> 夫不睹不闻，少致其忽，宜若无害矣。然而怠忽之心已显见于心目之间，昭昭乎不可掩也。其精神所发，道理所形，亦必有非心邪气杂于其间，不足以感人动物，而招非意之辱，求莫为之祸焉。此君子所以慎其独也。诚诸中，形诸外，不可掩如此。呜呼！其可忽哉？惟一意戒慎恐惧，以养喜怒哀乐未发以前之理，此善求中之道也。①

横浦认为天地间一气流行，人内心的念虑与外界之气相互感应，即使念虑并未发为具体行为，也可以通过念虑产生和气或恶念对外界造成影响。因而横浦尤其重视内心所存，无论是殿试策论还是注释经典，他处处强调内心念虑的重要性。其工夫论也不例外，强调戒惧工夫来审视和防范内心隐微的思虑。不睹不闻、已发未发之间，此时虽然思虑隐微，稍有怠惰轻忽，当时无人可见，不会产生显见的过错，似乎无害于理；但这种怠忽之心已然造成自身偏离本然之性，已发之后思虑行为必然有私意干扰，不合于理。不仅如此，对本然之性的偏离即是不诚，内心不诚，则不足以感人动物，甚至会带来灾祸。横浦这种天人相感之说，要求人倍加重视内心所存，他人不睹不闻处，只有自己知晓，此时痛下戒惧工夫，方可存养本然之性，这是“率性”的宗旨，亦是“求中”的途径。

在已发未发之间戒慎恐惧，不使私意萌发，不使非心邪意生于心，存养未发前之性体，一切依循本然之性，如此精进不已，即可由率性进而达到发而皆中节。需要指出，以上所言已发未发之间的工夫，是就学者而言。在横浦看来，人向善的途径大体有三种：圣人自率性直造天命之本，学者戒惧于已发未发之间，大众则依循人伦规范。

> 夫方当率性时，戒慎恐惧于不睹不闻处，此学者之事也。及其深入性之本原，直造所谓天命者在我，然后为君臣、父子、兄弟、夫妇之教以幸于天下。至于此时，圣人之功用兴矣，此所以谓之中庸也。②

率性虽然是对本然之性的体认和存养，但究其根本，仍然是通过戒惧工夫

① 张九成：《中庸说》卷一，第 3 页。

② 张九成：《中庸说》卷一，第 4 页。

的察识和防范作用，保证思虑行为遵循本性，进而逐步达到内心纯然天理的境界，因此是学者之事。当达到内心纯然天理，自身与本然之性为一，则为圣人境界，此时发出的思虑行为就是本然之性在具体境遇中的展现，甚至可以说是天理。君臣、父子、兄弟、夫妇之教，等降隆杀之序，礼仪之范，均是圣人由本然之性发出而形成的人伦规范。而这些规范，是学者在已发层面的进德修养之途，更是对大众的引导和规范。横浦曾以飞蛾扑火作为比喻，飞蛾趋向光亮，却不知投火即亡，前仆后继。如果能够以灯罩、纱网等围在烛火周围，为飞蛾防范，则可挽救飞蛾于死地。圣人制作人伦规范，对大众起到的正是这种防范引导的作用。圣人、学者、大众三种为善的工夫中，横浦着重阐述学者工夫，因为圣人难见，而对于大众来说，相比于修养原则，具体的道德规则、行为礼节更具有实用价值。究其根本，三种工夫路径都是本于天理，并以体认天理为最终目标。

小　结

已发未发问题之所以重要，是因为它一方面关系到体用问题，一方面关系到工夫路径。南宋初期，张九成在思想学术上，面对着程门后学对已发未发阐释纷繁复杂、难以统一的状况；在现实生活上，面对着朝廷南迁，国家内忧外患、中兴难图的局面。在此种处境中，他通过对道南体验未发工夫进行创造性的发展，将体认大本的方式落实为已发未发之间戒慎恐惧的工夫。这避免了体验未发可能带来的落入寂静、难以把捉的问题，使得体认大本的修养工夫易于理解和操作，同时也防范学者产生单纯主静，不于世事上磨炼的倾向。

横浦提出于已发未发之间下修养工夫的思想，在此过程中也厘清了已发未发之分。在他看来，本体是即存有即活动的，可以贯穿已发未发。因而未发之性虽然寂然不动，但其中含有动的可能性，遇事遇物自然感而遂通。未发为性，为本心，为寂然不动；已发为情，为感而遂通。

稍后随着闽学的兴起，横浦的思想因为与朱熹存在较大差异，并且门人稀少，渐渐在道学的视域中淡去。但他的探索和尝试，展现出理学发展的多种可能。陆九渊心学的兴起，以及明代阳明学的蔚为大观，也可算是对这位心学先驱的慰藉。

第七章 慎 独

慎独和戒慎恐惧是横浦工夫论的核心思想，同时也是他作《中庸说》的核心思想。在他看来，工夫修养的根本在于戒惧，“戒慎不睹、恐惧不闻以养其中，则发而中节，必为人伦之序以宣其和”[1]。要达到中庸发而皆中节、参天地造化的境界须从戒惧工夫入手，“君子欲求中庸，要当于戒慎不睹、恐惧不闻中得味，则识中之本矣”[2]。慎独和戒惧的概念主要来自《中庸》，慎独在《大学》中也有涉及。朱熹将慎独和戒惧区分为两种修养工夫，而横浦则将其视为同一种工夫。《中庸》言：

> 道也者，不可须臾离也，可离非道也。是故君子戒慎乎其所不睹，恐惧乎其所不闻，莫见乎隐，莫显乎微，故君子慎其独也。

对于该句注释，朱熹选择以“道也者，不可须臾离也，可离非道也。是故君子戒慎乎其所不睹，恐惧乎其所不闻”为一层含义，言主敬以存天理的戒惧工夫；“莫见乎隐，莫显乎微，故君子慎其独也”为一层含义，言为善去恶的慎独工夫。

对于第一部分，朱熹注释：“道者，日用事物当行之理，皆性之德而具于心，无物不有，无时不然，所以不可须臾离也。若其可离，则为外物而非道矣。是以君子之心常存敬畏，虽不见闻，亦不敢忽，所以存天理之本然，而不使离于须臾之顷也。”[3]因为道贯穿于生活中，无处不在，无时不有，人不可以有片刻舍道而行，因而君子常存敬畏之心，保存本然天理，不可稍有怠惰疏忽。戒慎恐惧是主敬存养的工夫。

对于第二部分“莫见乎隐，莫显乎微，故君子慎其独也”，朱熹注释：“隐，暗处也。微，细事也。独者，人所不知而己所独知之地也。言幽暗之中，细微之事，迹虽未形而几则已动，人虽不知而己独知之，则是天下之事

---

① 张九成：《中庸说》卷一，第 6 页。
② 张九成：《中庸说》卷一，第 6 页。
③ 朱熹：《四书章句集注》，第 17 页。

无有著见明显而过于此者。是以君子既常戒惧，而于此尤加谨焉，所以遏人欲于将萌，而不使其滋长于隐微之中，以至离道之远也。”[①]慎独则是指在独处之时，或是思虑刚刚萌动，他人不知只有自己了解的地方，不能因为无人知晓就放肆而为，此时应更加谨慎，遏制微小恶念的发展。如此而言，慎独是已发之后为善去恶的工夫。在朱熹看来，戒惧工夫主要言敬，即心存敬畏，主敬存养；慎独是在人所不知而自己独知之处，努力做为善去恶的工夫。

张九成与朱熹不同，他将原文中“道也者，不可须臾离也，可离非道也”划为一句，言道就是人的本性，人不可以在任何时候偏离本性；将“是故君子戒慎乎其所不睹，恐惧乎其所不闻，莫见乎隐，莫显乎微，故君子慎其独也”划为一句，言戒惧的工夫。张九成注释如下：

> 此指以率性之路不可须臾离之义也。惟性不可须臾离，故于不睹不闻处每致意焉。夫“戒慎乎其所不睹，恐惧乎其所不闻”，况于稠人广众、合堂同席之间，其有不戒慎恐惧者乎？此正“合内外之道”“不可须臾离”之本也。夫不睹不闻，少致其忽，宜若无害矣。然而怠忽之心已显见于心目之间，昭昭乎不可掩也。其精神所发，道理所形，亦必有非心邪气杂于其间，不足以感人动物，而招非意之辱，求莫为之祸焉。此君子所以慎其独也。诚诸中，形诸外，不可掩如此。呜呼！其可忽哉？惟一意戒慎恐惧，以养喜怒哀乐未发以前之理，此善求中之道也。[②]

在他看来，戒慎恐惧就是慎独的工夫。不睹不闻是说内心念虑尚未发见为可闻可见的行为，内心所存人所不知而己所独知。在此时正应该戒慎恐惧，不可怠惰轻忽，否则任由内心恶念发展就会造成祸患。这种对内心隐微念虑的重视和戒慎就是慎独。张九成讨论工夫时，戒慎恐惧与慎独经常在一段论述中同时出现，二者本是同一工夫：慎独着重讲用功于人所不知而己所独知处，戒慎恐惧着重讲用功的方式和态度。

这与上文所言朱熹的看法有明显的区别，朱熹之所以区别戒慎恐惧与慎独，在于他对主敬、涵养工夫的重视。一方面，朱熹继承程颐主敬的思

---

① 朱熹：《四书章句集注》，第17—18页。

② 张九成：《中庸说》卷一，第2页。

想，避免主静可能造成流于空寂、堕入禅学的倾向；另一方面，通过与湖湘学派的讨论，朱熹放弃了湖湘学派先察识后涵养的主张，认为对于初学者而言很难先做到识得本体，因而主张涵养与进学并举，这也是程颐“涵养须用敬，进学则在致知”[①]的思想。朱熹晚年在《与孙敬甫书》中说：“程夫子之言曰：涵养须用敬，进学在致知。此两言者，如车之两轮，如鸟之两翼，未有废其一而可行可飞者。”[②]在朱熹看来，未发时的涵养工夫与已发后的为学工夫相互补充，不可偏废。因而朱熹以心中常存敬畏来解释戒慎恐惧，以己所独知之处遏人欲于将萌来解释慎独，戒慎恐惧是未发时的工夫，慎独是已发后的工夫。张九成没有特别区分学问和德性，因而也没有将涵养和为学分为两段，在他看来，为学的根本在于体认天理本心，戒惧慎独就是此种工夫[③]。

造成二者工夫论差异的还有另外一个原因，横浦思想中的本心既作为本体又可以在现实中发见，因而他的戒惧工夫也是彻上彻下，上可以体认本心，下可以防范念虑；朱熹思想中的理是形而上本体，单单通过已发层面的为学工夫无法直接达到对天理的体认，还需要涵养之功补充。

一、慎独的基础

横浦以慎独为根本工夫，是由其气论和心性论决定的。以慎独作为最根本的修养工夫有两个思想基础：一是本心即天理，一是人与天地万物感通。

本心即天理是慎独工夫的心性论基础。横浦以本心同于天理，因而心即理，理即心，对本心的体认就是对天理的体认。“人之知也，本自高明，本自广大，本自和乐，本自庄钦，天地、日月、四时、鬼神、河海、山岳、昆虫、草木举在于是，不知格物则其理不穷，其理不穷则天地、日月、四时、鬼神、河海、山岳、昆虫、草木一皆颠倒失序，其可以弗谨乎！此君子所以谨其独也。”[④]本心包含众理，是一切自然规律、人伦规范的根源，个体通过戒慎恐

① 程颢、程颐著，王孝鱼点校：《河南程氏遗书》卷十八，《二程集》，第 188 页。

② 王懋竑撰，何忠礼点校：《朱子年谱・考异卷之一》，北京：中华书局，1998 年，第 320 页。

③ 因戒惧和慎独在张九成思想中是同一工夫，为行文方便，后文统称为“慎独”。

④ 张九成：《横浦集》卷十八，第 415 页。

惧来体认并保持本心，不使非心邪意干扰本心的自然发见，就可以达到发而皆中节的境界。正是因为本心是一切规律规范的根源，内心所存相差毫厘，邪正已判然可见。“一心之微，其可不慎？稍堕人欲，即为禽兽；一明天理，即是人伦。君子所以慎其独者，则以毫厘之差，而邪正如此之相辽也。呜呼其危哉！”[①]本心涵具众理，但同时人心又是危殆的，容易受欲望的引诱、习俗的干扰，这就需要人更加谨慎内心所存，不使非心邪意干扰蒙蔽本心。

人与天地万物的感通，是慎独工夫的宇宙论基础。在天人相感章已经讨论过横浦的气论思想，其中一个重要部分就是内心念虑会对外界事物产生影响，如论日食的原因，横浦言：“日食之变本于恶气，恶气之萌起于恶念。不艾夷蕴祟之绝其本根，将奔腾四达。上触乎天，则日月薄蚀，五星失行，飞流彗孛，盈满苍穹；下触乎地，则灾及五谷，祸及百虫，山摧川溃，草怪木妖；中触乎人，则为兵为火，为疠为疫，为小人，为女子，为谗夫，以乱国家之政事。”[②]无论是日食、流星、雷风雨雪等自然现象，还是战乱瘟疫、奸臣当道等社会现象都受人心念虑的影响。“夫不睹不闻少致其忽，宜若无害矣。然而怠忽之心已显见于心目之间，昭昭乎不可掩也。其精神所发，道理所形，亦必有非心邪气杂于其间，不足以感人动物，而招非意之辱，求莫为之祸焉，此君子所以慎其独也。诚诸中，形诸外，不可掩如此。”[③]人的内心有一念不善，有一丝怠忽，会给自身带来灾祸，也会对外界造成影响，因而人应该分外重视和谨慎内心所存。正是在这个意义上，横浦着重强调慎独的意义，在《横浦日新》中对慎独解释道：“慎独：一念之善，则天神地示，祥风和气，皆在于此；一念之恶，则妖星厉鬼，凶岁札瘥，皆在于此。是以君子慎其独。”[④]内心念虑影响外界事物，这是对人德性价值的极大赞扬，也是对人主观能动性的极大肯定，同时更要求人要倍加谨慎内心所存，时时做慎独工夫。

慎独作为对内心念虑的谨慎、对本心的涵养，对德性修养具有重要意义。横浦以坤卦“履霜坚冰至”来说明其重要性：

---

① 张九成：《孟子传》卷十九，第426页。
② 张九成：《横浦集》第十三卷，第385页。
③ 张九成：《中庸说》卷一，第2页。
④ 郎晔编：《横浦日新》卷下，《诸儒鸣道》卷七十二，第2页。

> 深观此理，则君子戒慎不睹，恐惧不闻，不欺暗室，不愧屋漏，曷可已也？盖恶气发于一念，充于一身，行于一家，国君则大于一国，天子则又放于天下。倘知谨独之学，于履霜之微识坚冰之至，于毫末之起知斧斤之寻，敢谓何伤？其祸将长，敢谓何害？其祸将大，可也。[①]

> 臣弑其君，子弑其父，恶念之起如霜之轻，不即除之，日复一日，其所由来者渐矣，故其恶至于如此。孔子断之曰："'由辨之不早辨也'，此盖言恶念不可不亟去也。在《易》为履霜之说，在《中庸》则为谨独之说。"[②]

坤卦初六爻辞"履霜，坚冰至"，地上的秋霜预示冰封大地的冬天就要到来。一般人只知道霜轻、冰坚，圣人则能联系起来，在薄薄的秋霜到来时就预知寒冬将至。慎独亦是如此，常人只知道念虑无形，知道灾害惨重，圣人则在恶念萌发时就预知将造成惨重结果，因而时时戒慎恐惧，保持内心无非心邪意干扰。横浦引用杨时之语，详细说明了独的含义："独者交物之时有动于中，其违未远也，虽非视听所及，而其几固已了然心目之间矣。"[③]与事物接触，内心就有念虑萌动，此时尚未发见为具体的行为，外人无法得知而自己明确了解。慎独就是要戒慎恐惧于思虑刚刚萌发之时，痛下为善去恶的工夫，不使一毫恶念存留于心。若能做到心中无一毫恶念，无非心邪意干扰本心发见，则万理俱在心中，念虑行事一一合乎天理。

二、慎独的工夫

慎独在横浦思想中是一种直取本体的路径，对本体的体认和涵养是最根本的工夫，一通百通，一成百成。与静坐相比，慎独工夫可操作性更强，更容易实践，这与横浦已发未发的思想是一贯的。横浦对道南体验未发的思想做了修正，用已发未发之间对内心的戒惧工夫，来代替静中体验未发之前大本气象的工夫。这是在具体操作中更为切实可行的一种修正，避免了静坐可能导致无可把捉而流入虚空的危险。首先，慎独与静中体验未发

---

① 张九成：《孟子传》卷五，第 288 页。

② 张九成：《横浦集》卷十三，第 386 页。

③ 张九成：《横浦集》卷十三，第 386 页。

不同，不是单纯的静坐澄心，而是在念虑刚刚萌发时保持警醒，及时去除恶念。其次，慎独与已发之后的为善去恶工夫也有区别，虽然究其根本，横浦所言已发未发之间的戒惧工夫毕竟是对念虑的警醒戒备，终究也是一种已发之后的工夫，但是与湖湘学派先察识后涵养不同，慎独不是在已发之中识得本体，而是在念虑萌发时保持警醒，这种工夫自身就是对本心的涵养。慎独工夫的特点在于不把形上、形下划为两截，不把本体作为工夫的对象，戒慎恐惧过程本身就是对本体的体认和返归。因而横浦以慎独来阐释"率性之谓道"：

> "天命之谓性"，喜怒哀乐未发以前者也，所以谓之中；"率性之谓道"，此戒慎恐惧于不睹不闻以养喜怒哀乐未发以前之理，此所以求中也；至于"修道之谓教"，则以天命之性、率性之道而见于用，发而皆中节矣，所以谓之庸也。[①]

天命之谓性是就本心而言，喜怒哀乐未发以前乃本体之中；率性之谓道是就工夫而言，通过戒慎恐惧来返归、涵养本心；修道之谓教则是内心所存见于发用，若通过慎独工夫涵养得本心，则行为念虑皆合于天理。

慎独既是对念虑的警醒省察，也是对本心的涵养，这二者是同一过程，即已发未发之间的戒惧工夫。此处必须要解决的问题就是慎独工夫中何者在警醒戒备，何者作为念虑善恶的评判标准。朱熹曾就该问题在《杂学辨》中提出诘难。对此问题的回答展现出横浦思考方式的一个重要特点——本体贯穿已发未发，即工夫即本体：

> 一者，诚也。诚即喜怒哀乐未发以前是也。夫是诚也，或生而知之若尧舜是，或学而知之若汤武是，或困而知之若太甲是。所以知之者何物哉？诚也。知之耳，吾未能有行焉，是未能运用此诚也。然有安而行之者亦若尧舜是，有利而行之者亦若汤武是，有勉强而行之者亦若太甲是。夫行之者其何物哉？亦诚也。是行达道者知仁勇，行知仁勇者诚，知诚者诚，行诚者诚。夫诚一耳，何为行知仁勇者诚，而又知诚者诚，行诚者亦诚哉？此盖有说也。其说安在？曰：行知仁勇者诚也，以谓诚如是尽矣。而所以知此诚者其谁乎？即诚也。知之耳，

① 张九成：《中庸说》卷一，第1页。

未及行也，所以行此诚者其谁乎？即诚也。此圣人极诚之所在而指之也。行知仁勇者诚，知诚者将以为它物耳，又是诚耳。[①]

一个事物如何能够既作为本体，也作为工夫呢？横浦对诚的分析可以用来理解这个问题。以“至诚无息”来解释诚的内涵，这样来说诚就远不只是内心专一的状态。引文言“诚即喜怒哀乐未发以前是也”，喜怒哀乐未发以前即本心，诚是从纯亦不已的角度来言说和指称本体。对于本体的认识，有生而知之、学而知之、困而知之三种不同方式，但各种认知方式中均需要有一个认知的主体，横浦明确回答此认知主体是诚。也就是说，以诚来认识诚，以本体来认识本体。同理，就本体的发用而言，有安而行之、利而行之、勉强而行之三种不同方式，其行之的主体均是诚，即以诚行诚，以本体来践行本体。

通常来说，认知主体与认知对象是二者，运用主体与运用对象也是二者。如了解太阳黑子，太阳黑子是认知对象，此句话必然还包含了一个认知主体——学生或者专家等；如使用电脑，电脑是运用对象，这句话所指向的人就是运用主体。横浦“知诚者诚，行诚者诚”的思路却与我们的常识相悖，认知主体与认知对象、运用主体与运用对象是同一的。在他看来至诚无息，本体不是固定在形而上层面被动地等待被认识的对象，而是贯通已发未发，永无止息地活动着。

内心所存全然本心的境界虽是常人难以达到的，但心中尚有非心邪意，本心不能全然呈现，并不代表本心就销声匿迹潜藏起来。事实上，本心无时无刻不在发挥作用，本心赋予了人思考、判断、行动的能力。以本心赋予的思考能力来体认本心，以本心赋予的行动力来践行本心，就是所谓“知诚者诚，行诚者诚”。在体认本心、本心发用的整个过程中，全然是本心在发挥作用。如果联系到王阳明的四句教，横浦“知诚者诚”亦可作为解读“知善知恶是良知”的一种思路，良知所具有的辨别是非善恶的能力并非别有一物，正是来源于本体之心。

在横浦看来，慎独是以本心赋予人的思考能力、判断标准为基础来体认本心、返归本心。这有悖于通常区分认知主体和认知对象的思路。如果将认知主体和认知对象区别开来，固然在论说中会条理清晰易于理解，但

① 张九成：《中庸说》卷三，第9页。

本体作为被认知的对象，还需要有一个认识主体，二者都是独立的存在，势必会造成二本。这也是为什么朱熹理学思想提出“性即理”后，必须要强调心作为思维主体的作用。“性与天理”在朱子学中作为未发本体，需要具有认识思维能力的“心”作为认识主体，工夫论才可完成。

正是这种差异，使得横浦即工夫即本体的思想受到朱熹的强烈批评，朱熹认为这种“以心识心”的思路是堕入禅学的表现。禅学中以虚灵明觉言心，取消了本心天理的实存性、普遍性，受到宋代道学者的批评。但“知诚者诚，行诚者诚”的思想中并非仅仅强调心具有虚灵明觉的认识作用，而是强调这种认识作用来源于本体之心。对本心天理的认可，从根本上将横浦思想与禅学区别开来。

横浦慎独思想以心性论和气论为基础，可以说贯彻了“吾道一以贯之”的宗旨，他认为此宗旨有其授受渊源：

> 圣贤之教一而已矣。内以此处心，外以此治身，上以此事君，下以此接人。观孟子指齐王易牛之心，与指滕世子以性善之路，岂有二道哉？齐王悟于言下，乃有戚戚之问；世子悟于言下，乃有于心终不忘之说。呜呼！学先王之道而直指人以要路，其惟孟子乎！其渊源来自曾子，曾子直指忠恕为夫子之道；曾子传子思，子思直指慎独为天命之性；子思传孟子，孟子直指齐王易牛为王者之心，直指世子性善为尧舜之本。使人深味其遗言，潜得其微旨，则夫吾目之视色，耳之听声，鼻之闻臭，四体之受安佚，其谁为之哉！①

孔子一以贯之之道由曾子传至子思，子思传至孟子。在曾子为忠恕，在子思为慎独，在孟子为性善，都是指本体而言。此本体彻上彻下，即本体即工夫，即本体即发用，因而“子思直指慎独为天命之性”，孟子“直指齐王易牛为王者之心”。目之视色，耳之听声，鼻之闻臭，四体之受安佚，正是本心之发用。

横浦以慎独工夫体认本心，是一种直取本体思路。宋代道学者在构建本体论的同时，也对工夫论给予了高度的重视，因为工夫论关系着本体论的实现，这种现实关怀是历代儒者一贯的担当。有前辈学者指出：理学和

① 张九成：《孟子传》卷十，第338页。

心学的分判在于工夫与本体的关系，以工夫而消解本体，最终将本体归落于一己之心是心学的旨趣，并认为横浦思想就是以工夫消解本体。横浦的慎独工夫指向本心，戒慎恐惧的过程即是返归本心的过程，本心显然是超越个体的存在，是形而上的本体。笔者拙见，道学内部很难找出一种消解本体的思想，对本体的消解会造成德性、良知、伦理等具有普遍性的价值和规范在道学思想内部难以安放并扎根，这种思想倾向已经走向了道学的悖反。以慎独作为内在返归本心的工夫，并非是对本体的消解，相反，是对本体的挺立，也是对个体德性价值的肯定。

此外还需要指出，慎独是以本心赋予人的思考能力、判断标准为基础来体认本心、返归本心。但这种对本心的返归不是慎独工夫的终点，返归本心是为了更好地立身处事。"率性之谓道，此戒慎恐惧于不睹不闻以养喜怒哀乐未发以前之理，此所以求中也。"[1]慎独乃是对本体之中的追求，这种追求必然要发用表现为具体可见的行为："至于'修道之谓教'，则以天命之性、率性之道而见于用，发而皆中节矣，所以谓之庸。"[2]此处天命之性、率性之道合言，是对慎独之功的肯定。天命之性乃专言本体，率性之道着重言工夫，通过慎独工夫对本体涵养的程度才是个人的道德境界，决定着发用的中节与否。(天命之性)本体、(率性之道)工夫、(修道之教)发用，三者是一个整体，通过慎独工夫体认本体，必须落实在人伦日用中。

统而言之，内警戒念虑，外规范言行，均是慎独的应有之意。在横浦《中庸说》中，对《中庸》的每段注释几乎都可以看到慎独和戒惧，这种注释经典的方式对于重视经典本义的朱熹来说无疑是重大错误，朱熹指出："大抵张氏之为是说，得一字可推而前者，则极意推之，不问其至于何处与其可行不可行也。篇内所谓戒慎恐惧，下章所谓忠恕、所谓知仁勇、所谓发育峻极，皆此类也。"[3]横浦并非穿凿附会，而是因为慎独是彻上彻下的，是人道德修养过程中贯穿始终的工夫。这在他对"诗云：鸢飞戾天，鱼跃于渊。言其上下察也。君子之道，造端乎夫妇，及其至也，察乎天地"一段的注释中表达得非常清楚：

---

① 张九成：《中庸说》卷一，第2页。

② 张九成：《中庸说》卷一，第2页。

③ 朱熹：《晦庵先生朱文公文集》卷七十二《张无垢中庸解》，《朱子全书》第二十四册，第3480页。

> 夫君子之道，所以大莫能载，小莫能破，以其戒慎不睹，恐惧不闻，察于微茫之功也。戒慎恐惧则于未形之先、未萌之始，已致其察矣。察之之至，至于鸢飞鱼跃而察乃在焉。……非心一形，邪意一作，无不见其所自起，知其所由来，戒慎恐惧而不敢肆焉。察之既熟，岂特夫妇间哉？则凡象生于见，形起于微，上际下蟠，察无不在。所以如鸢之飞于天，如鱼之跃于渊，察乃随飞跃而见焉，而况日月星辰之运动，山川草木之流峙乎？顾惟此察始于戒慎恐惧而已。戒慎恐惧以养中和，而喜怒哀乐已发未发之间乃起而为中和。大含元气，而天下莫能载；小入无间，而天下莫能破。察之之功如此，君子于慎独之学其可忽耶？[①]

此段顺着《中庸》原文的思路，阐述了"察"的重要性。"察"就是慎独工夫中的省察之意，"喜怒哀乐未发以前，天也。戒慎不睹，恐惧不闻，于不睹不闻处深致其察，所以知天也"[②]。慎独工夫始于内心刚有思虑萌动，尚未有可见形迹之时，在此不睹不闻之处戒慎恐惧，不放肆不造作，不使一毫非心邪意留于心中。这种对内心的省察发挥至极致，则是无时不戒慎恐惧，无处不警醒省察。

对本心的涵养必然会发用为具体行为，从这个角度讲，对事情的省察也是对内心所存的检验。"夫戒慎不睹，恐惧不闻，其所以为养中者，乃在心术之内也。至于形之于外，则变为好问、好察迩言、隐恶扬善矣。尝试溯好问、好察迩言、隐恶扬善之心而上之，即戒慎不睹、恐惧不闻之心也。戒慎恐惧以养此中，则无过不及之端；好问而好察迩言，隐恶而扬善，此中则亦无过不及矣。"[③]通过慎独工夫涵养本心之中，形之于外则为中节的行为；沿中节的行为向上追溯，则是本心之中。向内涵养与向外省察二者，正如致知和格物之间的关系一样，相互促进和补充。横浦言："欲识不睹不闻之实，当于夫妇而察之"[④]，正是这个涵义，要想了解慎独之功，即内心所存，应当审察现实生活中德行正否。如若不正，不应怨天尤人，应反思自己心中所存；如若端正，说明内心无非心邪意干扰。

从对具体德行的省察，到对万事万物的省察，均是始于对念虑萌动时

① 张九成：《中庸说》卷二，第2页。
② 张九成：《中庸说》卷三，第8页。
③ 张九成：《中庸说》卷一，第7页。
④ 张九成：《中庸说》卷二，第2页。

的省察，也就是始于戒慎恐惧的工夫。“使其不睹不闻处微有私意间之，则非性之本位而堕于人欲矣”[1]，内心微有私意，则非本体之中。只有无时无刻不致其察，才有已发之后的中节。当然，涵养本体之中，必然会有已发之后的中节。这是一个自然而然的过程，不需要在慎独之外补充其他已发时的工夫作为保障，因为横浦所理解的工夫本就是彻上彻下，本体发用为一贯，不可断为两截。

三、为学之方

虽然横浦以慎独作为最根本的修养工夫，但他并不认为慎独就是唯一的入学门径。在横浦看来，为学方法有很多种，但为学的最终目的一定是体认本心。横浦追溯“一以贯之”之道的授受过程时，认为曾子以忠恕来理解夫子的“吾道一以贯之”；曾子传至子思，子思言慎独；子思传至孟子，孟子言性善。忠恕、慎独、性善三者看似差异巨大，但在横浦看来它们都贯彻了孔子“吾道一以贯之”的思想，由其中任何一个门径入学，都可以达到对本体之中的体认。正是出于这种开阔的学术胸怀，在弟子提问学问宗旨时，横浦给出了如下回答：

> 或问：“学问宗旨如何？”先生曰：“颜子当于不迁怒不贰过处求，曾子当于日三省求，子贡当于性与天道不可闻处求，子夏当于洒扫应对处求，若子思、若孟子当于不睹不闻、或去或不去处求。则如愚之得一唯之敏、政事之达、文学之科，以之赞化育之妙，养浩然之气，此学之力也。此皆微指，当时时以心体之。”[2]

慎独是横浦从《中庸》中体会出的修养工夫，不同学者可以选择其他与自己相合的入学门径。如颜回以不迁怒不贰过处入学，曾子以三省处入学，子贡以性与天道不可闻处入学，子夏以洒扫应对处入学，子思以慎独、孟子以时中处入学，均可以达到对本体的体认。六者虽然入学门径不同，有动，有静，有内省察，有外应事，但其为学宗旨都是体认大本。

在横浦看来，为学方法可以多种多样，但为学宗旨必须指向体认大本：

---

① 张九成：《中庸说》卷一，第 2 页。

② 于恕编：《无垢先生横浦心传录》卷中，第 20 页。

曾子自三省之学日加践履，一旦入于一以贯之之地，其曰“战战兢兢”者三省之状也。观其临死将绝之言曰：“人之将死，其言也善。君子所贵乎道者三：动容貌，斯远暴慢矣；正颜色，斯近信矣；出辞气，斯远鄙倍矣。笾豆之事，则有司存。”是曾子平生所学不区区于诵数博洽之间，专以治心修身为务也。夫笾豆之事付之有司，是诵数博洽君子未尝留意也。至于容貌、颜色、辞气则在我而已，动而远暴慢，正而近信，出而远鄙倍，是其中养之有素也，故指以为君子之道。[1]

曾子三省之所以能够作为入学门径，是因为他专以治心修身为务，而不是向外追求丰富广博的知识以图自我装饰和炫耀。诵数博洽若不是为了反观内省体认本心，不但不能起到道德修养的作用，反而会成为进德的阻碍和拖累。“夫明经术所以穷圣贤之心以证吾心也……夫稽古亦所以穷圣贤之心以证吾心也。”[2]君子之学在于真正提高自身的德性修养境界，而非追求任何外在的修饰，若能真正做到存养本心，则应物处世皆可次第而达。慎独可以作为一以贯之的工夫，原因也在于此：

夫中庸之道赞天地之化育如此，而其要止在喜怒哀乐未发已发之间而已，而其所以入之之路，又止在戒慎不睹、恐惧不闻而已。[3]

诸君诚有意于斯道，当自喜怒哀乐未发之前求其所谓内心倘有得焉。勿止也，当求夫发而中节之用，使进退起居饮食寝处不学而入于《乡党》之篇，则合内外之道，可与论圣人矣。[4]

中庸之德广大精微可与天地参，到达此境界的方式之一就是戒慎恐惧的慎独工夫。通过慎独体认本心，内心纯然天理，则发出行为自然合乎人伦规范，不须一一学习礼节仪则，亦可与圣人行事相同。人伦规范的制作本是遵循天理本心，通过体认本心，由内而外，行为自然中节，这与勉强迎合外在规范的行为相差甚远。前者是中有所守，自信不疑，合内外之道，后者是逐物不返，强力而为，难免于血气。

---

① 张九成：《横浦集》卷十三，第382页。

② 张九成：《孟子传》卷二十七，第496页。

③ 张九成：《中庸说》卷一，第11页。

④ 张九成：《横浦集》卷五，第322页。

四、内向体认本心

朱熹在《杂学辨》中对横浦《中庸说》逐条批评，批评的焦点集中在慎独工夫上，认为横浦置文本于不顾，一味牵强附会，用慎独来注释。与朱熹相比，横浦之慎独显然是一种直取本体的路径，对本体的体认和涵养即是最根本的工夫，一通百通，一成百成。朱熹所言“涵养须用敬，进学在致知”，以横浦思想观之，若真能以敬存得本体之心，何须下工夫向外获取知识？本心涵具万理，又有何种知识是超出本心之外，需要向外求索呢？下面引用一段《杂学辨》中朱熹对横浦的批评，来展现二者之间的差异：

> 横浦言：“人皆用知于诠品是非，而不知用知于戒慎恐惧。人皆用知于机巧术数，而不知用知于喜怒哀乐未发已发之间。惟不留意于戒慎恐惧，故曰自驱而入于罟擭陷阱、嗜欲贪鄙之中而不自知。惟不留意于喜怒哀乐未发已发之间，故虽中庸之理潜见而不能期月守也。使移诠品是非之心于戒慎恐惧，其知孰大焉；使移机巧术数之心于喜怒哀乐未发已发之间，其知又孰大焉。”①
>
> 朱熹批评：“愚谓有是有非，天下之正理，而是非之心，人皆有之，所以为知之端也，无焉则非人矣。故诠品是非，乃穷理之事，亦学者之急务也。张氏绝之，吾见其任私凿知，不得循天理之正矣。然斯言也，岂释氏所称‘直取无上菩提，一切是非莫管’之遗意耶？呜呼，斯言也，其儒释所以分之始与！”②

归纳起来，朱熹与横浦的差异主要在于“诠品是非”是否是为学要务。横浦认为戒慎恐惧为学者之急务，而朱熹则认为诠品是非为学者之急务，这种差异不单单是具体修养实践的不同，而是理学与心学在工夫论上的首要区别，即工夫到底是以内在的体认本体为主，还是以外部的格物穷理为主。

朱熹斥责横浦内向体认本心是佛教直取无上菩提之意。《大慧普觉禅师语录》卷十九：“学道须是铁汉，着手心头便判，直取无上菩提，一切是非

---

① 张九成：《中庸说》卷上，第8页。

② 朱熹：《晦庵先生朱文公文集》卷七十二《张无垢中庸解》，《朱子全书》第二十四册，第3476页。

莫管。”[1]大意是说学习禅道需要有能够斩断感情名利的坚强意志，看到启示便能了悟，直达最高觉悟境界，莫管一切是非。这种主张突出了禅宗自慧能以来强调的顿教宗旨。横浦确是强调为学当反求本心，外在的博学多知乃是细枝末节，这种内向直取本体的路径与禅宗直取无上菩提的路径确有相似之处，但修养工夫的过程与目的均不相同。参禅者通过顿悟、了悟，当下便得真如本性；儒者通过戒慎恐惧的工夫不使心中恶念萌发，体认并涵养本心，体认大本后不能停止，要发为中节的行为。心学的内向体认是一种“至诚无息”的工夫，上达大本，下贯现实生活，周遍，健行不息。其慎独的工夫也不是无处把捉的顿悟，而是切切实实的戒慎恐惧。朱熹常常斥责其他理学家杂佛，杂佛囊括的范围广大，界限不清。绝大多数以体认本体作为根本工夫的理学家，在朱熹判定中均难免于被划为禅学。

正是因为心学与理学在工夫论上的巨大差异，朱熹对横浦的思想无法展现出一种同情的理解：

> 横浦言：颜子戒慎恐惧，超然悟未发已发之几，于喜怒哀乐处，一得天命之性所谓善者，则深入其中，人欲都忘，我心皆丧。
>
> 朱熹批评：愚谓“超然悟未发已发之几”，《中庸》无此意也。喜怒哀乐，莫非性也，中节，则无不善矣。不知更欲如何得之，而又如何深入其中也？若此，则是前乎此者，未得此性而常在性之外也耶？且曰“我心皆丧”，尤害于理。[2]

此段引文中，朱熹与横浦之间的差异主要表现为两点：是否可以有“深入其中”的工夫，体认本体后的境界是否是“我心皆丧”。朱熹作《杂学辨》在乾道元年乙酉(1165)，尚在丙戌之悟前。从此段引文“喜怒哀乐莫非性也”可以看出其已发未发思想还较为模糊，但朱熹对于内向体认本体工夫的反对是一贯的。朱熹言“而又如何深入其中也”，可见他不能认同返归本心的路径，而是对已发层面格物穷理这种着实工夫更有亲切感。横浦所言“一得天命之性所谓善者，则深入其中”这种对天命之性的体认，是通过长期的戒惧工夫达到的，一时之察见还只是开端，应该健进不息，使本心全体呈见，此心即是天理，天理即是此心，自然无丝毫私心人欲。

---

① 释蕴闻编：《大慧普觉禅师语录》卷十九，《大正新修大藏经》编号 1998A，第 47 册，第 891 页。

② 朱熹：《晦庵先生朱文公文集》卷七十二《张无垢中庸解》，《朱子全书》第二十四册，第 3476 页。

“我心皆丧”之“我心”是相对于本心来说的，是私心、分别心。从一己来思虑，自然有人我之别、物我之别，无法体会到万物一体的境界。朱熹反对“我心皆丧”的说法，因为个体的思维能力是理学中不可或缺的，本体之性需要心的思维作用作为补充。这一差别在程颢对“敬以直内”的论说中表达得非常清晰：“‘敬以直内，义以方外’，仁也。若以敬直内，则便不直矣。”[①]这两句前后意思似乎冲突，“敬以直内”则可，“以敬直内”则不可。细读会发现，这两句话本身就表达了不同的意思，牟宗三言：

> “敬以直内”，若翻译成语体文的语句，即是以敬或由敬去直悟吾人内部之生命。然则程颢何以接着又说“若以敬直内则便不直矣”？此岂非相冲突乎？但细看之，又不然。语法上翻为“以敬”，或“由敬”，是造句的必然，是语法的问题。而程颢说“以敬直内便不直”，其实意是在表示：拿着一个外在的敬去直内，便无法直得起。……则程颢之语显然是在表示：敬是直通“於穆不已”之仁体而自内发，亦如仁义之由中出，并非是外在的东西而可以假借袭取也。不是拿外在的敬去直吾人之内部，若如此，便直不起，至少其直亦是偶然，并无称体而发的必然性。伊川、朱熹所言之“涵养需用敬”，落实在实然的心气上说，正是此种敬。……而程颢所说的“敬以直内”却正是自仁体而发的敬，此时即本体即工夫，即是仁体流行。[②]

横浦与朱熹的冲突正可以用此段意思去理解。横浦认为慎独工夫能够深入本心，“人欲都忘，我心皆丧”，因为慎独工夫自身所需要的省察敬畏是自本心而有，并且可以直通本心。此过程不需要外部力量的保证，因而也不需要本心之外的“我心”、私心来参与。恰恰相反，“我心”的存在只能说明主体尚未达到至诚无息、纯亦不已的境界。朱熹则不同，无论以何种方式来理解其主敬的思想，相对于天命之性来说，敬都始终是一种外在的收敛，是包含动容貌、整思虑等内容的一种严肃和精神专一，使心无杂念而主于敬。这还是以收束习心、闲邪存诚为目的。这种收敛的工夫显然不是天命之性或者天理的应有之义，而是心的思虑作用。不仅仅在主敬的思想上，理学整体的工夫论无法离开主体思维能力，这也正是朱熹不能认同横

① 程颢、程颐著，王孝鱼点校：《河南程氏遗书》卷十一，《二程集》，第120页。

② 牟宗三：《心体与性体》中册，第188页。

浦“我心皆丧”的根本原因。

与朱熹相比，横浦是内向体认本体的工夫，这与杨时之静坐、胡宏之察识是同一路径。但若细细分殊，三者仍各有不同。牟宗三将心学内向体认本体的工夫称为“逆觉”，并将其分为两种：一种是内在的体证，即就现实生活中良心发现处直下体证而肯认之以为体之谓也，不必隔绝现实生活，单在静中闭关以求之，此所谓“当下即是”是也；一种是超越的体证，“超越”者闭关静坐之谓也，此则须与现实生活暂隔一下[①]。“简要而言，隔即超越，不隔即内在。”[②]通过静坐来体认本体的修养方式就是超越的体证，不需要通过静坐，在世事中体认本体的修养方式就是内在的体证。

与超越的体证和内在的体证相比，横浦与二者均有差异。首先对比横浦慎独工夫与道南超越的体证。杨时言：“学者当于喜怒哀乐未发之际以心体之，则中之义自见。”[③]“这就把《中庸》未发的伦理哲学转向具体的修养实践，而‘体验未发’也成了龟山门下的基本宗旨。”[④]从罗从彦到李侗均主张静坐，“令静中看喜怒哀乐未发之谓中，未发时作何气象”[⑤]，即通过终日危坐，来寻求“天下之大本真有在乎是也”的境界。这种修养方式根于程颢，是一种对本体的体证，借此以见体或立体。程颢言：“仁者，浑然与物同体……存久自明，安待穷索！”[⑥]“圣人，仁之至也，独能体是心而已，曷尝支离多端而求之自外乎？”[⑦]谢晓东认为二程工夫论“只要诚敬，就能体会自己的本心仁体，而无需另外向外做工夫……在工夫自身中使人领会自己的本心仁体‘纯亦不已’，程颢‘敬则无间断’一句，所表达的正是这一意思”[⑧]。横浦的工夫论在自觉纠正道南强调静坐的倾向。静中体验未发是一种内向的心理体验，容易导致单纯的主静而置世事于不问，甚至会流入禅学，这势必会走向对程颢万物一体思想的违背。“对程颢来说，静坐固然可以体认本体，然亦非舍此莫属，静中可以体认不动之本心，动中同样也可

① 参见牟宗三：《心体与性体》中册，第 394 页。

② 牟宗三：《心体与性体》中册，第 394 页。

③ 杨时撰，林海权校理：《杨时集》卷二十一，第 564 页。

④ 陈来：《朱子哲学研究》，第 157 页。

⑤ 李侗：《延平李先生师弟答问》，《朱子全书》第十三册，第 321 页。

⑥ 程颢、程颐著，王孝鱼点校：《河南程氏遗书》卷二上，《二程集》，第 16 页。

⑦ 程颢、程颐著，王孝鱼点校：《河南程氏遗书》卷四，《二程集》，第 74 页。

⑧ 郭晓东：《论二程工夫论之差异及其传承与流变》，载于郭晓东主编：《复旦哲学评论》（第 1 辑），上海：上海辞书出版社，2004 年。

以体认这一本体，而道南一系则专由静中体认。”[①]相较于静坐，横浦提出的慎独是一种人人可以实际操作的修养工夫，要求人时刻保持省察，在思虑萌动时就严密防范恶念的产生和发展，以此达到对内心的存养。

其次对比横浦与内在的体证。从工夫论上说，湖湘学者工夫论中最大的特色在于提出“先察识后涵养”之说，如张南轩云：“学者先须察识端倪之发，然后可加存养之功。”[②]察识的对象是本体，所谓先察识就是在日常生活识得此良心发见之端，以此为工夫进路来体认本然之性。在胡宏与彪居正讨论如何尽心时，提出了一个非常经典的问题：不仁之人，均是放其良心者，不仁之人作察识工夫，岂不就是以放心求心吗？胡宏对此问题的回答，明确道出了察识的内涵：

> 他日某问曰：“人之所以不仁者，以放其良心也。以放心求心可乎？”曰：“齐王见牛而不忍杀，此良心之苗裔，因利欲之间而见者也。一有见焉，操而存之，存而养之，养而充之，以至于大，大而不已，与天地同矣。此心在人，其发现之端不同，要之在识之而已。”[③]

理解胡宏的回答，需要区分仁之体与仁之端。“仁之体即是全体之仁，也即仁道或者圣人之道……胡宏在形而上的仁体的意义上，坚持为仁必须先识仁体。”[④]这一点遭到朱熹的批评：“‘欲为仁，必先识仁之体’，此语大可疑。”[⑤]对于初学者而言怎么能认识仁之体呢？如果错认，那后面工夫就全都不对了。实际上朱熹的批评还是纠结在以放心求心何以可能的问题上，显然朱熹不接受胡宏给出的回答。引文中，胡宏提出“良心之苗裔”，即良心发见之端，仁之端。虽然人处在利欲之中，本心已放，但这并不表示本心全然失去了作用，完全销寂。本心的作用始终存在，只是本心不能全然呈见，不能完善地指导人的行为思虑。如“齐王见牛而不忍杀”，面对牛恐惧颤抖，齐王刹那之间闪现的恻隐之心，就是本心发见之端，就是仁之端。人识得此端，存养不失，涵养充实，使此苗裔扩大，并且大而化之，则可体认本心之全体，达到“与天地同矣”的境界。朱熹的批评，正是不理解这种始

① 郭晓东：《论二程工夫论之差异及其传承与流变》，载于《复旦哲学评论》（第1辑），2004年。
② 朱熹：《晦庵先生朱文公文集》卷三十一《答张敬夫》，《朱子全书》第二十一册，第1346页。
③ 胡宏著，吴仁华点校：《胡宏集》附录一《胡子知言疑义》，第335页。
④ 陈来、杨立华、杨柱才、方旭东：《中国儒学史·宋元卷》，北京：北京大学出版社，2011年，第311页。
⑤ 胡宏著，吴仁华点校：《胡宏集》附录一《胡子知言疑义》，第335页。

终存在的本心作用,放心不是本心全体流失,而是未能保存全然本心;仁之端不是全体之仁,而是仁之体的具体而微。在胡宏看来,良心之苗裔是本体的具体而微,本体是良心之苗裔的大而化之,即仁之端蕴含了仁之体,仁之体是仁之端的充现[①]。基于此,胡宏认为"欲为仁,必先识仁之体"[②],学者为学应先察识而后涵养。

横浦慎独的逻辑与湖湘学相似,都认同"以放心求心",以本心始终存在的作用去体认本心之全体,但在具体工夫上两者存在明显差别:首先,慎独是要求在已发未发之间警省,从思虑端倪处下为善去恶的工夫,毕竟还是偏重于静,着重于从源头去除恶念,保持内心澄净无干扰;而湖湘学之察识,强调在动中识得本心发见之端。其次,慎独与察识虽然都是对本心的体认,但察识偏向一种理智上的认识,在已发的思虑活动中识得良心之苗裔;而慎独则偏向一种"直观的认识"[③],在戒慎恐惧的诚敬中来体认本心。这种体认不是认识事物之理那种区分认知主体与认知对象的理智上的认识,而是在本体流行的直观中对自身的领悟和返归。

横浦的慎独工夫虽然与以上三种思想均有差异,但横浦与朱熹的差异不同于他与道南、湖湘的差异。横浦与朱熹是两种根本不同的工夫路径:一种是以直接体认本体作为工夫,一种是以已发层面的格物穷理作为工夫以凑合本体。横浦与道南、湖湘没有根本性的分歧,均属于第一种工夫路径,差别仅仅在于具体的修养方法。无论他们工夫所重在动,还是所重在静,抑或所重在动静之间,都是以识得本心为前提。湖湘学先察识后涵养的思想本自程颢的识仁说,黄梨洲言:"察识此心而后操存,善观之,亦与明道识仁无异。"[④]杨时体验未发的主张亦是对程颢思想的继承,胡安国言:"龟山所见在《中庸》,自明道先生所授。"[⑤]横浦的思想也是沿着程颢的思路,是对杨时的继承和批评的发展。钱穆指出朱熹与胡宏的分歧,实际上

① 参见陈来、杨立华、杨柱才、方旭东:《中国儒学史·宋元卷》,第 312 页。

② 胡宏著,吴仁华点校:《胡宏集》附录一《胡子知言疑义》,第 335 页。

③ 冯友兰先生在致 1988 年全国"洛学与传统文化学术研讨会"的贺信中指出:"这里(指《识仁篇》)所说的'识'不是一种理智的认识,所以认识的'仁'也不是一个理智的概念,如果仅仅如此,那又怎么'以诚敬存之'呢?"冯先生又说:"《识仁篇》所讲的'识'是一种直观的认识。"参见河南哲学学会编:《洛学与传统文化》,北京:求实出版社,1989 年,第 1—2 页。

④ 黄宗羲原著,全祖望补修,陈金生、梁运华点校:《宋元学案·五峰学案》,第 1377 页。

⑤ 黄宗羲原著,全祖望补修,陈金生、梁运华点校:《宋元学案·龟山学案》,第 956 页。

是朱熹与程颢的分歧[①]。这本是两种工夫路径,这两种工夫路径的差异背后,是对本体的两种理解。

小 结

通过与闽学、道南、湖湘学的比较,或许让人感觉横浦在主静与察识之间选择了一个折中的办法,而且这种折中带有明显的不彻底和委曲求全。若能将其安放到两宋之际的历史背景中,就更容易给予其同情的理解。儒学毕竟不是追求一种理论内部纯逻辑的圆融和通畅,在思想探索的同时,它还有着深沉的现实关怀。这份儒者的现实担当,使得横浦注重工夫论的实践效果,希望避免其未来可能造成的隐患。这种担忧可以借助刘蕺山对程颢《识仁篇》的讨论来理解:

> 而顾泾阳先生则云:"学者极喜举程子识仁。但昔人是全提,后人只是半提。'仁者,浑然与物同体,义礼智信皆仁也',此全提也。后人只说得'浑然与物同体',而遗却下句,此半提也。'识得此理,以诚敬存之,不须防检,不须穷索',此全提也。后人只说得'不须'二句,而遗却上句,此半提也。"尤见卫道之苦心矣![②]
>
> 又曰:《识仁》一篇,总只是状仁体合下来如此,当下认取,活泼泼地,不须着纤毫气力,所谓"我固有之"也。然诚敬为力,乃是无着力处。盖把持之存,终是人为;诚敬之存,乃为天理。只是存得好,便是诚敬,诚敬就是存也。存正是防检,克己是也;存正是穷索,择善是也。若泥不须防检穷索,则诚敬存之当在何处?未免滋高明之惑。子静专言此意,固有本哉![③]

程颢《识仁篇》所言"学者须先识仁。仁者,浑然与物同体,义、礼、智、信皆仁也。识得此理,以诚敬存之而已,不须防检,不须穷索。"诚敬工夫即是对本体的存养,直养本心则渣杂自无,不需要通过外在的规范防检去凑

---

① 参见钱穆:《宋明理学概述》,台北:学生书局,1977年,第134页。"朱胡异见,实乃程(程颢)朱分歧所致。"

② 黄宗羲原著,全祖望补修,陈金生、梁运华点校:《宋元学案·明道学案上》,第541页。

③ 黄宗羲原著,全祖望补修,陈金生、梁运华点校:《宋元学案·明道学案上》,第541—542页。

泊本体。这种内在的体证本无不妥，但是考虑到学说传承中可能造成的流弊，则有顾泾阳所言，只提“不须防检，不须穷索”，却不言“识得此理，以诚敬存之”，一切放怠，不问修养，不事为学。刘蕺山强调“存正是防检，克己是也；存正是穷索，择善是也”，指出程颢“诚敬存之”并非废黜工夫，对本心的存养自然要求克制私欲，择善而居。但只言“诚敬存之”则容易导致工夫没有着力处，后学误解，就会滋生高明之惑。横浦继承了程颢至杨时所传的内向体证的工夫路径，但是他也看到了静中体验未发可能造成学者无下手处，最后单纯主静、流入空寂的危险。他提出戒慎恐惧的慎独工夫，正是要给学者以工夫着力处，让初学者能清楚明白于何时何处下工夫，下怎样的工夫。言语道断，特别是对本体的表达，对内在超越工夫的描述，难免会让后来的读者感到不完满、不精准，甚至有矛盾，但这也正是儒者卫道之苦心。

第八章　格致之学

“致知在格物”作为《大学》八条目的开端，其意义重大，但意涵难解。从横浦对致知格物的理解中，我们既可以看到程朱主张即物穷理的一面，也可以看到心学将格致工夫返归到内心的一面。

“致知在格物”在《大学》中，除了“此谓知本，此谓知之至也”一句相关之外，没有更多阐发。因而朱熹认为此处有阙文，并尝试补了一段格物致知传。这种尝试遭到了很多反驳，除却对补充文字内容上的反驳，还有相当一部分人并不认为此处有阙文，这就涉及对《大学》此段结构的解读。以下引用横浦之言来展现他对《大学》八条目结构的理解：

> 小学之道，先王所以发圣人之机也；大学之道，先王所以宣圣人之用也。能言则学唯，能食则尚右手，六年则学方名，十年则学书计，十有三年则读《诗》舞《勺》矣，十有五年则舞《象》而学射御矣，此所谓小学之道也，所以发圣人之机也。过此以往则致知以格物，格物以知至，知至以诚意，诚意以正心，正心以齐家，齐家以治国，治国以平天下，此所谓《大学》之道也，所以宣圣人之用也。[①]

“致知以格物”一句，对于习惯了朱熹《大学章句》的人来说，显得扞格不通。从“格物以知至，知至以诚意，诚意以正心，正心以齐家，齐家以治国，治国以平天下”的句式来看，后者是前者的阶梯、基础，是将《大学》原文“物格而后知至，知至而后意诚，意诚而后心正，心正而后身修，身修而后家齐，家齐而后国治，国治而后天下平”中的先后关系，更明确地阐发为一种递进关系。并且将这种递进关系进一步延伸到“致知在格物”一句中，将其训解为“致知以格物”，即以致知工夫来达到格物。这样的阐释在横浦著作中并非偶然出现，“大学之道始于致知”是他的一贯主张，也是其格物致知思想中颇具个人特色的部分。

---

① 张九成：《横浦集》卷十八，第414页。

一、格物与致知

横浦对《大学》八条目的解读以致知为中心，这与以格物为中心有本质差异。“然余尝考之大学之道始于致知，孟子之论始于修身，何也？盖致知方求其体，而修身已见于用。”[①]致知是大学之道的起点，也是为学工夫的起点。“亦犹君子格物之学，自致知而充之以格物，以知至，以诚意，以正心，以修身，以齐家，以治国，以平天下而后已。则以其知本之所自而充之，故其极乃如是之大也。”[②]格物之学是从致知开端。以致知作为八条目的中心，则从“明明德于天下”至“先致其知”是从卓著功业推至内在的修养工夫，自“致知在格物”至“国治而后天下平”是从内在修养工夫发展出卓著的事功。

这种解读，源自横浦对致知、格物内涵的独特理解。以本心等同于天理，这种思想虽然不否认外物也有各自之理，但本心包含众理无所欠缺，逻辑上必然导致对知识的认识会倾向于向内寻求。较之于从外界事物上学习并获得知识，对内心所含众理的体认、对本心的体悟就显得尤为重要。因而，对横浦而言，致知实际上是推至内心本有之理。“苟学之不精，不先于致知，使天下之物足以乱吾之知，则理不穷”[③]，穷理不是穷尽外界事物之理，也不是通过学习外界事物之理来达到内心的豁然贯通，而是直接指向对内心之理的穷尽。致知即是体究并推至本心之理，对本心之理笃信不疑，自然能够物来顺应，这样天下事物都不能扰乱或蒙蔽我的固有之知。

“西方的‘知’，基本上是与事物分开的理论静观；而中国古人讲的知，却总是与‘应对万物’（实践）有关，知不是要认识‘客观事物的本质’，而是总要落实到‘应对万物’上。”[④]致知作为对本心固有之理的体认和推至，包含两个重要的方面：一、体认。天理虽然是本心固有，但在现实人生中受习气和气习干扰，并不能自然地发见，人要通过对本心的体认，来实现对天理

① 张九成：《孟子传》卷十四，第 381 页。

② 张九成：《孟子传》卷十九，第 425 页。

③ 张九成：《孟子传》卷二，第 246 页。

④ 张汝伦：《关于格物致知的若干问题——以朱熹的阐释为中心》，载于《宋代新儒学的精神世界》，上海：华东师范大学出版社，2009 年，第 54 页。

的认识。二、推至。对本心的体认是为了在现实生活中依据天理而行，因而致知更深一层的含义是要将固有之知推至具体事物上，指导实践。只有完成本心在现实中的发用，才可以说是做到了致知。

结合致知以上两层含义，就可以理解横浦为何以致知作为《大学》工夫的中心。既然本心是一切规律、价值、规范的来源和依据，那么相对于了解事物之理，对本心之理的体认必然是最根本的工夫。只有通过对本心之理的体认和推至，才可以从根本上实现行为思虑合乎天理。从行为上对规矩的学习和遵守，固然可以使人渐渐接近本心，但主要还是义袭而取之，致吾固有之知才能从根本上保证一种符合天理、顺应天理的生活。

在对致知的这种诠释下，格物也具有了与程朱理学穷尽事物之理不同的内涵：

> 余尝考之大学之道始于致知，孟子之论始于修身，何也？盖致知方求其体，而修身已见于用。身已修，则齐家之本也；家已齐，则治国之本也；国已治，则平天下之本也。所治愈广，则收功愈大。学而至于修身极矣。齐家、治国、平天下，特移修身之道以用之耳，非有加损于其间也。自修身以先，皆大学之事也。夫学莫先乎致知，致知莫先乎格物。格物者，穷理之谓也。使天下之理一物不穷，则理有所蔽；理有所蔽，则足以乱吾之智。虑惟无物不格，则无理不穷，而内而一念，外而万事，知其始，知其终，知其利害，知其久近。是以念动于中，事形于外，微而未著，兆而未彰，吾已知之矣。知之，则或用或舍在我而已，故曰"物格而后知至"；用舍在我，则吾意之所向皆诚而无私，故曰"知至而后意诚"；意之所向诚而无私，则心之所存皆正而不乱，故曰"意诚而后心正"；心之所存正而不乱，则身之所履修而无缺，故曰"心正而后身修"；身之所履修而无缺，移以治家则父子笃、兄弟睦、夫妇和而家齐矣；移以治国，则大臣法、小臣廉、官职相序、君臣相守而国治矣；移以治天下，则天子以德为车，以乐为御，诸侯以礼相与，大夫以法相序，士以信相考，百姓以睦相守矣。深原其本，本自修身，此孟子之说也；原修身之本，本自格物，此大学之道也。余因孟子之论，又发大学之说，使知修身之本自格物而始，然后孟子之学几可得而言矣。[①]

① 张九成：《孟子传》卷十四，第381—382页。

“大学之道始于致知”是横浦的一贯观点，他认为《大学》以致知为先，是对本体的认识；《孟子》以修身为先，是就已发功用层面而言。《大学》八条目因此就可以分为两截，从致知格物到正心，是向内寻求本体；从修身至平天下，是向外修养并发展为事功。《大学》将修养工夫进一步向内推展，指向德行的最终根据即本体。

对于致知格物的两句论述，很容易被忽略，因为从字面上看，它与通行的说法非常相似。“夫学莫先乎致知，致知莫先乎格物，格物者，穷理之谓也。使天下之理一物不穷，则理有所蔽；理有所蔽，则足以乱吾之智。虑惟无物不格，则无理不穷。”单独看前一句话，与程颐“今人欲致知，须要格物。物不必谓事物然后谓之物也，自一身之中，至万物之理，但理会得多，相次自然豁然有觉处”[①]，似乎并无不同，都是主张致知要以格物为先，格物即是穷理。结合后一句话，就会发现他们之间有明显差异。在程颐，格物对应穷理，是对事事物物之理的认识，“格，犹穷也；物，犹理也。犹曰穷其理而已矣。穷其理，然后足以致知，不穷则不能致也”[②]。格物是对事物之理穷而尽之，致知则是格物穷理的目的和结果，是通过对事物之理的认识穷究，而在主观上得到知识扩充的结果。陈来先生在《朱子哲学研究》中指出：“格物指努力穷究事物之理，而当人们通晓事物之理后，人的知识也就完备彻底了。所以致知完全是作为认识过程的格物在主体知识方面产生的一个自然结果。”[③]这是对程朱理学格物致知思想明确而透彻的阐发。

横浦的格物致知思想则与此不同，更准确地说，横浦思想中应该叫作致知格物，因为从根本上讲，致知应该在格物之前。暂且搁置“夫学莫先乎致知，致知莫先乎格物，格物者，穷理之谓也”一句的意涵，先来分析后一句，并与朱熹补格物致知传相比较：

> 使天下之理一物不穷，则理有所蔽；理有所蔽，则足以乱吾之智。虑惟无物不格，则无理不穷。[④]
>
> 所谓致知在格物者，言欲致吾之知，在即物而穷其理也。盖人心

---

① 黄宗羲原著，全祖望补修，陈金生、梁运华点校：《宋元学案·伊川学案上》，第 605 页。

② 黄宗羲原著，全祖望补修，陈金生、梁运华点校：《宋元学案·伊川学案上》，第 605 页。

③ 陈来：《朱子哲学研究》，第 189 页。

④ 张九成：《孟子传》卷十四，第 381 页。

之灵莫不有知，而天下之物莫不有理，惟于理有未穷，故其知有不尽也。[①]

横浦“使天下之理一物不穷”与朱熹“即物而穷其理也”是相反的意思。横浦所言，是天下之理在我有一物不周遍，则说明在我之理没有达到穷尽；朱熹之言是在事物上穷尽事物之理。横浦所穷之理首先在我，而朱熹所穷之理首先在物。天下之理在我，所穷之理在我，当发现有一些事物之理自己还未能理解和确定，就说明我还没有能够完全体认本心固有之理。在我来说，理还有所遮蔽，因此不能做到物来顺应，会受事物干扰和引诱。

致知是体认和推至本心固有之知，格物就是将此固有之知推至具体事物上，在具体事物上展开、历练和检验。只有做到无物不格，即事事物物均得其理，均得其所，方能说明在我之理穷尽无余。这与朱熹格物致知说恰好相反，朱熹认为通过对事物之理的认识，可以达到对主体知识的扩充；而横浦认为，对主体固有之知的认识，是了解事物之理，使事物各得其所的根本。也正是在此意义上，横浦坚持认为大学之道始于致知，格物至少在逻辑上是致知之后事，是对致知的实现和验证。

格物，是至物、及物，亦是正物。格物既是将自身固有之知推至事物上的过程，更是正事物之不正以归于正的过程，以天理之当然使事事物物各得其所。此过程就主体而言，是物来顺应的过程。如应对事物的过程中存在疑惑，存在扞格不通，则说明自身之理有所遮蔽；如能物来顺应，无所拘碍，物物皆格，则此物格的境界即说明吾知之至。

此处存在一个疑问，既然致知先于格物，为何横浦有时也说致知莫先乎格物？“夫学莫先乎致知，致知莫先乎格物，格物者，穷理之谓也。”[②]一句所言格物在先，应如何理解？致知作为工夫，其自身就包含了体认和推至两个方面，不但要求认识本心之理，同时更要求将本心之理推至具体事物上，落实为实践行为。此“知”的意涵有以下几种，一、认知能力、知觉；二、认知的结果，即知识；三、由此知指导的行动，即应对万物。这三种意涵均包含在致知的工夫之中，以思维能力去体认本心，并使本心发见。如此，格物作为将本心之知推至事物上的过程，已经是致知工夫的本有之意。从

① 朱熹：《四书章句集注》，第 6 页。

② 张九成：《孟子传》卷十四，第 381 页。

主体上言是推至吾知，从客体言是格物。正因为格物是从客体而言，所以可以作为检验主体致知工夫的一个标准。正是在这种意义上，横浦言“夫学莫先乎致知，致知莫先乎格物”。在下面引文中，横浦也表达了这种观点：

> 夫《大学》之道何道也？王道也。王道何在？在致知格物也。格物者，穷理之谓也。天下之理无一之不穷，则几微之生，无不极其所至矣。故曰：“物格而后知至，知至而后意诚，意诚而后心正，心正而后身修，身修而后家齐，家齐而后国治，国治而后天下平。”①
>
> 虑惟无物不格，则无理不穷，而内而一念，外而万事，知其始，知其终，知其利害，知其久近。是以念动于中，事形于外，微而未著，兆而未彰，吾已知之矣。知之，则或用或舍在我而已，故曰“物格而后知至”。②

穷理，可以说是穷尽事物之理，但方式是通过穷尽本心之理进而达到穷尽事物之理。因而，通过事事物物皆得其理，就可以知道自己对于天下之理无一不穷，进而就可以做到几微隐兆均知晓其原因，预料其发展。格物是在事物上验证自身之知，物格是事物均各得其理，证明吾知已至。

浑全而言，致知、格物、物格、知至，均包含在致知的工夫中。分而言之，致知偏重体认本心；格物偏重推至事物；物格从客体上言致知的结果，即事物各得其所；知至从主体言致知的结果，即本心之理无一不穷。“亦犹君子格物之学，自致知而充之以格物，以知至，以诚意，以正心，以修身，以齐家，以治国，以平天下，而后已。则以其知本之所自而充之，故其极乃如是之大也。”③致知作为根本工夫，在于通过致知人能够体认大本。真正体认大本，从小处说，物格、知至是其应有之事，扩大而言，诚意、正心、修身、齐家、治国、平天下，均在吾本心经纶范围之内。

格物致知工夫，在横浦诠释下，成为由本心落实在现实实践中的一贯工夫。但这种工夫的根本在于内心，这就无法避免心学发展的流弊，即朱熹所批评的认虚灵明觉为本心。横浦自身有刻苦进学，也有世事上的磨砺，有赞誉有诋毁，这样饱满的人生经历给予了他对自身良知信任的基础。

---

① 张九成：《横浦集》卷十四，第389页。

② 张九成：《孟子传》卷十四，第381页。

③ 张九成：《孟子传》卷十九，第25页。

若是一般人，难免会错认知觉甚至欲望为本心。心学发展传承中可能出现的这种流弊，我们在阳明后学中可以看到。但就思想而言，心学主张由本心向外开展出道德性的生活，而不是以外在规定去指导行为，与宋明道学为伦理道德寻找形而上基础的主旨一致，是对主体价值的肯定和赞扬。

二、格物与穷理

以穷理解格物，是程门的一贯主张。程颐以格物穷理作为学者进学的一个重要的工夫门径：

> 格，犹穷也；物，犹理也。犹曰穷其理而已矣。穷其理，然后足以致知，不穷则不能致也。物格者，适道之始与！欲思格物，则固已近道矣。是何也？以收其心而不放也。[①]
>
> 或问："进修之术何先？"曰："莫先于正心诚意。诚意在致知，'致知在格物'。格，至也，如'祖考来格'之格。凡一物上有一理，须是穷致其理。穷理亦多端：或读书，讲明义理；或论古今人物，别其是非；或应接事物而处其当，皆穷理也。"或问："格物须物物格之，还只格一物而万理皆知？"曰："怎生便会该通？若只格一物便通众理，虽颜子亦不敢如此道。须是今日格一件，明日又格一件，积习既多，然后脱然自有贯通处。"[②]

程颐的主张很明确，通过穷究一事一物之理，进而达到积久贯通的境界。这是一种渐进的工夫路径，通过对外界之理的穷索，间接达到内心的贯通。朱熹继承了程颐这一思想，言"于天下之物皆有以究其义理精微之所极，而吾之聪明睿知亦皆有以极其心之本体而无不尽"[③]。"朱熹常常将其概括为'格物所以致知'，这是指，一方面格物以致知为目的，另一方面致知是在格物过程中自然实现的。"[④]

横浦对于格物穷理的理解恰恰与此相反，在他看来，格物本应是在致

---

① 黄宗羲原著，全祖望补修，陈金生、梁运华点校：《宋元学案·伊川学案上》，第 605 页。

② 程颢、程颐著，王孝鱼点校：《河南程氏遗书》卷十八，《二程集》，第 188 页。

③ 朱熹：《大学或问》，《朱子全书》第六册，第 528 页。

④ 陈来：《朱子哲学研究》，第 289 页。

知过程中自然实现的，致知虽然是致本心之知，但完全认识本心是个很难达到的工夫，所以格物就成为对致知工夫的检验和补充。因而，虽然横浦同样以穷理来解格物，但此穷理非程朱意义上的通过穷事物之理渐进达到主体知识的扩充。横浦之穷理是指向穷究大本之理，“格物者穷理之谓也。穷一心之理以通天下之理，穷一事之理以通万事之理”①，对本心之理的穷究，方是工夫根本：

> 人之知也，本自高明，本自广大，本自和乐，本自庄钦，天地、日月、四时、鬼神、河海、山岳、昆虫、草木举在于是，不知格物则其理不穷，其理不穷则天地、日月、四时、鬼神、河海、山岳、昆虫、草木一皆颠倒失序，其可以弗谨乎！此君子所以谨其独也。②

此处“人之知也”，即本心之知，此知涵括一切事物之理。需要指出，中国古代思想中的知或理，并不依照现在意义上的自然之理、社会之理来划分，它既包括所以然之理也包括所当然之则。如蒙培元在《“所以然”与“所当然”如何统一？——从朱子对存在与价值问题的解决看中西哲学之异同》一文中指出：“‘所以然’讲的是事实，是陈述句，是客观的，而‘所当然’讲的是价值，是祈使句或命令句，是主观的，但无论是客观的还是主观的，其‘理’均为一理。”③横浦所言人的本心之理、致知之知，也是涵括万物之本体、自然之秩序、人伦之规范等多种意涵的，所以言“天地、日月、四时、鬼神、河海、山岳、昆虫、草木”均是本心固有之知。

穷理贯通内外。一、天下万理俱在心中，穷理即是穷尽本心之理，向内指向对本心的体认。二、本心之理即天理，与万事万物之理一致，因而穷理不仅向内体认大本，还须将本心之知向外推至事物上磨砺和检验，完成穷尽本心之理。向外推至事事物物即格物，以本心之理安顿、规范万事万物，天地、日月、四时、鬼神、河海、山岳、昆虫、草木方能各得其所。穷理贯通内外，本于本心，达致万物，因而横浦对“此理不穷则……一皆颠倒失序”给出的应对是“此君子所以谨其独也”。谨其独即慎独。《中庸》言：“是故君子

---

① 张九成：《横浦集》卷十七，第412页。

② 张九成：《横浦集》卷十八，第415页。

③ 蒙培元：《“所以然”与“所当然”如何统一？——从朱子对存在与价值问题的解决看中西哲学之异同》，载于《泉州师范学院学报》，2005年第1期。

戒慎乎其所不睹，恐惧乎其所不闻。莫见乎隐，莫显乎微，故君子慎其独也。”通过对自身隐微念虑的警醒防范来达到内心无邪心非意干扰的至诚境界。显然，这也是一种向内的工夫，以自我省察为主。慎独是横浦最主要的工夫路径，在上文已有专门论述，此处依据引文脉络展现穷理、致知与慎独是一体的工夫，其根本在于对内心的关照、体认。慎独强调对内心警醒，致知强调认识并推至本心固有之知，穷理强调穷究穷尽本心之理并推至事事物物，格物强调以本心之理安顿规范事事物物，四者是一贯工夫，各有侧重，一种工夫做到极致自然包含其他三者，如：慎独至本心全然天理，则自然到达致知穷理格物；穷理至穷尽本心之理，则自然内心诚敬，外在物格。

以慎独作为修养工夫，以致知穷理作为对大本的体认，这虽然是横浦思想中较为突出并颇受争议的部分，但这一为学路径并非横浦首创，而是洛学中固有的思想。程颢“学者须先识仁”“识得此理，以诚敬存之而已”“未尝致纤毫之力”[①]等说法显然与程颐所强调的“今日格一件，明日又格一件，积习既多，然后脱然自有贯通处”[②]的主张不同。若说程颐为学方法是下学而上达的渐教，程颢则更注重以上达而摄下学，对大本的体认可以自然地指导具体实践。程颢言：“‘穷理、尽性，以至于命’，三事一时并了，元无次序。不可将穷理作知之事。若实穷得理，即性命亦可了。”[③]能够真正做到穷理，亦同时做到了尽性知命。此种穷理绝非穷一事一物之理，所穷之理与性、命同，乃是大本之理。因而，程颢又言“学始于不欺暗室”[④]。以慎独工夫作为体认大本的所入之途，这也正是横浦极力阐发的思想。谢良佐、杨时均在不同程度上继承了洛学中内向自省的工夫。谢良佐指出要“穷其大者”，从而“一处理穷，触处皆通”[⑤]，“而其所谓‘大者’，其实就是指作为本体之天理”[⑥]。对于格物穷理，谢良佐也明确指出所穷之理乃是指向天理：“所谓格物穷理，须是识得天理始得。”[⑦]将穷理定义为体认天理，

① 黄宗羲原著，全祖望补修，陈金生、梁运华点校：《宋元学案·明道学案上》，第540页。
② 程颢、程颐著，王孝鱼点校：《河南程氏遗书》卷十八，《二程集》，第188页。
③ 黄宗羲原著，全祖望补修，陈金生、梁运华点校：《宋元学案·明道学案上》，第552页。
④ 黄宗羲原著，全祖望补修，陈金生、梁运华点校：《宋元学案·明道学案上》，第566页。
⑤ 谢良佐：《上蔡语录》卷二，第3页。
⑥ 郭晓东：《论二程工夫论之差异及其传承与流变》，载于《复旦哲学评论》（第1辑），2004年。
⑦ 谢良佐：《上蔡语录》卷一，第6页。

方能在穷理之后，自然做到事事中节，即“穷理之至，自然不勉而中，不思而得，从容中道”[①]。

横浦致知格物的思想正是沿着这一思想脉络发展而来，他认为所穷之理为天理，那么言穷理是个人通过修养工夫去体认此理。他以舂米作为例子来说明学与理之间的关系：

> 学所以穷其理也，理固不外乎道。学所以穷理而不为乎理，则是学可为而理不可为也，理不可为而必学焉。由米之为谷，谷未始非米也。而米藏于谷，则为之杵臼，为之簸扬，然后米可得矣。今不曰谷而曰米可以杵臼可以簸扬，则是以谷而为米也。虽愚者亦知不必杵臼不必簸扬矣，而尚待于人之言乎哉？[②]

学者学习、修养是为了使天理全然呈现，而不是穿凿造作发明一新理，也不是增加或减除天理。学习、修养的目的是为了剔除遮蔽本心天理的障碍，而天理无论人们智、愚、贤、不肖，永恒在那里，不增不减。虽然本心包含众理，可以参与造化，这是对人价值和能动性的极大肯定，但在天理面前人必须始终保持诚敬和谦卑。只有这样，才能真正接近、体认并返归天理，这也是“穷理”的应有之意。穷理不是外在地迎合，而是与本心的契合，体认并坚守本心，依本心而行，方能胸中有守，不被物欲牵累，物来顺应。“非其胸中高明，自信不动，安能确然自执，昌言判断于天下而无疑哉！倘为不然，见商鞅必喜刻薄之说，见孙膑必喜兵革之说……”[③]确信不移，不因事物、欲望迷失，这来自体认本心而有的自信和从容。“先生云：人之念虑欲静，要须尽穷理之学。理之不穷，而欲念静，事来无处，则愈扰矣。若见得到底人，往往常觉静，理定故也。亦有顽懒人，自会顿置闲事，不挂思虑者，然亦不可应物。”[④]这种通过穷理而达到的物来顺应的境界，与程颢《识仁篇》“识得此理，以诚敬存之而已，不须防检，不须穷索”的精神正相呼应。

穷理与致知都指向大本，致知为致本心之知，穷理为穷尽天理，那么格物这一概念就比较费解。无论如何诠释，格物都有及物的一面，以穷理来

① 谢良佐：《上蔡语录》卷三，第 3 页。

② 于恕编：《无垢先生横浦心传录》卷中，第 35 页。

③ 张九成：《孟子传》卷二十九，第 511 页。

④ 于恕编：《无垢先生横浦心传录》卷中，第 51 页。

训格物，分外牵强，不若以穷理来对应致知显得更为妥帖。上文已经明确了穷理的对象，现在就需要进一步说明格物与穷理的关系：

> 夫善观水者，必穷其源，得其源，则委流可知矣；善择木者，必穷其本，知其本，则枝叶皆可知矣。溯流而上，经历关山而不止，源斯见焉；沿叶而下，断掘土膏而不止，本斯见焉。是则君子之于学，非深造之，其能得其本源乎？……所谓格物者，穷理之谓也。一念之微，万事之众，万物之多，皆理也。惟深造者，自天下之本溯流沿叶，进进不已，而造极于格物。是故于一念之微，一事之间，一物之上，无不原其始而究其终，察其微而验其著，通其一而行其万。则又收万以归一，又旋著以观微，又考终而要始，往来不穷，运用不已，此深造之学也。夫如是则心即理，理即心。①

> 使吾知格物知至之学，内而一念，外而万事，无不穷其源流，穷其终始，穷之又穷之，至于极尽之地，人欲都尽。一旦廓然，则性善昭昭，无可疑矣。此所谓“一日克己复礼，天下归仁”也。②

以上两段横浦对格物穷理的论述高度一致，这是他对格物穷理一贯的阐释。格物穷理不是在一事一物上穷究此事此物之理，而是由本心发见于事物、由事物追溯回本心的工夫。

就第一点由本心发见于事物来看，格物指对本心之理的推至：“所谓格物者，穷理之谓也。一念之微，万事之众，万物之多，皆理也。惟深造者，自天下之本溯流沿叶，进进不已，而造极于格物。”对于此句话中“自天下之本溯流沿叶”的含义可以结合引文中“善择木者必穷其本，知其本则枝叶皆可知矣”一句来理解。了解树木的本根，则自然可以了解其枝叶，因为树根为本，其叶为末；同样，体认本心，则自然可以顺流而下把握已发事物的情态和规律。在此意义上，格物穷理就是未发之本心落实在已发事物上，把握事物之理，使事物各得其所。

第二点由事物追溯回本心的工夫，则是第一点的逆推。“无不穷其源流，穷其终始，穷之又穷之，至于极尽之地，人欲都尽。”无论是外在的事物还是内心的念虑，都是格物之物、格物的对象。无论是应对事物还是发出

① 张九成：《孟子传》卷十九，第420—421页。

② 张九成：《孟子传》卷十五，第390页。

念虑,均来自内心,因而认识事物、念虑要寻其源流,回溯到本心。对事物之理的认识不是平面地了解,而是向内一步一步地推至本心,需要经历一番“溯流而上,经历关山而不止”的工夫,才能回到本心。这种格物的工夫不同于程朱所言今日格一物,明日格一物,通过积累达到豁然贯通。程朱这种通过外在知识积累达到内心贯通的工夫,虽然标榜理性,但积累如何引起贯通,质变如何引起量变,中间的过程仍然带有不可言说的神秘性。而横浦所言格物,是本心由未发,应物而感,感而遂通,落实在事事物物上;或逆向由已发回溯到本心之未发。未发已发一贯,本心与念虑一贯,它们没有被截然分开在两个无法逾越的层面。

第一点言格物,是顺流而下;第二点言格物,是逆流而上。穷理作为穷大本之理,其“穷”字也具有多层次的内涵。首先,穷乃是对大本之理的体认,对于一切事物通过穷其源,穷其本,最终达到穷其大本之理;其次,穷也指大本之理的落实,本体是可发而未发者,本身包含着已发的可能性,需要落实在具体实践中,因而又具有顺流而下、旋著以观微的意涵。

横浦对格物穷理的阐释根本还在于要求人内向自省。相对于道南体验未发的工夫,横浦明显开始纠正静坐体悟容易流入空寂的倾向,对应事及物更为强调。他深恶士大夫以体验未发为名专于寂静,搁置世事不问,指出一味寻求寂静的人不能应事接物。“理之不穷,而欲念静,事来无处,则愈扰矣。”[①]只有体认本心,对内心之理确信不疑,方能做到真正的坚定与安定。但相对于程朱的格物思想,横浦缺乏对事物之理的重视,而是将认识事物之理作为检验和回溯本心的一个门径。当然,不是唯一门径。这种思想进一步发展,逻辑上可以推出王阳明以格物为格心的思想,王阳明言:“格物,如《孟子》‘大人格君心’之‘格’,是去其心之不正,以全其本体之正。但意念所在,即要去其不正以全其正,即无时无处不是存天理,即是穷理。”[②]这种以格物穷理为正其心之不正以归于正的思想,在横浦已有端倪。他提出“格非心”的概念,也是去除心之不正,但“格非心”并没有体现在横浦对格物穷理的阐释中。从另一方面来说,这种贯彻不够彻底的心学工夫论,展现出横浦作为士大夫的担当、对现实的关注、对儒者责任的坚守。

① 于恕编:《无垢先生横浦心传录》卷中,第51页。
② 王守仁撰,吴光等编校:《王阳明全集》卷一,第6页。

三、格非心

横浦非常重视孟子“格君心之非”的主张，提出“格非心”的思想。《尚书·冏命》中已经提到格非心：“绳愆纠谬，格其非心。”孔颖达疏：“格其非妄之心。心有妄作则格正之。”[①]横浦提出这一概念，主要来自《孟子·离娄上》：“人不足与适也，政不足间也，惟大人为能格君心之非。”非心是“非本心”，即现实生活中人的内心所存不再是心之本体，进而发出不当的思虑行为。非心不是一种实体性的存在，不是说本心之外还存在一种非心作为独立存在与“本心”并举。本心受到蒙蔽，有所偏倚就是非心。在横浦看来，识得“非心”所在，并且纠正“非心”偏向，使本心全然呈现，就是“格非心”。

人人均有“本心”，但由于气习与习气的影响，人人又都有“非心”。就个人修养而言，主要通过谨独工夫来使本心呈露；就教化他人而言，格其非心，通过正其心从根本上做到正其念虑行为。横浦的“格非心”侧重在教化他人，主要是辅佐君王：

> 天下之本在人君，人君之本在一心。一心本体有何物哉？仁义正而已矣。心或有偏，所向皆暗。以之用人，则皆小人；以之为政，则皆乱政。……然而此有要道，謦欬颦笑之间，可转危乱之世为治安之时者，盖有说焉，亦曰格君心之非而已矣。夫惟大人内明外映，见君心之非在于何处，吾从而格之。一格之下，非心消散，心之本体见矣。心之本体，居则为仁，由则为义，用则为正。君有此心，天下亦有此心。君举本心之仁以示天下，则天下本心随所举而皆仁；君又举本心之义以示天下，则天下本心随所举而皆义；君又举本心之正以示天下，则天下本心随所举而皆正。[②]

横浦将格君心之非作为转“危乱之世为治安之时”的要法。引文中包含了三个问题：为什么格非心有如此重要的作用？什么样的人可以格君心之非？格非心后有怎样的效用？

---

① 孔安国撰，孔颖达正义：《尚书正义》卷十九，上海：上海古籍出版社，2011年，第766页。

② 张九成：《孟子传》卷十六，第398页。

横浦在引文一开始就明确回答了第一个问题，格非心之所以重要，在于心本身的重要性。心是人发出一切行为思虑的根据，就个人来说是一身之本，就国家来说君主之心乃天下之本。君主内心存偏邪，则喜小人而恶君子，政令苛刻混乱，纲纪颠倒不正。面对这种乱世局面，实施变法、更改政令等具体措施不足以扭转局面，必须要找到混乱的根源。纠正君主内心偏斜，才可能从根本上转为治安之世。“以是观之则天下之治乱信乎在用君子与小人，而用君子与小人信乎在人主心术之邪正。……惟大人之事君，不问小人之满朝，政事之紊乱，第观人主心术如何耳。倘君有愿治之心，吾则探其非心所在，格而正之。心术一正，小人逐矣，政事明矣。”[①]横浦这种主张是对两宋之际政治状况的反思，在内积弱而外忧患的情况下，朝廷经历靖康之耻后仓皇南渡。国难家仇并没有使高宗励精图治，反而任用秦桧等人苟且议和，残害忠良，令天下义士心寒。横浦亲身经历了朝廷中君子小人之争，了解小人奸佞多端、计谋百出，以君子之正很容易受其陷害。远小人而近君子，是国家治理的重要原则，而任人唯贤或唯奸的根本又在于君主喜好，喜好源于内心所存。所以在被问及士人如何实现济世救民的志向时，已经年过半百的横浦告诉后学，如果能得君主而教之，才有可能从根本上济世。治理一乡一邑，只是杯水车薪，而且还有诸多不得已，能于其中无愧内心所存，已经非常难得。横浦这语重心长的话语背后，是对世事透彻洞悉，超越个人的好恶与激情，从根源来看待时事繁杂，这与其气论和心性论是一致的。

第二个问题，什么人可以格君心之非？引文中言：“惟大人内明外映，见君心之非在于何处，吾从而格之。一格之下，非心消散，心之本体见矣。”横浦所言之大人，即胸中所存全然本心，如置镜于堂上，坐照万物。无论是自率性而直造大本的圣人，还是自谨独而体认本心的贤者，只有胸中所存固然不动，确信不疑，才能够知道君主之心偏于何处，进而纠正其偏向。纠正君主之心最重要的基础是标准。无论是了解君主之心何处不正，还是纠正其偏向，都暗含了一条基本原则——正的标准是什么。在横浦看来，标准显然就是本心，心的本然状态就是正。能格君心之非者所存全然本心，能够以自身之正纠正君主之不正。虽然本心在横浦思想中具有超越个体、

① 张九成：《孟子传》卷十二，第365页。

超越时空的本体性，但就具体实践来说，仍然是内在于个人。因而这种内在于人的标准，就要求士人必须努力去达到极高的道德修养境界，做到自身笃信不疑，方可正君心之不正，以转乱世为治安之时。

第三个问题，格非心后有怎样的效用？格非心纠正了君主内心所偏，最直接的作用自然是本心呈露，"一格之下，非心消散，心之本体见矣"。本心作为一切德性伦理的最终依据和保证，本心呈露，则自然发见为仁义礼智等德目，行为思虑自然合乎天理，好恶自然得当。因而进君子而斥小人，政治清明，纲纪端正。不仅如此，"君举本心之仁以示天下，则天下本心随所举而皆仁；君又举本心之义以示天下，则天下本心随所举而皆义；君又举本心之正以示天下，则天下本心随所举而皆正"[①]，君主以此心垂范天下，率天下以正，天下之人纷纷归于仁义之中。这种秉本执要的治理方式，不需要繁琐的政令，不需要严酷的法律，不需要漫长的修正改革，一息之间，天下丕变。

将非心定义为非本心，那么严格地讲，除了极少数圣人之外，非心人人都有，均需要下格非心的工夫：

> 傅说一见高宗，知其非心所在而启沃之也。夫高宗之学能以至诚格天，梦赉良弼，可谓盛矣，尚有非心，何哉？曰：君子无所不用其诚。倘诚止于一处，不能运用于万事间，此非圣王之道也。……惟天下之至诚则无处不诚矣。在我有一念之非，在天下有一事之失，皆不得谓之天下之至诚，盖至诚无息故也。[②]

高宗以至诚感格上天，梦见傅说，可谓良主，但仍有非心，需要傅说来开导和滋养。但高宗之非心与乱世君主的非心有差别。乱世君主内心偏邪，发出的念虑行为邪妄不端，而高宗则是未能全面地使本心之大用施发出来，未能将本心运用于万物，达到天下之至诚的境界。可见，格非心的最高境界乃是使内心无一念之非，本心之全体大用自然施发于天下，无一处不达，无一刻间断，也就是天下之至诚。

横浦格非心的思想对于变革时弊而言，不得不说仅是一种美好的愿望，虽然他曾担任帝师，他的学生屡屡登第，但都没能做到纠正君心。当

---

① 张九成：《孟子传》卷十六，第398页。

② 张九成：《横浦集》卷八，第346页

然，这在现实中本来也是无法做到的，现实远远比孟子所言“一齐傅教之，众楚人咻之”的状况更为复杂。需要肯定的是，横浦认识到在君主专制的社会中，君主自身的德性、胆量和见识确实在很大程度上影响着国家的治乱安危。由此他着重强调格君心之非，在他所处时代具有一定的现实意义，也可以引导人们从更高的层次看待君子小人之争。

格非心虽然主要是就君主而言，仍然很容易让我们联想到王阳明以格物为格心的主张，认为意之所在便是物，因而格物就是正心之不正。横浦的心学思想并未如王阳明那般彻底，或者说他们思考的基础不同。生活于两宋之际的横浦，还在为传统儒家伦理思想构建形而上学根基的路上探索前进，寻求和思考着世间万物分殊之上的理一；王阳明则面对着朱熹已经构建出的体系庞大、结构细密的理学，因而更注重回归人内在的德性修养。

横浦思想中的格非心与格物，虽然不是王阳明所言的格物即格心，但格非心与格物也是相互联系的：

> 圣王之学，其事君也，不在辟土地，充府库；亦不在约与国战必克，如衰世之所尚也。止在于正人君心术而已。……然大人不以为忧，所可忧者，人君心术耳。惟大人有格物之学，充而至于天下国家，其几甚明，其候甚熟。一见人主，知其非心偏于何处，吾则以言指之，以行感之，穷其所归，扼其旁出。使人君一言之下、一事之间，忽然开悟，平生非心，一息顿影灭迹绝，而固有之心尽皆发见。所谓仁，所谓义，所谓正者，皆昭然显露，此乃固有之心也。呜呼！此心岂特人君有之哉？天下皆有之，特未有以发之耳。[①]

格非心属于格物之事。格物是将本心之知推至事物上，并匡正事物之不正。事物不只是具体的事件和物体，包括世间有形无形的万事万物，均可对其下格物工夫。人主之心亦是一物，推至我本心固有之知，了解到君主心之不正，从而匡正其偏向，使其非心消散，固有之心发见。在横浦思想中，格非心属于格物工夫，是对他者之心的认知、纠正和启沃，尚未涉及对自己内心的体认。这是横浦格非心思想与王阳明格心思想的差异之一。

---

① 张九成：《孟子传》卷十六，第392页。

小　结

横浦以本心同于天理，本心作为本体，是自然界一切规律和人类社会一切规范的来源。因而对于他来说，修养工夫就不可能是向外寻求，而是内向体认本心；为学工夫也不可能是向外获得知识，而是识得和推至本心之知。这形成了横浦颇具特色的格物致知说。

以致知作为进学的起点，与朱子学以格物作为起点形成鲜明对比。在横浦看来，既然本心是一切规律、价值、规范的来源和依据，那么相对于了解事物之理，对本心之理的体认必然是最根本的工夫。致知不是由外而内地获得知识，而是对本心固有之理的体认和推至，一方面是通过体认本心来实现对天理的认识，一方面是将固有之知推至具体事物上，指导实践。致知本身就包含了本心之知在现实生活中的实践和落实。

格物就是将此固有之知推至具体事物上，在具体事物上展开、历练和检验。只有做到无物不格，即事事物物均得其理，才能说明在我之理穷尽无余。因而格物至少在逻辑上是致知之后事，是对致知的实现和检验。就实现来看，格物穷理指大本之理的落实，是未发之本心顺流而下，落实在已发之事物上，使事物各得其所；就检验来看，格物穷理乃是穷大本之理，对于一切尚未明了的事物，均可逆流而上，通过溯其源，穷其本，最终达到体认本心之全体。因而格物是至物、及物，亦是正物。如应对事物的过程中存在疑惑，存在扞格不通，则说明自身之理有所遮蔽；如能物来顺应，无所拘碍，物物皆格，则此物格的境界，即验证了吾知之至。

以正物来阐释格物，这一思路与阳明格物即是格心的思想有相似之处。但横浦并未提出格物是纠正心之不正的思想，提出的“格非心”也只是强调纠正他人内心的偏邪。这一点体现出横浦已经在尝试构建与心学相匹配的工夫论，在此过程中，他努力将对本心的高扬和对现实世界的肯定结合起来，因而始终认可致知格物有及物的一面。

第九章　德　福

儒家注重德性修养，并且修身最终指向了外在于个人的目标——治国平天下。这必然带来如下问题：内圣是否必然开展出外王的境遇，德性的提升是否必然带来与之相匹配的福禄名寿。简言之，德与福的关系是儒家思想中必要的内容，而现实生活中德福之间常常出现不相称，这也成为不可回避的问题。

“大德必受命”是儒者一致接受的命题，但对这一命题内在所蕴含的张力，不同时期不同儒者给出了大不相同的解释。横浦生于元祐年间，经历了靖康之耻，随后又遭秦桧陷害，当时忠臣义士多不得志，他生活中所见所闻大都是个人德性修养与所得福位相悖。有感于此，横浦多年思索德福关系，追究德福之间可能存在的矛盾和潜在的问题，并最终给出了自己的解决途径。在两宋，道学兴起带来了对儒家形而上本体的关注，理、气、心、性成为思想论辩的焦点，本体的构建成为儒者致力的重要方向。与天理等形而上概念相比，德福关系与现实生活更为切近，一般不会成为思想家关注的核心。但横浦不同，他现存著作中对德福问题的大量讨论以及步步深入的思考令人感叹。

这种情况在《杂学辨》中朱熹对横浦“大德必受命”一条的批评中可以看出：

> 张云：言此所以勉天下之为德也，当始于戒慎恐惧，而以位禄名寿卜德之进否。
>
> 愚谓德盛则名位禄寿从之，乃理之必然，非姑为此言以勉天下之为德，亦非使学者以是四者卜其德之进否也。舜之饭糗茹草，若将终身焉，其受命也，乃不期而自至耳，岂曰卜之云乎？张氏之说，乃谋利计功之尤者，学者一有此念存乎胸中，则不可以进德矣。[1]

---

① 朱熹：《晦庵先生朱文公文集》卷七十二《张无垢中庸解》，《朱子全书》第二十四册，第3481页。

朱熹反对横浦“以位禄名寿卜德之进否”的主张，认为德性修养得好，位禄名寿自然会随之而来，如果用位禄名寿来检验自己德性是否进步，就会导致以修养德性来谋求名位禄寿的结果，这样以利益为导向的努力与德性修养背道而驰。

实际上，朱熹上述思想代表了儒者的基本观点，也是横浦的基本观点。由于朱熹批评时只从横浦原文的详细论述中单独抽出一句，这句注释在脱离上下文以及横浦论述逻辑的情况下，才显得与儒家思想相背离。如果对照横浦《中庸说》原文，就可以看出这段批评正展现了横浦对德福关系给予的关注远远超出一般学者。他不仅仅给出德性修养与位禄名寿关系的论断，而且对两者内在的复杂联系作出了细致的讨论。

> 大德必受命。
>
> 天理如此，何足怪哉？盖天之生万物，初无容心也，因其材而成之耳。如鸾凤为瑞物，自取尊荣；鸱枭为妖祥，自取弹射；梗楠自取栋梁，蒲柳自取薪樊。天亦因其材而成之耳，岂能有所损益哉？栽者本根深固，自取培益；倾者本根摇动，自取颠覆，亦岂有心哉？是以知大德者自取位禄名寿，而无德者自取贫贱刑戮也。是位禄名寿乃大德之形见也，不如是，是吾德之未至也。故引嘉乐之诗为证，而断之曰：大德必受命。其言判别不疑，此所以勉天下之为德者，当始于戒慎恐惧，而以位禄名寿以卜德之进否也。
>
> 世之论者曰：孔子大圣人，而名位禄不著；颜子大贤，而寿亦不闻，斯言欺我哉？曰：学者读书，当识立言之体，方论大德受命之理，此天下之正理也，安得以孔颜为说？至于孔颜，可谓天理颠倒，事之不幸者也，岂可以为常谈哉？然而孔颜之位禄名寿亦岂可诬也？虽不得志于当时，而万世之后，天子师事，巍然南面，尊主大国，合天下而拜之，大德者必受命亦可知矣。君子第当论大孝大德如何，至于位禄名寿至与不至，盍亦日新又日新以警省其所未至乎？上以大舜当年为则，下以孔颜后世为准，岂不韪哉？①

横浦完全赞同“德盛则名位禄寿从之”，也正是因为赞同，他才不满于

① 张九成：《中庸说》卷二，第13页。

只下论断,而忽略这论断中所包含的诸多张力。孔子,圣者,一生未曾得到相应的职位以经邦济世;颜回,贤者,箪食瓢饮,不幸早亡。与之相反,如盗跖这样恶者得到福寿的例子也往往有之。横浦在注释时面对着如下的问题:一、如果福祸在天,那天命与人的修身进德有何关系?进而,人的主动性有何意义?人的价值如何挺立?二、如果福祸自取,如石孕美玉、水怀明珠一般,那颜子夭、盗跖寿这样的情况如何解释?三、如果认为大德受命为自然之理,而颜子属于偶然不幸,那么这种二本所导致的德性与福禄的偏差将造成人们对幸运的追逐,也就是对偶然性的追逐,并最终造成对德性本身的忽视。四、如果只讲德性修养,将看似充满随机和偶然的福禄搁置,就很容易导向修养工夫的完全内化,譬如佛教,这无疑与儒家的精神相悖。横浦对德福关系的思考,是由这些问题引发,也是对这些问题层层递进的解决。

一、天命必然

福禄体现在具体人、事上,常常展现出难以预料的偶然性,当这种无法用简单规律来概括总结的偶然性降临时,就成为难以改变的必然。"生死有命,富贵在天",这种理解在通常意义上可以归结为一个概念——天命。横浦著作尤其是《孟子传》中,对历史事件的评论大量使用天命作为解释。如:

> 历观万古,汤之有天下,其符见于玄鸟;武王之有天下,其符见于帝武;秦之有天下,文公有陈宝之祥;汉之有天下,高祖有云气之瑞。以至楚有六子之产,故当时有天方授楚之论;赵有帝所之乐,故当道有野人致帝之命。呜呼!小而一国,大而天下,皆有默定之数,第《诗》、《书》、六经所传不贵其有天下,顾其修德如何耳。是以《中庸》曰:"大德者必受命。"又曰:"大德必得其位,必得其禄,必得其名,必得其寿。"然而周公、孔子岂非大德,终在臣子之位,不闻其有天下也。以此知天之历数自有所归,天之与舜,尧之子不肖矣;天之与禹,舜之子不肖矣。……呜呼!天命岂不昭灼乎?大而天下如此,小而一己亦岂偶然。黄允公卿问疾,王臣在门,亦已盛矣,忽有黜妻之丑,天使之也;蔡邕忠谏灵帝,力排阉宦,亦已盛矣,而忽有就董卓之辟,天使之也。呜

呼！天命难知，其可不兢兢自慎乎？祸福之来，委之度外，而立行处事，其可忽耶？[①]

正因为福禄常常与德性不相符，福禄的降临很难用德性境界的高低来解释。面对历史的复杂，与其牵强地用德性来规律福禄，横浦选择直面并承认这种难以抗拒的必然性——天命。从一国来说，汤之有天下，武王之有天下，秦之有天下；从一己来说，周公、孔子居臣位，甚至黄允黜妻之丑，蔡邕就董卓之辟，都似乎冥冥之中自有天命使然。天命难以抗拒，不可更改，在大到一国，小到一己，生活中处处显示出必然性。

人无法控制天命必然，但人可以掌握自身修德，人应该关注、能够关注的也是修德。"天命难知，其可不兢兢自慎乎？祸福之来，委之度外，而立行处事，其可忽耶？"[②]《中庸》言"大德必受命"，是因为人的努力不能用外在默定之数——天命来衡量，而要靠真正与个人修养相关并且人能够通过努力而改变的自身德性来衡量。于是面对天命，人应该做的是置必然的天命于度外，致力于自己可以通过努力而改变的领域——德性修养，并以此德性立身处事。

承认外在于人的天命，将福禄与德性分开，福禄归结为天命之必然，德性则在于个人修养，这无疑是为"德胜则位禄名寿从之"这一命题所蕴含的矛盾，提供了一种彻底的解决，也能为始终困扰横浦及其弟子的孔孟德位不符问题给出解答，那就是德与位之间本来就没有必然联系，即"天之历数自有所归"。

或问：孔孟一圣一贤，辙辕天下，周游战国，非不求进而卒不肯遽进者，岂其情也？先生曰：君子之进，不敢苟也，必于义为当则终身为荣，虽后世亦荣之；一或不当，终身受辱，虽后世亦辱之。……大抵人穷达贵贱皆有定分，切不可谬用其心，以自取千世笑端。[③]

孔孟周游列国，希望得到认同，实现经世济民的抱负。但是他们又放弃诸多机会，不轻易接受任用，这似乎不合情理。横浦认为，君子接受职位必须以义为准绳，这样才能终身为荣。人的穷达贵贱皆有定分，并非取决于个

① 张九成：《孟子传》卷二十二，第 452 页。
② 张九成：《孟子传》卷二十二，第 452 页。
③ 于恕编：《无垢先生横浦心传录》卷中，第 42 页。

人的意愿，在已然注定的事情上努力，只能算枉用心机。行为是否合于义，才是人可以把握和决定的，才是评判行为的根本标准，与穷达贵贱相比，是人真正可贵之处。

(一)存在的矛盾

将位禄名寿与德性修养相分离，即使暂且搁置显而易见的外在批评[①]，其自身也暗含了矛盾。将位禄名寿等归给天命，冥冥之中皆有定数，那么从注定的个人福祸推广开来，将会推导出整个社会和历史都处在注定之中，并最终导致个人德性也是被注定的。如前面引文中所引：

> 天之历数自有所归，天之与舜，尧之子不肖矣；天之与禹，舜之子不肖矣。……呜呼！天命岂不昭灼乎？大而天下如此，小而一己亦岂偶然。黄允公卿问疾，王臣在门，亦已盛矣，忽有黜妻之丑，天使之也；蔡邕忠谏灵帝，力排阉宦，亦已盛矣，而忽有就董卓之辟，天使之也。[②]

天命注定舜得天下，那么尧的儿子不肖；天命注定禹得天下，那么舜的儿子不肖。如此，从舜、禹由天命而得天下来看，注定了尧之子与舜之子的不肖。尧之子与舜之子的德性是被注定的，何以谈修养？完全肯定天命的外在和必然，很容易导致对人能动性的否定。人的境遇甚至德性都处于被注定的状态，人仅仅充当了必然事件中必然要放置在那里的角色，个人的努力只是徒劳。哪怕如前文所讲，在必然性面前致力于德性修养，也一样是徒劳，连贤与不肖都不能改变，又怎能算得上是修养？将天命与修养相分离，不但没有带来对德性修养的肯定及其价值的确立，反而会导向恰恰相反的结果。

(二)对德性修养价值的重新肯定

对这一问题的解决就是肯定德性修养的价值，如果位禄名寿不能作为德性修养的结果，那么必须指出什么是德性修养的价值所在：

> 故公卿大夫如商鞅、孙膑、驺忌、苏秦、张仪、沈同、陈贾、王驩、稷

---

① 位禄名寿与德性修养无关，显然与儒家思想强调“大德必受命”相背；其将德性修养局限于人自身，因而也导致了与由修身而至平天下的路径相违背。

② 张九成：《孟子传》卷二十二，第 452 页。

> 下诸人，皆可以阴谋权变、纵横捭阖、卓异荒唐之说取之，岂非所谓人爵者耶？然人既得以贵之，亦得以贱之，故以公卿大夫为贵，一旦小不合意，天子发怒收其印绶还其职事，则栖栖一庶人耳，岂非人可得而贱之乎？惟仁义忠信乐善不倦，此事在我而不在人，取之愈有，酌之不竭，养之不盈，方寸舒之可充四海，旦而复旦，新而又新，充实光辉则谓之大人，大而化之则谓之圣人，圣不可知则谓之神人。天子不能夺，诸侯不能取，其与公卿大夫之爵等级为如何哉？此所以谓之天爵也。[①]

人爵是我们日常所说的公卿大夫之爵位以及贵贱穷达等境遇；天爵指仁义忠信等内在德性。人爵是他人给予的，他人也可以夺去；天爵在于自身修养，他人不能控制。此处读来，似乎是对前面所述天命的倒置。本来属于必然性不可控制的福禄名寿成为易于变化的人爵，而自身可以掌握的心性修养反而成为最具确定性的天爵。其实不然，这种看似的倒置，是在区分天命与修德的基础上，通过对于修德价值的肯定，来解决和回避其可能导致的矛盾——生活陷入完全被注定的状态。

从个人来看，所获福禄名寿并不能由其自身来掌控，不得不受到诸多外在因素的影响。这些外在的并且人自身不能决定的因素，落实在个人身上，便带着难以更改的必然性，通常被称之为天命。从外部着眼，很多从个人自身来看不能掌控的东西，如某个人所获爵位、声望等，反而成为可以改变和控制的，如授予或罢免某个人官职等。从这个角度讲，上文所称的天命又可以被称之为人爵。德性修养则恰恰相反，从个人来看，德性在于个人修养操持如何；从外部着眼，个人的德性是他人无法控制的，因此被称之为天爵。天爵正是对个人修养的极大肯定，这肯定包括两方面：德性修养本于自身，外界难以控制个人德性。只有完全依赖、取决于自身努力的东西，才是真正值得赞扬的，才是人生命的价值所在。

于是，横浦对《孟子》原文“古之人修其天爵而人爵从之”，做了与通常不同的注释：

> 然而古之人修其天爵，如前三代之士，知造大人、圣人、神人之域而已，公卿大夫之名其来其去一切任之，初无心于其间也，此所以谓之

① 张九成：《孟子传》卷二十七，第 496 页。

从之。从之者，任之也。[①]

他不认为德性与爵禄有着必然联系，而是把“从之”解释为“任之”，认为古代君子修养自己的德性，而爵禄等并不值得留意，只是任其来去。这样，在取消德性与福禄之间联系，并且承认天命必然性的前提下，横浦从天爵方面肯定了个人的努力，重新挺立了人的价值。

二、德福相符

从横浦著作以及语录来看，孔孟德位不符、颜子早亡是始终困扰横浦与其弟子的问题。将天命与德性分离，带来了对德福不符问题的彻底解决，但也偏离了儒家一贯的精神旨向。单独从天爵，也就是德性境界方面对人的努力给予肯定，即使不至于造成对现实生活的否定，也至少会带来对现实生活的搁置。这种对现实的搁置，也就是“其来其去一切任之”的状态，毕竟是大人、圣人、神人的境界，难以让绝大多数普通人接受和理解，更难以通过推行此价值来教化和导向大众。此种分离天命与德性的路径，必然导致德性修养只能内在于个人自身，不会向外开出治国平天下。

遵循儒家精神，就不能彻底否认德性与福禄的联系，也就是不能取消个人精神与现实生活的联系：

> 呜呼！祸福无不自己求也久矣。“清斯濯缨，浊斯濯足”，其谁咎乎？肉腐出虫，鱼枯生蠹，岂自外来哉？古人言福则曰“自求”，言哲则曰“自贻”，言孽则曰“自作”，言戚则曰“自讼”，非深知福祸之故者，岂能立论昭灼如此哉？[②]

福、哲[③]、孽、戚都是由自身导致的，并非无故外来强加于人。正如腐烂的肉才会生出蛆虫，枯死之鱼才会生出蠹虫一样，人所得祸福的原因在于自身德行。

---

① 张九成：《孟子传》卷二十七，第496页。

② 张九成：《孟子传》卷二十，第432页。

③《诗经·大雅·文王》：“无念尔祖，聿修厥德。永言配命，自求多福。”《尚书·召诏》言“若生子，罔不在厥初生，自贻哲命”，哲命言谓贤明的禀赋。

(一)幸与不幸

承认德福相符,那么如何理解孔孟德位不符的状况呢?横浦使用了“幸与不幸”作为解释:

> 世之论者曰:孔子大圣人,而名位禄不著;颜子大贤,而寿亦不闻,斯言欺我哉?曰:学者读书识立言之体,方论大德受命之理。此天下之正理也,安得以孔颜为说?至于孔颜,可谓天理颠倒,事之不幸者也,岂可以为常谈哉?[①]

“大德必受命”是天下之正理,而如孔子、颜回德福不符,则是天理颠倒,属于事出偶然、偏离正理的不幸之事。偶然而出的不幸,必然不能成为常道,也不会影响“大德必受命”作为天下正理。简而言之,德福相符是正理、常道,偶然出现不合正理的状况属于不幸。对于幸与不幸,横浦给出了如下解释:

> 人力不加已有饥馑之道,然而获仓箱之收者,幸也;人功加倍,已有丰富之理,然而水旱蝗螟不可致力焉,此不幸也。[②]

以农耕作为例子,辛勤耕耘才能获得丰厚收获是正理。不勤加耕作本应产粮稀少,但是却获得不错收获,只能算作幸运;辛勤耕作本应获得丰收,但因为水旱蝗虫等外在因素导致收成不好,则属于不幸。所获福禄应该与人自身的努力、修养、操行相符,德福不符的情况是不合正理。大德无福禄名寿,属于不幸;无德却获福得位,属于侥幸。

以大德必受命作为天下正理,以幸与不幸作为补充,来解释偶然歧出的不合常道的事件,这种解决方式虽然在理论上很难深究,但可以对德福之间的张力给出比较符合人意的安顿。这也是儒者普遍接受的观点,如张载说:“至诚则顺理而利,伪则不循理而害。顺性命之理,则所谓吉凶,莫非正也;逆理则凶为自取,吉其险幸也。”[③]人顺理而行的话,自然得利,不顺理而行则受害。在这一德福相符的规律下,张载显然看到了现实生活中诸多与规律不相符的现象。于是张载补充说,如果人能够顺理而行,那么所

① 张九成:《中庸说》卷二,第13页。
② 黄伦:《尚书精义》卷十,第19页。
③ 张载著,章锡琛点校:《张载集》,第24页。

遇到的境遇或吉或凶，都属于正理；逆理而行的人，本应得到恶的结果，如果得到好的结果，那只是侥幸。

如此解释德福问题，与天理为一的至诚境界只有少数贤人君子可以理解，以其高度的德性修养才能做到以天理来看待吉凶。但是对大多数人来说，自身的修养不足以让其正视吉凶，或者说不问吉凶一切依于天理。以幸与不幸来安顿不合正理的偶然事件，这种方式实际上不但不能教化民众，反而会带来相反的结果，存在着颠覆正理的隐患——人过多关注于幸与不幸，置正理于不顾，一味追求幸运。

> 神之与人其祸福，与吾善恶一也。唯其不明以告人，而因人之善恶以示劝戒，往往愚者不少自省，一切唯祸福之是求，以从事于祈祷之间。使之知善而获福，恶而获祸，凛凛报应不差毫发，则未有不悟者。但其间或有出于幸不幸，则愚者所以惑而终不解也。[①]
>
> 或问近日监司责郡守县令守令唯务事办，往往有所不恤，故人情法意每每多失。其间有一执法守正者，动多拘碍，不敢容易，不以懦斥则以不能见鄙。及违理背法，一旦事败者，则又处之幸与不幸，此当如何？先生曰：做不得不如去。既任其职，只得守理守法，虽以懦斥或以无能见鄙，于心无愧，人岂不知？若较之违法背理而自处于幸与不幸者，一败涂地，非特在我有愧，于人终岂无见察之理？岂可谓之幸与不幸！[②]

既然有德福不符的情况，特别是有不通过努力也获得福禄的可能，那么对于横浦所称的“愚者”来说，便不遵循正理，只求以各种侥幸的方式获得福禄。第二段引文中的发问者也疑惑于这种状况，为官者不循理守法，上下欺瞒，就算事情败露也不认为是违背正理得到惩罚，而归结为不幸；其中少数执法守正者，处于这种不良的仕宦风气中，反而处处受碍，被斥责为懦弱无能。面对只关注于幸与不幸这样偶然事件，以偶然为常理，一味追求侥幸的状况，如何确定并保证“大德必受命”作为正理，就自然成为横浦要面对的问题。这个问题是：现实中并存的正理与偶然事件，二者之间有何关系？为什么正理之外还会出现偶然的幸与不幸？

---

① 于恕编：《无垢先生横浦心传录》卷上，第 37 页。

② 于恕编：《无垢先生横浦心传录》卷上，第 23—24 页。

引文中已经给出了横浦的回答。善者获福，恶者得祸，这是天下正理，但是正理并非如人所愿那样简单、及时、一时一事地给出福祸报应。幸与不幸，或是愚者未见正理而自己造成的疑惑，或是目光狭隘，拘于一时一事，未能全局地、长远地看待德福之间的相应关系。比如引文中守理守法者，虽然当时被斥，但其心无愧，其操守世人必知晓；违法背理者，自认为事成则幸，不问正理，终会一败涂地，不仅自己内心有愧，其恶行世人必知晓。幸与不幸仅是正理在具体一时一事上可能展现出的偏差，或者说是对正理断章取义的曲解，长远来看，幸与不幸都会归于德福相符的常道之中。

过多关注幸与不幸这样的偶然事件，其根本原因是目光短浅。在横浦思想中，人的生命价值远远不是个人的财富地位，也不是个人悟得的清净无为、涅槃寂静，而是对宇宙大化流行的参与和担当。因而死亡仅仅是个体生命的结束，并不是个体价值的终结，个体的德性修养与思虑行为已经参与到大化流行之中。如此，德福相符这一正理，就不限于以生死来界定的个体生命，而是扩展到了天地范围，那么孔孟虽然生时没有相应的位禄，但身后天子师事，万世尊崇，亦可谓大德必受命。

通过把幸与不幸归入正理之中，横浦解答了偶然事件与正理之间的关系。同时他也给出了面对现实的生活，面对一时一事和一时一事中表现出的幸与不幸，人应该做何选择：

> 先生云：福祸有幸有不幸，而善恶之理则一定。君子唯其一定之理而已，岂当论幸与不幸耶？小人则一味图侥幸，或侥幸而得福，往往不复以善恶为定理矣。[①]

面对现实生活中难免呈现出偶然与正理违背的幸与不幸，君子应该遵从善恶一定之理，坚持一定之理，而不是抱侥幸之心，留意于幸与不幸；小人昧于正理，所以会被偶然的幸运所迷惑，只图侥幸，不循正理。不仅仅是面对幸与不幸，在横浦看来，无论面对怎样的变动、怎样的境遇，哪怕一时难以理解，君子都应该坚守一定之理。也正是在这个意义上，即使横浦关于德福关系的思想几经发展变化，在行为原则上他一贯坚持以义断命。

① 于恕编：《无垢先生横浦心传录》卷下，第 21 页。

(二)恶念与恶气——对幸与不幸的解释

横浦以其气论为基础进一步阐释了德福相符是一定之理,幸与不幸只是一定之理中的某些环节或者片段。横浦气论的重要部分——天人相感,为“善获福,恶得祸”从本体上提供了解释。

德福相应之理,以及日常中人们所说“积善之家必有余庆,积不善之家必有余殃”“福善祸淫”等,如果承认它们确是正理,那么随之就产生了一个问题:内在的德性、个人的善恶怎样与外在福祸相关联呢?

横浦认为天地间一气感通,人与万物均是气化而成。气不是一成不变的,有地域的差别,也有和气恶气的区分。“盖恶气发于一念,充于一身,行于一家。国君则大于一国,天子则又放于天下。”[①]人心一念之不善,会对气产生影响,形成恶气。这恶气充塞到全身,影响其行为。这样人行于一家,则一家受其影响;行于一国,则一国受其影响;行于天下,必将影响到天下。恶气一旦产生,凡人行为所及无不受恶气影响。“盖恶气之生始于微茫,积稔不已终于浩大。触乎天则日食星陨,触乎地则山崩川竭,触乎人则为谗夫,为女子,为不忠之臣,以败乱国家颠覆宗社。”[②]恶气产生虽然仅仅始于人隐微的念虑,但是任由恶气发展和集聚,就会逐渐浩大,不仅人的一身充塞恶气,而且会发施出来使外在环境中也充塞恶气。恶气影响天,会形成日食、流星等异常天象;影响地,会造成山体崩裂、河水枯竭等灾害;影响人,会出现谄媚奸佞之人以及不忠之臣来扰乱国家、颠覆宗社。气之善恶受人心念虑的影响,气的流行又会对客观世界造成影响。正是气沟通心与物并且可以相互影响的这种特点,使内在的德性、个人的善恶能够与外在福祸寿夭等联系起来,形成德福相符的结果。

不仅如此,这种气论也为福善祸淫并不是完全体现在具体的一时一事,而可能在更长时间和更广空间中发挥作用提供了解释。横浦在解释历史事件时常常运用这种气论:“余三复斯言,乃悟鲁之国祚过周之历至汉之初犹有礼义,为项羽坚守而不肯降汉者,皆周公积善之所致也。……鲁自惠公以来恶气浸盛至于如此。故天变地震,纷然四出;是生三桓,为时蟊

① 张九成:《孟子传》卷五,第288页。

② 张九成:《孟子传》卷五,第287页。

膢；是来女乐，远去圣人；是有臧仓，公沮孟子。夫出乎尔者反乎尔，此天理也。”[①]善气或者恶气产生之后氤氲不已，不会短时间消失，其深厚积累使得影响延绵长久。如周公积善所致，民有礼义，其传统至汉初仍不绝；如鲁自惠公积不善导致恶气浸盛，造成各种异常的天象和地震，出现了三桓僭越、小人得势，使圣人无法发挥其才能。

通过气的作用，不但解决了德福为何相符的问题，而且将德福相符从具体的一时一事扩大到更广的时空之中。从更广的时空来看待德福相符之理，就避免了纠结于一人一事上的德福不对应。短时期内的德福不符，或者说幸与不幸，在长远来看，都符合德福相应之正理。“玄宗不用张九龄，德宗不用陆贽，文宗不用裴度，使有禄山之乱、卢杞之乱、甘露之乱，若有鬼神阴沮于其间者，乃太宗开基之际杀窦建德、诛萧铣之报也。”[②]将张九龄、陆贽、裴度等人当时的不幸放回到历史发展之中，可以看到正是由于唐太宗开国之时杀窦建德、萧铣这样的行为，造成了后世国家败乱的报应。此种情况下，必然是忠臣遭诛，小人得势。再回到孔孟不得位的老问题上，圣贤当时不得行其道，一时看似不幸，实际上是因为此前各国积恶，使得恶气充塞难以消除，圣贤才无法得志来平治天下。而孔孟自身的德性虽然不能在当时得到相应的位禄，但身后为万世尊崇。

横浦在讨论德福问题上，引入了气论，使得德福之间关系具有了扎实的基础和本体上的支撑，深化了德福相符这一论题。相应地，由于人心一念会引起外界的各种影响，就要求君子要加意于慎独工夫，即使隐微的念虑也要谨慎对待，做到处心无愧。

三、天命在我

前文论述了横浦在对德福关系的思考中，探寻的几种思路、存在的问题以及发展。概括来说可以如下归结：一、将客观之天命与主观之德性修养相分离，可能导致生活中的一切包括德性都处在被注定的状态，人的主观努力失去了意义；德性修养被完全内化，与儒家由修身而至平天下的精

① 张九成：《孟子传》卷五，第 287 页。

② 张九成：《孟子传》卷五，第 288 页。

神相背离。二、肯定德福相符为天下正理，需要面对的问题是，存在与正理不符的幸与不幸，以及由此带来的不问正理，一味追求幸运的可能；内在的德与外在的福如何能够达到对应。横浦认为幸与不幸只是德福相符在具体阶段、细节上表现出暂时的不对应，并且引入了气论来解释德福如何能够相符。这两种思路有一个共同的思考背景——天命是外在的。福禄名寿等都是外在于人的，也可以说是客观的；而人的德性修养内在于人，是主观的。正因为这样的分别，使得德福相符这个论题中存在着巨大的张力，儒者承认德福相符的同时，也必须面对现实中诸多德福不符的现象，并且不得不对这些现象给出合理的解释。

随着横浦对德福关系的思考不断深化，他开始渐渐放弃以外在和内在、客观和主观来划分天命与德性。如果能避免对天命和德性如此截然断裂地区分，便可以弱化二者之间的张力，许多需要牵强解释的问题也会随之得到安顿。这也是横浦在其著作中越来越明晰地阐发的观点[①]，通过重新诠释天命、福祸寿夭等概念，将它们内在化并等同于德性。

(一)人事即天命

在关于德福关系的论述中，横浦坚持德福相符的同时，常常表现出一种类似善得福、恶得祸的报应观点。坚持德福相符，必然要包含福善祸淫的内容，但横浦与佛教轮回以及其他有神论的报应观点不同：天命是外在的，但天命与德性之间的相符关系并不由人格神控制。天命与德性的关系是客观，“天无心也，福善祸淫，殖有礼覆昏暴，皆人自取耳。故淫者必祸，昏暴者必覆。天之降威，常在人为之后”[②]。横浦认为，天命与德性之间的关系，不是“某人为恶，然后灾祸降临”这样外在地相符，天命与德性，天命与人事，本来就是一贯的，甚至可以说，人事本身就是天命：

> 无垢曰：善即福也，淫即祸也，此天道之自然者。夏王灭德作威，

① 《孟子传》中横浦尚存有天命外在的思想。语录《横浦日新》《无垢先生横浦心传录》中面对该问题则表现出将天命内化的思路；《尚书精义》虽然大量以史解经，但对历史的分析也更多地表现出天命即人事的思想；《中庸说》中，特别是对“大德必受命”一条的注释，几乎是横浦对德福关系所有思考的结晶。因为横浦现存的著述有限，笔者学识尚浅，不能确切知晓著作的成书时间，甚至不能完全确定其成书的先后顺序，但据问题的思考深度推测，《孟子传》属于早期著作，而《中庸说》已是后期思想成熟时的著作，《尚书精义》也应属于稍晚时期。

② 黄伦：《尚书精义》卷三十二，第12页。

> 敷虐万方，此即恶之最淫者。善有感召，恶亦有感召，粪秽自招蛆绳，梧桐自招鸾凤，非有驱而主之。祸者淫之所招，淫萌于心，祸见于外。外之可恶如此，则吾心中之所蕴蓄，盖可见矣。[①]

“善即福也，淫即祸也”，不仅强调了善获福、恶得祸，更重要的是指出了善与福、淫与祸之间有着内在必然联系。就像粪秽招来蛆虫苍蝇，梧桐招来凤凰，这是粪秽、梧桐自身性质必然会带来的结果，并不是有其他人驱逐蛆虫苍蝇到粪秽落户，驱逐凤凰到梧桐栖息。善恶也是一样，其自身必然会招致福祸不同的结果。外在的福祸与内心德性一贯，心中念虑不善，导致祸见于外；显见于外的灾祸，是自身德性的彰显。也正是在这个意义上，横浦提出“夫人事皆天命也，修人事则是谨天命，非于人事之外别有天命也”[②]。人的德行本身就已经包含了必然随之而来的天命，对自身德性的修养以及行为的审慎，就是对天命的恭谨。人事就是天命，并非人事之外另有一天命与其外在地相符。

于是我们再来分析横浦对“大德必受命”的注释，就可以清楚看出其思想的指向——天命即人事：

> 如鸾凤为瑞物，自取尊荣；鸱枭为妖祥，自取弹射；楩楠自取栋梁；蒲柳自取薪焚，天亦因其材而成之耳，岂能有所损益哉？栽者本根深固，自取培益；倾者本根摇动，自取颠覆，亦岂有心哉？是以知大德者自取位禄名寿，而无德者自取贫贱刑戮也。是位禄名寿乃大德之形见也。不如是，是吾德之未至也。故引嘉乐之诗为证，而断之曰：大德必受命。其言判别不疑，此所以勉天下之为德者，当始于戒慎恐惧，而以位禄名寿以卜德之进否也。[③]

横浦历数了各种动植物的不同遭遇，原因在于它们自身的材质不同。鸾凤自身是祥瑞之物，所以获得尊荣；鸱枭自身是不祥之物，所以遭人弹射。楩楠高大，所以作为栋梁；蒲柳轻贱，所以作为燃料。这些遭遇并非上天有意赋予，而是它们自身材质必然导致的结果。正如大德之人，必然会获得位禄名寿；而无德者，自会遭到贫贱刑戮。因为位禄名寿与个人德性之间内

① 黄伦：《尚书精义》卷十六，第 20 页。
② 黄伦：《尚书精义》卷二十，第 17 页。
③ 张九成：《中庸说》卷二，第 13 页。

在的一致性，或者说大德形见于外就是位禄名寿，所以横浦认为，可以用位禄名寿来检验自身的德性修养，如果尚未获得位禄名寿，那么说明自身的德性修养尚有不足，需要坚持不懈地努力。横浦的着眼点在于德性修养，禄寿等只是作为德性的检验，而并非希望以修养德性来获得禄寿。

看似外在的天命实际上是人自身德性所带来的结果。横浦在对"人事即天命"的论述中，还常常引入义理的概念：

> 无垢曰：义理之所在，天之所在也，故顺义理者其年永，悖义理者其年不永，非义理之外别有一天也。当其顺义理时是即永年也，其悖义理时是即天绝也。[1]
>
> 又曰：天道之于义，其吉凶祸福各以其类而至厥理甚明也。禹之征有苗，益赞于禹曰："满招损，谦受益"时，乃天道；汤之伐桀，其诰多方曰："天道福善祸淫。"与此言天道其意正同，但其辞有详略耳。[2]

"善即福也，淫即祸也"，善、淫的标准便是义理。以义理作为判别善恶的标准，可见横浦在德福问题的思考过程中，并非仅关注内心状态，而是始终坚持儒家立场。义理所在即是天命所在，以寿命为例，顺义理的人长寿，悖义理的人短命。顺逆义理本身就决定了其寿夭，义理即是天命。"满招损，谦受益""天道福善祸淫"都是人事即天命、义理即天命的不同表达方式。简而言之，人自身德行符合义理就是天命所在，不符合义理则是天命所绝。

(二)心安为福，心劳为祸

"人事皆是天命"的命题，将天命之福祸与人之善恶等同，认为善本身就包含了福这样的结果，恶本身就包含了祸这样的结果，它们之间有内在的必然联系。横浦对这种内在的必然联系有进一步阐释：

> 或问：作善则吉，从恶则凶，如此则善恶便是吉凶否？先生曰：分之则有侥幸之心。[3]

弟子问道：为善得吉，为恶得凶，那么善恶便是吉凶吗？这个问题实际上和

---

① 黄伦：《尚书精义》卷二十二，第 20 页。

② 黄伦：《尚书精义》卷二十五，第 17 页。

③ 于恕编：《无垢先生横浦心传录》卷中，第 7 页。

横浦对“人事皆是天命”的论述几乎完全相同,却并没有得到横浦的肯定。横浦回答,只要区分善恶与福祸,便会产生侥幸之心。这实际上回到了幸与不幸的问题:即使善得福,恶得祸,只要还存在善恶和福祸的区分,就存在不为善也得福的可能性。这会导致某些人存有侥幸之心,只一味追求幸运,千方百计趋福避祸,而忽略善恶本身。

为了避免出现幸与不幸,导致人们一味追求侥幸,不问善恶正理的状况,横浦在“人事皆是天命”的基础上,进一步将天命内化于人。通过对福祸穷达等天命细目的重新诠释,将它们彻底等同于人的善恶。

> 福祸:为善者常受福,为利者常受祸。心安为福,心劳为祸。[①]
>
> 惠即吉,逆即凶,非于顺道之外复有吉,从逆之外复有凶也。张思叔,伊川高弟也。或问:人而不仁,疾之也甚,何以谓乱?思叔曰:此乱在我,非在彼也。使日用间规规以疾人为心,则我之方寸已紊乱矣,非方寸之外复有乱也。此即惠吉逆凶之意。[②]

福善祸淫这个传统观念在横浦那里获得了新的内涵。福祸区别于我们通常所理解的含义,横浦将福解释为内心的安定,祸解释为内心的纷扰。因此,为善本身就是福,为恶本身就是祸,二者并没有区别。不是我为善,因此获得福,而是我为善本身带来的内心安定即是福。横浦非常赞同张思叔对“人而不仁,疾之也甚,何以谓乱”的解答:极端厌恶不仁之人的行为之所以可以被称为乱,是因为这乱在自身,而不是在外。假如每天着意用心于指责别人,那么自己内心已经紊乱,乱正是指内心的状态。这正与横浦善即福、恶即祸的观点相一致,福祸都是指自己内心的状态,将本来指向外在的福祸化归于人的内心。

在对“惠即吉,逆即凶”的解释中,我们同样可以看到即使将福祸诠释为内心的不同状态,这种状态的获得也不是随心所欲的,它以道为判断标准。惠即顺道,所以为吉;逆为背道,所以为凶。所以惠吉逆凶的观点又可以阐释为,顺天理是吉,逆天理是凶。

> 无垢曰:顺于道理者吉则随之,非道理之外又有吉也。当其顺于道理时,此即吉也,此古之论福者曰:百顺之名也。……夫从逆即是

① 郎晔编:《横浦日新》卷上,《诸儒鸣道》卷七十一,第1页。

② 郎晔编:《横浦日新》卷上,《诸儒鸣道》卷七十一,第12页。

凶，不必谓逆之外别有凶也。……如影之随形，响之随声。影即形也，岂形之外复有影乎？响曰即声也，岂响之外复有声乎？禹是以知吉即惠迪，凶即从逆，非于顺道之外别有吉，从逆之外别有凶。禹之此意，以谓使吉在道外，则福可邀；使凶在逆外，则祸可避，如此则异端得志，而吾道衰矣，不可不谨于此矣。[①]

此段可以说是横浦对惠吉逆凶观点的总结。顺于道理之人得吉，逆于道理之人得凶，是因为顺逆本身就是吉凶，并非在顺逆道理之外另有吉凶，就像形与影、声与响一样不可分离。如果吉和顺道不是同一的，那么福就可以谋求了；如果凶和逆道不是同一的，那么祸就可以避免了。这样的话，不守道义的人就会趋利避害无所不为，而儒家之道反而会衰微。这是横浦特别注意和强调的，也是横浦提出惠吉逆凶观点希望解决的主要问题——对德性、道义的维护和坚守。简要概括为三方面：将福祸诠释为内心的状态，进而将善恶等同于福祸，确定了德福之间相符的关系；强调理是善恶的标准，对理的顺逆就是福祸；通过将福祸与善恶等同，剔除了侥幸得福避祸的可能，进一步维护了儒家所坚守的道义。

在此基础上，横浦对利善作出如下解释：

利善：善者，天理也；利者，人欲也。舜跖之分，特在天理人欲之间而已。然天理明者，虽居利势之中而不为人欲所乱；人欲乱者，虽居仁义之中亦无一合于天理者，此又不可不辨。……为善者心平易，为利者心险巇。[②]

善是天理，利是人欲。天理和人欲不在于所处的外在环境，而在于人的内心。明于天理的人，即使处在人欲横流的境遇中，其内心因明于天理而有的坚定不会被人欲所蛊乱；为人欲所乱的人，即使处在仁义的环境中，也不会合于天理。为善者，处心平易，为利者，处心险峻，这也是横浦定义下福和祸的区别——为善的人因合于道义而内心安定，这就是福；反之，就是祸。福祸与内心状态相关，具有了不同于日常所理解的涵义。因而其他与天命、福祸相关的概念也都随之内在化，不再完全属于外在世界。

横浦将天命定义为人事，并将天命的细目如福祸穷达，等同于人的善

---

① 黄伦：《尚书精义》卷五，第6—7页。

② 郎晔编：《横浦日新》卷上，《诸儒鸣道》卷七十一，第5页。

恶,也就是人对道义的顺逆。这使得原本由内在德性与外在天命共同构成的德福相符之理,转化成对天理的顺逆。于是,人的价值最大限度地建立在天理上,对人的评价判断在于其对天理的顺逆,也就是儒家所肯定的德性。

> 或问君子多不幸,小人多幸,何也?先生曰:君子与小人处已是不幸,况于不幸敢求幸耶?然君子处心无歉,虽不幸犹幸也;小人处心以诈,一不幸则无所不至矣,故多幸。①

提问中君子多不幸,小人多幸,都是指日常所言的幸和不幸。横浦的回答并非延续提问者的思路,而是转换了方向就心上说。从外部境况来看,君子与小人相处,这已经是不幸了,哪里还可以在不幸的境况中寻求幸运?从内心来看,君子处心无歉,合于天理,这本身就是幸,哪怕处在不幸的境况之中,也并不影响内心无歉所带来的充实平静。小人则内心诈伪,为获得幸而无所不为,这样外在追逐所得的侥幸,并不能弥补其内心的纷扰。日常所言的幸和不幸,只能用来形容外部的境况,在横浦看来真正的幸与不幸在于内心的状态。不仅仅是幸与不幸,对福祸、穷达,贫富,甚至生死,横浦大都回归到人的内心来评价。

就福祸而言,横浦不再停留在外在获福遭祸的层面讨论,而是把问题归为个人的德行:

> 或问:韩退之《与刘秀才论史》一书历言古人作史不有人祸必有天殃。柳子厚以书辟之,其说甚有理。观退之所论似屈于理,以退之之明,何乃发为此论?若以畏祸而不为史,苟得直笔,虽死亦荣。退之守正,祸尚可畏耶?先生曰:此亦是退之说得未尽处,想其意亦不专在畏祸,但恐褒贬失实足以贻祸,故迁就其说而失之泥,宜为子厚所攻。②

在弟子提问中,我们可以清晰地看到天命外在的思想。弟子认为,韩退之例举自古作史之人多遭灾祸,这种说法不合于理。不应因为害怕遭灾祸而不作史,如果能够真实记载史实,虽死亦荣。韩退之能够坚守正理,灾祸哪里还值得畏惧?问者在批评韩退之思想时,强调应该守正直笔,这才是作

① 于恕编:《无垢先生横浦心传录》卷中,第48页。

② 于恕编:《无垢先生横浦心传录》卷中,第47页。

史者的价值和荣耀所在。虽然提问者强调为史者当自身守正，外在灾祸不应成为影响作史的原因，但这也显示出守正与灾祸之间的差异，福祸与守正并非完全一致，两者显然有内外之别。横浦的回答则改变了问题中作史者是否畏祸这个方向，他说，韩退之论作史者多遭灾祸，实际上不是畏惧外来的灾祸，他真正畏惧和担忧的是作史时议论褒贬与事实不相符，足以造成灾祸。可能因为韩退之没有表达清楚这层意思，所以才被误解攻击。横浦的回答将外在灾祸引向了个人内部，不是另有外在的灾祸降临，而是评论记述历史时褒贬失实成为灾祸。福与祸在于个人的德行，源于个人行为是否符合天理。

就穷达而言，“穷达：穷达系道之兴废，不为己之贵贱。故有道之士处穷而不闷”[①]，穷达不是描述个人所处或贵或贱的位置，而是指道的兴废。因此，有道之人即使处在困厄的状态也不会烦忧。

就贫富而言，人所能体会到的安宁与和乐并非来源于物质生活的优劣，而在于内心的饱满与坚定。

> 或问：富贵而矜，贫贱而叹，使处富贵如处贫贱，处贫贱如处富贵，则矜叹不发矣。先生曰：见得一者难。使颜子以贫贱处贫贱，又安得乐？颜子于此非特忘富贵，而贫贱亦忘了。此人所以虽视之弗堪，而回则不改也。所见到此，便是乐天。[②]

在富贵与贫贱的不同境遇中，弟子认为如果能不区分贫贱和富贵，将贫贱和富贵等一视之，那么就不会再有骄傲或叹息了。横浦显然不同意将骄傲或者叹息这样的感情归因于外部的贫富境遇。横浦以颜子为例，认为颜子之所以能够处陋巷而不改其乐，原因不在于他能安于贫贱，而是贫富这些外在境遇不能影响颜子内心和乐的状态。“惟其所以乐者在心而不在身，此所以为圣为贤为万世标的也。”[③]颜子的乐，来源于内心对天理的体认，而无关于贫富，这才是他可以为万世崇敬效法的原因。

就生死而言，“曰：‘人之生也直，罔之生也幸而免。’论人之生皆以直道。非直之生幸而免耳，如盗跖虽生，其神魄已自沦于幽冥，虽生实死耳。

---

① 郎晔编：《横浦日新》卷上，《诸儒鸣道》卷七十一，第10页。

② 于恕编：《无垢先生横浦心传录》卷中，第10页。

③ 张九成：《孟子传》卷二十七，第494页。

颜渊虽夭，其淳风懿德虽千古而常在，谁谓其夭哉”[①]。人以直道而生，不以直道仍能生存的只是侥幸。以此来看，横浦认为盗跖由于枉道而行，其精神念虑违背道义，虽生犹死；颜子虽然寿命不长，但其德行千古敬仰，虽死犹生。生死并非完全是身体的存活喘息，人生命更为本质的内容在于精神，在于内心的德性。

日常生活中用来评价个人外在境况的各方面，幸与不幸、福祸、穷达、贫富，甚至生死，横浦都将它们内化为人自身的德行。所谓天命，所谓贫富寿夭等，究其根本都在于自身的道德与行为。人的价值只有在其自身德行上才能真正挺立起来，也只有自身德行才能成为一个人生存的真正意义所在。

朱熹认为横浦这种思想过于强调内心修养，将福祸贫富等统归于内心，是对外在世界的弱化，甚至是对天理本体的弱化，以至于流入禅学。“（诠品是非之心）张氏绝之，吾见其任私凿知，不得循天理之正矣。然斯言也，岂释氏所称‘直取无上菩提，一切是非莫管’之遗意耶？呜呼，斯言也，其儒释所以分之始与！”[②]横浦认为诠品是非之心是对外界的关注，人更应该通过戒惧工夫修养内心的德性。他这种思想遭到朱熹强烈的批评，以程朱理学思想来看，天理作为本体，是一切是非评判的最终依据，对内心的过度强调，会造成对天理的忽视。由此，朱熹甚至认为横浦是继承了佛教以世间万物皆为虚幻的思想。横浦德福相符的思想确实有内化的倾向，此后陆九渊、王阳明等心学一系以心为本体，也都会被理学者斥责为杂禅。但儒佛的分判应在于是否肯定普遍性的人伦与德性，而不在于以天理为本体，以气为本体，还是以心为本体。

小　结

在横浦看来，只有将价值坚定地确立在自身内部，将本心天理作为行为念虑的最终标准，才可能在外界纷繁复杂的变动中安然自处。这种安定来自内心的坚定，来自体认本心而获得的饱满。“以道欲其自得之也，自得

---

① 黄伦：《尚书精义》卷二十二，第 20 页。

② 朱熹：《晦庵先生朱文公文集》卷七十二《张无垢中庸解》，《朱子全书》第二十四册，第 3476 页。

之,则异端不能摇,暴行不能动,死生、贫富、贵贱、忧乐通而为一,随所寓而安焉,此居之安也。”[①]于是,我们看到横浦对人对事议论评价的着眼点,看到他所崇敬的人格与生活样态:

> 或问:文简公除端揆而门无贺客亦无宴会,真庙以谓大耐官职。此岂矫饰者乎?先生曰:非有道者,器局不能如此。视富贵为何等事,真若浮云耳,于我何加益?[②]

文简公荣升宰相,家中一如平常,无庆贺宴请。横浦赞叹其有道,正因为内心对道的体认,才涵养得器局如此之大,富贵不过如浮云一般,不能影响其内心。

> 苟非其招,虞人且不肯至;诡而不得其正,御者犹以为羞。孔孟取之,所以尚其志也。士之为志,岂不优于虞人、御者哉?往往苟贱不廉,为皂隶仆夫所耻,其取辱于孔孟宗风多矣。碌碌一生,死与草木俱腐,曾蝼蚁之不若,尚得以人名耶?凡事不可不以自警。[③]

虞人、御者对于不正之令、不正之得,尚能以为羞耻而不从。士人志向本应更为坚定,一些人反而不如虞人、御者,苟取贪婪,被众人耻笑,有辱于孔孟宗风。这样的人一生碌碌无为,不如蝼蚁,不能称之为人。那么如何能称之为人呢?人的价值不在于外,而在于自身。无志的人随着外界环境而变化,由外界的贫富、贵贱、他人喜好等来决定自身的行为。

> 东坡言木有瘿,石有晕,犀有通,以取妍于人,皆物之病也。予谪居无事,默自观省,回视三十年以来所为,多其病者。予近谪居于此已十年矣,而朝夕著书,作语不已,是方将启其病者耳。不知异时之观省,又知其病为如何耶?亦当于此绝其源耳。[④]

木有瘿,石有晕,犀有通,都是木、石、犀用来取悦于人的,取悦于人是这些物的弊处。横浦以此句喻人,省视自己此前三十年所为,也多为取悦于人,对自己当下以及此后行为不断自警。横浦崇尚没有媚态的人格,这样的

---

① 张九成:《孟子传》卷十九,第421页。
② 于恕编:《无垢先生横浦心传录》卷中,第9页。
③ 于恕编:《无垢先生横浦心传录》卷下,第3页。
④ 于恕编:《无垢先生横浦心传录》卷上,第34页

人,其行为不取决于外界的喜好,不盲从于世俗的价值判断,而是来源于自身。只有建立于自身内部才是真正坚定的价值,无论外界环境、外在条件如何变换,都能给予人坚定扎实的基础,让人在一切境遇中能泰然处之,而非随境遇或喜或悲,慌乱而无所适从。

经历了对德福问题的几番思考和各种尝试,横浦最终确定了他所理解的德福相符。人对德福关系的关注、讨论和争议,实际上是由于人对自身德性不自信和不坚信。人未能真正体认本心,才会关注外在境遇,计较所得福祸。真正的和乐与安定来源于内心,是通过体认本心而获得的充实和坚定。真正内心自得之人,不受变幻莫测的外界境遇所扰,福在于内心的安定,祸在于背理而有的纷乱,达在于得道,穷在于失道……这种建立在内心的价值,带给人最坚实的基础和最确定的方向。

第十章 《孟子传》注释特点

《孟子传》又名《张状元孟子传》，现存两个版本。最早为宋刊本《张状元孟子传》残二十九卷，缺《尽心》上下篇，收入《四部丛刊三编》经部，张元济据苏州滂喜斋潘氏藏宋刊本影印，原本即有残缺。《文渊阁四库全书》本《张状元孟子传》残二十九卷，同缺《尽心》上下篇，《提要》称其底本为“南宋旧槧”。据张元济校勘记所言，《四库全书》所用底本乃今南京图书馆藏《张状元孟子传》，与滂喜斋潘氏藏宋刊本卷数相同，但行字不合。其间有滂喜斋本残缺，而此本有存，或为后来传抄者臆补。

现存《孟子传》残本，与历史记录书名、卷数差异较大。《横浦先生文集》后附有《家传》一篇，对张九成著述记录较为全面，其中称《孟子说》十四卷。陈振孙《直斋书录解题》卷三、《文献通考·经籍考》卷十一、焦竑《国史经籍志》卷二，三书均称《孟子解》十四卷。《郡斋读书志附志》卷上则称《孟子解》三十六卷，季振宜《季沧苇书目》中称宋版《孟子解》三十二卷。以卷数推测，现存《孟子传》残本最有可能为《郡斋读书志附志》所记《孟子解》三十六卷。就书名而言，历史记录横浦注经题名多为“说”或“解”，未见“传”，而现在所见两种宋刊本均题名《张状元孟子传》，可能是后来刊印时作了修改。

横浦倾十数年之力注释《孟子》，不拘于笺诂文句，采取“以意逆志”“以时考之”的解经方法，阐明《孟子》中的君臣之义、王霸之辨、性善论等。他对《孟子》的注释独具特色，既有宋代理学家重于义理阐发的特点，也自觉地贯彻和强调自己的注释方法，并且时时回应着宋代以来学者对《孟子》的质疑和南宋朝廷面临的困境。

横浦作《孟子传》，除了以理学思想重新挖掘《孟子》深意这样的哲学考虑之外，我们从其气势恢宏的行文中，能处处看出他对现实问题的思索和回应。政治现实中的困境和思想界的多种学说并立[1]，成为他注释和解读

---

[1] “多种学说并立”，既包括儒释道三家思想的对立交流，也包括儒学内部不同学派的并存，如涑水、蜀学、湖湘学派、功利主义等。

《孟子》的思想背景及问题意识。这一思想背景中，北宋以来的疑孟非孟思潮无疑是他要面对的最直接的挑战。

自韩愈提出“道统”，将孟子作为儒家之道的传承者和排斥异端的卫道者，中国经学史上开始酝酿一场轰轰烈烈的变革。在这场变革中，产生了“五经”之外的“四书”作为儒家新的经典体系，《孟子》由“子”升“经”，与《大学》《中庸》《论语》一起成为宋学的核心经典。在这场孟子升格运动中，北宋的柳开、石介、孙复、欧阳修、王安石、张载、二程等人推尊孟子，明确肯定孟子作为儒家道统的真正传人。欧阳修说：“孔子之后，惟孟轲最知道。”[①]二程也明确指出：“孔子没，曾子之道日益光大。孔子没，传孔子之道者，曾子而已。曾子传之子思，子思传之孟子，孟子死，不得其传。”[②]将孟子作为孔子思想的真正传承者，并且在战国时期辟异端，有维护儒家道统之功。经北宋儒者对孟子的推崇，“尊孟思潮已成为宋初儒学复兴运动中的主流，直接推动经学中汉学向宋学的转型”[③]。

与此同时，对孟子的质疑甚至非难也成为当时思想界中的重要声音，其中不乏大儒的参与。司马光作《疑孟论》，嘲讽孟子“鬻先王之道以售其身”；郑厚叔在《艺圃折衷》指责孟子“挟仲尼以欺天下”；晁说之作《诋孟》，甚至上疏“请去《孟子》于经筵”……疑孟非孟者就《孟子》中的君臣之道、王霸之辨、义利之辨、人性论等重要思想提出各自的质疑和批驳。这些质疑和批驳成为横浦注释《孟子》过程中主动面对和回应的理论问题。

一、君臣之道

君臣之道乃人之大伦，孟子周游列国，《孟子》七篇中记述了大量孟子与齐宣王、梁惠王、滕文公等诸侯的对答，其中孟子明确表达了他对君臣之道的见解。孟子的事君之方和他对君臣之道的论述，遭到了非孟者的批驳。司马光作《疑孟论》言：“孔子，圣人也；定、哀，庸君也。然定、哀召孔子，孔子不俟驾而行……孟子之德，孰与周公？其齿之长，孰与周公之于

① 欧阳修著，李逸安点校：《欧阳修全集》卷六十七，北京：中华书局，2001 年，第 979 页。
② 程颢、程颐著，王孝鱼点校：《河南程氏遗书》卷二十五，《二程集》，第 327 页。
③ 束景南、王晓华：《四书升格运动与宋代四书学的兴起》，载于《历史研究》，2007 年第 5 期。

成王?”①

关于孟子拒绝齐宣王召见一事,在战国时,景子就曾当面责问孟子,认为于礼不合,应如孔子“君命召,不俟驾”。宋代非孟者对孟子君臣之道的批驳主要源自两点:一是孟子对君主的态度与儒家圣人周公、孔子不同,进而认为孟子没有继承周孔思想的真谛。二是孟子以爵、齿、德三者作为天下达尊,削弱了君主地位的至上性,与传统的君尊臣卑理论相违。以上两点并非同属一个层面,对君尊臣卑绝对性的否认,是孟子以身体不适为借口拒绝齐宣王召见的理论基础,即第二点是第一点的理论基础。

横浦在注释中,从“学先王之道”与“用先王之道”的差别来回应非孟者的质疑,“余尝谓孟子学先王之道而能用先王之道者也,事变非常,其用不一,按迹而求,每见其参差不合矣”②。学先王之道者,未必能够因时制宜以先王之道行乎世。真正的儒者,对儒家之道不仅仅要能记诵讲述,更要运用于具体生活中,处理应对现实事件。一以贯之的儒家之道一旦落实到现实生活之中,必然要散为万殊,有经有权,随事变化。这样来看,学先王之道易,而用先王之道难。

儒家之道并非僵死的具体仪则规范,需要时移世易落实到具体生活中。孟子能够将儒家之道运用在与诸侯、弟子的往来问答中,启沃其内心的恻隐、羞恶、辞让、是非之端。以世俗礼节来看,孟子的做法有时不合于礼;从道的层面来看,孟子恰恰是真正体认并实践儒家之道。后世非孟者也是因为自身学道不足,囿于习俗,才重仪则而轻所以为仪则者,即儒家之道。

> 夫天下皆知父子主恩、君臣主敬,皆知召之则来、麾之则去为敬王矣,而不知以尧舜之道陈于王前之为大敬也;天下皆知君命召,不俟驾之为礼矣,而不知德齿之尊,学焉而后臣之之为大礼也。孟子大儒也,用先王之道者也。众皆以召之则去之为敬,而吾则独以陈尧舜之道为敬;众皆以不俟驾之为礼,而吾则独以德齿之尊,学焉臣之之为礼,是以高见远识卓然出乎世儒之上。③

① 黄宗羲原著,全祖望补修,陈金生、梁运华点校:《宋元学案·涑水学案上》,第284—285页。

② 张九成:《孟子传》卷八,第320页。

③ 张九成:《孟子传》卷八,第322页。

“世儒”是横浦对非孟者的称呼，也是对大多数学道未成，尚不能将儒家之道施于日用者的称呼。世儒仅仅知道父子主恩、君臣主敬是礼，因而认为周公孔子之敬君，就是“招之则来，挥之则去”“君命召，不俟驾”。若仅以行为上的毕恭毕敬作为君臣之礼的核心，就将儒家之道看得太过浅显，以为抓住了一些表象的片段，就得到了儒学真谛。在孟子看来，孔子对君主之敬，其核心是以礼待君，在特定情境下表现为“君命召，不俟驾”。后世儒者学先王之道，不能固守于具体仪则行为，而应认识并遵循礼的核心，方能正确应用先王之道。君臣之道的核心是以礼待君，那么周公、孔子尊君主之贵是敬，孟子陈尧舜之道于诸侯，启迪诸侯内心的仁德，同样是敬。虽然周、孔、孟对君主之敬在行为上各有差异，但就其根本，都是以儒家之道运用于君臣之际。

不把礼局限为具体的仪则规范，而是从礼的核心——儒家之道上把握，这是横浦注释《孟子》对君臣关系的深化，也是对非孟者的回应。儒家之道作为礼的核心，一以贯之；具体仪则规范却不能一成不变，需要根据时代的变迁和具体情境做出损益。后世儒者学儒家之道，应学习其核心，不能流于固守形式；而儒家之道自身也要求落实于具体境遇中，处理不同时代的复杂状况。简而言之，学儒家之道，应学其核心；用儒家之道，应有经有权，有损有益，以道为本，不僵守形式。

正是基于这一理论，横浦通过论述世儒与孟子对先王之道的理解存在差别，进而展现孟子才是真正把握儒家思想核心的人，是孔子思想的传承者。孟子直指齐宣王易牛之心是不忍人之心，扩而充之，使之遍施于民，则是尧舜之道。“孟子待齐王如此，是将以成汤待之也。其敬君，其有礼于君，天下岂复有如孟子者哉！”[①]孟子打算朝见齐宣王，是以臣子之礼敬君主；齐宣王以疾病为由，召见孟子，是以万乘之尊为至贵，忽略尊德、尊齿之义。非礼而召，孟子不往，并非妄自尊大，以德、齿要君。而是希望以此引导齐宣王了解君臣之道的真正内涵，君使臣以礼，臣事君以敬，君臣之间无事非礼，如此方能效法尧舜圣王之道。孟子对儒学不仅仅能谈论讲授，更能在行为施设之中贯彻，通过日常言行启发君主的向道之心。这更加印证了横浦的论断，孟子是“学先王之道而能用先王之道者”，非孟者正因为学

① 张九成：《孟子传》卷八，第322页。

道不精，未能真正把握儒家之道，因而常以世俗见解妄自揣测和质疑孟子。

> 孟子善用先王之道，其所为每出俗情之外。非独后世非之、疑之、詈之，而当时如陈臻、屋庐子、淳于髡之徒，或以为非，或以为得间，或以为无贤，而况后世乎？故学者之学圣贤，当以道观，不当以俗情观，当得以心，不可追其迹。其或出或处，或嘿或语，或辞或受，裁自本心，一贯乎道。①

横浦对《孟子》的注释中，特别强调“用先王之道”，通过深入阐发儒家之道的内涵和具体运用中的一理万殊，不但回应了非孟者的质疑，而且分析了非孟的原因：以世俗观点来看待圣人，只从表面了解圣人的行迹，而不能深入思考圣人之所以如此行事的原因。“学者之观圣王，不当泥于一语，局于一说，当取先王之书贯穿博取而读之，必合于人情乃已。”②学者研习经典，不应拘泥于一字一句，甚至断章取义，当融会贯通，了解圣王之道，读书到此境地，才会明白先王之道与我自家的本心一致。

非孟者对孟子的责难中，还重点指出“天下有达尊三：爵一，齿一，德一”，是孟子以德、齿作为理由轻忽君主。对这条的分析和解答是余隐之《尊孟辨》和朱熹《读余隐之尊孟辨》中的重要内容。但横浦不同，因为在他看来，孟子拒绝齐宣王召见这一行为本身，就是儒家之道的运用，是更深层次的以礼事君。至于以爵、德、齿作为三达尊，并非是孟子拒绝齐宣王召见的理论基础，反而是在教化士大夫平日立身行事，不应专以富贵为重，应该以德性为重。“至引曾子：‘彼以其富，我以吾仁；彼以其爵，我以吾义’之说，其使学士大夫以仁义为重，以富贵为轻……学者于此不可不精思也。”③

横浦对孟子君臣之道的处理，可谓用思精妙。“用先王之道”既是他对孟子的评价，更是他提出的一个新视角。以“用先王之道”的视角来理解和把握孟子，可以不被文字禁锢，更不被非孟者的思路牵引。横浦以是否把握先王之道即儒家思想核心并能随事发用作为根本依据，恰当反驳了非孟者的批评，维护孟子作为亚圣的地位。从横浦论述中，不难看出宋代理学的特点是注重在现实生活及历史事件的万殊中，探求和挖掘儒家一以贯之

---

① 张九成：《孟子传》卷八，第 322 页。
② 张九成：《孟子传》卷三，第 256 页。
③ 张九成：《孟子传》卷八，第 323 页。

之道。儒家的一以贯之之道，在他看来，就是我与圣人相同的本心。本心具有超越性，不受限于时空，但于具体时空中发用，感而遂通为具体境遇中合理行为，此为用先王之道。

二、汤武革命

汤武革命是与君臣之道密切相关的一个问题，是将君臣之道推至最极端的状况，将“推行王政”与“臣事君以忠”二者之间的矛盾充分展现出来，因而其自古就是儒学中一个重要话题，也是评价孟子时不可回避的问题。孟子对汤武革命持非常激进的看法：

> 齐宣王问曰：“汤放桀，武王伐纣，有诸？”孟子对曰：“于传有之。”曰：“臣弑其君可乎？”曰：“贼仁者谓之贼，贼义者谓之残，残贼之人谓之一夫。闻诛一夫纣矣，未闻弑君也。”①

孟子以仁义作为评价君主的标准，以“贼仁”和“贼义”来评价桀、纣，并断定桀、纣并非真正君主，而是失德之人；也就是以违背仁义为依据，来取消桀、纣作为君主的合法性。桀、纣失去了君主的至尊地位，因而汤放桀、武王伐纣就不是臣弑君，而是诛讨失德之人。在今天看来，孟子对汤武革命的解释显得有点曲折委婉，因为在近代以来自由、平等、民主思想的冲击下，君主作为天子的神圣性和至高性已经不复存在。若基于同情的理解，考虑到在中国传统社会中，君臣与父子一样，乃人之大伦，忠君就像孝亲一般，是颠扑不破的基本人伦，杀父弑君是最残忍的罪行，绝对不被容忍，这样孟子对汤武革命的赞扬就非常激进了。

历代非孟者都着力攻击这一点，宋代的非孟者也不例外，司马光、李觏等人都因此质疑孟子的道统地位。李觏甚至将孟子与孙膑、吴起、苏秦、张仪等人并列作为祸乱天下的罪人，“吾以为孟子者，五霸之罪人也。五霸率诸侯事天子，孟子劝诸侯为天子。苟有人性者，必知其逆顺耳矣”②。李觏表明自己作《常语》批驳孟子，是为了正君臣之义，纠正“乐王道而忘天子”的世风。《常语》中评价汤武革命言：

---

① 朱熹：《四书章句集注》，第221页。

② 李觏撰，王国轩点校：《李觏集》，北京：中华书局，2011年，第539页。

> 汤、武之生，不幸而遭桀、纣，放之杀之而莅天下，岂汤、武之愿哉？仰畏天，俯畏人，欲遂其为臣而不可得也。由孟子之言，则是汤、武修行仁义以取桀纣尔。呜呼！吾乃不知仁义之为篡器也。又《仲虺之诰》：“成汤放桀于南巢，惟有惭德，曰予恐来世以台为口实。”孔子谓“武尽美矣，未尽善也”。彼顺天应人犹䟣䟢如此，而孟子固求之，其心安乎哉！①

李觏的看法非常有代表性，他认为汤武革命是臣子的不幸，遇到桀纣这样的暴君，不得已而为之，且心存不安。孟子不但不能理解汤武这种两难的处境，反而认为汤武内修德性，外施仁政，以此篡夺君位。也就是说孟子将仁、义作为弑君篡权的凭借，非但不顾君臣之道，而且与儒家思想相悖。

李觏对君臣之道的维护和对孟子的批驳很容易理解，可是他对汤武革命的解释却存在显而易见的矛盾，作为臣子遭遇暴君暴政，固然是“不幸”，但这种不幸却不必然引出弑君以代之的革命。《汉书·儒林传》中黄生就提出了这样的问题：“今桀纣虽失道，然君上也；汤武虽圣，臣下也。夫主有失行，臣不正言匡过以尊天子，反因过而诛之，代立南面，非杀而何？”②若真正贯彻忠君思想，汤武完全可以安于臣子之位，尽心侍奉君主，迫不得已，也可以效法商之三贤：微子去之，箕子为之奴，比干谏而死，而且孔子对微子、箕子、比干也明确表示了赞赏。

非孟者一方面维护君臣之道，另一方面又不否认汤武革命，将自己的思想处于矛盾之中。究其原因，除了作为臣子畏惧君权，不得不在政治上有所妥协之外，思想上的困境是更为重要的原因，即“推行王政”与“臣事君以忠”之间的矛盾。若主张对君主的绝对忠诚，那么几乎所有的王朝更迭都是弑君、篡位，暴君当道时，在理论上人民只能安于暴政的摧残和苦难才算是贯彻儒家的君臣之道，与儒家主张王政的思想相悖；若认为汤武革命是于普天之下推行仁政，那么所有的犯上作乱、杀父弑君都可以自誉为效法汤武，必然会破坏君臣大伦。齐宣王之所以有此问，大概也是为他取代周天子、朝诸侯、莅中国的政治理想寻找理论依据。

君主失德便可以被取代的思想，其实已经被绝大多数宋代儒者接受，

① 李觏撰，王国轩点校：《李觏集》，第540页。

② 班固撰，颜师古注：《汉书》卷八十八《儒林传第五十八》，第3612页。

仅仅是在理论上还存在上述的两难困境。例如余隐之、朱熹等人都认为尧、舜、禹、汤、文、武的行为施设虽然不同，但都是“时措之宜”。这与横浦注释《孟子》时选择“用先王之道”的视角非常相似。他完全可以继续使用“用先王之道”的概念，以历史处境不同，先王之道发用亦不同，来解释汤武革命，但在此处，他却完全放弃了一贯的注《孟》视角，采取存疑的态度。

余读此章，诵孟子之对，毛发森耸，何其劲厉如此哉？及思子贡之说曰：“纣之不善，不如是之甚也。是以君子恶居下流，天下之恶皆归焉。”何其忠恕若此哉！夫孔门之恕纣如此，而孟子直以一夫名之，不复以君臣论，其可怪也！予昔观史，纣为武王所迫，自燔于火而死。武王入至纣所，自射之三发而后下车，亲以剑击之……呜呼！武王虽圣，人臣也；纣虽无道，君也。武王尝北面事之，何忍为此事也！[①]

横浦颇具文采，行文气势恢宏，但他秉承了古文运动以来“文以载道”的精神，避免文字过于华美，也极少在行文中煽情。此段文字一反常态，读者能轻易看出他的震惊、困惑、悲愤，甚至“余读之掩卷，不忍至于流涕”[②]。如前文引用汉代黄生的问题一样，横浦强调君臣地位的绝对性，即使桀纣为人暴虐，但始终是君主；即使汤武仁德，但毕竟是臣子。臣事君以忠这一原则是不可撼动的。虽然他赞颂孟子拒绝齐宣王之召的举动，但在他看来，孟子拒绝的背后仍然是对君主尽忠，只是在具体行为上，孟子与周、孔略有差异。

或曰：此武王行天意，慰人心也。呜呼！天道乃使臣下行此事，岂天理也哉？人心乃欲臣下行此事，岂人心也哉？反复求其说而不得……夫汤之放桀，与夫卫之逐君，顾臣子所不当为矣。而武王乃至亲射之，以剑击之，以钺斩之。孟子至谓之诛一夫，而孔子、《中庸》又称大之。余读圣贤之书无不一一合于心，独于此而惨栗，若以为不当为者。[③]

横浦坚持儒家的君臣之道，对于孟子肯定汤武革命的论断，完全不能接受，甚至在史书中反复求索，对于武王伐纣这样臣弑君的惨烈事件，始终

---

① 张九成：《孟子传》卷四，第275页。
② 张九成：《孟子传》卷四，第275页。
③ 张九成：《孟子传》卷四，第276页。

不能释怀。他清楚地知道，儒家传统中，无论是周公、孔子、子思、孟子，还是他尊奉的洛学，都肯定汤武为儒家圣王，但这种历史和经典的考证并不能在理论和情感上说服他。在他看来，人之本心就是天理，也就是道统传承下来的儒家之道。汤武革命于人心不合，便是于天理不合，也就是违背儒家一以贯之之道。这在横浦的理论中，是无法通过委屈解答来安置的。

他认为君臣之道符合天理，因而臣事君以忠就成为绝对信条。现实生活中物情百态，人只要本于天理，具体行为上可以因时制宜，随事变化，这本就是儒家强调的有经有权。但儒家之道作为根本原则绝不能变化，若肯定某些特定历史时期中儒家之道也可以权变，那么“道”本身就失去了作为本体的绝对性和恒常性。从这个角度看，横浦在理论上不可能赞同臣弑君的行为，即使是汤对桀、武对纣这样的极端状况。

除了哲学上的考虑，横浦对汤武革命如此悲愤，伤痛和不安溢于言表，也与他的处境相关。“隐之于心，惨怛而不安，验之于事，则亲弑君首，悬之于旗，可乎？”[①]横浦生于元祐七年，三十四岁时游学京师，次年金兵攻打北宋，他亲历了靖康之难。国家遭遇的危难和耻辱是当时有志之士共同的苦难，更何况他作为亲历者，更有深切的伤痛。绍兴二年，横浦参加殿试时，所作廷对句句皆言如何图得中兴，增强兵力，对金作战，迎回二帝，以雪国耻。金人在北方设傀儡政权大楚，立宋朝叛臣张邦昌为皇帝，册文中言：“太宰张邦昌，天毓疏通，神姿睿哲，处位著忠良之誉，居家闻孝友之名，实天命之有归，乃人情之所系，择其贤者，非子而谁。”[②]以“实天命之有归”作为册封傀儡皇帝的借口，金国的侵略和臣子的背叛也可以打着天命所归的大旗，真是天大的嘲讽。横浦在廷对中点名指责金国的傀儡政权，险些招来杀身之祸，但丝毫不影响他坚决反对与金议和。

正是看到了侵略与背叛这样的卑劣行径都可以打着天命所归的旗号，横浦深刻认识到，若肯定汤放桀、武弑纣的合理性，那么所有的犯上作乱都可以自誉为效法汤武，君臣之道便名存实亡。因此他坚决维护君臣之道，甚至赋予其天理的绝对性。

---

① 张九成：《孟子传》卷四，第 276 页。

② 徐梦莘：《三朝北盟会编》卷八十四，《文渊阁四库全书》，第 7 页。

三、王霸之辨

孟子政治思想中的一个重要内容就是区分王政与霸政，将孔子的义利之辨推至政治领域，提出王霸义利之辨。这一区分固然是政治哲学上的洞见，但评价历史与现实时，断定何者是王政、何者为霸政却并不容易。人们对义与利有着各自不同的评判标准，而这一差异化的标准在面对来自现实政治的影响甚至压力时，就更加难以捉摸。

横浦注释《孟子》时，面对的不仅是非孟者对孟子王霸论断的猛烈攻击，更是南宋朝廷丧失中兴良机、内忧外患、岌岌可危的状况。因而《孟子传》中对王霸之辨的注释带有明显的时代影响，甚至多处痛心疾首的阐发就是张九成针对时政的论述：

> 孟子曰："以力假仁者霸，霸必有大国；以德行仁者王，王不待大。汤以七十里，文王以百里。以力服人者，非心服也，力不赡也；以德服人者，中心悦而诚服也，如七十子之服孔子也。《诗》云：'自西自东，自南自北，无思不服'，此之谓也。"
>
> 注释：呜呼！善论王霸之道无出于孟子矣。盖霸者以智术为主，王者以至诚为主。至诚乃心所固有者，智术乃罔念所成者。以至诚行仁政，是其心出于救民耳，非有所冀也；以智术假仁政，是特假途以要利尔，岂以民为心哉？……故如霸者之所为，竭其智术侵人土地，取人城邑，可以为大国而已矣。然而怨结于心，特待时而发耳。如王者之所为，本不为广土地，充府库计也，故汤以七十里而天下归之，文王以百里而天下归之。汤之有天下，文王之三分，皆至诚所感，民心归之，如子之归父母，水之朝东海，岂强以智术驱之哉？特其心之所愿欲耳。[①]

横浦在王政与德、霸政与力的关系中，加入了至诚和智术这组概念。王政以至诚而行，民生才是君主内心所思；霸政以智术假借仁义而行，君主真正关心的是自己的私利。可以从以下两个方面来理解横浦的注释：一、

① 张九成：《孟子传》卷六，第300—301页。

对于仁及仁政的判断不能以行为和事功，而是应该以心理动机作为标准。判断一个人是仁者，一个政权是仁政，主要看他内心是否出于爱民，是否以至诚为主。二、孟子的王霸义利之辨中，义利的区分是难点，横浦认为此处的义利之别不在于是否言事功，而在于制定政令是以民生还是君主个人利益为出发点。“有圣王之学，有霸者之学。圣王之学其本为天下国家，故其说以民为主；霸者之学其本在于便一己而已矣，故其说以利为主。”①以民生为出发点，自然要求百姓生存所需的基本物质条件，君主也必须尽其所能创造这样的物质条件，这不是利，而是义。

可以看到，在《孟子传》中“王霸之辨”和“义利之辨”都更看重内在动机，也就是更偏向于对德性的要求。以此为标准，齐桓、晋文打着尊周天子的旗号，号令诸侯，至多算是智术超群，不可称“仁”。“如齐桓实欲袭蔡而假包茅之名，实欲服诸侯而假葵丘之名；晋文实欲伐楚而假避舍之名，实欲一战而霸而假大蒐、伐原之名。虽一时风声威令足以耸动邻国，然而天下皆知其心出于智术……若夫王者之心则不如是。”②依此评判标准，不但齐桓、晋文不可称仁，曾经被孔子许以“如其仁”的管仲也不能称仁，至于战国时期权炙一时的商鞅、孙膑、陈轸、苏秦、张仪、稷下诸人更是归于小人之列。

这一论断在《孟子传》中贯穿始终：“先王之道衰，管仲以霸道坏人心；五霸之术衰，商鞅、孙膑、陈轸、苏秦、张仪、稷下诸人又以权谋纵横诡计坏人心，是以先王忠厚之风略不复见，而轻浮浅薄，动成群党，喋喋呫呫，专事唇吻，不问圣贤，妄有诋訾，殊可恶也。”③此处“群党”一词值得留意。商鞅、孙膑等人大体属于法家和兵家，在各自国家中主张变法或善于兵法权谋纵横之术，可以批评其专事唇舌或不问圣贤，但批评其结为“群党”似乎是妄加之罪。若考虑到宋代的“朋党”之争甚至导致朝廷中多次大规模罢免官员，此处“动成群党”的罪名就可以理解了。同样，若考虑到宋代士大夫严于君子小人之辨，《孟子传》中对于行为内在动机的重视，也更容易被理解。

在这一点上横浦与司马光对仁政的理解恰恰相反，司马光认为：“夫

① 张九成：《孟子传》卷二，第249页。
② 张九成：《孟子传》卷六，第300—301页。
③ 张九成：《孟子传》卷九，第332页。

仁，所以治国家而服诸侯也，皇、帝、王、霸皆用之，顾其所以殊者，大小、高下、远近、多寡之间尔！”[①]在司马光看来，仁作为一种为政理念、治国原则，所有君主都可以使用。仁相对于执政者来说，更像一种外在的标准或原则。横浦作为二程后学，认为仁首先是人性之中本有的德目，仁政是人内心德性的施发和外化，来源于君主的不忍人之心。横浦与司马光对仁政理解的差异并不是特例，除却哲学思想上的差异，各自理论背后都带有一些政治因素，正如朱维铮所言：“司马光疑孟也有具体的对象，那就是他的政敌王安石。”[②]

稍晚一些的陈亮、叶适等持功利主义态度的儒者，也针对王霸之辨问题对孟子及道学进行攻击，其立论规模大体延续了北宋非孟的思潮。陈亮针锋相对地指出孟子对管仲评价错误：“孔子之称管仲曰：‘桓公九合诸侯，不以兵车，管仲之力也。如其仁，如其仁。’又曰：‘一匡天下，民至于今受其赐。微管仲，吾其被发左衽矣。’说者以为，孔氏之门，五尺童子皆羞称五霸，孟子历论霸者以力假仁，而夫子称之如此，所谓‘如其仁者’，盖曰似之而非也。观其语脉，决不如说者所云。故伊川所谓‘如其仁’者，称其有仁之功用也。”[③]陈亮认为事功是评价政治好坏及为政者贤愚的重要标准，管仲既然有九合诸侯、一匡天下之功，客观上使民受其利，这就可以称赞其为仁，至少是达到了仁之功用。王霸之辨若仅仅归于为政者内心的德性，由此导致对外在事功的轻视，将会造成内忧外患的政治灾难。

可见无论是横浦、朱熹等道学家尊孟，还是司马光、叶适等人非孟，都不仅就哲学思想而言，还一直伴随着政治因素。当然，儒家思想本就兼具内圣与外王两方面，宋代的儒者又都积极参与社会治理，作者对时政的见解、评价自然会在经典注释中有所体现。

四、性善论

在注释《孟子》过程中，援引宋代理学思想深化经文内涵，直探义理，是《孟子传》的一大特点。这种注释特点在关于性善论、浩然之气、尽性知天

① 黄宗羲原著，全祖望补修，陈金生、梁运华点校：《宋元学案·涑水学案上》，第 292 页。

② 朱维铮：《中国经学史十讲》，上海：复旦大学出版社，2002 年，第 22 页。

③ 黄宗羲原著，全祖望补修，陈金生、梁运华点校：《宋元学案·龙川学案》，第 1837 页。

等段落中尤其明显。

性善论是孟子人性论的核心内容,也是宋儒大力推崇孟子思想的原因之一。纵观中国古代关于人性善恶的论述,大体有“性相近也,习相远也”、生之谓性、性善论、性恶论、性善恶混、性三品等。性善说不过是众多人性论思想中的一家,而且在宋代之前并不占主流地位,反而是理论深度相对较弱但实践性强的性三品说获得了更多人的拥护。不但倡导古文运动的韩愈坚持人性分上中下三品,直至北宋很多儒者仍然认同此种论述,司马光反驳孟子性善论所依据的理论就是性三品。

> 告子云:“性之无分于善不善,犹水之无分于东西。”此告子之言失也。水之无分于东西,谓平地也。使其地东高而西下,西高而东下,岂决导所能致乎?性之无分于善不善,谓中人也。瞽瞍生舜,舜生商均,岂陶染所能变乎?孟子曰:“人无有不善。”此孟子之言失也。丹朱、商均,自幼及长,所日见者尧、舜也,不能移其恶,岂人之性无不善乎?[①]

司马光反驳孟子“人无有不善”,举舜、丹朱、商均三人为例,这也是性善论的反对者们最喜欢采用的论据。除了这三人外,还有叔鱼、杨食我、越椒等也常常被用来反驳人性善的理论。这些论据大体可分为三种:一、生于盛德之家,成长环境良好,却品行卑劣;二、生于败德之家,成长环境恶劣,却品行高尚;三、出生时就展现出或被断定为性恶。司马光所举例子中的舜属于第二种,丹朱和商均属于第一种。另外,叔鱼、杨食我、越椒属于第三种。第一和第三中任何一种假设成立,都可以作为反驳性善论的有力证据[②]。

以上三种例子,尤其是前两种,在世俗生活中并不少见。如此看来,相对于性三品,性善论与我们在日常生活中总结出的常识并不一致,因而更容易受到来自常识的攻击。但对于哲学家而言,常识不是终点更不是标准,有时甚至是需要被论证和被规定的。在宋儒寻求贯通天道与人道的努力中,性善论显然在理论上更契合宋儒的追求,这时性三品在理论上难以深究的缺陷,就显得不可弥补。

---

① 黄宗羲原著,全祖望补修,陈金生、梁运华点校:《宋元学案·涑水学案上》,第288页。

② 第一种也常常与第二种一起被用来论证人不是全部性善或全部性恶,而且后天习染不能完全影响人的品性。

既然关于性善论已然存在众多的批驳，坚持性善论者就必须直面回应这些质疑，肃清理论上的障碍，正如孟子与告子的四组辩论是通过驳斥“生之谓性”说来进一步阐发“人无有不善”的思想。横浦以及北宋的其他道学者在注释、阐发孟子性善论时，都自觉回应非孟者的反驳。下文选取《孟子·告子上》中孟子与告子问答的第二则来展现横浦的注经特点，这也是上文司马光非孟所选取的段落。

> 《孟子》原文：告子曰：“性犹湍水也，决诸东方则东流，决诸西方则西流。人性之无分于善不善也，犹水之无分于东西也。”孟子曰：“水信无分于东西，无分于上下乎？人性之善也，犹水之就下也。人无有不善，水无有不下。今夫水，搏而跃之，可使过颡；激而行之，可使在山。是岂水之性哉？其势则然也。人之可使为不善，其性亦犹是也。”
>
> 横浦注释：告子之论性错指习为性，孟子之论性乃性之本体也。观其借水论性以为决诸东方则东流，决诸西方则西流，谓性随所之而见为善为恶，初无分也。呜呼！善恶习也，安可以习为性哉？孟子以人无有不善，水无有不下辟之，所谓天下之至论矣。夫人之性即仁义礼智信也。以赤子入井卜之，则人性本体之善可知矣。是孟子之论善非如告子与恶对立之善也，直指性之正体而言耳。①

横浦在注释中没有直接对非孟者所举的例子进行反驳，而是选择了先立论说明自己的思想主张。这种做法非常明智，既然性善论在常识方面远不及性三品能左右逢源，那么坚持性三品者依据常识所举出的例证，就很难在常识层面对其进行有力反驳。横浦通过提升理论的深度，将论证从常识层面拉入本体层面，进而论证和维护性善论。他的立论主要有两点：一是提出“性之本体”与“习”的区别，二是提出性善之“善”并非告子的与恶对立之“善”。这两点立论是《孟子》原文中没有的，横浦在注释过程中加入自己的心性论思想，也就是援引宋代道学思想来注释《孟子》，并回应非孟思潮，这是《孟子传》的一个重要特点。

1.“习”与“性之本体”的区分

回到《孟子》原文，告子论性前后四则虽然侧重不同，但大抵都是本于

---

① 张九成：《孟子传》卷二十六，第479页。

"生之谓性"。无论是第一则所言性犹杞柳、义犹桮棬,第二则所言性如湍水,第三则所言生之谓性,还是第四则所言食色性也,都是以人的自然本能作为人性。人性就是人生来具有的饮食男女等自然属性,而仁义等伦理道德则是后天教化而有,这是告子言性的基本原则。与之相反,孟子认为仁义是人性本有的属性,性不是指人的自然本能,而是指人生而具有向善的趋向。

以第二则辩论为例,告子首言"性犹湍水也",可以向东流也可以向西流,本无一定趋向,人性亦然,本无善恶属性;孟子答"人无有不善,水无有不下",以水之就下作为水的固有之性,以性善作为人的固有之性。赵岐的注释在汉代经学中可谓是兼具文字训诂和义理阐发。对于此段,赵注言:"告子以喻人性若是水也。善恶随物而化,无本善不善之性也……孟子曰:水诚无分于东西,故决之而往也。水岂无分于上下乎?水性但欲下耳。人性生而有善,犹水欲下也……人之可使为不善,非顺其性也,亦妄为利欲之势所诱迫耳,犹是水也。言其本性,非不善也。"[①]除却最后一句言人性本善,受利益欲望的引诱才为不善之举外,赵岐对孟子大义的阐释几乎是完全本于原文的。

横浦注释首先对比了告子"性犹湍水"之说与孟子"水之就下"之说,断言:"告子之论性错指习为性,孟子之论性乃性之本体也。"这一论断实际上是区分了告子之性与孟子之性,认为二人所言并非指称同一对象。告子所言是"习",孟子所言是"性之本体",将原文"性"之一字分判为"习"与"性之本体"二者。这种直探义理、明确立论的诠释方式与赵岐就文本阐发大意的思路差异鲜明,更勿论与单纯训诂考据的差异。

横浦之所以直接提出"习"来阐释告子之性,源于他的心性论思想。在他看来,人在现实生活中展现出来多种多样的趋向,大都是受"习"的影响。受外界环境地势的影响,水可以向东亦可以向西,人在现实生活中也会受到所处境遇的影响,可以向善亦可以向恶,但这种受外界影响而有的差别并非人性的本然状态。告子所谓之性正是这种"随所之而见为善为恶"之性,习俗向善,人们大都向善,习俗薄恶,则多出诡诈之人。称其为"习",正是着眼于外在境遇的影响。与"习"相对,孟子言性善是指"性之本体",是

① 焦循撰,沈文倬点校:《孟子正义》,北京:中华书局,2015年,第790—791页。

超越现实善恶之上的人的本质属性。

横浦对现实人性与性之本体的区分，继承了北宋以来关于性善问题的思想脉络，与张载、二程以及杨时一致，在肯定性善的前提下，将现实中的善恶差别归因于气禀。但张九成不采用程颢"生之谓性"的说法，也不采用张载"气质之性"的说法，而是直接使用"习"。他认为告子所谓"生之谓性"实际上是在说"习"，根本不能称之为"性"。"习"在横浦思想中具有丰富的内涵，指外界环境和后天教化，也指人生而禀赋之气，前者称为染习，后者称为气习。

告子所言"性犹湍水"，横浦解释为"随所之而见为善为恶"，此处是指染习。染习是人后天所受到的习俗、环境、教育等影响，如文武民好善，幽厉民好暴。在张九成看来，告子以水论性，只看到人后天受环境习俗等影响，展现出或善或恶的差别，而没有看到人的最终本质在于生而禀赋至善之性。

但后天境遇的影响毕竟不能解释人的全部差别。比如叔鱼生而恶，文王生而善，这种生而具有的差别常常被用来责难性善论。这一问题其实已经超出了孟子与告子此段对话的内容，但是考虑到思想的连贯和圆融，横浦亦放在此段注释中。若说第一段是对原文大义的阐发和深度挖掘，第二段则是对原文可能涉及的问题进行扩展和补充：

> 然而叔鱼之生也，其母视之，知其必以贿死；杨食我之生也，叔向之母闻其号也，知必灭其宗；越椒之生也，子文知若敖氏之鬼不食，何也？曰：此其气习也，非性也。所谓习者，非一时之习，乃气禀之习也。繁弱之矢，力之激也，必至百步而后止；江湖之水，风之激也，必至数日而后定。叔鱼、食我之生，非性不善也，其习之深，正当其激而不已耳。孟子所谓搏而跃之，可使过颡；激而行之，可使在山。是岂水之性哉？其势则然也。[①]

他首先以责难者的口吻设问，若言人性善，那么如何解释叔鱼、食我、叔向、越椒这种出生之时就已展现其恶的人？对于性善论者而言，这个问题自古以来就是一个有力的诘难。

---

① 张九成：《孟子传》卷二十六，第479页。

横浦提出“气习”来解释人生而具有的差别，在设问之后直接回答：“此其气习也，非性也。所谓习者，非一时之习，乃气禀之习也。”后天环境的影响即染习不能解释人的所有差别，例如尧治理天下，可谓习俗醇厚，却出现象这样傲狠之人；家中父母弟弟顽劣傲狠，却成长出舜这样的圣贤；商纣暴虐，朝中却有微子启、王子比干；叔鱼、杨食我、越椒，出生之时就已展现其恶。这些先天而有的差别，在横浦看来不可以归结为性有善有不善，而是所禀赋之气不同，即气习不同。

在此需要简要说明一下横浦的气论思想。他认为天地之间一气感通，万物皆为气化而成。气有和气、恶气等不同状态，因而气化为人之后就有了气习的差别。在主张性善的前提下，气习为人生而具有的差别提供了解释。贤与不肖，材与不材，是气习所至；性格的偏向，也是气习所至。这样的差别与生俱来，不是个人力量可以控制的，“所谓习者，乃气习之习。是其生也，适禀天地之恶德，受阴阳之乖气，其为不义亦性情所不能自已者也”[①]。生而禀赋天地恶气之人，其行为不仁不义，并不能完全归责于后天教化，恶的气习致使其行为多恶。

在对孟子与告子此段辩论的注释中，横浦首先区分了“习”与“性之本体”，认为告子所言之性是“习”，孟子所言之性才是“性之本体”。接下来就“习”这一概念进行了详细的阐发。人人都有至善之性，但受染习和气习的影响，造成了现实人性的差别各异。染习，指人后天所处环境的影响，其中最为重要的是整个社会的风俗，如文武之世，民众好善，幽厉之世，民众好暴；气习，指人生而禀赋不同的气，如象天生傲狠，舜天生贤德，微子启、王子比干天生忠良。染习与气习都是气，不是性。外界对人的影响都落实在气上，实质上是不同状态的气与气之间相互影响，因而染习与气习都可以通过德行修养而改变，不是性之本体。这就在肯定性善的同时，也为现实人性的差别提供了解释。

注释过程中，通过引入性之本体、习、气习、染习等概念，横浦以自己的哲学体系解读孟子性善论，并清晰完备地阐述了他对性善思想的理解，系统阐发了基于气论而构建起的心性论思想。在注释经典中引入宋代理学，从哲学体系上重构传统儒学思想，是宋代经学的一个重要特点。

---

① 黄伦：《尚书精义》卷十七，第10页。

2. 善与恶

在此段引文中,横浦有一句注释颇为引人注目:“孟子之论善非如告子与恶对立之善也,直指性之正体而言耳。”大概是说孟子言性善之“善”与告子言性可善可恶之“善”不同,孟子之“善”是直指性之本体而言的。在阐发孟子性善思想的过程中,不但指出孟子与告子一者言性之本体,一者言习,还进一步指出二人所言之“善”并不相同。这并不是《孟子》文本中讨论的问题,正如横浦自己所言,他的注释是在阐发孟子言外之意。

区分孟子所言之“善”与告子所言之“善”的内涵,是横浦注释孟子性善论过程中的一贯思想。“夫孟子之所论性善者,乃指性之本体而言,非与恶对立之善也。”[①]横浦之言容易被理解为性无善无恶,与胡安国“孟子道性善云者,叹美之辞也,不与恶对”[②]所言之性无善无恶的思想相同。实际上,横浦与胡安国二者在思想上有着本质的差别。横浦多处言性善,并且认为孟子大有功于圣学之处即在其主张性善,善之于性,绝不是叹美可以概括的。“性善之善不与恶对”与“性无善无恶”不能简单等同,它们是两个不同的命题。

善恶与性的关系,不仅横浦讨论,也是宋学贯通性与天道后自然而有的问题。宋代理学肯定性出于天,以此作为性善的形而上基础,用气禀来解释现实之恶。对性与气、善与恶如此划分,其本身就暗含了矛盾。性全然善,恶乃是气质的驳杂不纯,这确实可以在保证性善的基础上安顿恶的来源问题。但同时出现一个矛盾:善、恶属于不同的层面,这明显区别于通常善恶对举、将善恶视为一对平行概念的看法。如果以通常的善恶概念来理解性善,就会造成肯定性善就同时肯定性恶这样的混乱。

出于自身理论构建的需要,也出于对非孟者的反驳,横浦在此段注释中特地指出:孟子之论善非如告子与恶对立之善。在其他关于性善的注释中他也多次提及这一论点。孟子所谓性善,是就本然之性来立论的,强调性之本体全然至善,此善不是与恶相对的。

“不与恶对”强调了性善之善的绝对性。首先我们需要解释“与恶对立之善”为何义。日常使用善恶,是作为一组对等的概念,说善就暗含了有相

① 张九成:《孟子传》卷二十六,第484页。
② 胡宏著,吴仁华点校:《胡宏集》附录一《胡子知言疑义》,第333页。

对应的恶存在。如说划定某些人为善,就表明还有不善之人甚至恶人存在,因为相对于恶人来说,才有善人。这种善恶相对的用法与《老子》"天下皆知美之为美,斯恶已;皆知善之为善,斯不善已"逻辑相同。善恶相对,因比较而产生,所以二者必须同时出现,有善则有恶。苏轼对孟子性善的否定就采用这种逻辑。

横浦认为,性善绝非在这种善恶相对的意义上立论,就性之本体来说全然为善,根本不存在不善的性。"性善"与"人性之本"一样,都是指性本然完足。"我有此性,尧亦有此性,舜亦有此性,岂有二理哉?"[①]"凡为人类者皆当如此,不幸而为叔鱼、食我者,非其性也,习也。"[②]凡是人类,均与尧舜一样具有本然之性;出生时就带有恶相的人,不是没有本然之性或者性恶,而是气习的影响。

性善之善不与恶对,是强调性之本体无不善,不能等同于性无善无恶论。横浦明确反对性无善无恶的说法,"告子以性为无善无不善,此不识性之正体者也"[③]。性善之善不与恶相对,与告子的性无善无恶实际上是两种不同的思想。那么二者究竟有何区别呢?

> 夫孟子之所论性善者,乃指性之本体而言,非与恶对立之善也。夫性善何自而见哉?于赤子入井时可以卜矣。今人乍见孺子将入于井,皆有怵惕恻隐之心。怵惕恻隐忽然而发,已堕于情矣。性发为情,乃为怵惕恻隐。以情卜性,可以见其为善矣。夫恻隐、羞恶、恭敬、是非人皆有之,其用则为仁义礼智,此性之所固有者,外物岂能铄之哉?[④]

性无善无恶,是主张性没有固有的倾向,就像水流并不确定向东还是向西,"决诸东方则东流,决诸西方则西流";而性善之善不与恶对立,则主张性有确定的倾向,如见孺子入井,皆发恻隐之心。这里需要区别,孺子入井引发我本有的恻隐之心,并非因孺子入井我才拥有了恻隐之心。恻隐、羞恶、恭敬、是非不是从外界获得,而是性中固有。与告子相比较,无善无恶之性,似一张等待涂鸦的白纸,因后天习染而产生善恶的差异;性善之善

---

① 张九成:《孟子传》卷十,第338页。
② 张九成:《孟子传》卷二十六,第479页。
③ 张九成:《孟子传》卷二十六,第484页。
④ 张九成:《孟子传》卷二十六,第484页。

不与恶对，则是性之本体自身完足，无所缺欠。之所以在“性善”之外还要补充说“不与恶对”，是强调孟子所言“性善”，并非在我们日常所说的善恶相对的层面上，而是直指本然完足的性之本体。这样就厘清了以善恶对举所造成的误解和困难。

横浦在此段注释中提出“性善之善不与恶”相对的思想，是对二程“人生气禀，理有善恶，然不是性中元有此两物相对而生也”思想的进一步阐发，强调性之本体自身完足，至善完满，恶不是性中本有。

五、发孟子遗意

通过分析《孟子传》中对君臣之义、汤武革命、王霸义利之辨、性善论等四个方面内容的注释，在理解孟子思想的同时，我们也可以了解更多注释者的思想。横浦在注释《孟子》的过程中，显然不回避自己的哲学思想和政治主张。就哲学思想而言，他在注释中贯彻了理学，并以理学体系重构儒家传统思想资源，通过构建哲学体系及概念来驳斥北宋以来的疑孟非孟思想；就政治主张而言，横浦对金国入侵有着切肤之痛，力主对金作战收复失地，对内整顿吏治，体恤民生，图得中兴，因此他坚决维护君臣之义，反对汤武革命的正当性，同时又强调君主当以民为心，臣子应忠于朝廷又不可愚忠妄行。

发“孟子之遗意”在《孟子传》中出现十五次之多，几乎遍及每个重要章节，是《孟子传》注释的重要原则。“此又孟子不言之遗意”“此又孟子之遗意，余故表而出之”……这样的表述大都出现在横浦就某个观点展开长篇论述之后。对孟子遗意的阐发，与其说是论述孟子隐而未发之意，不如说是注释者的自我表达，这也是经学的应有之义。

按照冯友兰对子学时代和经学时代的划分，自汉代罢黜百家独尊儒术开启经学时代，至今已有两千多年。儒家经典之所以历时两千年，经过历代儒生的注释阐发，仍然保持着鲜活的生命力，在于注释经典本身就是注释者及其所处时代进行自我表述的一种途径。按照诠释学设定的诠释困境，每个注释者在解释经典时都不可能完全避免自己的意见和历史、时代的影响。至少在宋代注释者看来，这种来自注释者和时代的影响不需要避免。若经学仅仅沦为名物度数典章训诂之学，那它如何传承儒家之道及圣王本心？如何指引儒生体认本心本性？如何影响一个时代的士风？

在这一点上，横浦作《孟子传》时显然选择了以义理为重。注释《孟子》既是体认本心的过程，也是阐发儒家之道的过程，这两者在理学家看来本就是一贯的。于是在横浦注释中就有了阐发理学、“以意逆志”“以时考之”等注释特点。

1.理学特点

横浦承续了洛学对孟子思想的推崇，并将理学思想灌注到对《孟子》的注释之中。注释中较为明显的理学思想主要有以下几个方面：形而上层面的讨论，如理气问题；人性方面的讨论，如本心、性善等；心性方面的讨论，如性情关系、心性关系、已发未发、人心道心等；修养方面的讨论，如涵养于已发未发之间、主敬与主静等。除了在注释《孟子》过程中讨论这些重要的理学问题之外，横浦还自觉地总结梳理北宋以来的理学思想，回应理学发展过程中遇到的一些理论问题。

在上文讨论“性善论”的内容中，可以明显看出横浦注释中讨论的问题已经远远超出了《孟子》原文，关注性善的形而上依据。横浦将人性的讨论推至本体层面，认为天地之间无非气之流行，气化而为万物，因此人与万物之性都来源于气的本然状态。这种气本论无疑是他对张载思想的继承，在继承的基础上还进一步深化了对人性的讨论，区分了“性”与“习”。横浦认为性是指人的本质属性，气禀清浊及后天环境习俗所造成的差异是“习”。他没有沿用张载和二程使用的“天命之性”和“气质之性”的区分，而是自己提出了“性”与“习”的差别，因为“气质之性”既然不是人的本质属性——性善，那么将其称之为“性”，就容易造成理解上的混淆和概念的混乱。他明确指出不能将“习”错认为“性”，否则就会犯与告子相同的错误。在《孟子传》关于已发未发、德福关系等主题的讨论中，横浦都试图在继承北宋理学的基础上进一步深化对相关问题的认识。

对北宋理学的继承和推进，在注释中非常普遍，既展现了横浦在理论创新方面的自觉，也向我们暗示在他看来洛学的理论建构并没有在二程时代完成，也没有在程门弟子杨时那一辈人中完成，它仍然在发展完善中，是正在进行时。对比横浦和稍晚一些的朱熹，对二程思想的搜集整理和解读是朱熹学术生涯中的一个重要部分，朱熹自觉作为二程后学维护并阐发洛学思想。横浦则不同,作为二程再传弟子,他对洛学更多是思想上的皈依,而不是身份的认同,所以"程门弟子"的身份并没有对他构成学派的限制。他不但在气论方面继承了张载的思想,甚至对佛道两家的心性思想都有所吸收,如前文中"习气""染习"的内涵是儒学,但概念很可能来源于佛教,他的号"无垢"也是来自佛教。究其原因,一方面是因为在南宋初年道学还没有形成界限严格的学派,这一点从《诸儒鸣道》中收录的儒家作品范围就可窥一斑;另一方面是横浦自身思想较为开阔,广泛吸取各家各派思想,没有将构建和维护洛学正统地位作为自己的目标和责任。

2. 以意逆志与以时考之

"以意逆志"与"以时考之"是横浦注释中强调的两种解经方法,也是对疑孟非孟者错误解读经典的回应。

在横浦看来,儒家经典虽然是先贤对儒家之道的阐发和记录,但文字被记录下来时会受语境及时代背景的限制,并不一定能清楚正确地表达思想。这就需要读者在阅读经典的过程中,不能禁锢于文字本身,尤其不能拘泥于一字一句,而应该超越文字的限制,理解文字背后的深意。这不免让我们联想起流行于魏晋时期的言意之辨,认识到语言自身的限制后,我们对于如何解读经典,仍然可以有不同的选择,如王弼选择言不尽意,郭象选择寄言出意。王弼的注释是自觉接受文本的约束,阐发文字之中或文字背后蕴含的哲理;郭象却不同,他认为文字和其蕴含的哲理有时是脱节的甚至是相反的,这就给了注释者极大的发挥空间,甚至可以逆着文字表面的含义进行解读。横浦的"以意逆志"更接近王弼而非郭象。

"以意逆志"强调对经典所含深意的把握,是横浦从《孟子》中寻到的解经方法。《孟子·万章上》言:"故说诗者不以文害辞,不以辞害志,以意逆志,是为得之。"在谈及《北山》和《云汉》之诗时,孟子强调不能以文害辞,以辞害志,过度拘泥于文字本身,甚至断章取义,而掩盖了整首诗真正要抒发的情感。"以意逆志"强调在理解经典时,要用心去领会作者想要表达的思想。这种解读经典方法能够成立的基础,在于孟子认为"圣人与我同类",经典不过是对人人相同之心的记籍,《孟子·告子上》言:"圣人先得我心之所同然耳,故理义之悦我心犹刍豢之悦我口。"横浦认为孟子对《诗》《书》的解读方法,正可以用来回应疑孟非孟者的错误解读:"倘非深明天下之理而以意逆志,则夫探章摘句、据语求是之徒将倒打逆施矣。"[①]疑孟非孟者大都没能全面了解和把握孟子的思想，仅仅摘录只言片语就展开批驳，从表面看这是读经方法的错误，从更深层次看这是没能对儒家之道有真正的理解。

"以时考之"强调还原语录和文字的时代背景，才能对经典的义涵有真正的把握。如《孟子·离娄上》："恭者不侮人，俭者不夺人。侮夺人之君，惟恐不顺焉，恶得为恭俭？恭俭岂可以声音笑貌为哉？"此段《孟子》原文没有涉及具体谈论对象，仅是对恭、俭两种德行的讨论。横浦在注释中提出"余以孟子时时君世主考之，此一章当为宋王偃设"[②]，认为孟子这段话并非泛泛而言，而是针对王偃矫饰仁德的批评，这样来看，孟子此段论述就不仅仅是在道德层面，也是在政治层面对当时宋国治理状况的评价。对此横浦列举具体史实作为证明："余以当世之君考之，如驺衍适梁，惠王郊迎，执宾主之礼；如燕，昭王拥彗先驱，请列弟子之座而受业，皆出于诚意，非侮之也。自是驺衍负之耳。齐宣王自谓好货，亦非以俭求名也。独王偃欲行王政，去关市之征，以惑乱天下，窃取一时之名，而其实侮夺人如此，此孟子所以志之。"[③]这些史实正是他运用"以时考之"的注释方法给出的时代背景。

在横浦看来，文字记录有其时代背景，因此要了解经典的义涵，就必须挖掘和考证其时代背景和谈话的语境，否则就容易产生错误的解读。"学者读圣贤书，不以其时考之，妄欲论说，恐不足发扬圣贤之意。故余以时考之，知其为王偃也，如其不然以俟君子。"[④]

"以时考之"也为我们理解横浦的注释给出了提示。正如《孟子》成书有其特定的时代背景，《孟子传》的写作也有其时代背景。横浦生活的两宋之际和他所持的哲学思想及关注的政治问题在注释中均有体现，这构成了《孟子传》独特的解读视角和注释方法。

小 结

横浦对诸经多有注释，可惜大都未能留存至今，唯《孟子传》保存最为

---

① 张九成：《孟子传》卷二十二，第451页。
② 张九成：《孟子传》卷十六，第395页。
③ 张九成：《孟子传》卷十六，第395页。
④ 张九成：《孟子传》卷十六，第395页。

完整，现存二十九卷，仅缺《尽心》篇。横浦文风大气磅礴，对时事充满关切，擅于以古喻今，这些特点在《孟子传》中尤为突出。《四库全书·孟子传提要》评价："九成之学出于杨时，又喜与僧宗杲游，故不免杂于释氏。所作《心传》《日新》二录大抵以禅机诂儒理，故朱子作《杂学辨》颇议其非。惟注是书，则以当时冯休作《删孟子》，李觏作《常语》，司马光作《疑孟》，晁说之作《诋孟》，郑厚叔作《艺圃折衷》，皆以排斥孟子为事，故特发明义利、经权之辨，著孟子尊王贱霸有大功，拨乱反正有大用。……故其言亦切近事理，无由旁涉于空寂，在九成诸著作中此为最醇。"[①]《提要》中横浦思想杂于释氏的评价基本承自朱熹，下章会有详细讨论。但就《孟子传》的评价来说，颇为中肯。《孟子传》不同于《横浦集》中的大部分文风，但与其著名的《状元策》《迩英春秋进讲》《春秋讲义》《书传统论》等风格一致，体现出他注释经典的特色。

横浦作《孟子传》，不拘于笺诂文句，采取"以意逆志""以时考之"的解经方法，阐明《孟子》中的君臣之义、王霸之辨、性善论等。除了以理学思想重新挖掘《孟子》深意这样的哲学考虑之外，我们从其气势恢宏的行文中，能处处看出他对现实问题的思索和回应。一方面是对国家危难、时政弊病的关切；一方面是对北宋以来的疑孟非孟思潮的回应。现实与思想的双重背景，构成了《孟子传》独特的解读视角和注释方法。

① 张九成：《四库全书·孟子传提要》，《文渊阁四库全书》，第229—230页。

第十一章　横浦与佛教

研究横浦思想，无论从个人生平、学术影响、理学发展、学派交流，还是横浦思想内部，儒佛之辩都是不可回避的问题。儒佛之辩是宋明的恒久话题，伴随着宋明理学发展的全过程，其讨论的核心议题也在不断发展变化。就横浦而言，从个人生平及思想来看，他与佛教禅师往来频繁，尤其与大慧宗杲交往密切，思想上也受到禅学的启发。朱子将其作为流入禅学的典型，斥其为阳儒阴释、洪水猛兽，后世对横浦思想的评价也基本都认可儒佛杂糅的说法。就理学发展及学派交流而言，横浦成长于两宋之际，其思想的社会影响主要在南宋初期，正是洛学从北宋向南宋过渡的阶段。这一时期朱子学尚未形成，理学尚无严格的学派划分，心学理学之间的差异还未凸显。此后随着朱子学逐渐成熟，通过概念界定和学派清理，尤其是严于儒佛分判，横浦以及上一辈学者杨时、谢良佐都成为洛学中的杂佛者，稍后江西陆学兴起，心学与理学形成鲜明对比，理学内部的辟佛更为深入和精微。

理学与佛教在宋代不仅是儒佛之争，在儒佛表面下，涉及宋代理学根本价值的确立，以及由此根本价值带来的心性论、工夫论、境界论等问题。但这些问题并非在儒佛之辩开端就清晰呈现出来，而是随着理学的发展，主题逐渐凸显并不断转换。这给后世理解儒佛之辩造成了一定困难：一是不同思想主题被覆盖在儒佛之辩同一论题下，相互杂糅，标准复杂多变，难于厘清；二是儒佛之辩不但涉及儒家与佛教分判，还涉及儒学内部的学派划分、心学与理学差异等问题，它开端于儒佛之争，随着宋代理学发展，重点逐渐转向理学内部的学派之争，因而研究时需要区分辩论的场域，才能对其准确把握。

儒佛不单是思想之争，也不单是学派之争，二者兼而有之，在不同时期论辩的侧重点不同。基于以上原因，对横浦与佛教的关系则需从两方面来理解，一方面是横浦与佛教及佛学的关系，一方面是横浦与理学内部的学派关系，特别是与朱子学的差异。鉴于南宋儒佛之辩的重点已经转向理学内部的学派划分和清理，虽然第一方面是历史与思想的事实，但第二方面才是理解横浦与佛教关系的重点。下文将以第一方面为基础，以第二方面为重点展开讨论。

一、往来僧侣

宋代士大夫大都有参禅的经历，如文彦博、富弼、王安石、苏轼、张商英等人皆信佛教，理学家如张载、二程、程门弟子杨时、谢良佐、游酢等都曾出入佛老，以儒学为归宗。朱熹青年时期也有学佛经历，少喜大慧宗杲语录，从学延平后归本儒学，辟佛尤为严厉。自宋代起，对理学杂糅佛学的批评就一直存在，如南宋叶适批评程颢《定性书》主要思想都来自佛教，明代黄绾认为"宋儒之学，其入门皆由于禅：濂溪、明道、横渠、象山则由于上乘；伊川、晦庵则由于下乘"[①]。理学家大都有学佛参禅的经历，本人对此也并不讳言。

从儒学内部看，出入佛老是理学家常有的经历，很多学者认为道学的理论构建正是因为受到佛教的刺激和启发，横浦却受到了几乎最为严厉的批判。朱熹丙戌(1166)年撰写《杂学辨》时批驳："张公始学于龟山之门而逃儒以归于释……故凡张氏所论著皆阳儒而阴释。"[②]此后历史上对横浦评价大都遵循该论断，如《宋史·张九成传》言："九成研思经学，多有训解，然早与学佛者游，故其议论多偏。"[③]《宋元学案·横浦学案》言："龟山弟子以风节光显者，无如横浦，而驳学亦以横浦为最。晦翁斥其书，比之洪水猛兽之灾，其可畏哉！"[④]《四库全书·横浦集提要》言："九成研精经学，于诸经皆有训释。少受业于杨时，以未发之中为主。史称其早于佛学者游，故议论多偏。然根底深邃，实卓然不愧为大儒。"[⑤]朱熹的批驳出于思想上的差异及对理学门派的清理，后世批驳多出于对已有历史评价的延续，并稍加修正。从佛教方面看，《嘉泰普灯录》《卍新纂续藏经·居士传》中都列有

---

① 黄绾著，刘后祐、张岂之标点：《明道编》卷一，北京：中华书局，1959年，第12页。

② 朱熹：《晦庵先生朱文公文集》卷七十二《张无垢中庸解》，《朱子全书》第二十四册，第3473页。

③ (元)脱脱等：《宋史·张九成传》第33册，第11579页。

④ 黄宗羲原著，全祖望补修，陈金生、梁运华点校：《宋元学案·横浦学案》，第1302—1303页。

⑤ 张九成：《四库全书·横浦集提要》，《文渊阁四库全书》，第293页。

横浦的传记，因他与大慧有密切往来，甚至被列为大慧弟子。

横浦与佛教的关系被如此关注，究其主要原因，一方面是道学内部对张九成思想的驳斥，以朱熹为代表，认为他阳儒阴释，破坏了理学的纯粹性；一方面是佛教往往把张九成作为大慧宗杲的弟子，列入居士传。两方一推一拉，使他在很长一段时期受到正统思想的驳斥，这也是其思想未能传承、著述迅速佚散的原因之一。了解横浦杂佛的真实情况，则需不囿于成见，溯源而上，从目前可见的典籍记载及横浦自身著作出发，以时论事。

本小节以横浦著述中的记载为主线，参考《大慧普觉禅师年谱》《嘉泰普灯录》《居士传》等佛教书目，概述张九成与僧侣的交游。

横浦自幼居住在杭州盐官县。南宋时，杭州城内外有寺院近七百座，堪称兴盛。盐官当地人对佛教也颇为尊奉，据宋代李洪记载，当地“风俗简俭，农夫深耕，蚕妇织纴，乐岁家给人足，斥其羸以奉释氏惟谨，故僧坊栉比，缁褐塞路，不耕蚕而仰给于民者不知几千指也”[①]。自幼在这种环境下成长，对佛教并不陌生。

和很多理学家一样，横浦青年时对禅法产生了兴趣，《嘉泰普灯录》言：“侍郎无垢居士张九成，未第时，因客谈杨文公、吕微仲诸名儒，所造精妙，皆由禅学而至也，于是心慕之。”[②]他得知杨文公、吕微仲等大儒皆从禅学而臻入学问精微，于是对禅学产生兴趣，先后参访宝印楚明、善权清、法印一、寿圣惟尚等诸位禅师。宝印楚明禅师属于云门宗，居住在临安净慈寺，横浦向其请教入道之要，楚明云：“此事唯念念不舍，久久纯熟，时节到来，自然证入。”[③]并举赵州柏树子话，令他时时参省，但他没能由此了悟。后来谒见善权清禅师，横浦问：“此事人人有分，个个圆成，是否？”[④]善权清曰：“然。”此问佛性是否人人具有，得到善权清禅师肯定的回答后，追问：人人具有佛性，为什么我一直没找到门径？善权清从袖中取出一些佛珠，问道：这是谁的？横浦不知如何作答，善权清说：“是汝底，则拈取去。才涉思惟，即不是汝底。”[⑤]横浦悚然。此后又拜访了法印一禅师和寿圣惟尚禅

① 李圭修，许传沛纂，刘蔚仁续修，朱锡恩续纂：《民国海宁州志稿》卷四十，《中国地方志集成》(22)，第1092页。

② 释正受编：《嘉泰普灯录》卷二十三，《卍新纂续藏经》编号1559，第79册，第431页。

③ 释正受编：《嘉泰普灯录》卷二十三，《卍新纂续藏经》编号1559，第79册，第431页。

④ 释正受编：《嘉泰普灯录》卷二十三，《卍新纂续藏经》编号1559，第79册，第431页。

⑤ 释正受编：《嘉泰普灯录》卷二十三，《卍新纂续藏经》编号1559，第79册，第431页。

师，机锋棒喝，言语契合。

建炎三年，横浦三十八岁，在乡里担任塾师，十月二十六日偶染风疾，病情严重，医者束手无策。好友陈彦柔提议请正慈懿方禅师，禅师妙手仁心，连夜赶来医治，病情好转后又再次回访探望。救命之恩，慈爱之意，横浦不胜感激。

横浦及第后第二年，即绍兴三年，他再次到明镜庵参访寿圣惟尚，惟尚曰："浮山圆鉴云，饶你入得汾阳室，始到浮山门，亦未见老僧在，公作么生？"横浦叱侍僧曰："何不只对？"侍僧一时无措，他打僧一掌曰："虾蟆窟里，果没蛟龙。"[①]"其对话一如禅宗语录中常见语句，大体是惟尚与横浦二人间的印证范围，殊难以第三者去揣摩对话中的意义，唯可见横浦对禅门机锋语句非常熟悉。"[②]此后横浦与惟尚禅师一直有交往，《横浦先生文集》中所载《海昌童儿塔记》就是他在绍兴三年为惟尚而作，文中言："予寓居盐官时，遇风日清美，芒鞋竹杖，径寻师于茂林修竹之间。"[③]此外，《武林梵志》中还收录了横浦《喻弥陀塔铭》，是为同乡学佛者喻弥陀而作，文中他认为当时"学禅者以破戒为通，失佛意甚矣！"[④]称赞喻弥陀持守戒律，苦行践履。

与横浦交往最笃的禅师无疑是大慧宗杲。大慧宗杲(1089－1163)，长横浦三岁，俗姓奚，字昙晦，号妙喜，宣州宁国(今属安徽)人，谥号普觉禅师。大慧作为临济杨岐派第五代传人，倡导"看话禅"，是南宋著名的禅宗大师，且精通儒家典籍，名震京师，颇得士大夫尊仰。绍兴七年，受宰相张浚之请，住持径山寺。绍兴八年参政刘大中邀请大慧在临安城内天竺寺说法，此时横浦担任礼部侍郎，曾多次拜访大慧，但没有遇见。不久大慧来回访，这是两人初次见面，并没有深入讨论佛法，但横浦给大慧留下了深刻印象，大慧"归谓参徒曰：张侍郎(张九成)有个得处。其徒曰：闻相见不曾说着禅字，胡为知之？妙喜(大慧)曰：要我眼作什么"[⑤]。

与大慧第二次见面，是在绍兴十年，横浦因反对与金议和得罪秦桧，被

① 释正受编：《嘉泰普灯录》卷二十三，《卍新纂续藏经》编号1559，第79册，第431页。

② 邓克铭：《张九成思想之研究》，台北：东初出版社，1990年，第17页。

③ 张九成：《横浦集》卷十七，第408页。

④ 吴之鲸：《武林梵志》卷四《喻弥陀塔铭》，《文渊阁四库全书》，第3页。

⑤ 释昙秀辑：《人天宝鉴》，《卍新纂续藏经》编号1612，第87册，第6页。

贬提举江州太平观,返居盐官。他与汪应辰一同往径山问道,此次问道有两个重要议题,第一个议题是谈及格物之旨,大慧讲了一个意味深长的故事,此事《大慧普觉禅师年谱》与《嘉泰普灯录》均有记载:

> 慧曰:"公(张九成)只知有格物,而不知有物格。"公茫然,慧大笑。公曰:"师能开谕乎?"慧曰:"不见小说载唐人有与安禄山谋叛者,其人先为阆守,有画像在焉。明皇幸蜀,见之怒,令侍臣以剑击其像首。时阆守居陕西,首忽堕地。"公闻顿领深旨。题不动轩壁曰:"子韶格物,妙喜物格。欲识一贯,两个五百。"慧始许可。[①]

格物乃《大学》八条目之一,因"致知在格物"一语,通常被认为是学问的起点。但对于格物的具体含义,《大学》没有进一步说明,因而历来有多种解读,如至物、正物等。后来朱熹为《大学》作"补格物致知传",到明代王阳明反对朱熹的格物补传,提倡古本《大学》。可见格物内涵在宋明理学中并非确定不疑,本就存在不同解读。就洛学来说,程颐以穷理训格物,成为程门至论,但如何穷理,穷何处之理,在后学中仍有分歧。

张九成、汪应辰等士大夫在径山讨论格物,本是儒学内的论题,但大慧一语,如重石投向湖面,给横浦思想带来很大冲击。大慧以物格来解释格物,并以小说所载唐代唐明皇在四川斩叛臣画像,其人在陕西首级落地来说明。横浦当时领悟了大慧的寓意,题不动轩壁曰:"子韶格物,妙喜物格。欲识一贯,两个五百。"[②]是说自己的格物之说与大慧的物格之说,是一贯的,正如两个五百铜钱就是一贯铜钱。横浦在思想成熟后,将致知阐释为体认和穷尽本心之知,将格物阐释为本心之知在具体事物上的落实,这样,致知格物就成为由体认本心推至现实实践中的一贯工夫。这种思想与大慧当年"只知有格物,而不知有物格"的启发应有一定关系。在横浦去世后七年(1166),朱熹三十七岁,撰写《杂学辨》,攻击横浦思想"逃儒以归于释",怒斥为"阳儒阴释"[③],大概与此事有些关系。至于横浦思想的儒佛归属问题,本书将在后面章节中处理,此处不复累言。

---

① 释正受编:《嘉泰普灯录》卷二十三,《卍新纂续藏经》编号1559,第79册,第431页。

② 释祖咏编:《大慧普觉禅师年谱》绍兴十年条,周和平主编,北京图书馆编:《北京图书馆藏珍本年谱丛刊》第22册,第399页。

③ 参见朱熹:《晦庵先生朱文公文集》卷七十二《张无垢中庸解》,《朱子全书》第二十四册,第3473页。

第二个议题是谈及工夫路径：

又一日，(九成)问曰："前辈既得了，何故理会临济四料拣，则甚议论。"师(大慧)曰："公之所见，只可入佛，不可入魔。岂可不从料拣中去耶？"公(九成)遂举克符问："临济至人境两俱夺，不觉欣然。"师曰："余则不然。"公曰："师意如何？"师曰："打破蔡州城，杀却吴元济。"公于言下得大自在。[①]

"四料拣"是临济宗祖师义玄创立的四种接引参禅者的方法，据《人天眼目》上记载，"四料拣"是："有时夺人不夺境，有时夺境不夺人，有时人境俱夺，有时人境俱不夺。"[②]大体而言，"夺人"指破除"我执"，"夺境"指破除"法执"，无论是主体自我还是外境都无自性，不是独立存在的实体，因而人需要破除妄想执着。横浦认为大慧既然已经了悟，何必再去理会修学的方法和过程。他喜欢顿悟直取，所以更欣赏克符所言"人境两俱夺，从来正令行。不论佛与祖，那说圣凡情。拟犯吹毛剑，还如值目盲。进前求解会，特地斩精灵"[③]的境界。后来他在论大慧《正法眼藏》一书时，也表达了相同的见解。大慧与横浦看法不同，大慧认为："公之所见，只可入佛，不可入魔。"[④]对个人而言，顿悟直取固然可以，但对大众教化而言，渐进工夫亦不可废弃，四料拣正可以作为参禅者的进学阶梯，接引更多人。横浦《中庸说》以"率性之谓道，修道之为教"二句为学者工夫，圣人则直悟天命之本。将工夫区分为圣人直取和学者修养两种路径，与大慧主张亦有相似之处。

史料所载横浦与大慧交游论道次数不多，但二人交情却非常深厚，堪

① 释祖咏编：《大慧普觉禅师年谱》绍兴十年条，周和平主编，北京图书馆编：《北京图书馆藏珍本年谱丛刊》第22册，第399页。

② 智昭：《人天眼目》卷一，《大正新修大藏经》编号2006，第48册，第300页。"(义玄)至晚小参云：'我有时夺人不夺境，有时夺境不夺人。有时人境俱夺，有时人境俱不夺。'僧问：'如何是夺人不夺境？'师(义玄)云：'煦日发生铺地锦，婴儿垂发白如丝。'(大慧云：此二句，一句存境，一句夺人。)僧问：如何是夺境不夺人？师云：王令已行天下遍。将军塞外绝烟尘。(大慧云：上句夺境，下句存人。)僧问：如何是人境俱夺？师云：并汾绝信，独处一方。(大慧云：便有人境俱夺面目。又云：吾初读诸家禅录，见并汾纪信之语，深以为疑，虽诘诸老，皆含糊不辨。既阅临济语，则知绝信二字，盖并汾二州名。僧问人境两俱夺，答云：独处一方，其旨晓然。方悟诸师之集皆有乌焉之误。)僧问：如何是人境俱不夺？师云：王登宝殿，野老讴歌。(大慧云：此是人境俱不夺也。)"

③ 智昭：《人天眼目》卷一，《大正新修大藏经》编号2006，第48册，第301页。

④ 释祖咏编：《大慧普觉禅师年谱》绍兴十年条，周和平主编，北京图书馆编：《北京图书馆藏珍本年谱丛刊》第22册，第399页。

称莫逆，一方面是思想上的惺惺相惜，一方面是人格上的相互倾慕。横浦曾经赞誉大慧："余闻径山老人所举因缘，如千门万户，不消一蹋而开。或与联舆接席，登高山之上，或缓步徐行，入深水之中，非出常情之流，莫知吾二人落处。余得了末后大事，实在老人处，此瓣香不敢孤负老人也。"①他对大慧思想有着相当程度的理解和契合，与大慧的几次论道对他有很大启发，有助于他深入研究儒家思想。所以他对外甥于恕说："佛氏一法，阴有以助吾教甚深，特未可遽薄之。吾与杲和尚游，以其议论超卓可喜故也。"②除却思想上的契合，二者在人格上相互倾慕，这在下面发生的事件中可见一斑。

与汪应辰问道于宗杲后不久，因为反对与金议和忤逆秦桧一事，绍兴十年八月横浦谪守邵州，谪居期间很少与朋友往来。第二年正月，横浦父亲去世，他返回家乡盐官。守丧期间哀痛欲绝，百日之后，四月十四日前往径山追荐其父，请大慧升座说法。宗杲因说"圆悟谓张徽猷昭远为铁划禅，山僧却以无垢禅为神臂弓"，遂说一偈曰："神臂弓一发，透过千重甲。子细拈来看，当其臭皮袜。"次日有禅客致问，大慧有"神臂弓一发，千重关锁一时开；吹毛剑一挥，万劫疑情悉皆破"③之语。横浦号无垢居士，无垢禅当指横浦言。此偈传到朝廷，当时秦桧为促成议和，对反对者施加迫害，大慧之偈被认为是称赞横浦主战，秦桧等人非常不满。詹大方弹劾横浦："近者朝廷延登功臣，置之枢筦，而异意之人不顾安危，鼓唱浮言，诳惑众听。如九成者，实为之首，宗杲从而和之，恣行诽讪，务欲摇动军政，以快其私。伏望严赐处分。"④所谓"延登功臣，置之枢筦"是指秦桧紧急召回张俊、韩世忠、岳飞，解除三大帅兵权，任以虚职一事。詹大方诬陷横浦与宗杲非议对三大帅的任命，浮言惑众，扰乱军民之心。高宗令横浦家居服丧，丧期满后待命，大慧则剥夺僧籍，勒令还俗，发往衡州（湖南衡阳）编管。

实际上，横浦四月十四日到径山请大慧说法，十八日下山，而朝廷解除

① 释祖咏编：《大慧普觉禅师年谱》绍兴十年条，周和平主编，北京图书馆编：《北京图书馆藏珍本年谱丛刊》第 22 册，第 399 页。

② 黄宗羲原著，全祖望补修，陈金生、梁运华点校：《宋元学案·横浦学案》，第 1327 页。

③ 参见释祖咏编：《大慧普觉禅师年谱》绍兴十一年条，周和平主编，北京图书馆编：《北京图书馆藏珍本年谱丛刊》第 22 册，第 403 页。

④ 李心传：《建炎以来系年要录》卷一百四十，第 2254 页。

三大帅兵权是在四月二十八日，二人怎能在事件发生之前就对其议论呢？詹大方诽谤的借口拙劣，漏洞百出。正如横浦所言："今坐得此罪，事体昭明，岂偶然哉？"①他与大慧此次遭人陷害，是秦桧等人为铲除异己而制造的冤案。

从这次事件中可以看出大慧虽为出家人，并非不问世事，他志趣高远，忠义宽厚，同时也有深沉的现实关切。横浦曾在《答何中丞伯寿书》中赞扬大慧："一生死，穷物理，至于倜傥好义，有士夫难及者。"②张浚为大慧作塔铭："师虽为方外士而义笃君亲，每及时事，爱君忧时见之辞气，其论甚正确。"③可能正是因为大慧不但对禅理有着非凡的解悟，而且倜傥好义，爱君忧时，所以倍受士大夫推崇。"在其周围集聚着一个士大夫学禅的群体，有左丞相汤思退，参政李邴、李光、刘大中，枢密楼昭，尚书韩仲通、汪应辰，侍郎曾开、张九成、曾几、方滋、刘岑、徐林，提刑吴伟明，中书舍人吕本中、张孝祥，兵部郎中孙大雅，节度使曹勋、黄仲威，编修黄文昌，内翰汪藻，提举李琛，承宣使董仲永，承宣使张去为，团练使李约，等等。在与这些显宦名士的交流中，宗杲阐发了对居士佛教的看法，使看话禅的影响扩大到士大夫阶层。"④

大慧至衡州后约两年，绍兴十三年五月，横浦服丧期满，谪居南安军，与外界往来极少，朋友间书信也很少。绍兴十八年正月，大慧六十岁，作诗一首自衡州寄给横浦："上苑玉池方解冻，人间杨柳又垂春。山堂尽日焚香坐，当忆毗耶多口人。"⑤绍兴十九年，大慧有《答无垢居士论〈正法眼藏〉书》，推测大慧将《正法眼藏》一书寄给张九成，他就此书所收录的内容写信与大慧讨论。绍兴二十年，大慧六十二岁，因为与前参政李光、翰林汪藻书信往来，引起秦桧不满，绍兴二十一年，再徙梅州（广东梅阳）⑥。

绍兴二十五年，秦桧死。二十六年，横浦六十五岁，复秘阁修撰，知温

① 释祖咏编：《大慧普觉禅师年谱》绍兴十一年条，周和平主编，北京图书馆编：《北京图书馆藏珍本年谱丛刊》第22册，第403页。

② 释昙秀辑：《人天宝鉴》，《卍新纂续藏经》编号1612，第87册，第54页。

③ 释蕴闻：《大慧普觉禅师语录》卷六，《大正新修大藏经》编号1998A，第47册，第278页。

④ 刘海燕：《宗杲佛学思想及其对士大夫的影响》，载于《安徽史学》，2008年第4期，第119页。

⑤ 释祖咏编：《大慧普觉禅师年谱》绍兴十八年条，周和平主编，北京图书馆编：《北京图书馆藏珍本年谱丛刊》第22册，第415页。

⑥ 参见邓克铭：《张九成思想之研究》，第23页。

州;大慧六十八岁,亦赦还,离开梅阳。返归途中,大慧在赣州[①]等待横浦,两位老友阔别十七年在他乡得见,互慰契阔。横浦令随行的外甥于宪拜大慧,于宪一向排斥佛教,不肯拜僧人。于是横浦命他向大慧问道,于宪知道大慧熟悉儒家经典,于是举《中庸》"天命之谓性,率性之谓道,修道之谓教"三句为问。大慧答曰:"凡人既不知本命元辰下落处,又要牵他好人入火坑,如何圣贤于大头一着不凿破?"于宪继续问道:"吾师能为圣贤凿破否?"大慧曰:"'天命之谓性'便是清净法身,'率性之谓道'便是圆满报身,'修道之谓教'便是千百亿化身。"[②]在宋代排佛的背景下,大慧常常与士大夫讨论儒佛思想,以佛学阐发儒理。大慧与横浦联袂乘舟东下,游览沿途名胜。横浦作《游尘外亭呈妙喜老师、郑叔茂、沈季诚》一诗记录此事,诗云:"我本山中人,推出尘寰里。鸟囚不忘飞,今日乃来此。长江流吾前,列岫环其趾。豁然万古心,揽之不盈袂。同来二三友,秀句粲玉齿。中有奇道人,机锋如建水。此境到吾徒,成一段奇事。"[③]其中"中有奇道人,机锋如建水"一句是对大慧的赞誉。至庐陵,众信徒请大慧在祥符寺说法。又至新淦,横浦与大慧分别,横浦赠别诗云:"相别十七年,期间无不有。今朝忽相见,对面成老丑。人生大梦耳,是非安足究。欲叙惓惓怀,老大慵开口。公作湖南行,我赴永嘉守。重别是今日,南北又奔走。已歃相过盟,长沙不宜久。"[④]两人都已是耳顺之年,历经磨难,十七年后终于相见,几十年的往事在记忆中匆匆而过,当年议论"神臂弓"的意气,讨论"格物"的透彻,恍若隔世。再次分别,慰藉之语,保重之言,都不值得挂在嘴边,深厚的情感无法用言语表达。

绍兴二十六年三月,大慧恢复僧籍,十月奉命住持育王寺,从学者云集,多达一千二百人,于是增修厨屋,凿两眼新泉,一名蒙,一名妙喜。绍兴二十六年十月,横浦辞官,乘舟返归家乡盐官,次年三月,枉道访大慧于育王寺,作《妙喜泉铭》。现今育王寺中,妙喜泉尚在,泉边有碑,碑文正是横

---

① 释祖咏编:《大慧普觉禅师年谱》绍兴二十六年条,周和平主编,北京图书馆编:《北京图书馆藏珍本年谱丛刊》第22册,第426页,记载二人于赣州相见,于新淦分别;《无垢先生横浦心传录》记载二人是在新淦见面。

② 参见于恕编:《无垢先生横浦心传录》卷中,第1页。

③ 张九成:《横浦集》卷一,第300页。

④ 释祖咏编:《大慧普觉禅师年谱》绍兴二十六年条,周和平主编,北京图书馆编:《北京图书馆藏珍本年谱丛刊》第22册,第426页。

浦所作《妙喜泉铭》,曰:

> 育王为浙东大道场,地高无水,僧众苦之。绍兴丙子佛日,禅师杲公受请住持,周旋其间,命僧广恭穿穴兹地,为一大池。锹锸一施,飞泉溢涌。知州事姜公秘监见而异之,名曰妙喜。无垢居士为之铭曰:心外无泉,泉外无心。是心即泉,是泉即心。或者疑之,以问居士。心在妙喜,泉是育王,云何不察,合而为一。居士曰来,汝其听取。妙喜未来,泉在何处?妙喜来止,泉即发生。心非泉乎?泉非心乎?谓余未然,妙喜其决之。
>
> 绍兴丁丑三月丙寅,无垢居士张九成书。

其书大楷,笔势劲重圆厚,开合自然。横浦外甥之子于有成曾言:横浦著作天下罔有缺伪,独简帖字画得者稀少,邑丞赵汝腊辑横浦简帖刊行①。当年刊行的简帖字画早已不存于世,唯有育王寺中所存之碑尚可见横浦之笔势。碑文后三行以行书载大慧答横浦之偈:

> 妙喜老僧宗杲重说偈曰:谓泉即心,谓心即泉。无垢居士,作一串穿。有出有入,有正有偏。居士恁么,妙喜不然。徐六担板,如见一边。泉只是泉,难唤作心。心只是心,决定非泉。是义不正,亦复不偏。泉乎心乎?亦非弃捐。拟议思量,十万八千。
>
> 山门监事僧善卿立石。

横浦铭文读起来颇有王阳明"岩中花"的意味,尤其是"妙喜未来,泉在何处?妙喜来止,泉即发生"与王阳明"你未看此花时,此花与汝心同归于寂;你来看此花时,则此花颜色一时明白起来。便知此花不在你的心外"②两句非常相似。阳明以"意之所在便是物",将物收归于心,心外无物。横浦"心物关系"与阳明都基于"心即理"的哲学基础,但思路存在差异。横浦认为天地间一气流行,人与天地万物在一气中相互感通,人的本心即天心,即造化之枢纽,内心所存能够通过气的感通作用对万物产生影响。妙喜泉虽是一物,但它的出现是源于妙喜禅师,可以说是禅师心中发愿在外界的实现。在这个意义上说"心外无泉,泉外无心"。在天人一心的基础上,万

① 参见于有成:《横浦先生文集序》,《张九成集》下册,第1084页。
② 王守仁撰,吴光等编校:《王阳明全集》卷三,第107—108页。

物与本心成为息息相通的一体，不可割裂开来。

大慧的答偈显然与横浦不同，完全基于佛教思想。大慧不赞成“是心即泉，是泉即心”的说法，也就是不赞成将人与天地万物作为一个整体来看。大慧言：“泉只是泉，难唤作心。心只是心，决定非泉。”泉是泉，心是心，理事无碍，圆融不离，不可打作一团，方能如实显现。诸法无实相，由心显现，但不可执着于收摄诸法于本心，本心不是诸法，本心也不应存有诸法，相反只有保持本心清静，方能证得般若智慧。而横浦铭文正是在本心即天心、本心涵具天地万物之理的基础上言“心即泉，泉即心”，二人思想在根本立场上不同，横浦为儒家天理，大慧为佛家般若。

稍后，大慧复领径山，在庆善院探望横浦。横浦问：我常常在梦中诵读《论语》《孟子》，何如？大慧举《圆觉经》云：“由寂静故，十方世界诸如来心，于中显现，如镜中像。”横浦曰：“非老师莫闻此论也。”①

绍兴二十九年六月，横浦病逝于家乡盐官，大慧作文以祭之。同年，程咏之以横浦与三川道人论“不愁念起，惟怕觉迟”颂请大慧书其后。横浦之颂是：

> 念是贼子，觉是贼魁。捶杀贼魁，贼子何归？堂堂大路，惟吾独之。越南燕北，辽东陇西。撒手便到，何虑何疑。神剑在山，锷冷光寒。魑夔魍魉，莫之敢干。此名真觉，秦时镀铄。
>
> 大慧赓之曰：说觉说念，翻背作面。无念无觉，何处摸索。起是谁起，觉是谁觉？豁开户牖，太虚辽廓。撒手前行不顾人，秦时镀铄何时作？②

横浦颂中所言，认为觉是念虑的首领，消除内心偏邪之觉，错误的念头自然就消失了。在宋明理学中，觉乃心之觉，横浦主张已发未发之间的戒惧工夫，去除非心邪意，则恶念自然不起。在他看来，一味用力于去除恶念，并非究竟工夫，若内心有偏邪，恶念会不断涌现，穷之不尽。“堂堂大路”即涵养本心的工夫。本心人人具有，不假外求，因而“撒手便到，何虑何疑”。去除非心邪意即是本心、真觉。

---

① 释普济集：《五灯会元》，《卍新纂续藏经》编号 1565，第 80 册，第 429 页。

② 释祖咏编：《大慧普觉禅师年谱》绍兴二十九年条，周和平主编，北京图书馆编：《北京图书馆藏珍本年谱丛刊》第 22 册，第 439 页。

大慧之颂认为觉、念是一体两面，乃幻化所成，并无自性。修行不是去除种种念虑觉知，而是缘此念虑觉知向内去追寻起念起觉的主体，最终寻得本心，证得佛性。

此处横浦与大慧之颂在二人的思想交流中非常有代表性。两人虽然运用相同的概念、相似的表达，但对本体和工夫的理解有本质差异：横浦本于儒学，其思想基础是本心天理；大慧本于禅宗，其思想基础是本心佛性。因思想基础即本体不同，二人对重要哲学概念和问题的理解均存在根本差异。

横浦与大慧结交二十余年，经历了生死患难，这种至深的感情是外人难以体味的。透过两人的几次问答、唱和，大略可以看出他们之间有着拈花一笑般的妙悟和契合。几次讨论涉及格物、心物关系、本心、觉、念等主题，这些主题大都是儒佛交涉处。横浦在大慧处得到诸多启发，对大慧推崇备至，大慧对横浦亦赞誉有加。大慧曾对汪应辰言："此个境界，除无垢老子（张九成），他人如何信得及？"[①]横浦也常常说："此等话须是学道之士、修行老僧方说得。"[②]

虽为知己至交，但不代表两人思想相同，两人能够达到相互理解，同时也存在本质上的差异。《妙喜泉铭》中，"心外无泉，泉外无心。是心即泉，是泉即心"展现了横浦的一贯思想，以本心作为造化之枢纽，认为内心所存能够感格天地。大慧所唱之偈与横浦思想显然不同，"泉只是泉，难唤作心。心只是心，决定非泉"。邓克铭言："从禅的般若智慧来说，只是如实认识事物之存在……心不能无中生有地变现万物，万物也不因此心已明而失去其体相。"[③]另外，两人在工夫论上存在矛盾，从当面讨论"四料拣"到书信讨论《正法眼藏》，再到"不愁念起，惟怕觉迟"颂，他们之间的差异始终都在。横浦喜欢直取本心，不喜"老婆禅""义理禅""四料拣"等支离工夫。在具体操作上，主张戒惧慎独，用功于已发未发之间，在念虑刚刚萌发时保持警醒，"觉是贼魁"之偈表达的就是这一观点。大慧注重顿悟的同时，也不偏废渐进工夫，认为这是接引下根人的方法。这种思想上的交流和碰撞，也给横浦带来了一些新的启发，如格物之辩，促成了他独特的格物思想。

① 释蕴闻编：《大慧普觉禅师语录》，《大正新修大藏经》编号1998A，第47册，第932页。

② 于恕编：《无垢先生横浦心传录》卷中，第13页。

③ 邓克铭：《张九成思想之研究》，第25页。

与大慧的交往，使横浦备受诟病。朱熹严苛地批评他与释氏往来，认为他援佛入儒，以儒家面目阐述佛教义理，破坏了道学的纯粹性。甚至在没有材料证明的情况下，坚持认为大慧写信让横浦“改头换面，却用儒家言语说向士大夫，接引后来学者”[①]。然而，从现有文献看，横浦从品格、践履、学识、思想等各方面看，都不失为一个儒者的典范。正如邓克铭先生所言：“其实，人物之来往与思想之传承，似应作二件事来看待。不必因人物之来往，即认其思想全然相同，或有相近、传承之处。有宋一代，士大夫与佛门人物，尤其是禅宗派下，往来者极多，即如朱熹本人亦是其中之一。若因与禅僧来往，即认其思想必受释氏影响，则朱熹也无从作儒释之辨。”[②]横浦自幼便以圣学为宗，即使经历了人生种种难以承受的磨难，仍然勤奋研读经典，苦心极力注释典籍。而且，他有一种极强的思索精神，使他的思想完整而通贯，在贯彻儒家精神的同时有一种深造自得的阐发。

二、儒佛之辩

上一节概述了横浦与佛教禅师的交往及思想交流，本节重在从理学内部讨论横浦思想的儒佛之辩。宋代儒者辟佛经历了不同的发展过程，北宋儒者排佛的根本面向是复兴儒学，因此注重儒佛大防，并未深入佛学理论内部进行批驳。以二程、张载为代表的北宋儒者大都有出入佛老的经历，熟悉佛教典籍和思想，他们没有深入批判佛理精微的部分，不是因为不了解，而是因为时代要求他们排佛重点是“自立吾理”。在宋代理学初创阶段，从整体上批判佛教的价值信仰、理论根基，最有助于划定儒学的范围，凸显儒学的价值根基。

理学发展至南宋，儒学在思想领域和社会礼俗方面都获得了极大的进展，成为社会主流思想，以排佛来辅翼儒学的复兴已经不是首要目标。儒佛在生活方式、礼乐教化、价值信仰方面的区别显而易见，且前人讨论颇多，主要出于唐至北宋划定儒佛大防、复兴儒学的需求。到南宋则需要进一步在理论上划清儒佛界限。例如程颢言“彼所谓‘识心见性’是也”[③]，程

---

① 朱熹：《晦庵先生朱文公文集》卷六十三《答孙敬甫书》，《朱子全书》第二十三册，第3064页。

② 邓克铭：《张九成思想之研究》，第28页。

③ 程颢、程颐著，王孝鱼点校：《河南程氏遗书》卷十三，《二程集》，第139页。

颐言“圣人本天，释氏本心”[①]，“释氏多言定，圣人便言止”[②]，程颢至谢良佐发展出“以觉言仁”，道南及江西陆氏主张“静坐”等都成为儒佛之间的模糊地带。叶适的批评一定程度上言中了南宋理学群体排佛面对的尴尬处境：

> 程氏答张载论定性“动亦定，静亦定，无将迎，无内外”；“当在外时，何者为内？”“天地普万物而无心，圣人顺万事而无情”；“扩然而大公，物来而顺应”；“有为为应迹，明觉为自然”；“内外两忘，无事则定，定则明”；“喜怒不系于心而系于物”：皆老佛庄列常语也。程张攻斥老佛至深，然尽用其学而不自知者，以《易大传》误之，而又自于《易》误解也。[③]

程颢答张载的《定性书》是理学重要篇目，涉及心性论、工夫论、境界论，对理学发展影响深远。叶适举《定性书》中诸多重要论述，认为属于佛学、道家内容，二程张载等人表面攻击佛教，实际上自身思想已经沦为佛学。叶适此言并非特例，从宋代至今，理学与佛教的关系在学界一直有讨论。叶适所举程颢杂佛之语，涵盖了性、心、情、明觉、境界论、工夫论，几乎涉及理学所有重要概念。面对此种情境，深入儒佛理论内部，在思想上，尤其是心性论、工夫论方面划清儒佛界限，就成为南宋理学家必须面对且十分紧迫的责任。

朱熹作为洛学正统和南宋理学的领军者，承担了清理程门后学、划定道学范围的责任。与北宋儒者排佛相比，朱熹重在从思想理论内部对儒佛做严格分判。这一工作的主战场是儒学内部，宋代理学经过长期的发展，在体系确立之后，必须将自家的重要思想、概念、命题做出梳理，在这些重要思想上给出儒佛分判的界限和原则，这样才能在儒佛关系中确立儒学思想的独特性，严守学派分界。叶适的批评给出了提示，因为涉及理学许多重要概念和论题，逐一清理，这一工作必然庞大艰难。朱熹排佛的重点就是这些此前未曾被清晰分辨过的理学中近似佛学的概念，因而对佛学的批判就重在其思想“弥近理而大乱真”之处。

> 因论释氏，先生曰：“自伊洛君子之后，诸公亦多闻辟佛氏矣。然

---

① 程颢、程颐著，王孝鱼点校：《河南程氏遗书》卷二十一下，《二程集》，第274页。

② 程颢、程颐著，王孝鱼点校：《河南程氏遗书》卷十八，《二程集》，第201页。

③ 叶适：《习学记言序目》，北京：中华书局，1977年，第751—752页。

终竟说他不下者，未知其失之要领耳。释氏自谓识心见性，然其所以不可推行者何哉？为其于性与用分为两截也。”①

今之辟佛者，皆以义利辨之，此是第二义。②

基于以上考量，朱熹认为北宋诸公排佛没有显著成效的原因是没能抓到要领。义利之辨是二程分判儒佛的一个重要原则，如“释氏本怖死生，为利岂是公道”③，义利之辨是从价值立场区分儒佛。朱熹认为这种理论外部的批评不够本质，已经落在了第二义。从根本上排佛要深入理论内部，彻底划清儒佛界限。如佛家言“识心见性”，与儒学相似，洛学自程颢起便没有深入去分判儒佛识心见性的根本差异，导致儒佛在精微的思想理论中界限模糊，不能真正实现辟佛。南宋儒佛之辩是以此为思想背景展开的，因而横浦思想的儒佛关系也应在此基础上进行分析。

对横浦杂禅批判有影响力的文本中，最早应属朱熹丙戌(1166)撰写的《杂学辨》，对苏轼的《易传》、苏辙的《老子解》、张九成的《中庸说》、吕本中的《大学解》四本书予以批判，以清除儒门中的杂佛者。其中《张无垢中庸解》开篇如下：

(无垢本佛语，而张公子韶侍郎之别号也。张公以佛语释儒书，其迹尤著，故正其名如此。)

张公始学于龟山之门，而逃儒以归于释。既自以为有得矣，而其释之师语之曰：“左右既得把柄入手，开导之际，当改头换面，随宜说法，使殊途同归，则世出、世间，两无遗恨矣。然此语亦不可使俗辈知，将谓实有恁么事也。”(见大慧禅师与张侍郎书，今不见于语录中，盖其徒讳之也。)用此之故，凡张氏所论著，皆阳儒而阴释。其离合出入之际，务在愚一世之耳目，而使之恬不觉悟，以入乎释氏之门，虽欲复出而不可得。本末指意，略如其所受于师者。其二本殊归，盖不特庄周出于子夏，李斯原于荀卿而已也。窃不自揆，尝欲为之论辨，以晓当世之惑。而大本既殊，无所不异。④

① 黎靖德编，王星贤点校：《朱子语类》卷一百二十六，第3710页。

② 黎靖德编，王星贤点校：《朱子语类》卷一百二十六，第3711页。

③ 程颢、程颐著，王孝鱼点校：《河南程氏遗书》卷十三，《二程集》，第139页。

④ 朱熹：《晦庵先生朱文公文集》卷七十二《张无垢中庸解》，《朱子全书》第二十四册，第3473页。

朱熹作《杂学辨》时虽然思想尚未成熟,但辟佛的大体规模已定。《张无垢中庸解》起首就指出横浦另一个号“无垢居士”来自佛教,以此断言横浦乃佛门弟子,以佛教思想立身行事。整段内容大体包含一个事件和一个根本原则。事件即大慧宗杲在书信中授意横浦打儒学旗帜来宣扬佛教思想,朱熹批其为“阳儒阴释”。“释师”的说法,可见朱熹认为大慧与横浦是师徒关系,虽然《嘉泰普灯录》列横浦为大慧弟子,但灯录对在家居士的师承并不严格,从二人往来书信及《大慧普觉禅师年谱》《大慧普觉禅师语录》的记载中,二人更像朋友关系,并无师徒的迹象。朱熹引用的这句书信内容,现今所见横浦著述和佛教典籍中都没有记载,并且朱熹自注说当时就已不见于语录中,大概也经过一番查找却未曾寻得,来源很可能是听闻他人转述,可信度并不高。

一个根本原则,即“殊途同归”与“二本殊归”。在朱熹看来,儒门杂佛者,甚至逃儒以归于释者自认为儒佛“殊途同归”。虽然儒家入世,佛教出世,儒家肯定现实人生,佛教以一切为虚妄幻相,但在最终精神归旨、精神境界上,儒佛是一样的。简而言之,下学而上达,儒佛下学虽不同,但上达一致。针对这种看法,朱熹针锋相对指出“二本殊归”,儒佛的差异不仅在生活方式、修养工夫方面,从本体、本源上讲就不同,因为儒佛所本不同,途径不同,归旨亦不同。即儒佛在宋代重点关注的本体论、心性论、工夫论、境界论上都不同,殊本殊途殊归。虽然《杂学辨》写作时间早,但这是朱熹辟佛一贯的原则。朱熹对儒门杂佛者的批判虽然各有侧重,但基本不出于本、途、归。对横浦儒佛之辩的讨论,也沿着该思路进行。

三、心与觉

心性论是宋代儒佛之辩的核心议题,特别是在南宋,宋初提出的儒学自立吾理的目标已经基本实现,理学思想大体规模初定,儒佛之辩从社会礼俗、价值立场、义利之辨等议题,转向思想理论内部更为精微的本体论、心性论等议题。即儒家辟佛的关注点从外在价值立场转向了内部理论辨析,其中心性论是重要战场。

佛教对“心性”问题讨论极为精微,禅宗兴起后提倡“明心见性”“直指本心”,围绕心性展开的讨论更为频繁和精深。唐末宋初谈论儒佛问题时,很多人认为佛教精深的心性论是吸引士大夫的重要原因。二程也在一定程度上肯定佛学中的心性论，尤其是程颢曾明确讲过佛教有“敬以直内”和“识心见性”之学：

> 彼释氏之学，于“敬以直内”则有之矣，“义以方外”则未之有也……①
>
> 彼所谓“识心见性”是也。若“存心养性”一段事则无矣。②

“敬以直内”指内在心性之学，“义以方外”指现实生活中的伦理教化。在程颢看来，虽然佛教价值信仰与儒家相悖，破坏儒家礼法，不能为现实生活带来有益指导，但佛学中的心性论有值得肯定的部分，其心性论思想与儒学有相通之处。即使卫道甚严的程颐也说过“佛说直有高妙处”③。二程一方面极力排佛，另一方面并不全盘否定佛学，一定程度上肯定佛学的心性论。这种态度在二程本人及其门人看来并无不妥，但它可能带来的影响却十分复杂。

从宋代理学外部来看，因为儒佛心性思想有相似之处，北宋理学家没有对儒佛心性论做出明确厘清或者判定，禅宗发展又早于理学，因而自宋代起就一直有人认为理学是吸收借鉴禅宗思想构建起新的儒学体系；从理学内部来看，二程门人及再传弟子多有参禅经历，对佛教思想并不全然排斥，加之宋代多位高僧兼通儒佛，与士大夫往来密切，这使理学在发展传承中与佛教思想多有交融。因而南宋排佛，“心性”是重要论域。以卫道甚严的朱熹划定的儒佛界限来看，凡涉及心为本体的思想，都已经流入禅学，这倒与程颐当年提出“圣人本天，释氏本心”④的原则一致。不过“释氏本心”能否倒过来说“本心的都是释氏”，这就要存疑了。

宋儒辟佛主要针对唐宋盛行的禅宗，禅宗主张“一切众生皆有佛性”，这一思想来源于《楞伽经》众生都有如来藏心，传至道信(580—651)、弘忍(602—675)时受到《大乘起信论》的影响，到六祖慧能扫除文字，以《金刚般若经》为正宗。慧能提倡单刀直入的顿教，其思想基础即是人心本性原来

---

① 程颢、程颐著，王孝鱼点校：《河南程氏遗书》卷四，《二程集》，第74页。

② 程颢、程颐著，王孝鱼点校：《河南程氏遗书》卷十三，《二程集》，第139页。

③ 程颢、程颐著，王孝鱼点校：《河南程氏外书》卷十二，《二程集》，第425页。

④ 程颢、程颐著，王孝鱼点校：《河南程氏遗书》卷二十一下，《二程集》，第274页。

清静，本心即真如佛性，本心皆具般若智慧。“不悟即佛是众生，一念悟时众生是佛，故知万法尽在自心，何不从自心中顿见真如本性。”[①]以此为基础，方能一朝顿悟，妄念俱灭，识自本心，证得真如，即“识心见性，自成佛道”。因而禅宗特重“心”，万法尽在心中，本心、自心、清净心，安心、识心、无念、无相、无住都是从心上说。南宗修行主张“但行直心，不着法相”，一切行住坐卧、担水劈柴皆可为禅法，不再拘泥于静坐看心、住心看静等禅定工夫。虽然禅法融于日用常行中，但其根本追求并不落于现实世界，“禅家的一切行为动机，始终在向上一提，探求生死不染、去住自由的境界，并且不肯泛泛地去走迂回曲折的道路，而要直截了当把握到成佛根源”[②]。此成佛根源就是通过顿悟识得本心，本心即真如佛性。慧能以下，马祖道一言“自心是佛，此心即是佛心”[③]“即心是佛”，石头希迁门下主张“须识自家本心”，直至宋代大慧宗杲创立的“看话禅”，参禅的具体方法虽有差别，但“本心佛性”始终是其根本思想。

人人皆有本心佛性，众人与佛的差别在于是否“悟”，即“迷”与“觉”。《坛经》言：“不悟即佛是众生，一念悟时众生是佛。”[④]《祖堂集》卷十五载汾州无业参访马祖道一，问：“常闻禅门即心是佛，实未能了。伏愿指示。”马祖大师曰：“即汝所不了心即是，更无别物。不了时即是迷，了时即是悟；迷即是众生，悟即是佛道。不离众生别更有佛也。亦如手作拳、拳作手也。”[⑤]此心了悟即是佛，此心迷妄颠倒即是众生。参禅修行便是要破除一切颠倒妄念，“无念为宗，无相为体，无住为本”，成般若三昧，识心见性，即心即佛。“悟”也称为“觉”，如：

> 黄蘖和尚云：“诸佛与一切众生，唯是一心，更无别法，觉心即是。”[⑥]

黄蘖希运将佛性称之为“觉心”，“觉”与“悟”相同，指心之了悟，自成佛道。

---

① 释宗宝编：《六祖大师法宝坛经》，《大正新修大藏经》编号 2008，第 48 册，第 351 页。

② 吕澂：《中国佛学源流略讲》，北京：中华书局，2006 年，第 376 页。

③ 静、筠二禅师编撰，孙昌武、（日）衣川贤次、（日）西口芳男点校：《祖堂集》卷十四，北京：中华书局，2007 年，第 610 页。

④ 释宗宝编：《六祖大师法宝坛经》，《大正新修大藏经》编号 2008，第 48 册，第 351 页。

⑤ 静、筠二禅师编撰，孙昌武、（日）衣川贤次、（日）西口芳男点校：《祖堂集》卷十五，第 690—691 页。

⑥ 释延寿集：《宗镜录》卷二十四，《大正新修大藏经》编号 2016，第 48 册，第 550 页。

"觉"与"悟"的对立面是"迷",即迷失本心,执着于颠倒妄想、虚空幻相。作为境界的觉心、觉性是本心佛性;作为修行工夫的觉是灵觉,是一种特殊的、指向个体内在的认识能力,类似于领悟、觉悟,"识心见性"的识与见也是此认识能力。后来禅宗常言的"虚灵明觉"即此认识能力,理学家辟佛批判的"虚灵明觉"也来源于此。

觉与本心佛性的关系随着禅宗思想的发展而逐渐精微细密,不仅限于与迷相对的作为修行的"觉悟"和作为觉悟后证成的"觉心"。觉与心、佛性三者的内涵及三者之间关系愈发精细。

识心见性的基础是"圣体本来清净",即人本有佛性方能去除杂秽,显现出佛性,因而觉、悟、识、见是向内寻求并认识到本心佛性。这种认识不是增加知识、增长能力,而是返归心最真实本然的状态。因而觉悟不能是广博的佛学理论知识,也不能是通过约束身体而进行的具体禅定。这两点在禅宗显而易见,慧能早已言明"不立文字";南岳怀让以"磨砖不能成镜"的比喻启发马祖道一"坐禅岂能成佛",明确否定坐禅与成佛的关系。那么"觉"如何做到?觉心与众生之心(迷心)是何种关系?心与佛性是何种关系?这三个问题在禅宗尤其是禅宗早期的公案中颇为普遍,"如何是佛""即心是佛,哪个是佛"等问题在禅门问答中反复出现,如马祖道一回答汾州无业言:

> 即汝所不了心即是,更无别物。不了时即是迷,了时即是悟;迷即是众生,悟即是佛道。不离众生别更有佛也。亦如手作拳、拳作手也。[①]

面对汾州无业对"即心是佛"的疑问,马祖直截了当地回应"即汝所不了心即是",你现在尚未了悟的心就是佛性,不能在此心之外另寻佛性。接着他以"拳与手"做譬喻,此心迷妄即是众生,此心觉悟即是佛性。此问题继续追究,即究竟什么是佛性,如何识得佛性,即佛性与佛法。

> (汾州无业)师又问:"如何是祖师西来密传心印?"(马)祖曰:"大德正闹在。且去,别时来。"一足始跨门限,祖云:"大德!"便却回头。祖云:"是什么?"遂豁然大悟。[②]

---

① 静、筠二禅师编撰,孙昌武、(日)衣川贤次、(日)西口芳男点校:《祖堂集》卷十五,第690—691页。

② 释延寿集:《宗镜录》卷九十八,《大正新修大藏经》编号2016,第48册,第942—943页。

汾州无业追问祖师西来“密传心印”，即禅的第一义，即心是佛。马祖让他暂时离开，以后再来。无业一脚刚刚跨出门，马祖突然喊他，他立刻回头。马祖问“是什么”，无业当下觉悟。突然喊话，当即问“是什么”，这样的教化方法在禅宗公案中有很多。无业豁然大悟，所悟自然是佛性，由结果往前推论，则马祖问“是什么”，至少有两层含义：一、是什么立刻回头？二、祖师西来意是什么？无业回头时，这两个问题巧妙地融合为一：听到召唤马上回头是其心使然，此时心中无念无住，当下即是；佛性并非别有一物，正是此心。这一巧妙的场景中，佛与心、觉与佛同样合而为一，即心即佛，觉悟即佛。

马祖与无业问答中隐而未发的问题，在大梅法常参访马祖的问答中有详细展开：

> 因一日问：“如何是佛？”马师云：“即汝心是。”师进云：“如何保任？”师云：“汝善护持。”又问：“如何是法？”师云：“亦汝心是。”又问：“如何是祖意？”马师云：“即汝心是。”师进云：“祖无意耶？”马师云：“汝但识取汝心，无法不备。”师于言下顿领玄旨，遂杖锡而望云山，因至大梅山下，便有栖心之意。乃求小许种粮，一入深幽，更不再出。①

此段问答颇为详细，集中了禅宗早期问答中的常见问题：什么是佛？什么是法？什么是祖师西来意？对第一个问题，马祖给出了他一贯的回答，你的心就是佛。大梅法常追问如何保任佛性，马祖回答好好护持你的心。第二个问题如何是教法，马祖回答也是你的心。心既是佛性，也是教法，用儒家话来说既是本体也是工夫。

佛性是“汝心”，佛法也是“汝心”，人人都有此心，这就引出了第三个问题：达摩祖师西来中土难道没有意旨？祖师西来传授心法，即心是佛，如果说自己当下之心就是佛性和教法，众生之心就是佛性，岂不是说祖师什么都没有传吗？马祖继续回答，你只要认识到你的心，则万法皆备。此句可看作是对前两个问题的总结，佛性与法皆在汝心，心是佛性，心是法。

重新回到觉、心、佛性三者的关系问题，作为修行、教法的觉悟是心本有的能力，觉是心之自觉，并非别有一物作为觉的对象；同时心之自觉就是

---

① 静、筠二禅师编撰，孙昌武、（日）衣川贤次、（日）西口芳男点校：《祖堂集》卷十五，第674页。

佛性。如听到马祖的喊话，无业立刻回头并当下大悟，无业觉悟到的就是当下呈现的本心，精妙的是使无业立刻回头的是此“心”，觉悟到此“心”的仍是此“心”。从这个意义上讲，觉实际上就是心，就是佛性。这是后来被朱熹严厉抨击的“以觉言心”“以心识心”的思想根源，也暗含了张九成与朱熹在“人心道心”问题上的根本差异。

综上，在禅宗思想中，觉至少有两种流行的用法：一种是作为修行工夫的觉，也称灵觉、虚灵明觉，是一种特殊的、指向个体内在的认识能力，类似于领悟、觉悟，“识心见性”的识与见也是此认识能力；第二种以觉言心，这是在第一层意涵基础上进一步引申，当下觉悟即为佛性，则觉就是本心、佛性。

四、以觉言仁

与禅宗直接以觉言心不同，宋代理学论觉时一般是“以觉言仁”。但仁作为四德之首，通常与人心密不可分，如孟子言：“仁，人心也；义，人路也。”张九成则有更为直接的论述：“仁即是觉，觉即是心，因心生觉，因觉有仁，脱体是仁，无觉无心。”[①]以觉言仁，进而以觉言心，是横浦被斥为杂佛的重要原因。儒门论“觉”是否流入佛学，儒家之“觉”与禅宗之“觉”是否相同，不能单从字句的相似判断，尚需对思想进行深入分析。

思想分判不能以字句相似作为依据，儒道佛三家共用的概念不胜枚举，以觉字为例，觉最早的使用绝不在佛教，佛门早已言明“佛者梵语，晋训觉也”[②]，“佛是西国语，此土云觉性”[③]，觉是佛教传入中国后吸收的本土概念。既已吸收，在佛教中就作为佛学概念使用了。同样，宋明儒学确实使用了很多与禅宗相同的概念和相似的表述，但不能仅以字句作为杂佛的依据，儒佛分判必须本于思想。

宋代儒学中对觉的讨论兴起于二程，尤其是程颢提出以觉言仁影响深远。仁作为儒学的核心概念，在人的德性中居于最核心最重要的地位，其最基本的意涵是“爱人”。宋明理学为传统儒学构建形而上学基础，并在理

① 于恕编：《无垢先生横浦心传录》卷上，第31页。

② 孙绰：《喻道论》，《大正新修大藏经》编号2102，第52册，第17页。

③《小室六门·第六门血脉论》，《大正新修大藏经》编号2009，第48册，第375页。

学体系中对传统儒学概念进行创造性诠释,仁必然成为重中之重。程颢一改传统以爱言仁的思路,从生生不已、万物一体的层面来解读仁的内涵。如言“观鸡雏”[①]可以识仁,窗前草不除“欲常见造物生意”[②]。由《易传》“天地之大德曰生”,贯通到儒家最重要的德性仁,仁的内涵由传统“爱人”提升至天地层面:

> 万物之生意最可观,此元者善之长也,斯所谓仁也。人与天地一物也,而人特自小之,何耶?[③]
>
> 医书言手足痿痹为不仁,此言最善名状。仁者,以天地万物为一体,莫非己也。认得为己,何所不至?若不有诸己,自不与己相干。如手足不仁,气已不贯,皆不属己。故“博施济众”,乃圣之功用。[④]

由天地创生万物、生生不已来阐发仁,仁即“元者善之长也”,是四德之首。人与万物生于天地间,共同构成一息息相通的整体。仁本于最根本的天地生生之大德,落实于万物则为万物之生意,如鸡雏、窗前草、桃仁、人的脉搏……从个体着眼是个体的生命力,从整体着眼是天地生生不已。在此生生不已的天地整体中,个体的生命从不孤立,既是个体生命的历程,又是大化流行整体的一部分。可见,程颢“以生意论仁”“以一体论仁”是同一思想的不同角度。

程颢论仁还有一个精妙的角度是吸收中医思想,“切脉最可体仁”,脉搏既是人的生意(生命力),同时也直观地展现出人体是一个整体。中医称手足痿痹为不仁,即人无法准确感知自己的手足痛痒,原本息息相通的整体被切断了。扩大到天地万物来看,人无法准确感知自己原本与天地万物为一体,“人特自小之”,将自己局限在某个狭小的范围内,切断与天地万物的关联,正像一身中手足麻痹则不知觉其痛痒。“若夫至仁,则天地为一身,而天地之间,品物万形为四肢百体。”[⑤]仁者与天地万物为一体,就像人体有四肢百骸。至仁的境界就是“将宇宙万物都视为、感受为自己的肢体

---

① 程颢、程颐著,王孝鱼点校:《河南程氏遗书》卷三,《二程集》,第59页。

② 黄宗羲原著,全祖望补修,陈金生、梁运华点校:《宋元学案·明道学案下》,第578页。

③ 程颢、程颐著,王孝鱼点校:《河南程氏遗书》卷十一,《二程集》,第120页。

④ 程颢、程颐著,王孝鱼点校:《河南程氏遗书》卷二上,《二程集》,第15页。

⑤ 程颢、程颐著,王孝鱼点校:《河南程氏遗书》卷四,《二程集》,第74页。

而加以爱"[1]。天地是一息息相通的整体,在人而言,真切体认到自己与天地万物一体,方能实现"仁"德。陈来先生言:"表面上,这种讲法包含了把'仁'解释为知觉无所不通的意义,但究而言之,明道主张的作为仁的'知觉'并不是生理上的知痛知痒,而是在心理上把万物体验为自己的一部分的内在感觉。"[2]明道言"认得为己,何所不至"就是以"万物一体"为基础,进而在个体上达到知觉无所不通的境界。

该思想后来发展为"以觉论仁",并进一步与"心"关联起来,如谢良佐:

> 心者何也?仁是已。仁者何也?活者为仁,死者为不仁。今人身体麻痹不知痛痒谓之不仁,桃杏之核可种而生者谓之桃仁杏仁,言有生之意。推此仁可见矣。[3]
>
> 心有所觉谓之仁,仁则心与事为一。草木五谷之实谓之仁,取名于生也。生则有所觉矣。四肢之偏痹谓之不仁,取名于不知觉也。不知觉则死矣。事有感而随之以喜怒哀乐,应之以酬酢尽变者,非知觉不能也。[4]

作为程门高徒,谢良佐继承了程颢以生意论仁,以及借用中医论手足痿痹为不仁的思路,但其论仁的思想与程颢有明显差别。程颢从天地层面赋予"仁"万物一体、天地之大德曰生的内涵,在个体上展现为"仁者与万物同体"的境界,"觉"即真切感知到自我与天地万物息息相通,可以说"觉"是个体对"仁"德的修行、体验与实践。"明道吸取医家论仁的说法,包含了知觉言仁的意思;但明道的'知觉'说与'一体'说是联系在一起的。上蔡强调'知觉'却少谈'一体'。"[5]如果说程颢论仁包含了形而上(天地)层面和个体层面,谢良佐则重在继承发展个体层面,言个体生意如桃仁谷仁,而少谈天地之大德曰生;言一心之知觉,而少谈知觉的形而上根源——天地万物一体。

谢良佐论仁偏重从个体"生意",尤其是"心之知觉"论仁,甚至将生意与知觉等同起来。如言:"草木五谷之实谓之仁,取名于生也。生则有所觉

---

① 陈来:《中国近世思想史研究》,第 56 页。
② 陈来:《中国近世思想史研究》,第 56 页。
③ 谢良佐:《上蔡语录》卷一,第 2—3 页。
④ 见朱熹:《论语精义》卷六下引上蔡语,《文渊阁四库全书》,第 13 页。
⑤ 陈来:《中国近世思想史研究》,第 65 页。

矣……不知觉则死矣。"万物之生意最重要的展现是知觉,有生意则有知觉,无知觉则为死物。程颢论仁时,"一体论仁""生意论仁""知觉论仁"虽为一贯,但三者内涵各有侧重。谢良佐少谈"万物一体",并且更进一步将生意与知觉等同,生即有知觉即仁,死即无知觉即不仁。

"觉"如果不是本于天地一体、万物息息相通,必然需要在个体内部寻找根源与归属。正因为如此,谢良佐论仁须关联上"心",上面两段引文都言心,"心有所觉","心者何也? 仁是已。仁者何也? 活者为仁,死者为不仁"。觉是心之觉,这就将"仁—知觉—心"作为一个整体,儒学最重要的德性"仁"成为心之知觉。如此,"以觉言仁"虽在字面上与程颢基本一致,但思想上已经走了很远,将根源于天地一体、生生不已的仁,向内拉回到心的知觉。谢良佐不同意传统以爱言仁,以孝悌言仁,以博施众济言仁,提出"知此心则知仁"。

这一步滑转,将二程的从天地论仁,转向从心之知觉论仁。宋明理学中若以"心"为本体,则必须在理论上突出从本心上挺立天理,以本心之知觉作为天理在个体上的展现和个体对天理的体认,方能坚持儒学立场。若不能在本心上挺立天理,单纯言心之知觉,就与禅宗即心即佛、觉即是心的思想颇为相似了。谢良佐"仁—知觉—心"的模式,非常容易让人联想起上一节禅宗"佛性—觉—心"三者的关系。

牟宗三先生在《宋明儒学的问题与发展》一书中有如下论述:

> 明道《定性书》,实在讲的是心。心是主观性原则,理是客观性原则。而主观性原则就是实现原则:必须通过心觉才能说到理之体现。而这种体现不是认识心之认知科学真理,而是道德心之实现道德的理,这是内容的,强度的,深度的,无穷无尽的:理如此,心亦如此。从心方面说,它要达到体现天理之化境,它必须要在无穷无尽的破执著之经历中到达。这就是"心无为道"一语之说示。心之体现天理而至化境,是心而要无心,这就是一个诡辞。通过心的润泽、贯彻与觉了,天理才是真实的,具体的。但心的活动觉了,因形限之私,却又最容易沾滞、偏著、陷溺。从这沾滞、偏著、陷溺中觉醒过来,超拔出来,而消化掉它的沾滞等,这就是无心。这无心就是心之自然、浑化,没有一毫意、必、固、我之滞相。在这消化滞相之经历中必然有奇诡的姿态出现。这奇诡是翻过滞相而显的。若无滞相,亦无奇诡,那就是平平了。

所以涉及心而联想到禅，不是分解地讲心时令人想到禅，不是在分解地了解心之本义时（不管是经验的心或超越的本心）想到禅，而是在辩证地消化滞相以达体现天理之化境上才令人想到禅。[①]

在宋明理学之“心”与禅宗关系方面，牟宗三先生认为程颢讲“心”，是作为主观性的原则，即主体对天理的实现，作为个体知觉主宰器官的心，必须破除种种遮蔽、偏执、阻碍，才可能体认到天理，实践天理之流行。心学一系常被指责为儒佛杂糅、流入禅学，其原因在于，心在破除意、必、固、我等阻碍遮蔽，达到清通无碍以实现天理的过程，与禅宗破除一切颠倒妄想，无念、无相、无住，达至觉悟成般若智慧，两者相似。简而言之，心学与禅宗证成本体的过程及工夫路径相似。

从程颢至谢良佐仁说来看，笔者赞同牟先生前半部分思想，同时认为后半部分心学与禅学相似之处有待商榷。在程颢，心的知觉确是主体对天理的体认和实践，即个体知觉万物一体是以天地万物本来一体为理论基础，不能抛开天理而单谈知觉。谢良佐继承发展仁说时，恰恰偏重在个体知觉，并以心作为知觉的来源，以知觉作为心的本质，仁是心之知觉。程颢思想中作为万物本体的“天理”就被搁置甚至消解了。心不再如牟先生所言“主观性原则就是实现原则”，而是单纯作为主观性原则，追求自身的无滞无碍、知觉无所不通。仁从宏大的天地生生、万物一体下落为心之知觉，同时知觉也不再是对万物一体的体认，而是主体的感受及心灵境界。在这一点上心学流入禅学，而非仅仅是修行工夫相似。

朱熹本人也使用知觉、虚灵明觉、虚灵不昧等概念，曾用“常惺惺”“虚灵不昧”等概念解释《大学》。但他反复强调知觉属“智”，决不能成为本体。从本体看，须由天理下贯而言心、仁与知觉；从现实看，须以心的知觉思维能力体认天理，实践天理。“‘虚灵不昧’与‘具众理而应万事’一定不能割裂开，实际上还应包括‘得乎天’。”[②]决不能搁置天理，单谈心与知觉，甚至以知觉为本体，否则就会流入禅学。明代方学渐敏锐地指出：“今学者删之曰明德者虚灵不昧之德也，删去理字则无体，删去事字则无用。但云虚灵

① 牟宗三：《宋明儒学的问题与发展》，第 34 页。

② 翟奎凤：《“虚灵不昧”与朱子晚年明德论思想跃动的禅学背景》，载于《哲学研究》，2020 年第 10 期。

不昧，则混于释氏灵明之说，而非《大学》明德之本旨矣。”[①]“理”是本体，“事”是本体发用。是否有超越心与知觉的本体——天理，是儒佛根本差异。

荒木见悟在《佛教与儒教》一书中从本来性与现实性的立场讨论华严宗、禅宗与朱熹的思想[②]，关于儒佛如何看待现实世界，荒木见悟提出了以下观点：

> 因为它们两者（禅宗和儒家）同样从现实性出发，同样于现实性的正当中树立本来性主体，所以围绕共同基盘的争夺，两者间发生激烈的对立和纠葛，尤其让朱子意识到鉴别它们的重要性和困难性。[③]

儒家对待现实世界的基本态度是将“天理”作为最高本体，世间万物是实存且有序运转的，人与万物生于天地间，禀赋天理，并依循天理。禅宗则认为现实世界没有自性，因缘和合，变幻无常，人应转身向内寻求本来性主体（本体），即本心佛性。正如前文所言，这是儒佛最根本的差异，也是儒佛之辩最为激烈的焦点。仅仅在心与知觉两个概念上很难理解儒佛之辩的核心，须在本体层面比较二者：儒家本体是超越心与知觉的天理，此天理是现实世界的所以然之理和所当然之则；佛教则将本体推至心与知觉，在主体内确立最高实在（佛性）。这不仅仅是儒佛根本差异，也是判别儒门杂佛的基本原则。朱熹批判谢良佐杂佛，在《仁说》及仁说之辩中批驳受“知觉言仁”影响的湖湘学派，也是着重就这一点指出其弥近理而大乱真之处。

> 问：“昔有一禅僧，每自唤曰：‘主人翁惺惺著！’大学或问亦取谢氏‘常惺惺法’之语，不知是同是异？”曰：“谢氏之说地步阔，于身心事物上皆有工夫。若如禅者所见，只看得个主人翁便了，其动而不中理者，都不管矣。且如父子天性也，父被他人无礼，子须当去救，他却不然。子若有救之之心，便是被爱牵动了心，便是昏了主人翁处。若如此惺

① 四库全书存目丛书编纂委员会编：《四库全书存目丛书》，第205—206页。

② （日）荒木见悟在《佛教与儒教》中提出了很多极富价值的观点，但该书总体思路上将朱熹作为对华严、禅宗本来性与现实性思想的发展和超越，这点不敢苟同。通过朱熹与湖湘学派讨论仁说的多封书信及思想的前后变化，我们会发现朱熹不是延续、发展或突破了青年时期接触的禅学，恰恰相反，他是在思想中真正确立儒学立场，剔除可能杂禅的部分。这一点不但反映在他对湖湘学仁说的批驳中，也一直延续到他此后极为严格苛刻的儒佛之辩和肃清儒门中。

③ （日）荒木见悟：《佛教与儒教》，杜勤、舒志田等译，郑州：中州古籍出版社，2005年，第171页。

惺，成甚道理！向曾览《四家录》，有些说话极好笑，亦可骇！说若父母为人所杀，无一举心动念，方始名为‘初发心菩萨’。他所以叫‘主人翁惺惺著’，正要如此。‘惺惺’字则同，所作工夫则异，岂可同日而语！”①

“常惺惺”本为禅宗用语，指通过静坐等修习方法保持内心清醒、澄明的状态。“常惺惺”的对象是心，时时警醒，使心不黏滞，虚灵明觉，静中不昧。这是禅宗的一种修习方法，其目标是实现觉悟、证悟。谢良佐言：“敬是常惺惺法”②，用常惺惺解释二程提出的主敬工夫，二程以“主敬”纠正“主静”之失，谢良佐认为“敬”正如常惺惺法，是保持内心不昏昧、时时警醒的状态。对“敬”的解读方面，朱熹肯定谢良佐“常惺惺”法，认为其“于身心事物上皆有工夫”。

朱熹进一步指出儒家“常惺惺”与禅宗“常惺惺”的根本差异。禅宗常惺惺是单纯守心，儒家是要持守心中之理，心自身并非根本，心中的本性、天理才是根本。朱熹举父子之理，在禅宗看来常惺惺是保持内心澄明虚静，无杂念干扰，即使是父子之亲也不应留存心中，都属于虚妄不实之念，应当去除；在儒家看来，父慈子孝是天理人性，常惺惺是保持内心纯然天理，不受欲望杂扰，则父子亲情自然施发。朱熹继承二程思想最根本的部分，以天理为最高本体，并作为本性落实在人心中，因而程颐主敬工夫、朱熹谈及的常惺惺法，都是通过正心、持守的工夫，使心自作主宰，无私欲杂扰，全然天理。在这一点上，程颢与程颐、朱熹并无根本差异，心的知觉感通实际上以天地生生、万物一体为根本。也正是在这一点上，谢良佐与二程思想产生了偏差，将二程从天地（天理）论仁，转向从心之知觉论仁。

是否有超越心之外的最高本体——天理，是儒佛的根本差异。程颐言：“天有是理，圣人循而行之，所谓道也。圣人本天，释氏本心。”③朱熹曾引用此句分判儒佛“前辈有言，圣人本天，释氏本心，盖谓此也”④。清代罗钦顺也曾言“吾儒本天，释氏本心，自是古人铁案”⑤。以上都是从最高本

① 黎靖德编，王星贤点校：《朱子语类》卷一百二十六，第3686页。
② 谢良佐：《上蔡语录》卷二，第15页。
③ 程颢、程颐著，王孝鱼点校：《河南程氏遗书》卷二十一下，《二程集》，第274页。
④ 朱熹：《晦庵先生朱文公文集》卷三十《答张钦夫》，《朱子全书》第二十一册，第1314页。
⑤ 黄宗羲：《明儒学案·罗整庵先生钦顺》，夏瑰琦、洪波校点：《黄宗羲全集》第七册，杭州：浙江古籍出版社，1992年，第18页。

体层面指示出儒佛差异。并非儒者不谈心，也并非佛教不谈理，关键是以何者为最高本体。

以上差异在真正的儒家与佛教分判中并不困难，所以北宋诸儒讨论比南宋、明代要少。在南宋，儒佛之辨的场域实际上已经转向儒学内部，即在儒门中分判出正统与杂佛。在儒门之内，这一分判就要精微和复杂得多，但其根本原则一致。如上面引文中朱熹谈到的儒佛"常惺惺"差异，在谈及谢良佐及儒佛知觉时，如下所言：

> 或问："谢氏常惺惺之说，佛氏亦有此语。"曰："其唤醒此心则同，而其为道则异。吾儒唤醒此心，欲他照管许多道理；佛氏则空唤醒在此，无所作为，其异处在此。"[①]
>
> 明德者，人之所得乎天，而虚灵不昧，以具众理而应万事者也。禅家则但以虚灵不昧者为性，而无以具众理以之下事。[②]
>
> 知觉之理，是性所以当如此者，释氏不知。他但知知觉，没这理，故孝也得，不孝也得。[③]

心主性情，心作为性情主宰，是就虚灵知觉而言，以心的知觉思维能力来保持天理本性不被遮蔽蒙昧。心中固有的天理本性，即是知觉最根本的内容。常惺惺保持内心警醒诚敬，就是要让虚灵知觉时刻觉知、照管心中之理。"所知觉者是理，理不离知觉，知觉不离理。"[④]心的本质是知觉思维能力，知是知天理，觉是觉天理，主宰即保持心在警醒的状态，知觉思维能力不昧，因而对天理的知觉体认不昧。朱熹指出，常惺惺作为心上的工夫，就是保持此知觉思维能力灵明不昧。此处对心与理的论说，与上一段引文儒佛分判的根本原则一致。依此来看，谢良佐常惺惺单就工夫而言不差，但本体层面却与程朱存在差异。以生意归知觉，以知觉言仁、以知觉言心的思想，确实存在悬置、忽略天理的倾向。不言超越本体，只重在心之知觉，则儒家的伦理价值在思想体系上无处安放，与禅宗单讲知觉、觉悟之心确有相似之处。因此，朱熹评价谢良佐："说仁，说知觉，分明是说禅。"[⑤]

---

① 黎靖德编，王星贤点校：《朱子语类》卷十七，第455页。

② 黎靖德编，王星贤点校：《朱子语类》卷十四，第325页。

③ 黎靖德编，王星贤点校：《朱子语类》卷一百二十六，第3688页。

④ 黎靖德编，王星贤点校：《朱子语类》卷五，第104页。

⑤ 黎靖德编，王星贤点校：《朱子语类》卷二十，第584页。

虽然宋明理学家常言“知觉”“虚灵明觉”“心之知觉”等，就这类字词使用来看与禅宗相似，但无论是儒佛分判，还是儒门内部分判，都不能落在具体概念的使用上。正如问及如何看待佛教“一宿觉、言下觉”等，二程回答：“何必浮图，孟子尝言觉字矣。曰‘以先知觉后知，以先觉觉后觉’，知是知此事，觉是觉此理。”[①]文字概念作为语言工具是共用的，并不能作为分判标准，我们需要回到哲学家的思想体系中，确定知觉、心在思想体系中的内涵和定位，方能确定儒佛归属问题。

五、横浦本心与觉

上两节分别介绍了禅宗关于本心、佛性、知觉的思想，及宋代理学中天理、心、知觉的思想。并提出儒佛分判在于：在心之知觉外，是否存在超越的形而上本体。禅宗觉心即佛性，去除一切妄想幻相，证得自性清净心；儒家以知觉作为心的思维认知能力，以此能力去体认天理。

依此原则看横浦思想，横浦重视“觉”，且以觉来言仁与心：

> 仁即是觉，觉即是心，因心生觉，因觉有仁，脱体是仁，无觉无心。[②]

横浦言“仁即是觉，觉即是心”，将仁、知觉、心三者打通为一，这与谢良佐“仁—知觉—心”的模式非常相似，也是横浦被批为杂佛的一个具有代表性的观点。朱子言：

> 仁父问：“仁者爱之理。”曰：“这一句只将心性情看，便分明。一身之中，浑然自有个主宰者，心也；有仁义礼智，则是性；发为恻隐羞恶辞逊是非，则是情……”问：“张无垢说‘仁者觉也’。”曰：“觉是智，以觉为仁，则是以智为仁。觉也是仁里面物事，只是便把做仁不得。”[③]

朱子《仁说》及与湖湘学者往来书信论仁，尤重批驳谢上蔡“知觉言仁”的思想，及受该思想影响的湖湘学者。对横浦的批评也是同一原则，认为“觉”属于智，是心的认知思维能力。仁是全德，是性，禀自天地生生之大德，包含仁义礼智四者。“觉”属于智，只是仁的一个方面，绝不可以知觉言

---

① 程颢、程颐著，王孝鱼点校：《河南程氏遗书》卷十八，《二程集》，第196页。

② 于恕编：《无垢先生横浦心传录》卷中，第31页。

③ 黎靖德编，王星贤点校：《朱子语类》卷二十，第567页。

仁,觉作为认知思维能力,无法展现仁最重要的内涵——天地生生之德。

佛教传入中国经历漫长的发展演变,在宋代儒佛道共用的语言和概念很多,因此文字相似不能用来分判儒佛归属。回到上文所言在心之知觉外,是否存在超越的形而上本体,这一点上,横浦有很多论述:

> 尧、舜、禹、汤、文、武、周、孔之道具在人心,觉则为圣贤,惑则为愚不肖。圣人惧其惑也,乃著之六经,使以义理求;乃铭之九鼎,使以法象求。簠簋俎豆、火龙黼黻以发之,钟鼓筦磬、琴瑟竽笙以警之,清庙明堂、灵台辟雍以形之,使人目受耳应,心竦意萌,恍然雾披,豁然冰泮。乃知千圣虽往,此心原不去;万变虽经,此心自有余。①

"觉则为圣贤",以觉言心,此段明确指出觉是觉心中本有的尧、舜、禹、汤、文、武、周、孔之道,即儒家之道。觉不是指向单纯的内心觉悟、觉醒、虚灵明觉,而是指向觉悟儒家之道。觉悟到儒家之道则为圣贤,不能觉悟儒家之道则为愚不肖。儒家之道落实在具体生活中表现为六经记载的义理、铭于九鼎的法象、礼乐制度等,既包含了儒家思想,也包含了儒家制度。"觉"正是指向义理、德性、礼法、制度、习俗等全面的儒家之道。儒家之道从本源上讲,并非来自外在的知识学习和修养,而是"具在人心",是人心本有的。此心即天人相通之处,虽为个体生命所有,但此心本源于天。无论个体觉悟与否,此心本体超越时空,亘古不变,"千圣虽往,此心原不去;万变虽经,此心自有余"。

本心即天,心作为本体,其超越性不在于自身的知觉能力,而是来自天,即天人一心。天与本心明确指向儒家之道——义理与制度。横浦有很多对心与天的论述:

> 心即天也。人有是心,心有是天,第人未之顾諟耳。②
>
> 天止吾心而已矣。③
>
> 天即是我,我即是天。④

心即天也,落实在个体生命中,个体生命虽渺小,但我的本心与天同一。若

① 张九成:《横浦集》卷十七,第409页。
② 黄伦:《尚书精义》卷十七,第5页。
③ 黄伦:《尚书精义》卷三十二,第6页。
④ 黄伦:《尚书精义》卷四十二,第12页。

能体认到本心，则个体与天同一，天即是我，我即是天。天人一心，个体德性修养指向对大本的体认，即对本心与天的体认。心即天，道即天之道，理即天之理：

> 故有道有理，天人一也，更不分别。①
>
> 天地人只是一道也。②

天人一心，与天人一道、天人一理都是指向最高本体，从不同角度指称最高本体。本心的超越性来自天，天之道即为天道，天之理即为天理，人对大本的体认，同时也是对天道天理的效法与遵循。在横浦看来，天道天理即是儒家之道，具有确定的儒家伦理内涵。

> 夫天人一心，本无彼此。自是学之不精，不能尽识，流荡人欲，故此心不见尔。惟学问之深者，人欲不行，惊忧之迫者，人欲暂散，故此心发见焉。此心既见，则天理在我耳。……所以皆足以动造化焉。造化何在？吾心而已矣。吾心如此其大，而或者以人欲而狭之，殊可悲也。孟子深识此理，故曰："尽其心者，知其性也。知其性，则知天矣。存其心，养其性，所以事天也。"夫知天在尽心，而事天在存心，则人之于心其可不谨乎？③
>
> 使人君一言之下、一事之间，忽然开悟，平生非心，一息顿影灭迹绝，而固有之心尽皆发见。所谓仁，所谓义，所谓正者，皆昭然显露，此乃固有之心也。……天下皆有之，特未有以发之耳。④

天人一心，天有天理天道，赋予人则为心性。横浦认为孟子所言尽心知性知天、存心养性事天，是个体通过修养践履体认本心，返归本心。天化育万物，是一切自然规律和社会规范的最终来源，本心即天，同样包含自然规律和伦理规范。就自然规律来看，此人人固有的本心不只是人的本质，因其与天一致，则古往今来万事万物，此心均在。"夫所谓天下四方万里事物之本，何物也？盖天下，此心也；四方万里，此心也；若事若物，此心也。"⑤就

① 张九成：《孟子传》卷八，第 325 页。
② 张九成：《孟子传》卷二十七，第 498 页。
③ 张九成：《横浦集》卷九，第 352 页。
④ 张九成：《孟子传》卷十六，第 392 页。
⑤ 黄伦：《尚书精义》卷六，第 3—4 页。

社会规范、伦理德性来看,“所谓仁,所谓义,所谓正者,皆昭然显露,此乃固有之心也”,仁、义、正等儒家德目是心中本有。现实生活中,本心发见,则仁义等德性均显现出来;本心遮蔽,则人欲流荡,邪念四出。为学最重要的是体认本心,“然则学者之彀与夫规矩之宜其何在乎?亦曰心而已矣”[①],本心是德性和规范的根源。正在这个意义上,横浦说“正心以成天下之本”[②],通过正心等修养工夫,体认到本心,此心即是天下之本。

本心超越时空,四方万里、古往今来本心同一。“乃知千圣虽往,此心原不去;万变虽经,此心自有余。”[③]这与二程对理的论述相似:“虽能推之,几时添得一分?不能推之,几时减得一分?百理具在,平铺放着。几时道尧尽君道,添得些君道多;舜尽子道,添得些子道多?元来依旧。”[④]二程言天理,横浦言此心,此理此心与天同一,超越时空,自身完足,亘古不变。在横浦思想中,本心完全超出了一人、一物、一时、一地的限制,提升至本体的层面。

在横浦思想中,本心远远超出了日常知觉思维之心,不是人身体内一个承担思维知觉功能的器官,而是与天为一、永恒而完足的本体。在儒佛分判上,这一点足以从根本上将横浦与佛教区分开来,横浦价值立场是坚定的儒家。横浦所言之心,本自天,乃实有之天理天道;释氏所本之心是如来藏自性清净心。横浦所言心之知觉,是对本心天理的体认,是对天地造化的参与;释氏所言之“觉”,与“迷”相对,是斩断一切颠倒妄想后,内心明觉,不着法相。朱熹言:“知觉之理,是性所以当如此者,释氏不知。他但知知觉,没这理,故孝也得,不孝也得。所以动而阳,静而阴者,盖是合动不得不动,合静不得不静。”[⑤]儒家知觉是来源于天理本性,并且体认返归天理本性;与儒家不同,佛教知觉与天理无关,既不来源于天理,也不以天理为体认对象,觉即心即佛性。再次回到伊川的论断:“天有是理,圣人循而行之,所谓道也。圣人本天,释氏本心。”[⑥]横浦所言之心,不是禅宗作用见

① 张九成:《孟子传》卷二十七,第498页。

② 郎晔编:《横浦日新》卷上,《诸儒鸣道》卷七十一,第5页。

③ 张九成:《横浦集》卷十七,第409页。

④ 程颢、程颐著,王孝鱼点校:《河南程氏遗书》卷二上,《二程集》,第34页。《遗书》中未注明此条是程颢或程颐的语录,《宋元学案·明道学案上》列有此条。

⑤ 黎靖德编,王星贤点校:《朱子语类》卷一百二十六,第3688页。

⑥ 程颢、程颐著,王孝鱼点校:《河南程氏遗书》卷二十一下,《二程集》,第274页。

性、虚灵明觉，不是立足于缘起性空，而是本于实有的天理，此心即圣人所本之天，知觉即对大本的体认。这一点从根本上确立了横浦思想的儒家归属。

六、以心识心

随着宋代理学思想体系在不断探索中日益精深，儒佛之辩越来越深入心性论内部，尤其重在围绕“心”的概念展开。关于“知觉”的讨论，重在分辨儒佛在心与本体问题上的根本差异。本节“以心识心”则重在分辨儒佛关于心的内涵及工夫论上的差异。

朱熹辟佛多次提到“以心识心”：

> 大抵圣人之学，本心以穷理，而顺理以应物，如身使臂，如臂使指，其道夷而通，其居广而安，其理实而行自然。释氏之学，以心求心，以心使心，如口吃口，如目视目，其机危而迫，其途险而塞，其理虚而其势逆。盖其言虽有若相似者，而其实之不同盖如此也。[①]
>
> 至其（佛教）所以识心者，则必别立一心以识此心。[②]

朱熹认为释氏之学以心求心，就像以口吃口、以目视目一样违反逻辑和常识。以心的思维能力认识心，实际上是把心分为二者，一个作为认知能力，一个作为认识对象。很难想象以精微心性论著称的佛教和儒门杂佛者会犯这样常识性的错误。

理解朱熹的批评，我们可以借助一个具体的例子，朱熹在《杂学辨》中对横浦慎独思想的批评，展现出他对“以心识心”的解读：

> 横浦：颜子戒慎恐惧，超然悟未发已发之几，于喜怒哀乐处，一得天命之性所谓善者，则深入其中，人欲都忘，我心皆丧。
>
> 朱熹：“超然悟未发已发之几”，《中庸》无此意也。喜怒哀乐，莫非性也，中节，则无不善矣。不知更欲如何得之，而又如何深入其中也？若此，则是前乎此者未得此性而常在性之外也耶？且曰“我心皆丧”，

① 朱熹：《晦庵先生朱文公文集》卷六十七《观心说》，《朱子全书》第二十三册，第3278页。

② 朱熹：《晦庵先生朱文公别集》卷八《释氏论上》，《朱子全书》第二十五册，第4990页。

尤害于理。[1]

此段引文中，朱熹与张九成之间的差异主要表现是两点：一、是否可以有"深入其中"的工夫；二、能否言"我心皆丧"。就第一点来看，朱熹言"而又如何深入其中也"，可见他不能认同返归本心的路径，而是对已发层面格物穷理这种着实工夫更有亲切感。朱熹言"前乎此者未得此性而常在性之外也耶"，是对此的进一步追问，即体认本体之前是何状态，这个问题对于慎独思想来说颇具挑战性。横浦所言"一得天命之性所谓善者，则深入其中"，对天命之性的体认是通过长期的戒惧工夫达到的，一时之察见还只是开端，应该健进不息，使本心全体呈见，此心即是天理，天理即是此心。慎独既是对念虑的警醒省察，也是对本心的涵养。

由此带来的问题就是谁在做慎独工夫？谁在警醒省察？对此问题的回答也可回应朱熹"前乎此者未得此性而常在性之外也耶"的问题。横浦言："一者，诚也。诚即喜怒哀乐未发以前是也。夫是诚也，或生而知之若尧舜是，或学而知之若汤武是，或困而知之若太甲是，所以知之者何物哉？诚也。"[2]此句横浦对"诚"的论述，正可以用来理解慎独工夫中何者在警醒戒备。"诚"既是本体，也是工夫；既是认识对象，也是认识能力。

一个事物如何能够既作为本体，也作为工夫呢？横浦以"至诚无息"来理解诚的内涵，这样来说"诚"就远远不是内心专一的状态。"诚即喜怒哀乐未发以前是也"[3]，喜怒哀乐未发以前即本心，诚是从"纯亦不已"的角度来言说和指称本体。对于本体的认识，有生而知之、学而知之、困而知之等不同方式，但各种认知方式中均需要有一个认知的主体，横浦明确回答此认知主体是诚，"所以知之者何物哉？诚也"[4]。也就是说，以诚来认识诚，以本体来认识本体。同理，就本体的发用而言，有安而行之、有利而行之、有勉强而行之等不同方式，其行之的主体均是诚。"夫行之者其何物哉？亦诚也……知诚者诚，行诚者诚。"[5]即以诚行诚，以本体来践行本体。

这正是朱熹批评的以心求心、以口吃口、以目视目。通常来说，认知主

---

① 朱熹：《晦庵先生朱文公文集》卷七十二《张无垢中庸解》，《朱子全书》第二十四册，第3476页。
② 张九成：《中庸说》卷三，第9页。
③ 张九成：《中庸说》卷三，第9页。
④ 张九成：《中庸说》卷三，第9页。
⑤ 张九成：《中庸说》卷三，第9页。

体与认知对象是二者，运用主体与运用对象也是二者。如认识某事物，事物是认知对象，此句话必然还包含了一个认知主体；如使用工具，工具是运用对象，这句话所指向的人就是运用主体。横浦“知诚者诚，行诚者诚”的思路却与我们的常识相悖，认知主体与认知对象、运用主体与运用对象是同一的。在他看来至诚无息，本体不是固定在形而上层面被动地等待被认识的对象，而是贯通已发未发，永无止息地活动着。

内心所存全然本心的境界虽是常人难以达到的，但心中尚有非心邪意，本心不能全然发见，并不代表本心就销声匿迹潜藏起来。事实上，本心无时无刻不在发挥作用，赋予了人思考、判断、行动的能力。以本心赋予的思考能力来体认本心，以本心赋予的行动力来运用本心，就是所谓“知诚者诚，行诚者诚”。在体认本心、本心发用的整个过程中，全然是本心在发挥作用，不需另外添加一个认知主体或认知能力。

在横浦思想中，慎独是以本心赋予人的思考能力、判断标准为基础来体认本心，返归本心，这有悖于通常区分认知主体和认知对象的思路。如果将认知主体和认知对象区别开来，固然在论说中会条理清晰，易于理解，但本体作为被认知的对象，还需要有一个认识主体，二者都是独立的存在，势必会造成二本。这也是为什么程朱理学提出“性即理”后，必须要强调心作为思维主体的作用。“性与天理”在朱熹思想中作为体认对象，需要具有认识思维能力的“心”作为认识主体，工夫论才可完成。

横浦即本体即工夫的思想受到朱熹强烈批评，朱熹认为这种“以心识心”的思路是堕入禅学的表现：

> 横浦：近之为言，以不远也。不远，即在此而已。第知所以好学者谁，所以力行者谁，所以知耻者谁，则为知仁勇矣。见于言语文字者，皆近之而已。惟人体之，识所以体者，为当几而明、即事而解，则知仁勇岂他物哉！
>
> 朱熹：夫好学、力行、知耻，在我而已，又必求其所以如此者为谁，而后为至，则是身外复有一身、心外复有一心，纷纷乎果何时而已耶？设使果如其言，则所谓谁者，一而已矣，圣人复何用虚张三者之目，使学者徒为是多方以求之耶？详求圣人之意，决不如是，特释氏之说耳。[①]

① 朱熹：《晦庵先生朱文公文集》卷七十二《张无垢中庸解》，《朱子全书》第二十四册，第3484页。

引文第一段是横浦对“好学近乎知，力行近乎仁，知耻近乎勇”的解释，他认为“近”是不远的意思，好学、力行、知耻并非智仁勇三达德。学者需要由好学、力行、知耻溯源而上，向内寻求三者的根本来源，方能认识到智仁勇。通过内向体认工夫，方能认识到智仁勇乃我本心所有，并非他物。

内向体认是横浦工夫的根本，他在阐述戒慎恐惧、慎独、诚明、诚之、智仁勇等工夫时经常采用引文中的思路。这一思路的基础是本体即存有即活动，或者言即本体即工夫。本心贯通已发未发，在现实生活中虽然很难全然呈现，但它赋予人的认知、主宰能力始终发挥着作用。以本心赋予的认知能力向内追寻体认本心，以本心赋予的主宰能力践行本心，不需另外添加一个认知主体或者能力。这一点朱熹完全不能认同，他认为这是“身外复有一身，心外复有一心”，并直接批驳为“特释氏之说耳”，将其划分为佛教“以心识心”的思想。

横浦的内向体认工夫并非“心外复有一心”，禅宗对心的认识也并非“心外复有一心”，这一划分标准算不上是儒佛差异所在。这实际上是在宋代儒学内部，理学与心学之间对“心”这一概念的理解不同。“心”作为宋明理学中的重要概念，其内涵并不清晰明确，不同理学家对“心”有不同的定义，即便是朱熹本人，对“心”的理解也有前后思想的变化。本节讨论儒佛之辩中的“心”，仅在根本差异上比较朱熹和横浦思想，不深入讨论宋明理学中“心”的问题。

朱熹与横浦对“心”理解的差异，本节第一段引文中即有展现。横浦言深入体认本心，则“我心皆丧”，朱熹显然认为不可。因为在朱子学中，心是思维知觉器官，“灵处只是心，不是性”①，“心者，人之知觉主于身而应事物者也”②，心的思维知觉能力没有公私之分，其思维知觉的内容、对象才有天理人欲之别，自然也就不存在“我心”和“皆丧”这种说法。天理、本性作为本体是未发的，属于形而上层面；思虑、情感、行为都是已发，属于形而下层面。这样来看，所有的修养工夫都是已发，是形而下的，如何能够上达本体，这其中有一个断裂。朱熹工夫论承接程颐而来：“须是今日格一件，明日又格一件，积习既多，然后脱然自有贯通处。”③此句正体现出形而下层

① 黎靖德编，王星贤点校：《朱子语类》卷五，第104页。

② 朱熹：《晦庵先生朱文公文集》卷六十五《大禹谟》，《朱子全书》第二十三册，第3180页。

③ 程颢、程颐著，王孝鱼点校：《河南程氏遗书》卷十八，《二程集》，第188页。

面的格物工夫与上达形而上本体之间的断裂，此断裂必须以“脱然自有贯通处”这种神妙难言的飞跃作为补充。

为了弥补这种断裂，统和体与用、性与情之间的关系，朱熹创造性地提出了“心统性情”的思想。这赋予了心极为特殊的地位和作用，使得心能够贯通形而上形而下，贯通已发未发。对“心”的重视，展现出朱熹思想的深刻缜密，也是坚持理学的必然走向，因为心的思维知觉能力是理学中不可或缺的。天理作为形而上本体，需要认知主体去体认和践行，心的思维能力正好充当这一角色。朱熹反对“我心皆丧”，正是因为他将心解读为思维知觉能力。一方面，心作为一种能力，没有“我”与非“我”之分；另一方面，更为重要的是若去除心的思维知觉能力，本体与发用就会被打作两截。朱熹反对“以心识心”，是因为心是思维知觉能力，而不是认识对象，根本不存在识“心”的问题。心学“体认本心”，禅宗“识心”，虽然内涵大不相同，但在朱熹理解中都是“认识‘认识能力’”，即以口吃口，以目视目，根本不成立。

横浦的慎独工夫就是“体认本心”的工夫，“人欲都忘，我心皆丧”，因为慎独工夫所需要的省察敬畏是由本心而来，并且可以直通本心。这偏向一种“直观的认识”，在戒慎恐惧的诚敬中来体认本心。这种体认不是认识事物之理那种区分认知主体与认知对象的理智上的认识，而是在本体流行的直观中对自身的领悟和返归。此过程不需要外部力量的保障，因而也不需要本心之外的“我心”来参与。“我心”与本心相对，是指源于主体的私心，而非与天理相同的本心。“我心”的存在只能说明主体尚未达到“至诚无息”“纯亦不已”的境界。

朱熹则不同，无论以何种方式来理解其主敬的思想，相对于天命之性来说，敬都始终是一种外在的收敛，包含“动容貌、整思虑”等内容的一种严肃和精神专一，使心无杂念而主于敬。这还是以收束习心、闲邪存诚为目的。此种收敛的工夫显然不是天命之性或者天理的本有之义，而是心的思维作用。不仅仅在主敬方面，理学整体的工夫论都无法离开主体的思维能力。

虽然在很多讨论中将“以心识心”作为儒佛之辩的一个判定原则，但这实际上不是儒佛分判之处，而是理学与心学在工夫路径上的差异。这两种工夫路径差异的背后，是理学心学对本体的不同理解聚焦在了“心”的概念上。宋明理学认同天人具有一致之处,但此一致之处在性还是在心,不同学派各有见地。因而"性即理""心即理"两个命题,并非仅是概念使用的不同,其中蕴含着对本体理解的不同。心作为本体同时具有思维认知能力,自身具有能动性、主动性;性一般来说作为未发本体,是人与万物的本质和根据。程朱理学言"性即理",注重本体作为天地万物的所以然之理与所当然之则;心学诸家思想虽各有进路,大体都注重本体作为万物根据的同时,更能活泼泼地呈现在个体生命及现实生活中。

七、性与善恶

宋代儒佛之辩中"性与善恶"无疑是一个根本性问题,性善是宋明理学人性论的基础,自性清静则是禅宗的基础,这构成了儒佛在本质上的差异。在儒学内部,不同学派对"性善"的论证、表述方式、性与善恶的关系等问题存在较大争议。这一争议在阳明后学中颇为凸显,早在南宋时对此讨论就颇多,尤其是在儒佛之辩中,常以是否坚持"性善"判断儒者是否杂佛。横浦曾言"夫孟子之所论性善者,乃指性之本体而言。非与恶对立之善也"[①],这一说法容易被理解为性无善无恶,曾受到朱熹的强烈批评,并作为横浦杂佛的依据之一。

实际上,善恶与性的关系,不仅是横浦、湖湘学派的讨论,更是宋儒贯通性与天道后自然而有的问题。宋明理学肯定性出于天,以此作为性善的形而上基础,用气禀来解释现实之恶。对性与气、善与恶如此划分,其本身就暗含了矛盾。性全然善,恶乃是气质的驳杂不纯,这确实可以在保证性善的基础上安顿恶的来源问题,但同时出现一个矛盾——善、恶属于不同的层面,于是需要进一步对善恶以及善恶与性之间的关系加以阐释。要理解横浦性善之善不与恶对的思想,有必要简短回顾一下善恶问题在宋代的发展脉络。二程对此问题的回答是:

> "生之谓性",性即气,气即性,生之谓也。人生气禀,理有善恶,然不是性中元有此两物相对而生也。有自幼而善,有自幼而恶,是气禀有然也。善固性也,然恶亦不可不谓之性也。盖"生之谓性""人生而

① 张九成:《孟子传》卷二十六,第484页。

静”以上不容说，才说性时，便已不是性也。①

对此段的理解要区分性的不同含义，“生之谓性”是从有生之后来看，气禀的差异导致现实人性有善有恶；“不是性中元有此两物”，此处言“性”是从性之本体来看，此性乃天命之性。有生之后的善恶是由气禀差异造成的，善恶皆谓之性，是就“生之谓性”立论；有生之前“人生而静”，乃性之本体，性之本体中没有善恶二物相对而生。凡是就现实之人来说性，都是合气质而言的“生之谓性”，已不是性之本体。这经过此后道学者的进一步阐释，发展出了“性善”以及“性不可以善恶言”两种思想倾向。

如果单单以这段引文来推论，可以说在程颢语录中已经暗含了性无善无恶的思想——善恶均属于气禀，而性之本体无善无恶。这也是胡安国、胡宏所代表的湖湘学派“善不足以言性”的思想来源之一。程颢在另一则语录中说：“故不是善与恶在性中为两物相对，各自出来。此理，天命也。顺而循之，则道也。循此而修之，各得其分，则教也。”②善恶不是性中本有的对等两物。性即理也，禀赋于天，在现实生活中，性如其本然状态那般展开实现，是善；不能如其本然状态那般展开实现，就是恶。可见，相对于善，恶是后出的。善有其形而上来源——天理，恶是性受到遮蔽或阻塞不能如其本然那般实现。

就生而后来说，天命之性展现的过程也就是现实人生顺承天命的过程。气禀清者，天命之性能够顺利而完全地展现出来；气禀浊者，天命之性受到浊气的污染阻隔不能顺利而完全地展现出来，就是恶。性善之“善”是实质义，即天命之性、性即理；恶是形式义，不善即恶，不是气禀自身包含恶的本质，而是浊的气禀不易于展现天命之性。此后的道学者普遍接受这一点，如杨时、朱熹等。

如此，性善与恶并非如日常善恶对举而将善恶作为一对平行概念的用法。这在程门后学中出现了一些否定以善言性的观点，如杨时与东林常总的讨论颇为著名，这也是后世批判杨时杂佛经常引用的材料：

《字说》所谓“大同于物者，离人焉”。曰：杨子言“和同天人之际，使之无间”，不知是同是不同。若以为同，未尝离人。又所谓“性觉真

① 程颢、程颐著，王孝鱼点校：《河南程氏遗书》卷一，《二程集》，第10页。

② 程颢、程颐著，王孝鱼点校：《河南程氏遗书》卷一，《二程集》，第11页。

空者，离人焉”。若离人而之天，正所谓顽空通。总老言经中说十识，第八庵摩罗识，唐言白净无垢；第九阿赖耶识，唐言善恶种子。白净无垢，即孟子之言性善是也。言性善，可谓探其本。言善恶混，乃是于善恶已萌处看。荆公盖不知此。[①]

此段《佛法金汤编》也有记载：

师又与时言十识：“第八庵摩罗识，此言白净无垢。第九阿赖耶识，此言善恶种子。白净无垢即孟子之言性善，性善则可谓探其本也。言善恶混，乃于善恶未萌处。”时又问曰：“孟子道性善是否？”师曰：“是。”时又问：“性何以善言？”师曰：“本然之性，不与恶对。”[②]

这两段记录内容大体一致，只是《佛法金汤编》中多了杨时两个追问，且两个追问的思想与前文基本一致。庵摩罗识，又作阿摩罗识，译为无垢、白净无垢、清静识等。旧翻译家曾将庵摩罗识与阿赖耶识区分，分别作为第八识和第九识，后来新译则认为庵摩罗识是阿赖耶识的异名。《宗镜录》曰：“八阿摩罗识，此翻名无垢识，九体非一异，名真如识。”[③]《楞严经》曰：“世尊，如果位中菩提、涅槃、真如、佛性、庵摩罗识、空如来藏、大圆镜智，是七种名，称谓虽别，清净圆满，体性坚凝，如金刚王常住不坏。”[④]庵摩罗识即真如佛性，翻译为白净无垢，即形容其清净圆满、无有染污。

以真如佛性对应儒家性善，是佛教僧人解释儒家经典、会通儒佛时比较常见的做法。横浦晚年从南安返回途中与大慧宗杲见面，大慧也表达了“‘天命之谓性’便是清净法身”[⑤]的想法。东林常总言“白净无垢即孟子之言性善”，认为儒佛虽然有入世出世之别，但在最高本体及境界上一致。从儒家视角看，这恰恰是儒佛差异最根本之处，绝对不可等同。白净无垢是真如佛性，是破除一切颠倒妄想后的真觉，自性清静；儒家性善是以天理天

① 杨时撰，林海权校理：《杨时集》卷十三，第392—393页。

② 释心泰编：《佛法金汤编》卷十三，《卍新纂续藏经》编号1628，第87册，第430页。

③ 释延寿集：《宗镜录》卷五十六，《大正新修大藏经》编号2016，第48册，第713页。

④ 释子璿集：《首楞严义疏注经》卷四，《大正新修大藏经》编号1799，第39册，第889页。

⑤ 于恕编《无垢先生横浦心传录》中记载：“宪自岭下侍舅氏归，至新淦，因会杲老，先生令拜之，宪云：‘素不拜僧，未敢辄拜。’舅氏云：‘汝姑扣之。’宪知其尝执卷，遂举子思《中庸》‘天命之谓性，率性之谓道，修道之谓教’三句以问。杲老曰：‘凡人既不知本命元辰下落处，又要牵他好人入火坑，如何圣贤于大头一着不凿破？’宪云：‘吾师能为圣贤凿破否？’杲曰：‘“天命之谓性”便是清净法身，“率性之谓道”便是圆满报身，“修道之谓教”便是千百亿化身。’”（第1—2页）

道为根本，尽心知性是通过德性修养达至天地境界，内心全然天理。佛教认为世间万法都是种种条件（因缘）和合而成，皆非实有，佛性无体，无相，无生，无灭，自性清静；与之相对，儒家一切思想建立在天地实存的基础上，人生于天地间，性善即实有之天理，德性修养指向对天理的体认和践履。实有天理与缘起性空，性善与自性清静，是儒佛最根本的差异。

因此，是否坚持性善成为南宋辟佛的一个重要论域。朱熹在驳斥湖湘学“善不足以言性”问题时曾追溯到杨时与东林常总的讨论：

> “孟子道性善”，非是说性之善，只是赞叹之辞，说“好个性！”如佛言“善哉！”……此文定之说，故其子孙皆主其说，而致堂五峰以来其说益差，遂成有两性。本然者是一性，善恶相对者又是一性。他只说本然者是性，善恶相对者不是性，岂有此理？然文定又得于龟山，龟山得之东林常总。总，龟山乡人，与之往来，后住庐山东林。龟山赴省，又往见之。总极聪明，深通佛书，有道行。龟山问：“孟子道性善，说得是否？”总曰：“是。”又问：“性岂可以善恶言？”总曰：“本然之性，不与恶对。”此语流传自他。然总之言，本亦未有病。及至文定，遂以“性善”为赞叹之辞。到得致堂、五峰辈，遂分成两截，说善底不是性。若善底非本然之性，却那处得这善来？[①]

朱熹认为湖湘学派“善不足以言性”的思想有其传承和发展脉络，最初始于东林常总，杨时（龟山）得之于东林常总，胡安国（文定）又得之于杨时，并进一步认为“性善”为赞叹之辞，到胡寅（致堂）、胡宏（五峰）则更进一步推出两性的说法，认为本然者是一性，善恶相对者又是一性。胡安国论性言：“孟子道性善云者，叹美之辞也，不与恶对。”[②]这与东林常总对杨时言“本然之性，不与恶对”文字上颇为相似。朱熹认为湖湘学论性与东林常总一脉相承，是来自禅宗的思想，且认为横浦“夫孟子之所论性善者，乃指性之本体而言，非与恶对立之善也”[③]与之相似，本质上已是禅宗思想。

胡宏和横浦都认为性善之善不与恶对，即性善中“善”字的用法，并非日常语言使用中善恶对立之“善”。这一点朱熹也不否认，引文中他认为东

---

① 黎靖德编，王星贤点校：《朱子语类》卷一百一，第3149—3150页。

② 胡宏著，吴仁华点校：《胡宏集》附录一《胡子知言疑义》，第333页。

③ 张九成：《孟子传》卷二十六，第484页。

林常总所言“本然之性，不与恶对”，本亦未有病，可见也认同性善之善不与恶对。朱熹反对的是在此基础上更进一步，将性善之“善”也空掉，其典型做法就是胡宏言“善云者叹美之辞，不与恶对”，将善解读为感叹，不具有实质义。

在这个问题上，横浦与朱熹反而更为接近。首先，对于“性善之善不与恶对”，横浦、朱熹、胡氏父子均承认“不与恶对”，但他们对此不与恶对之“善”的定义不同。横浦、朱熹肯定善具有实质义，而胡氏父子则认为善乃叹美之辞。其次，就性与善恶的逻辑关系来看，横浦以及朱熹主张将性善之善与恶划归为不同层面，善来源于性之本体无不善，而恶是气禀影响阻碍性之本体顺利施发、展现，不具有形而上的来源；湖湘性学则将善恶都归为后天已发的层面，性归为形而上的本体层面。这就否定了性与善在本体层面的关系，致使性善之“善”不再拥有实质义，仅仅成为叹美的虚词。加之其对“性”论述不够严谨，就易于导向佛教的自性清净、无善无恶思想。这一步滑转，已是儒佛大防。

以儒家天理实存之性善与佛教真如佛性、自性清静作为儒佛分判的根本原则，朱熹及大多数宋明理学家都认同这一点。儒家性善来源于实有的天理，佛教真如佛性是破除幻象与执着，悟得自性清净。依此原则，儒者在人性论上须坚守性善之善的实质义，否定性善则会动摇儒家人性论的基础。陈来先生曾指出：“在本体论上，心学从‘本天’转为‘本心’，以本心为本来自足、元无少欠、不假外求，主要是吸收了佛教本心说的范畴及命题形式作为思想形式，而在基本思想立场上仍然坚持儒家固有的性善论。”①由天理天道而言性善，这是儒家的基本立场。文字形式、命题范畴、思维方法等，不同学派可以相互吸收，不能作为儒佛分判的原则，但根本的思想立场不可动摇。儒家固有的性善论是从天地生生、天理流行下贯至人性，若不如此，性的实存性与善的实质义无法挺立，儒佛之大防即在于此。

小　结

唐宋两朝儒学复兴一直伴随着儒佛之辩。儒学与佛教之间排斥与交

---

① 陈来：《中国近世思想史研究》，第 219 页。

融会通并存，且儒佛之辩的讨论重点随着理学的发展而不断转变。横浦思想形成主要在南宋初期，理学处在从北宋向南宋过渡阶段，虽一定程度呈现出不同学派的特点与倾向，但尚未形成严格的学派划分和思想体系的明显差别。横浦传承洛学，以儒学为宗，也有北宋诸儒初入佛老、泛览诸经的特点。稍晚一些，朱子学成熟，湖湘学、陆学思想特点确立，理学呈现出明确的学派划分。程朱理学一脉在梳理二程到朱熹间的思想传承时，必然要清理两宋之际程门后学的思想资源，这其中包括程门四弟子杨时、谢良佐、游酢、吕大临，及胡安国、胡宏、张九成等。

这场理学内部的学派划分是理学发展成熟的表现，当思想体系臻于完善精深，体系中曾经不明显的差异必然会凸显出来，形成不同的学派特点。这一过程中，儒佛之辩的论域从儒学与禅宗的差异，转向儒学内部是否杂佛的问题。在南宋，儒佛之辩在儒佛表面下，涉及理学根本价值的确立，以及由此根本价值带来的心性论、工夫论、境界论等问题。这些问题并非在儒佛之辩一开始就清晰呈现出来，而是随着理学的发展，该主题逐渐凸显。因此，儒佛不单是思想之争，也不单是学派之争，二者兼而有之。

理解横浦思想的儒佛归属问题，须回到当时的思想背景中，不能单单从横浦个人生平或一些概念表述中得出结论。本章内容从横浦与禅师的交往入手，在思想分析上以理学内部的学派划分和清理为背景，从心、知觉、仁、以心识心、性之善恶几个方面分别阐述儒佛差异以及理学内部的差异。在儒佛之间，是否有超越的实存天理，是否由天理言性善，即是否从天地生生、天理流行下贯至人性善，这是儒佛的根本差异。在理学内部，对心、觉、性等基本概念理解的不同，造成学派间思想的差异，并在树立儒学正统的过程中，将偏向心学的思想斥为杂佛。

无论是儒佛之间还是理学内部，儒佛之辩都不能落在具体概念的使用上。宋明理学家常言心、性、觉、知觉、虚灵明觉、常惺惺、主静等，这类字词的使用与禅宗相似。文字形式、命题范畴、思维方法等，不同学派可以相互吸收，但不能作为儒佛分判的原则。分判原则必须落在根本的思想立场上，这就需要我们回到哲学家的思想体系中，确定这些概念在思想体系中的内涵和定位，方能确定其儒佛归属问题。

附　录

《横浦学案》门人补充

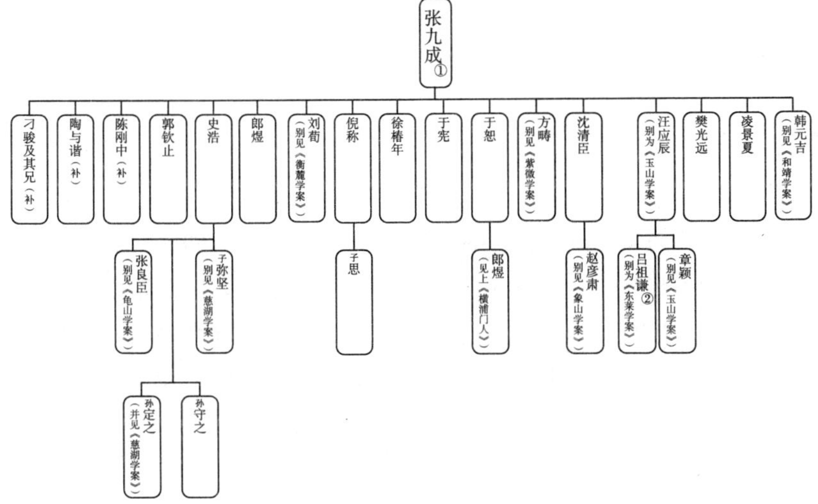

---

① 龟山门人，二程再传，安定、濂溪三传，陆学之先。

② 吕祖谦、章颖为汪应辰门人，亦录于横浦门下，以见横浦学之流传，亦管窥南宋道学之交流与传授。

横浦讲友

喻樗

提举喻湍古先生樗(别见《龟山学案》)

张浚

忠献张紫岩先生浚(别为《赵张诸儒学案》)

姚述尧

进士姚先生述尧

姚述尧,字进道,华亭人。在太学日,每夜必市两蒸饼,未尝食,明日辄以饲斋仆,同舍皆怪之。子韶问曰:“公所市蒸饼不食,徒以饲仆,何邪?”先生曰:“固也。某来时,老母戒某之学,夜间饥则无所得食,宜以蒸饼为备。某虽未尝饥,然不敢违老母之戒也。”市之如初。(参见《北窗炙輠》)

梓材案:先生张孝祥榜进士,有《萧台公余词》一卷,见株竹垞《北窗炙輠跋语》。

叶先觉

叶先生先觉

施德操

施持正先生德操

施德操,字彦执,盐官人,学者称为持正先生。与横浦游从颇厚,文章学问亦其辈流也。病废而没,识者悲之。生平论纂甚富,里人郎晦之煜偶得其《孟子发题》,辄锓木以广其传,使学者尝此一脔,亦可以知先生之大略云。

云濠案:先生所著有《北窗炙輠》二卷。

谢山《题北窗炙輠》曰:持正先生颠末,略见于竹垞检讨之《跋》,然未足以发其书之蕴也。是书卮言丛语,若出自不经意所为,乃其于伊、洛再传弟子微言,多所收拾,读者未可以说部目之也。持正与横浦为心交,顾横浦堕入妙喜之学，而持正独否，则尤卓然不滓者矣。

梓材案：竹垞《跋》云："彦执，张子韶之友也，病废而没。子韶以文祭之云：'生平朋友不过四人，姚、叶先亡，公继又去。'其和彦执诗云：'环顾天下间，四海惟三友。'三友者，彦执及姚进道、叶先觉也。"

横浦曰：施彦执作《孟子发题》云："孟子有大功四：明浩然之气，道性善，辟杨、墨，黜五霸而尊三王。皆前圣之所未言，六经之所不载，有功于名教。"此说亦是一见，然谓之功，似亦未善。

又曰：彦执工于诗。一日，见其赋柳，有"春风两岸客来往，红日一川莺去留"，不见柳而柳自在其中，语亦工矣。

横浦同调

杨璿

杨谨独先生

杨璿，字子平。盐官人，安贫乐道，不妄取与，尤严谨独之操，居暗室犹在康衢，学者称为谨独先生。与同里施持正皆力行好修，里人向慕，邑令魏伯恂辟祠，合横浦、持正祀之。（参《两浙名贤录》）

横浦门人二程三传

韩元吉

尚书韩南涧先生元吉（别见《和靖学案》）

凌景夏

尚书凌先生景夏

凌景夏，字季文，余杭人。徒步从横浦游，绍兴二年同第，先生居第二。官至吏部尚书。

附录

于恕曰："舅氏平日师友弟子间，如凌季文、喻子才、樊茂实、汪圣锡，其人物如何？"横浦曰："季文醇厚谨畏，遇事有不可犯者。子才学问有理趣，和易而知几。茂实沈静。圣锡敏悟，操履有守。"

樊光远

知州樊先生光远

樊光远,字茂实,钱塘人。少从横浦学。绍兴五年,南省奏名第一,除秘书省正字。上疏言:"今日士大夫之论,莫不以金人诡诈为可忧。臣独曰:诡诈不足忧,而信其诡诈,深可惧也。顾陛下勿以得地为喜,而常以为忧;勿罪忠说,以养敢言之气;勿喜迎合,以开滥进之门;勿尽民力,宜爱惜之,以固根本;勿沮士气,宜耸动之,以备缓急。"时相秦桧将遂休兵,罢为阆州教授。后召为秘书丞,除监察御史,寻补外知严州。(参咸淳《临安志》)

附录

施彦执曰:"余尝爱茂实谓'有一武王必有一伯夷,有一陈平必有一王陵,有一霍光必有一严延年,有一姚元之必有一宋广平'。不如是,无复人道矣。"

汪应辰

文定汪玉山先生应辰(别为《玉山学案》)

沈清臣

秘监沈晦岩先生清臣

沈清臣,字正卿,盐官人也。绍兴丁丑进士,官国子录。有荐之召试者,执政或发笑曰:"安有张子盖女婿可为馆职者!"遂罢,先生愤之。会以归正人、王希吕为谏官,先生上书言其不可,语侵宰相,孝宗大怒。时虞允文恶沈介,乃下先生于理,风使引之,先生不可,谪封州,益励风节。晚乃召为敕令局删定官。

孝宗欲行三年之丧,执政大臣皆主易月之说,谏官谢谔、礼官尤袤心知其不可,而莫敢尽言。先生疏陈六事:其一谓:"三年终制,本之《礼经》行之,陛下不必以满廷之说有所回惑。"其一谓:"群臣请陛下还内之期,方下礼官集议。臣以为当俟梓宫发引,始还大内。"其一谓:"金人会庆节使,三省、密院引明肃升遐故事,请陛下见之。吏部尚书萧燧以既罢百官庆寿,恐难以见使人,但可于小祥后二日引见于德寿宫素幄,是调停之说也,已有诏从之矣。窃考仁宗时尝使契丹,遭卤有丧,至柳河而还,卤主不见也。夷狄尚知有礼,中原乃不如邪?况陛下居丧,与明肃时事体不同。望断自宸衷,勿牵群议。”上大以为然。是日，先生所奏八千余言，展读甚久，知合张巖奏已展正，引例隔下，先生奏读如初。移时，巖云简之，上目留先生，令弗却。又良久，巖奏进膳，先生正色谓曰：“所言乃大事！”读竟，乃退。孝宗喜曰：“卿十年去国，今不枉矣！”于是命就馆津遣金使，却其书币，金使感叹而去。其后虽以群臣五上表请还内，孝宗勉从之，于小祥后二日还内，设素幄奏事，而三年之丧遂定。及大祥，群臣三上表，引《康诰》冕服出应门语，请御殿，诏许于祔庙后行之。先生疏言：“陛下当坚持前此内殿听政之旨。祔庙后御殿，终为非礼。将来祔庙毕日，豫降御笔，截然示以终丧之志，杜绝辅臣来章，勿令再有陈请，力全圣孝，以刑四海。”上嘉纳之。及祔毕，竟如先生所请，罢御殿礼，且断群臣之请。论者谓是时儒臣林立，莫能成帝志，而力破满朝浅薄之说者，庶寮一人而已。寻充嘉王府翊善，以直谅称。寻迁秘书监。

光宗即位，先生旧学在朝，赵忠定公倚之，宵人侧目。被章去，党论起，有造为先生告人之言曰：“相公乃寿皇养子。”又言先生尝告忠定曰：“外间军民皆推戴公。”祸且岌岌，先生讲学如故。寻卒。

先生少学于横浦，既自岭南归，迁居苕上，甚以师道自重。独其与门生问答，一语不契，辄使再参，颇近禅门，盖亦横浦仿佛之传。同时如玉山、忠甫，皆能干师门之蛊，惜先生之澄汰未尽也，然大节则不愧于圣人之徒矣。方姚愈以流言入告，先生与刘光祖、徐谊、游仲鸿并列，及颁党籍，先生独幸而免，殊不可考。《宋史》脱略，不为先生立传，今捃摭诸书以补之。（补）

云濠案：先生所著有《晦岩集》十二卷。

方畴

通守方困斋先生畴（别见《紫微学案》）

于恕

于先生恕

于宪

于先生宪（合传）

于恕，字忠甫，□□人，无垢先生之甥也。其序《横浦心传录》曰：“予与宪弟自幼承训,颇以警策别于群儿。每一感念,情不自置,遂抱琴剑,徒步三千余里抵岭下。予既自喜得至,舅亦喜予之来。朝夕得侍座席,讲论经史,难疑答问,无顷息少置。从容之暇,则谈及世故。凡近人情,合事理,可为学者径庭者,莫不备录。虽所说或与旧说相异,皆一时意到之语,亦不复自疑,故名之曰《心传》。予后以思亲归,季弟宪亦不惮劳远,奋然独往,其承教犹予前日也。遂各以所得,合为一集。初不敢以示人,止欲训家庭子侄耳。予学生郎煜粗得数言,纂为所录,而士夫已翕然传诵,信知舅氏一话一言,为世所重如此。予老矣,守其朴学,固而不化,往往不与时习投,凡六举于礼部而无成,遂匿影林下,时时提省此心,不致为穷达得丧所累,以失其源流,则亦无愧于吾舅平日之教矣。”

李春颖谨案:于宪、于恕,一说为山东诸城人,其母为无垢先生之妹,其父于定远为台州判官,因寓居黄岩桃夏村。于恕凡六举礼部而无成,后中特科,终昌国县主簿。

徐椿年

主簿徐先生椿年

徐椿年,字寿卿,永丰人。绍兴十二年进士,官宜黄主簿。横浦弟子。所著有《尚书本义》。(补)

倪称

常簿倪绮川先生称

倪称,字文举,归安人。受业横浦先生之门,而与芮祭酒友善。祭酒尝曰:“文举,吾药石友也。”(补)

梓材谨案:先生绍兴八年进士,官太常寺主簿。著有《绮川集》十五卷。

刘荀

知军刘先生荀(别见《衡麓学案》)

郎煜

特奏郎先生煜

郎煜,字晦之,钱塘人。受学于横浦,尝辑《横浦心传》诸书。淳熙十四年，特奏得官，未任，卒。或谓先生世系与侍郎简同谱，曰："我家白屋，岂可妄攀华胄！"

梓案谨案：于忠甫称先生为"余学生"，其殆受学横浦而卒业于于氏者。

李春颖谨案：《横浦文集》《日新》为郎煜所辑，《无垢先生横浦心传录》当为于恕、于宪所录。

史浩

忠定史真隐先生浩

史浩，字真翁，鄞县人。由进士除国博。因转对，言："普安、恩平二王宜择其一，以系天下望。"高宗纳之。普安为皇子，进封建王，以先生兼直讲。一日，讲《周礼》，言："酒正岁终则会，惟王及后之饮酒不会，世子不与焉。以是知世子膳羞可以不会，饮酒不可以无节也。"王作而谢曰："敢不佩斯训！"

金人犯边，下诏亲征。王请率师为前驱，先生以晋申生、唐肃宗灵武之事为戒，王大感悟，立俾先生草奏，请扈跸以供子职，辞意恳到。高宗知奏出先生，语大臣曰："真王府官也！"历迁右庶子。

孝宗受禅，累拜尚书右仆射。首言赵鼎、李光之无罪，岳飞之久冤，宜复其官爵，录其子孙。从之。张魏公浚乞幸建康，先生陈三说不可，与魏公异议，王十朋论之，出知绍兴，遂予祠，自是不召者十二年。淳熙五年，复为右丞相，帝曰："自叶衡罢，虚席以待久矣。"先生蒙恩再相，唯尽公道。

刘文节光祖试馆职，论科场取士之道，帝亲批其后曰："国朝以来，过于忠厚。宰相误国，大将败军，未尝诛戮。懋赏立乎前，诛戮设乎后，人才不出，吾不信也。"遣曾觌持示先生，先生奏："唐、虞之世，四凶止于流窜；三考之法，不过黜陟。诛戮大臣，秦、汉法也。太祖待臣下以礼，迨仁宗而德化隆洽。圣训则曰'过于忠厚'。夫为国而底于忠厚，岂有所谓过哉？臣恐议者以陛下自欲行刻薄之政，归过祖宗，不可不审也。"

及自经筵将告归，荐江、浙之士十五人，如薛象先、杨敬仲、陵子静、石应之、陈益之、叶正则、袁和叔、赵静之、张子智，后皆擢用，不至通显者六人而已。除太保，致仕，封魏国公。治第鄞之西湖上，帝为书"明良庆会"名其阁，"旧学"名其堂。光宗御极，进太师。绍熙五年卒，年八十九，谥文惠。嘉定十四年，追封越王，配享孝宗庙廷，改谥忠定。

先生喜荐人才，尝拟陈之茂进职与郡，帝知之茂尝毁先生，曰："卿岂以德报怨邪？"先生曰："臣不知有怨。若以为怨而以德报之，是有心也。"莫济状王十朋行事，诋先生尤甚。先生荐济掌内制，帝曰："济非议卿者乎？"先生曰："臣不敢以私害公。"其宽厚类此。（参史传）

谢山《题忠定鄮峰真隐漫录》曰：忠定最受横浦先生之知，故其渊源不谬。其为相自属贤者，特以阻规恢之议，遂与张魏公参辰。然忠定蓄力而动，不欲浪举，不特非汤思退、沈该之徒，亦与赵雄之妒南轩者不同。而梅溪劾之，其言有稍过者。不然，忠定首请褒录中兴将相之为秦氏所陷者，而乃自蹈之乎？至其有昌明理学之功，实为南宋培国脉，而惜乎旧史不能阐也。忠定再相，谓："此行本非素志，但以朱元晦未见用，故勉强一出耳。"既出而力荐之，并东莱、象山、止斋、慈湖一辈，尽入启事。乾、淳诸老，其连茹而起者，皆忠定力也。其于文人，则荐放翁。其家居，则遣其诸子从慈湖、累斋讲学，又延定川之弟季文于家，以课诸子。故其诸子率多有学行可观者；其不驯者，止同叔子申耳。吾考嗣是而后，宰辅之能下士者，留公正、赵公汝愚、周公必大、王公蔺，皆称知人，而忠定实开其首。忠定之功大矣。彼夫王淮之徒，以私昵阻正人，创为学禁，贻庆元以后之祸，等量而观，岂不相去悬绝欤！今读忠定之集，其资善堂诸文字，所以启沃孝宗于潜藩者也；其两府文字，则即吹嘘诸老，不遗余力者也；其归田以后文字，所以优游林下，举行乡饮酒礼，建置义田者也。中兴宰辅如忠定者，盖亦完人也已。

梓材谨案：谢山《学案札记》："宰辅家登学案者，南宋史忠定王家三世五人。"忠定子忠宣弥坚，从子文靖弥忠、独善弥巩，及忠定孙朝奉守之，并见慈湖学案。独善孙蒙卿，自为静清学案。

郭钦止

郭先生钦止

郭钦止，字德谊，东阳人。从横浦游。轻财乐施，乡井赖之。辟石洞书院，延名师以教子弟，拨田数百亩以赡之，后进多所成就。县学创书阁，先生助之财。又置书籍输之。（参《东阳县志》）

刁骏及兄（补）

黄岩县丞刁先生骏

于恕《无垢先生横浦心传录序》言："故人刁仲声来丞邑黄岩，一日访予于山间，且道及昔时无垢讲下从游之乐，意甚款适。予亦于田夫野老间听闻其歌谣，知吾仲声能推所学以佐百里之化，皆醇和而笃实，简约而宽厚，使人爱而不敢慢，使而不忍诈，风猷蔼然可嘉，不谓其无所自者。既逢个中人，不复秘其藏，因出以示之。即敛衽肃容，敬诵不能已，乃卓然有言曰：'无垢先生所学皆医天下士大夫良方，岂可收为无用之藏？愿公畀我，我当板行于世，与天下学士大夫共之。使胸腹间苟有所病，自可随病用方，一投即去，所济岂不博哉？'予欣然抵掌曰：'此予志也。'因以授之，遂书其略。"

刁骏《无垢先生横浦心传录后序》言：予幼年侍官海昌，寅缘得厕师席之末，提耳之诲、语汝之言，所以作成愚不肖而使不为小人之归者，实有自来。惟子称兄颖脱不群，议论耿耿，独出众人之上。先生每当暇日，招入寝室，语必移时，许以传道，而未究其说。自兄云亡，每以其学不传为恨。予负丞黄山【岩】[①]，而同舍于忠甫昆季，隐居方岩，实先生之甥。顷尝担簦负笈，不远千里，皆至岭下。其朝夕之所亲炙者，所得尤更的切。籍记五六万言，编以成书。予职事出郊，因访其庐。忠甫以所集示予，且序而目之曰《心传录》。如精金美玉，粲然溢目。予喜见之，肃容敬读，如亲侍训诲，拳拳服膺，不忍释手。所以开明昏聩、荡涤茅塞者多矣。方知昔日先生告亡兄之言，于是而尽得。则理与心会，端若无间。然者在予今日安敢泯其传耶？虽然，昔日杨子云作《太玄》，世无知之者，弟子侯芭收而藏之，且曰'后世有杨子云，必好之。'卒如其言，流传不泯。今先生一话一言，可以垂示永久者，顾不待予而获传。而忠甫兄弟家有记集，不以自宝，乐与贤者共之。予殊嘉其意焉，因出俸资。且率同志相与协力，命工镂板，置之县庠，庶几四方士子均受先生之赐，而予与忠甫亦无愧于先生也。

学生黄岩丞刁骏敬书集后

李春颖谨案：刁骏早年跟随其兄从学于横浦，其兄亦为横浦门人。《咸淳临安志》记载刁文叔尝知盐官县，与张九成为友。《横浦文集》中有《游南路菩提寺次刁文叔韵》："高僧居物外，有户昼常扃。海阔知天大，泉甘识地灵。一帘春月静，数点列山青。便卜归欤计，移文休勒铭。"其兄或为刁文叔。《无垢先生横浦心传录》中亦有两条言及刁文叔：

① "山"字应为"岩"字。

吾友施彦执工于诗，一日见其赋柳有“春风两岸客来往，红日一川莺去留”，不见柳而柳自在其中，语亦工矣。而刁文叔《赋春时旅中》一绝有：“来时江梅散玉蕊，归去䄔麦如人深。桃花只解逞颜色，唯有垂杨知客心。”致思尤远，不止工也。

每忆与刁文叔夏夜清坐僧室，风竹泠泠然有声，遂咏前人避暑诗。文叔笑云：“诗在言外，意与物遇，则诗已形于吾前。”予不觉发笑时此趣最难得。予观其言诗论及言外趣，真有作者风味，又何必于言语间求之。

陶与谐（补）

陶先生与谐

《横浦先生文集》卷十四《春秋讲义》（海昌县学所讲），为门人陶与谐录。

陈刚中（补）

陈彦柔先生刚中

陈刚中，字彦柔，闽清人，建炎二年进士。性慷慨，有志事功，累官太府寺丞。绍兴初，上书言：“民力凋瘵，国用匮乏，愿罢冗食，去虚文，以足邦用。”迁太府寺丞。绍兴八年，诏侍从、台谏详奏和金得失，主议恢复，忤秦桧意。胡铨上疏乞斩秦桧，贬韶州，刚中作启贺行，云：“屈膝请和，知庙堂御侮之无策；张胆论事，喜枢庭经远之有人。身为南海之行，名若泰山之重。”又云：“知无不言，顾请尚方之剑；不遇故去，聊乘下泽之车。”桧尤憾之，遂与张九成等七人同贬，谪知安远县。至县，适有岭寇来扰，究心招抚。感瘴而没，其妻子扶柩葬于杭州龙井山风篁岭之沙盆坞。

施德操《北窗炙輠》称之为“英杰俊伟人也”。

《宋诗纪事》收录其诗《阳关词》：“客舍休悲柳色新，东西南北一般春。若知四海皆兄弟，何处相逢非故人。”《北窗炙輠》卷上亦载此诗。

《无垢先生横浦心传录》卷二言：“吾与陈彦柔语天下无难事，与凌季文语天下无易事。彦柔期于必成，季文虽不敢期而为之未始不力。然彦柔于作事中不无疏，而季文往往无不成者。古人如李广、程不识之行师，两者宽猛不同，而予心虽快李而深爱程也。”

施氏家学

施先生庭先（别见《震泽学案》）

沈氏门人（二程四传）

节推赵复斋先生彦肃（别见《象山学案》）

于氏门人

特奏郎先生煜（见上《横浦门人》）

倪氏家学

文节倪齐斋先生思

倪思，字正甫，归安人也。父称受业横浦之门，先生传父之学。成乾道进士，淳熙博学宏词，累迁至秘书郎。

史氏家学

忠宣史沧洲先生弥坚

朝奉史先生守之

知州史先生定之（并见《慈湖学案》）

史氏门人

管库张雪窗先生良臣（别见《龟山学案》）

汪氏门人（补）

成公吕东莱先生祖谦（别为《东莱学案》）

文肃章先生颖

章颖，字茂献，新喻人。以兼经中乡荐。孝宗嗣服，下诏求言。先生为万言书附驿以闻，礼部奏名第一，孝宗称其文似陆贽。调道州教授，作周濂溪祠。以平宜章寇，召对，除太学录。礼部正奏第一人，初任即召对者，自先生始。累迁左司谏，时右相葛邲当国，先生论邲不足任大事。从官议欲超除先生，俾去言职。光宗曰："是好谏官，何以迁之？"

宁宗立，韩侂胄用事。先生以侍御史兼侍讲，论赵汝愚无听其去，御史劾先生阿党，罢。先生家居，久之，侂胄诛，累迁礼部尚书。考订《甲寅龙飞》诬笔。丐去，奉祠。以嘉定十一年卒，年七十八。

先生操履端直，生平风节不为穷达所移。党论方兴，朱子遗以书曰："世道反复，已足流涕，而握其事者，怒犹未已。然宗社有灵，公论未泯，异日必有任是责者。非公，吾谁望邪？"赠光禄大夫，谥文肃。（参史传）

祖望谨案：横浦再传弟子，东莱而外，章公茂献与齐斋，足称三杰矣。然齐斋之佞佛，明目张胆，不可收拾，是则横浦渊源之流极也。其中亦有粹言可以师法者，予节录数则焉。

参考文献

古籍类：

(汉)班固撰,(唐)颜师古注:《汉书》,北京:中华书局,1962 年。

(宋)程颢、(宋)程颐著,王孝鱼点校:《二程集》,北京:中华书局,2004 年。

(宋)陈淳著,熊国祯、高流水点校:《北溪字义》,北京:中华书局,1983 年。

(宋)陈淳:《北溪大全集》,《文渊阁四库全书》,台北:台湾商务印书馆,1986 年。

(宋)陈亮:《陈亮集》,北京:中华书局,1974 年。

(宋)陈振孙撰,徐小蛮、顾妹华点校:《直斋书录解题》,上海:上海古籍出版社,1987 年。

(宋)晁公武撰,孙猛校证:《郡斋读书志校证》,上海:上海古籍出版社,1990 年。

(明)陈邦瞻:《宋史纪事本末》,北京:中华书局,1977 年。

程树德撰,程俊英、蒋见元点校:《论语集释》,北京:中华书局,1990 年。

(宋)戴栩:《浣川集》:《文渊阁四库全书》,台北:台湾商务印书馆,1986 年。

(清)戴震撰,汤志钧校点:《戴震集》,上海:上海古籍出版社,1980 年。

(宋)韩元吉:《南涧甲乙稿》,《文渊阁四库全书》,台北:台湾商务印书馆,1986 年。

(宋)胡宏著,吴仁华点校:《胡宏集》,北京:中华书局,1987 年。

(宋)胡寅著,容肇祖点校:《崇正辩　斐然集》,北京:中华书局,1993 年。

(宋)黄伦:《尚书精义》,《文渊阁四库全书》,台北:台湾商务印书馆,1986 年。

(宋)黄震:《黄氏日抄》,《文渊阁四库全书》,台北:台湾商务印书馆,1986 年。

(清)黄宗羲原著,(清)全祖望补修,陈金生、梁运华点校:《宋元学案》,北京:中华书局,1986 年。

(清)黄宗羲著,夏瑰琦、洪波校点:《明儒学案》,沈善洪主编:《黄宗羲全集》第七、八册,杭州:浙江古籍出版社,1992 年。

黄鸣珂主修:《南安府志》,清同治七年刊本。
(清)洪亮吉撰,李解民点校:《春秋左传诂》,北京:中华书局,1987年。
(清)焦循撰,沈文倬点校:《孟子正义》,北京:中华书局,2015年。
(南唐)静、筠二禅师编撰,孙昌武、(日)衣川贤次、(日)西口芳男点校:《祖堂集》,北京:中华书局,2007年。
(宋)黎靖德编,王星贤点校:《朱子语类》,北京:中华书局,2020年。
黎翔凤撰,梁运华整理:《管子校注》,北京:中华书局,2004年。
(宋)李心传:《建炎以来系年要录》,北京:中华书局,1988年。
(宋)林季仲:《竹轩杂著》,《文渊阁四库全书》,台北:台湾商务印书馆,1986年。
(宋)林光朝:《艾轩集》,《文渊阁四库全书》,台北:台湾商务印书馆,1986年。
(宋)陆九渊著,钟哲点校:《陆九渊集》,北京:中华书局,1980年。
(宋)郎晔编:《横浦日新》,《诸儒鸣道》卷七十一,济南:山东友谊书社,1992年。
(宋)罗大经撰,王瑞来点校:《鹤林玉露》,北京:中华书局,1983年。
(明)罗钦顺著,阎韬点校:《困知记》,北京:中华书局,1990年。
(宋)吕祖谦:《东莱集》《东莱别集》《东莱外集》,《文渊阁四库全书》,台北:台湾商务印书馆,1986年。
(宋)欧阳修著,李逸安点校:《欧阳修全集》,北京:中华书局,2001年。
(宋)普济著,苏渊雷点校:《五灯会元》,北京:中华书局,1984年。
(清)孙希旦撰,沈啸寰、王星贤点校:《礼记集解》,北京:中华书局,1989年。
(宋)施德超:《北窗炙輠录》,《文渊阁四库全书》,台北:台湾商务印书馆,1986年。
(宋)邵伯温撰,李剑雄、刘德权点校:《邵氏闻见后录》,北京:中华书局,1983年。
(宋)释道原:《景德传灯录》,蓝吉富主编:《禅宗全书》(2),北京:北京图书馆出版社,2004年。
(宋)释契嵩:《镡津集》,蓝吉富主编:《禅宗全书》(40),北京:北京图书馆出版社,2004年。
(宋)释祖咏编:《大慧普觉禅师年谱》,周和平主编,北京图书馆编:《北京图书馆藏珍本年谱丛刊》第22册,北京:北京图书馆出版社,1999年。

(宋)释蕴闻编:《大慧普觉禅师语录》,《大正新修大藏经》编号 1998A,第 47 册,台北:新文丰出版社,1983 年。

(明)释心泰编:《佛法金汤编》,《卍新纂续藏经》编号 1628,第 87 册,台北:新文丰出版社,1975 年。

(元)释宗宝编:《六祖大师法宝坛经》,《大正新修大藏经》编号 2008,第 48 册,台北:新文丰出版社,1983 年。

(宋)释正受编:《嘉泰普灯录》,《卍新纂续藏经》编号 1559,第 79 册,台北:新文丰出版社,1975 年。

(宋)释昙秀辑:《人天宝鉴》,《卍新纂续藏经》编号 1612,第 87 册,台北:新文丰出版社,1975 年。

(宋)释普济集:《五灯会元》,《卍新纂续藏经》编号 1565,第 80 册,台北:新文丰出版社,1975 年。

(宋)释延寿集:《宗镜录》,《大正新修大藏经》编号 2016,第 48 册,台北:新文丰出版社,1983 年。

(宋)释子璿集:《首楞严义疏注经》,《大正新修大藏经》编号 1799,第 39 册,台北:新文丰出版社,1983 年。

(明)陶石篑:《歇庵集》卷四《无垢先生论语颂唱和引》,《续修四库全书》第 1365 册,上海:上海古籍出版社,1995 年。

(元)脱脱等:《宋史》,北京:中华书局,1985 年。

(宋)汪应辰:《文定集》,《文渊阁四库全书》,台北:台湾商务印书馆,1986 年。

(魏)王弼注,(唐)孔颖达疏,李申、卢光明整理:《周易正义》,北京:北京大学出版社,1999 年。

(清)王夫之:《张子正蒙注》,北京:中华书局,1975 年。

(宋)王苹:《王著作集》,《文渊阁四库全书》,台北:台湾商务印书馆,1986 年。

(明)王守仁撰,吴光等编校:《王阳明全集》,上海:上海古籍出版社,1992 年。

(明)吴之鲸:《武林梵志》,杭州:杭州出版社,2006 年。

(宋)夏僎:《夏氏尚书详解》,《文渊阁四库全书》,台北:台湾商务印书馆,1986 年。

(宋)谢良佐:《上蔡语录》,《文渊阁四库全书》,台北:台湾商务印书馆,1986 年。

(清)颜元:《习斋记余》,北京:中华书局,1985 年。

(宋)杨时撰,林海权校理:《杨时集》,北京:中华书局,2018年。
(宋)叶适著,刘公纯、王孝鱼、李哲夫点校:《叶适集》,北京:中华书局,2010年。
(宋)于恕编:《无垢先生横浦心传录》,《四库全书存目丛书》,济南:齐鲁书社,1995年。
(汉)郑玄注,(唐)孔颖达正义,吕友仁整理:《礼记正义》,上海:上海古籍出版社,2008年。
(宋)周敦颐著,陈克明点校:《周敦颐集》,北京:中华书局,2009年。
(宋)张九成:《孟子传》,《文渊阁四库全书》,台北:台湾商务印书馆,1986年。
(宋)张九成:《横浦集》,《文渊阁四库全书》,台北:台湾商务印书馆,1986年。
(宋)张九成:《横浦先生文集》,明景明万历本。
(宋)张九成:《中庸说》,《四部丛刊三编》,上海涵芬楼影印本,上海:商务印书馆,1936年。
(宋)张九成著,李春颖点校:《张九成集》,北京:中国社会科学出版社,2020年。
(宋)张载著,章锡琛点校:《张载集》,北京:中华书局,1978年。
(宋)朱熹:《四书章句集注》,北京:中华书局,1983年。
(宋)朱熹撰,朱杰人、严佐之、刘永翔主编:《朱子全书》,上海:上海古籍出版社,合肥:安徽教育出版社,2002年。
(宋)宗杲:《正法眼藏》,北京:线装书局,2001年。
(宋)赵希弁:《郡斋读书志附志》,《文渊阁四库全书》,台北:台湾商务印书馆,1986年。
(宋)周辉:《清波杂志》卷九《无垢语录》,《中华再造善本》,北京:国家图书馆出版社,2004年。
(清)李圭修,(清)许传沛纂,刘蔚仁续修,朱锡恩续纂:《民国海宁州志稿》,《中国地方志集成》(22),上海:上海书店,1993年。

著作类:

陈寅恪著,陈美延编:《金明馆丛稿初编》,北京:生活·读书·新知三联书店,2001年。
陈来:《有无之境——王阳明哲学的精神》,北京:人民出版社,1991年。
陈来:《朱子哲学研究》,上海:华东师范大学出版社,2000年。

陈来:《宋明理学》(第二版),上海:华东师范大学出版社,2004 年。

陈来:《朱子书信编年考证》(增订本),北京:生活·读书·新知三联书店,2007 年。

陈来:《古代思想文化的世界:春秋时代的宗教、伦理与社会思想》,北京:生活·读书·新知三联书店,2009 年。

陈来:《宋元明哲学史教程》,北京:生活·读书·新知三联书店,2010 年。

陈来、杨立华、杨柱才、方旭东:《中国儒学史·宋元卷》,北京:北京大学出版社,2011 年。

蔡仁厚:《宋明理学·北宋篇》,台北:台湾学生书局,1980 年。

蔡仁厚:《宋明理学·南宋篇》,台北:台湾学生书局,1980 年。

陈钟凡:《两宋思想述评》,北京:东方出版社,1996 年。

程民生:《宋代地域文化》,开封:河南大学出版社,1997 年。

邓克铭:《张九成思想之研究》,台北:东初出版社,1990 年。

杜继文、魏道儒:《中国禅宗通史》,南京:江苏古籍出版社,1993 年。

冯友兰:《中国哲学史》,上海:华东师范大学出版社,2000 年。

冯友兰:《中国哲学史新编》,北京:人民出版社,1984 年。

方克立主编:《中国哲学大辞典》,北京:中国社会科学出版社,1994 年。

方立天:《中国佛教哲学研究》,北京:中国人民大学出版社,2002 年。

方旭东:《尊德性与道问学——吴澄哲学思想研究》,北京:人民出版社,2005 年。

关长龙:《两宋道学命运的历史考察》,上海:学林出版社,2001 年。

管道中:《二程研究》,北京:中华书局,1937 年。

(英)葛瑞汉:《中国的两位哲学家:二程兄弟的新儒学》,程德祥等译,郑州:大象出版社,2000 年。

贺麟:《文化与人生》,北京:商务印书馆,1988 年。

侯外庐、邱汉生、张岂之主编:《宋明理学史》,北京:人民出版社,1984 年。

何俊:《南宋儒学建构》,上海:上海人民出版社,2004 年。

何炳松:《浙东学派溯源》,桂林:广西师范大学出版社,2004 年。

(日)荒木见悟:《佛教与儒教》,杜勤、舒志田等译,郑州:中州古籍出版社,2005 年。

劳思光:《新编中国哲学史》,桂林:广西师范大学出版社,2005 年。

李存山:《气论与仁学》,郑州:中州古籍出版社,2009 年。
刘宗贤:《陆王心学研究》,济南:山东人民出版社,1997 年。
刘玉敏:《心学源流——张九成心学与浙东学派》,北京:人民出版社,2013 年。
吕澂:《中国佛学源流略讲》,北京:中华书局,2006 年。
吕思勉:《理学纲要》,上海:上海书店影印,1988 年。
牟宗三:《中国哲学的特质》,上海,上海古籍出版社,1997 年。
牟宗三:《心体与性体》,上海:上海古籍出版社,1999 年。
牟宗三:《宋明儒学的问题与发展》,上海:华东师范大学出版社,2004 年。
彭国翔:《儒家传统:宗教与人文主义之间》,北京,北京大学出版社,2007 年。
彭永捷:《朱陆之辩——朱熹陆九渊哲学比较研究》,北京:人民出版社,2002 年。
钱穆:《宋明理学概述》,台北:台湾学生书局,1977 年。
钱穆:《朱子新学案》,成都:巴蜀书社,1986 年。
钱穆:《朱子学提纲》,北京:生活·读书·新知三联书店,2002 年。
任继愈主编:《佛教大辞典》,南京:江苏古籍出版社,2002 年。
唐君毅:《中国哲学原论·原教篇——宋明儒学思想之发展》,台北:台湾学生书局,1984 年。
唐君毅:《中国哲学原论·原性篇——中国哲学中人性思想之发展》,台北:台湾学生书局,1984 年。
唐纪宇:《程颐〈周易程氏传〉研究》,北京:人民出版社,2016 年。
(美)田浩:《朱熹的思维世界》,西安:陕西师范大学出版社,2002 年。
魏道儒:《宋代禅宗文化》,郑州:中州古籍出版社,1993 年。
吴洪泽、尹波主编:《宋人年谱丛刊》,成都:四川大学出版社,2003 年。
向世陵:《善恶之上——胡宏·性学·理学》,北京,中国广播电视出版社,2000 年。
向世陵:《理气性心之间——宋明理学的分系与四系》,北京:人民出版社,2008 年。
(日)小川隆:《语录的思想史——解析中国禅》,何燕生译,上海:复旦大学出版社,2018 年。
(日)小川隆:《禅思想史讲义》,彭丹译,上海:复旦大学出版社,2017 年。
徐复观:《中国思想史论集》,上海:上海书店出版社,2004 年。

余英时:《士与中国文化》,上海:上海人民出版社,1987 年。

余英时:《朱熹的历史世界:宋代士大夫政治文化的研究》,北京:生活·读书·新知三联书店,2004 年。

杨立华:《气本与神化》,北京:北京大学出版社,2008 年。

张岱年:《中国哲学大纲》,南京:江苏教育出版社,2005 年。

张元济著,顾廷龙编:《涉园序跋集录》,上海:古典文学出版社,1957 年。

张立文:《走向心学之路——陆象山思想的足迹》,北京:中华书局,1992 年。

张立文:《宋明理学研究》,北京:人民出版社,2002 年。

张学智:《明代哲学史》,北京:北京大学出版社,2000 年。

张学智:《心学论集》,北京:中国社会科学出版社,2006 年。

赵旗:《心学与禅学》,西安:陕西人民出版社,2001 年。

朱维铮编:《周予同经学史论著选集》(增订本),上海:上海人民出版社,1983 年。

论文类:

陈来:《略论〈诸儒鸣道集〉》,载于《北京大学学报》(哲学社会科学版),1986 年第 1 期。

蔡方鹿:《二程哲学的异同变化及其对陆王心学的影响》,载于《河北学刊》,1995 年第 3 期。

崔大华:《张九成的理学思想及其时代影响》,载于《浙江学刊》,1983 年第 3 期。

董平:《论吕祖谦的历史哲学》,载于《中国哲学史》,2005 年第 2 期。

冯友兰:《宋明道学中理学心学二派之不同》,载于《清华学报》第 8 卷,1932 年第 1 期。

郭晓东:《论二程工夫论之差异及其传承与流变》,载于郭晓东主编:《复旦哲学评论》(第 1 辑),上海:上海辞书出版社,2004 年。

何俊:《洛学向心学的转化——论王苹、张九成思想走向》,载于《哲学研究》,2001 年第 1 期。

(日)荒木见悟:《心学与理学》,李凤全译,载于《复旦大学学报》(社会科学版),1998 年第 5 期。

李承贵:《张九成佛教观论析——兼论佛教中国化的路径及特点》,载于《中山大学学报》(社会科学版),2005 年第 5 期。

向世陵:《见理见性与穷理尽性——传统儒学、佛学(华严禅)与理学》,载于《中国哲学史》,2000 年第 2 期。

姚瀛艇:《宋儒关于〈孟子〉的争议》,载于邓广铭、漆侠主编:《中日宋史研讨会中方论文选编》,石家庄:河北大学出版社,1991 年。

翟奎凤:《"虚灵不昧"与朱子晚年明德论思想跃动的禅学背景》,载于《哲学研究》,2020 年第 10 期。

后　记

本书的写作和出版先后得到国家社科基金后期资助项目“张九成思想研究”(项目编号:17FZX008)、“中央高校基本科研业务费专项资金”资助,在此表示衷心感谢!书稿是以博士论文为基础完成的,距离2012年博士毕业已经10年。其间生活中发生了很多事,写写停停,提交终稿时才发现已将原稿删改大半,也算部分弥补了当年写作时的缺憾。感谢毕业时诸位教授提出的意见及社科基金后期资助项目立项时专家的评审意见,时刻提醒我论文中存在种种问题,不能轻易而过,即便学养不足,仍须勉力为之。

最近几年常常在网上看到文章说文科博士就业艰难以及高校青年教师工作繁重,于我来说,燕园求学的时光无比珍贵,工作后一直受前辈关爱指导,同辈相助,将所爱作为职业,是人生一大幸事。自2007年跟随导师张学智先生学习,张先生和师母不但在学术上给予指导,在生活上给予帮助,更是我人生路上仰望的楷模。无论在学校还是家中,每次见张先生,他都在读书和写作,几十年如一日。有学生问懒惰不想看书时怎么办,张先生回答:“懒惰时,正应该是读书时。”每当我疲于应付工作生活中的琐事,就此懈怠读书,想起导师这句话,就会如芒在背。

2019年疫情以来,我和孩子都居家上课,工作生活节奏突然被打乱,女性必然承担更多的育儿及家务,学术工作基本停滞。我尝试过孩子睡觉后深夜工作,也尝试过在孩子醒来之前清晨工作,但无法找到新的节奏,一度陷入低落和焦躁的情绪中。12月初突然收到陈来先生的邀请函,让我到清华国学院做访问学者。我是极其幸运的学生,求学一路获得太多老师们的帮助,没想到毕业后这么多年,踌躇迷茫时,陈先生给我这次学习的机会。2020年开始每周在清华上课,课后向陈先生请教最近所思所学,在陈先生的指导和鼓励下,对纠结几年未能动笔的儒佛之辩问题豁然开朗。这是书稿的第十一章,是博士论文写作时因为能力不足遗留的一大缺陷,也是书稿迟迟不能完成的主要原因。宋明儒佛关系会成为我之后几年的研究重点。有一次陪陈先生步行回国学院,陈先生说:“你不必每周来清华。

女性学者工作家庭兼顾不容易，我叫你来国学院，是希望你有个休息的机会，不想你因此更忙了。”这段话不用刻意记忆，也能铭记。陈先生和师母对学生如子女般关爱，让我在学术工作陷入泥沼时，再次顺利找到出路。

十几年来，杨立华教授一直给予我指导和鼓励，为青年学者构建学术共同体，帮助后辈学者形成充满活力的开放、积极、友爱的共同体。到中国政法大学工作后，文兵教授、王心竹教授多年来支持和帮助我，给予我很多珍贵的指导和机会。我心中的感谢，难以用文字表达。

开头说这10年间发生了很多事，其中对我影响最大、最难提及的是父亲去世。2016年5月我从哥伦比亚大学访学回到北京，第三天父亲查出恶性肿瘤，此后两年一直奔波在各大肿瘤医院，化疗、手术、再化疗、靶向药……父亲经历了太多痛苦的治疗，其间的无助、无奈、绝望，不堪回忆。2018年初，医生宣布治疗成功，不用再继续化疗和使用靶向药，全家沉浸在喜悦和辞旧迎新的春节气氛中，不想此时父亲病情却突然急转直下，经过多家医院诸多检查，尚未来得及确诊，就离开了我们。难以接受父亲离开的事实，我刻意隐藏了这段记忆。

这是父亲去世后我第一次提笔回忆他，我希望将这本书献给父亲。此前我虽然有其他书出版，但花费的心力不能匹配父亲对我深沉的爱。父亲姓李名清，一生勤勉严谨，做了一辈子会计，即便退休后也被称为李会计。1955年农历三月初八出生在河北省承德市丰宁满族自治县一个富农家庭。据说当时很幸运没被划为地主，当然富农也足以使父亲的成长不那么顺利，尤其是在教育上，这是父亲一生的遗憾。虽然他自幼聪慧，尤其在数学上很有天赋，读到高中一直是同辈中的佼佼者，但没能获得读大学的机会。高中毕业后先是到村里小学代课，后来短暂做过电影放映员，再后来当地兴建水库、林场等，父亲去做会计，直至退休。

从我记事以来，父亲一直在林业部门做会计，因工作需要几次调动，到过不同的林场，但从未转过会计之外的其他岗位。现在看来是真正地干一行爱一行。父亲性格内向，数学好，记忆力好，尤其是对数字极其敏锐，是很优秀的会计。我自幼数学成绩好，亲戚们都说这是遗传了父亲。现在网上流行家长暴躁辅导作业的段子，孩子作业常常难倒家长，我记得直到初中父亲还可以辅导我的数学作业，到什么时候不再辅导的，我已经记不清了，大概不是他不会题目，而是我长大了。父亲的记忆力我一点都没有遗传到，我从来记不清人名、人脸，手机号码就更不用说了，离开手机通讯录我现在只能记得我妈妈和我先生两个手机号。但父亲从不依赖手机通讯录，他常用的所有号码都在脑子中，随便一串数字都能很快记住且很久不忘。他的瞬间记忆和长期记忆能力，我望尘莫及，加之他勤勉严谨，凡父亲经手的账目从未出过问题。在我幼年的记忆里，当地林业经过两次比较大的审查，父亲能从容面对和回应所有检查，哪怕是十几年前的账目也都心里有底。

从当下的观点看，父亲事业上乏善可陈，几乎停滞不前，我到了中年才懂得，潜心做好一份能力所长的工作，经营好自己的生活，不跂足而立，永远生活在此处，何不是一件幸事。所以父亲虽经历了很多遗憾，但对我们的生活及当下的世界始终抱有积极乐观的看法。林业工作，林场大都偏远，早些年有些地方甚至没有修公路，尤其上山测量、造林、伐木等季节，条件更是艰苦，每月回一次家是常态，但父亲始终热爱他的工作，极少抱怨。最近几年影视作品宣传塞罕坝精神，常常听朋友谈到被塞罕坝精神所感动，我刚开始很茫然，因为那就是我父亲习以为常的工作。塞罕坝国家森林公园尚未完全建成时，我就和小伙伴暑假一起去住过，满山遍野疯跑过，只记得即便是夏天，蔬菜供应也很困难。因为从没有听父亲抱怨过，所以我一直没觉得坝上林场的工作有什么艰辛。

父亲偶尔会谈起他年轻时兴建水库做过不少体力活，有一次刨石头时铁镐砍在脚上，把脚背劈开了。送到县医院，骨科年轻的小大夫不会接趾骨，只能包扎静养。在医院住了一个多月，和大夫已经成了熟人，脚伤依然没长上。有一天突然地震，医院病房倒塌，父亲拖着伤脚和大夫两人把病房的几个病人都抬了出来，后来才知道那是唐山大地震。原本就没有长上的伤更加严重，父亲右脚是变形的，大脚趾到脚背的骨头凸出来，一生都没能恢复，但这丝毫不影响他经常上山工作。他也只把这当成一段趣闻，偶然间轻松聊及。河北省的林业以造林为主，作为事业单位十几年都难以自负盈亏，父亲很多年工资都不能足额发放，大都是百分之七十左右，或者拖欠。他退休前几年，因为财政拨款多了，终于能每月足额发放，他很开心自己领到这么多工资。我吐槽说：你本来就这么多工资，之前单位欠你的，也没见现在补给你。父亲有点不高兴，也没说什么，可能觉得我太不知足了，或者认为我总看事情的负面。当时没有追问，现在我已经没有机会知道了。

作为老会计，父亲也全权管理家庭账目。虽然我们这种小职工家庭根本无钱可管，但父亲事无巨细都清清楚楚记在脑子里，但凡家里多了点什么或者少了点什么，他一定会发现。这点我完全不行，买过东西很快就忘了，银行卡经常丢，工作十几年从没弄清楚过自己的工资。父亲生病时在我家住了一段时间，后来母亲告诉我，父亲好几次跟她说起：春颖这么糊里糊涂过日子怎么能行呢？银行卡到处乱放，每月收入支出都不知道，她应该每月固定存起来一些。我想，这真是我父亲，他对任何事严谨细致到刻板，对我的生活方式这样担忧，却从来没对我和我先生提起过。父亲确实将生活经营得很好，不是现在夫妻常说的经营浪漫、仪式感之类，而是账目。我和哥哥自出生起，父亲每月分别给我们存款，20 世纪 80 年代，父亲工资不过几十块钱，竟然能开始长期存款计划并坚持近二十年。给我的存款在我上大学时全部转给了我，给哥哥的存款在结婚时用了。

我上大学后，看到周围同学大都是每个月家里转给生活费，才知道父亲把给我的教育储蓄一次性转给我，是一件多么罕见的事。父亲对我称得上是溺爱，从小到大几乎没有批评过我，我现在使劲回想，记忆里一次都没有。即使我偶尔成绩下滑，即使有时老师告状，即使在高中文理分科时我以理科绝对优势的成绩选择了文科，即使高考填报志愿我填了北大哲学系……他从来没批评过我。父亲当然不懂近些年流行起来的积极教育理念，他只是爱并信任自己的孩子，因为爱我，也接受我与他生活理念背道而驰的种种行为。我已为人母，常常告诫自己，也要这样接受自己的孩子，接受他的个性和特点。

父亲热爱阅读，虽然以数学见长的人，文学品味大都乏善可陈，父亲也如此。我小时候父辈们消遣的方式很单调，周围朋友们的家庭中，父亲是唯一每晚睡前看书的。那时候大都是武侠小说，金庸、古龙的最多；另外就是鲁迅的作品。我始终不喜欢武侠小说，记得翻开过几次古龙的小说，觉得十分乏味，但《鲁迅全集》我小学时就看完了。父亲对书十分宝贵，即使我认为看过就可以随手丢的书，他也都要好好保存，似乎印了字的纸都很珍贵。父亲有一个柜子用来放书和笔，他珍藏了很多支钢笔，各种各样，有一些看起来很精美。那个柜子他一直锁着，担心我和哥哥乱翻，只有经他允许才能打开。小时候我和哥哥都将那神秘的柜子看作宝藏，还争吵长大后谁来继承它。真的长大后，那个柜子却无人问津了。但我仍清楚记得它是老旧的红木色，打开最里排是码放整齐的书，上面放着那个珍藏钢笔的木盒子。

2015 年我去美国时，给父亲买了一个 kindle，这是他第一次用电子书，非常喜欢。我和他一起下载了几十本小说，此后每晚他都是看电子书入睡。即便手术后，病重化疗时，永远能看到他手里拿着电子书。后来他睡眠不好，会整夜看书。我这几年也受失眠困扰，我先生总说你睡不着就起来看书，我心想睡不着就够烦了，我还起来看什么书。父亲却能做到，即使我焦躁绝望，母亲无比伤心，父亲仍每晚安静地看书。

2016 年查出恶性肿瘤时，我经历了不相信、绝望、手忙脚乱、痛苦地学习如何与医院打交道……父亲十分理智，他第一天从医院回家，就告诉妈妈检查结果恐怕不好，好在儿女都成家了，他也放心了，家里存款除去医疗费用，有一部分留给妈妈养老和应急。父亲是怎样在拿到确切检查结果前，就做好了安排，然后安心积极地接受治疗？后来我反复回想，原来父亲一生都是极为理智的，虽然不善表达，但对所有事都有计划有安排，不易动摇。无论是二十多年前迷惑性极高的传销骗局，还是后来以中老年人为对象的保健品、养生器材、收益极高的 P2P，还是手段翻新的电信诈骗，我从不用担心父母受骗，他们有比我更高的鉴别能力。父亲常说，没有产出就能盈利，肯定是骗局。二十多年前，民间集资的诈骗手段还是人们完全陌生的新兴事物，其中有一项以万亩造林为名义的民间集资，很多人参与，多年后才发现血本无归。我清楚记得它如火如荼地宣传时，父亲瞥了一眼广告中的壮阔图景，就和我说：这是骗局，那里种不出木材，就算种出耐旱耐寒植物，也不可能是经济作物。不善言辞的父亲，有一种朴实而坚定的智慧，能穿透五彩斑斓令人目眩的生活迷雾而不被蛊惑，即使突然知道要直面生死。

2016 年 5 月中旬查出病情，7 月经历了长达 10 小时的手术，术后腹腔感染在医院治疗近 2 个月。我们所在科室平均住院时间是一星期，出院了一批又一批病友，父亲仍在病房，我们几乎和每位护士都熟识了。父亲除偶尔感叹一下病友又出院了，并没有陷入灰暗的情绪中，始终保持积极的态度接受治疗。一年后复查出癌细胞转移，因为长期治疗已经很熟识的主治医生，第一反应是把父亲支走，独自和我谈。其实父亲出门的同时就明白情况肯定很糟糕，所以我连瞒着他的机会都没有。主治医生已经不能再继续提供治疗，建议我做好心理准备。辗转多家医院，后来找到一位带领团队进行 PD-1 实验的医生，经原主治医生推荐，我们终于再次入院治疗。治疗中各项指标一直在缓慢好转，我再次沉迷表象深信可以治愈，但父亲心里一直有最坏的准备，只是他没有说出来。直到父亲身体状况急转直下，我仍不敢相信，明明治疗效果明显，医生都告诉我们可以暂停治疗定期复查，为什么会这样。我再也寻不到答案了，父亲却平静接受了这个事实，在家人亲戚陪伴下，度过了最后几天。医生告诉我们，父亲当时的神经痛已经难以用杜冷丁控制，需要使用长效镇静剂，他在偶尔醒来时，仍然对一切做了妥善安排，和每一位亲戚说话，甚至想到让我带亲戚们去吃午饭。

很长时间，我对自己隐藏了这段记忆，避免提及，甚至不再参加师友们的活动。好友打电话来安慰，我说先不谈这个。无力应对伤痛，更无勇气面对。

每次梦见父亲，他仍是一贯的模样，挺拔消瘦，衣物永远整洁合体，身边事物井井有条，无一丝累赘拖沓，沉默但温暖地看着我。

现在，以此书献给父亲，若真有灵魂，希望能伴他一段睡前时光。

2021 年 10 月写于温哥华